KB208811

서광선의 정치신학 여정

거기 너 있었는가, 그때에

이 도서의 국립중앙도서관 출판예정도서목록(CIP)은 서지정보유통지원시스템 홈페이지(http://seoji.nl.go.kr)와
국가자료공동목록시스템(http://www.nl.go.kr/kolisnet)에서 이용하실 수 있습니다.
CIP제어번호 (양장 CIP2018010034 반양장 CIP2018010035)

서광선의 정치신학 여정

거기 너 있었는가, 그때에

서 광 선

한울
아카데미

차례

4

II. 1980년에서 2017년까지

책을 열며

나는 처음부터 책을 쓸 생각은 없었다. 이장식 한신대 명예교수의 아호를 붙인 "혜암(惠岩)신학연구소"에서 ≪신학과 교회≫라는 신학 학술지를 간행하는 데 편집위원장으로 참여하게 되었다. 그것이 2013년 가을이었다. 다음해 ≪신학과 교회≫ 1호를 시작으로 나는 매호 "한국 기독교 정치사"라는 제목의 논문을 연재했다.

일제 강점기에 교회 전도사 집안에 태어나, 일본말로 공부하는 소학교를 다녔다. 전도사 아버지는 일본이 강요하는 신사참배를 거부하고 압록강을 건너 만주 땅으로 망명해서 개척교회를 세웠다. 한국 땅에서 살 수 없어 만주로 도망 온, 나라 잃은 한국 민족을 불러 모아 의지할 데 없는 외롭고 가난한 이들을 위로하고 격려하며 민족의 해방과 하나님나라의 희망을 선포했다. 이런 이야기를 시작으로, 소박한 나 자신의 민족의식, 역사의식, 그리고 정치의식들을 반추하는 글을 쓰기 시작했던 것이다.

해방과 함께 분단의 시대를 북한에서 살아야 했던 목사 아버지는 반공, 반독재 설교자가 되었다. 북한의 그리스도인들이 공산주의 정권의 종교 탄압에 맞서 저항하며 신앙을 지킨 것은 그리스도인들의 정치운동의 역사이며 수난의 역사였다. 목사 아버지는 6.25 전쟁 중 다른 '반공분자' 목사들과 함께 인민군에게 총살당했다. 평양 대동강 언덕에 버려진 순교자 아버지를 교회 뒷산에 묻었다. 미군과 국군이 평양을 탈환했으나 중공군의 전쟁 개입으로, 다시 38선 이남으로 후퇴하게 되었다. 북한을 탈출한 피난민들, 가히 "민족 대이동"의 물결을 따라 한반도의 끝자락 부산까지 도망쳐 내려와 목숨을 부지하게 된 이야기, 그리고 진해에 가서 해군 수병이 되는 나의 이야기를 썼다.

남한의 해방 정국을 살펴보고, 남한의 기독교가 미군정 하의 이승만 정권과 어떠한 정치적 입장을 취했는지 살펴보았다. 그리고 4.19 학생혁명에 대해 친이승만 정권이라는 비판을 받아온 한국교회의 반응, 아울러 4.19에 이어 5.16 박정희 군사 쿠데타 정권의 입장과 태도에 대한 역사를 살펴보았다. 박정희 군사정권이 3선 개헌을 밀어붙이고, 급기야 유신헌법을 통과시키면서 종신 대통령을 획책해온 1970년대, 박정희 유신독재정권에 항거하는 학생들과 노동자들과 연대한 한국 기독교의 민주화와 인권 운동의 정치사를 기록했다. 1979년 10월의 마지막날 밤, 청와대 근처의 안가에서 터진 총소리와 함께 끝난 독재자 박정희의 인생으로 내 "정치사" 연재를 마감했다.

2014년 여름호에서 시작해 2016년 겨울호로 끝낸 내 연재, "한국 기독교 정치사"를 애독한 독자들이 던진 질문과 독촉이 있었다. "아니, 박정희가 총에 맞아 죽은 지 40년 가까운 역사가 있는데…… 그 이후의 한국 기독교 정치사는 어떻게 된 겁니까?" 박정희 이후 오늘까지의 한국 기독교 정치참여의 역사 속에서 어떻게 살아왔는지 회고하라는 것이었다. 그래서 계속해서 쓰기로 했다. 전두환의 쿠데타와 5.18 광주민주항쟁, 1987년의 6월 항쟁, 그리고 1987년 체제, 서울 올림픽이 열리는 해 1988년, 한국기독교교회협의회가 발표한 이른바 "88선언" 전후의 기독교 평화통일운동의 역사를 썼다. 노태우 정권의 북방정책과 김대중 정부의 햇볕정책과 두 번에 걸친 남북정상회담 등을 중심으로 한 남북 분단체제 극복, 그리고 평화통일을 향한 시대정신을 반추했다. 이명박, 박근혜 시대의 아픔과 슬픔, 그리고 민중의 분노가 촛불로 승화되어 시대의 어둠을 뚫고 광명의 새 시대를 열던 2017년 크리스마스에, 하나님나라를 이 땅에 이루게 되기를 간구하는 예수의 주기도문과 함께 이 책을 마감했다.

우리 민족과 민중이 살아온 지난 100여 년의 역사 속에서, 서양에서 들어온 기독교가 한국의 근현대사의 소용돌이 속에서 어떻게 살아남았으며 어떤 기여를 했고 정치와 사회와 어떤 관계를 맺으면서 오늘에 이르렀는가 하는 질문들과 함께, 한 사람의 기독교 신앙인이자 한 기독교 신학자가 무슨 생각으로 무슨 일을 하면서 어떻게 이 시대를 살아왔는가 하는 질문으로 나 자신을 돌아본 것이 이 책의 내용이다. 그래서 책 제목을 우리 찬송가에 수록되어 있는 "거기 너 있었는가, 그때에"(새 찬송가, 147장)에서 따왔다(그 찬송은 "Were You There When They Crucified My Lord?"라는 흑인 영가에서 온 것이다). 한 많은 분단 한민족의 역사 속에서 너는 어디서 무얼 하고 있었는가? 이 무서운 질문에 대한 우리 교회의 대답이며 나의 이야기이다. 그러다 보니 "객관적인 역사책도 아니고, 개인의 자서전이나 회고록도 아니고, 역사 소설도 아니고 역사도 아니고…… 그러니까 픽션(fiction)도 아니고, 그렇다고 팩션(faction)도 아니네요"라는 말을 듣게 될 것 같다.

그럼에도 불구하고, 이 책을 출판하자고 권유하고 사랑으로 이 책을 편집해주시고 세상에 내어놓도록 애써주신 한울엠플러스(주) 김종수 사장님과 편집진에게 깊은 감사를 드린다. 그리고 이 책을 내 88회 생일 미수(米壽)에 내어놓아야 하겠다고 애써준 김시원 박사를 비롯한 애제자들과 ≪신학과 교회≫에 연재한 글들을 출판하도록 허락한 혜암신학연구소 관계자들에게 감사의 말을 전하고 싶다. 이 책의 내용과 줄거리는 물론 오타 등을 처음부터 끝까지 꼼꼼하게 읽고 교정하면서 "검열"한 아들 서진실과 나의 평생의 동반자이며 동지인 아내 함선영에게 감사한다. 이 책을 보지 못하고, 우리보다 먼저 간 사랑하는 아들, 기타리스트 서정실에게 이 책을 바친다.

I

1905년에서 1979년까지

제1장
일제 강점기의 가족사와 한국교회의 항일 투쟁[1)]

할아버지 이야기

나는 어린 시절 아버지의 신화 같은 이야기, 동화보다 더 신기한 이야기, 할아버지와 할머니의 비극 이야기를 듣고 또 들으며 자랐다.

"너희 할아버지는 의병 대장이셨다. 일본 군대가 한국에 쳐들어 와서 한국을 집어삼키고 왕비도 죽이고 왕도 잡아 가두고 한국을 일본 땅으로 만드는 그런 때에 너희 할아버지는 용감한 대한제국의 군인이었다. 구한말에 과거 시험을 보았는데 무과에 급제해서 군인이 되고 장군이 되어서 저 함경남도 함흥이라는 고을에서 나라를 지키는 용감한 일을 하셨다. 그런데 일본 군인들이 한국 땅에 들어와 우리나라 군인들의 무기를 빼앗고 군대를 해산시켰다. 한국에는 우리나라를 지키는 군대가 없어진 것이다.

이에 항의하고 분노한 한국의 군대와 젊은이들이 '의병'을 만들어서 전국 방방곡곡에서 일본군을 몰아내는 전쟁을 시작한 것이다. 너희 할아버지는 그 의병을 이끌고 일본 군대와 맞서 싸운 의병 대장이셨단다. 너희 할아버지는 대단한 장군이었다고 한다. 일본 군대와 맞붙어 싸울 때면, 총칼을 든 일본 군인들 목을 단번에 다섯 개를 베어 떨어뜨렸다고 한다……."

아버지가 말하는 이 대목에서 우리 형제는 고개를 갸우뚱한다. "와~ 어떻게 단칼에 일본 군인 다섯 사람의 목을 벨 수 있을까. 우리 할아버지 대단하다" 하며 소리치면서 할아버지가 장검 휘두르는 흉내를 내본다. 그리고 아버지의 할아버지 무용담은 함흥 감옥에 잡혀 들어가는 이야기로 조용해진다.

"결국 너희 할아버지는 일본 군대에 붙잡혀서 함흥 감옥에 갇히셨다. 그리고 얼마 안 가서 사형 선고를 받고 총살된다는 소식이 들려왔다……."

의병 대장 할아버지에 대한 아버지의 무용담은 그렇게 끝난다. 그리고 할머니 이야기로 이어진다. 할머니는 할아버지가 함흥 감옥에서 총살당한다는 소식을 듣고 남편 없는 세상, 나라 잃은 세상에서 살 가치도 이유도 없다고 판단하고, 일본제국주의에 저항해서 싸운 의병 대장의 부인 열녀답게 자결을 결심했다고 한다. 아침밥 대신 아버지의 형들을 한 사람씩 독약을 먹게 했다. 겨우 두 살 된 어린 아기, 나의 아버지까지 독약을 먹일 수 없어 할머니는 나의 아버지만 남겨 둔 채 다른 아이들 뒤를 따라 자결하셨다는 것이다.

이 이야기를 하는 동안, 그리고 이 전설 같은 이야기를 할 때마다 아버지는 눈물을 흘리셨다. 그 눈물은 아버지와 어머니 그리고 형들을 졸지에 잃어버린 천애고아의 외롭고 슬픈 한 맺힌 눈물만이 아니었던 것 같다. 그 눈물에는 나라 잃은 백성의 분노가 서려 있었다. 그러면서도 그 눈물에는 막강한 일본 제국의 군대와 맞서 싸운 의병 대장 할아버지에 대한 자랑과 그리움이 담겨 있었고, 애국자 열녀 할머니에 대한 존경심도 서려 있었다. 그러나 그 무엇보다도 그 눈물에는 예수 그리스도를 믿게 되어 한국 장로교의 전도사가 된 젊은이가 일본 관리들과 경찰 그리고 잔인무도한 헌병들에게 당한 아픔과 서러움이 진하게 묻어 있었다.

아버지 이야기

나는 아버지가 할아버지 옛날이야기를 하실 때마다 성함을 들은 듯한데 기억을 하지 못한다. 거의 항상 아버지가 할아버지와 할머니 이야기 하시는 것을 들을 때마다 살아 있는 사람들 이야기로 듣지 않고 죽은 조상들 이야기, 동화 같은 이야기, 옛날 우리나라 장군들 이야기, 김유신 장군이나 이순신 장군 같은 영웅담 정도로 들었기 때문에 정확한 이름이 중요하지 않았던 것 같다. 그리고 당시에는 할아버지의 실제 역사를 알아볼 생각도 못했거니와 아버지에게 질문할 만한 역사적 지식은 더더욱 없었기 때문이다.

그러나 한 가지 분명한 것은 할아버지와 할머니가 예수를 믿고 선교사들이 시작한 교회를 드나든 기독교인이 아니었다는 것이다. 할아버지와 할머니가 망국 조선을 등질 때 나이가 몇 살 정도였는지도 가늠하기 어렵다. 할아버지가 1907년 의병 대장으로 활동한 시기가 40대였다고 하면 1884년 조선에 미국 선교사들이 입국했을 때는 아마도 20대 후반이었을 것이고, 30대였다면 10대 후반 정도였을 것이다. 그렇다면 1884년 겨울 갑신정변이 서울 한복판에서 일어났을 때는 이미 미국 선교사 의사 알렌의 이야기며 갑신정변에서 변을 당한 민영익이 알렌의 서양 의술 덕분에 살아남았다는 이야기는 풍문으로나마 듣고 있었으리라. 그리고 갑오경장에다가 상투를 잘라야 했던 "수모"도 당하셨고, 민비가 일본 군인들에게 참혹한 죽임을 당했다는 소식에 분개했을 것이다. 나아가서 무인이셨던 할아버지는 청일전쟁 때 어디서 어느 전선에서 그리고 누구 편에서 싸웠을까 질문해본다. 1904년 러일전쟁이 한창일 때 조선의 국가 안보의 일익을 맡은 군인으로서 어디서 무엇을 하고 계셨을까……. 우리는 들은 바가 없다. 아버지는 할아버지의 의병 대장 이야기밖에 들은 바가 없었을 것이다. 어린 두 살 때 아버지와 어머니를 단번에 잃었으니 할아버지의 삶과 구한말 조선의 비운의 역사를 연결시키는 이야기를 들었을 리 없다.[2]

교회 전도사였던 아버지는 자신의 이야기를 자주 하셨다. 할머니가 아버지의 형들과 세상을 뜨신 다음 아버지는 어떻게 되었느냐는 우리 형제들의 질문에 아버지는 자신의 이야기를 이어가신다.

"너희들 고모가 해주신 이야기인데, 갓난아기인 내가 어머니와 형들 시체 사이에서 소리 내어 울고 있었다고 한다. 동네 아주머니들이 내가 우는 소리를 듣고 달려 와서 참혹한 광경을 보고 동네 사람들이 모여서 장례를 치렀다고 한다. 그리고 살아 있는 나(아버지)를 누가 데려다 기를 것인가 의논 끝에 평안도 강계 근처에 사는 고모(우리 할아버지의 누이동생)를 수소문해서 나를 고모에게 맡겼다고 한다. 지금 어딘지 기억이 잘 나지 않지만, 강계 남쪽에 있는 두메산골에서 고모 댁이 기르는 염소들을 산에 몰고 가서 하루 종일 풀 먹이고 돌보는 일을 하면서 지냈다…….

하루는 낮잠을 자고 있는데, 누가 다가와서 깨우는 바람에 벌떡 일어났다. 어떤 중년 아주머니가 웃으면서 당황하는 나를 내려다보며 말을 건네더라. 몇 살이냐, 어디서 사냐 캐묻더니, '너 언문(한글) 읽을 줄 아니?' 하며 아주 자그마한 책자를 내밀어 보이더라. 그게 '쪽복음'이라는 거였어……."

아마 추산하건대 아버지가 1905년생이었으니 산속에서 염소를 치다가 우연히 "쪽복음" 아주머니를 만난 때가 12살이었다면 1917년경이었을 것이다. 15살이었다면 1920년경이었을 것이고……. 대충 1919년 3.1 독립만세운동이 전국에 퍼지고 있을 즈음으로 추측할 수 있을 것이다.

그렇다면 한국에 개신교 기독교가 외국 선교사들을 통해서 들어온 지 이미 25년이 지난 때였고, 1907년 평양 대부흥운동이 터진 지도 10년이 지나서 교회가 부흥하고 기독교도 수가 증가하고 있을 때로 짐작된다. 외국 선교사들에 의해서 한국에 들어온 이방 종교 기독교가 이토록 급성장하게 되어서 한 아주머니가 "쪽복음"이라는 기독교 성경책을 가지고 산골짜기 푸른 언덕에 나타나 염소치기 소년 아버지 앞에 나타난 것은 우연이 아닐 것이다. "쪽복음"은 당시 "판서인" 아주머니들이 들고 다니며 만나는 사람들마다 한 권씩 주면서 읽을 것을 권하던 "전도지"였다. 신약성서의 복음서 한 권씩, 가령 누가복음서를 따로 인쇄해서 만든 책자를 말한다. 그리고 다른 복음서도 따로 찍어서 전도자들이 주머니에 넣고 다니면서 한 권씩 돌리며 읽을 것을 권하며 전도하는 방식을 취했다. 이러한 "쪽복음"을 들고 다니는 전도인들을 "판서인"이라고 해서 "쪽복음"을 헐값에 팔기도 했지만 대부분 무상으로 돌리고 있었다고 한다. "판서인"들은 대부분 여성이었고, 특히 40대에서 50대 아주머니들이었다고 한다.

이런 "판서인" 전도부인 아주머니를 염소치기 소년 아버지가 평안도 깊은 산속에서 만난 것이다. 지루하고 무료한 하루하루를 산언덕에서 염소들과 함께 보내야 했던 아버지에게는 "쪽복음"이 복음이 아닐 수 없었다. 소년은 한 주에 한 번씩 찾아오는 아주머니에게서 한글을 익혔고, "쪽복음"을 모두 읽었으며, 전도부인이 내어준 신약성서를 통독하게 된다. 아주머니는 우리 아버지를 군청 소재지이며 그 지역에서 가장 큰 소도시인 강계로 안내한다. 강계에는 게레지 병원이라는 서양 병원과 영실학교라는 선교사 학교가 유명했다. 전도부인은 아버지를 영실학교 교장인 미국 북장로회 선교사 '감부열' 목사[3]에게 끌고 가 소개한다. 아버지는 감부열 교장 댁에서 일하며 숙식을 하면서 영실학교에 다니게 된다. 그리고 거기서 예수를 믿기로 결심하고 세례를 받고, 학교를 졸업하고는 감부열 선교사의 추천으로 평양신학교에 진학한다.

전도사 아버지의 삶과 사역

아버지가 강계 영실학교를 졸업하고 평양신학교에 입학해서 1년인가 공부하고 전도사가 되어 압록강 강변에 위치한 시골 마을을 다니며 전도하고 교회를 세우기 시작했다는 것은 알고 있었지만, 학교에서 어떻게 공부했는지, 무엇을 공부했는지 들은 적이 없다. 가난한 시골 고학생으로 평양에 나가서 공부하기가 힘들었을 것이라는 정도는 짐작하고 있었지만 말이다. 그리고 정확하게 언제 결혼했는지, 어떻게 압록강 상류 시골 마을 자성이라는 곳에서 태어난 우리 어머니 김경숙 씨와 만나게 되었는지도 자세한 이야기를 들은 적이 없다. 다만 내가 태어난 해가 1931년이니까, 전도사 아버지 서용문은 나이 25세였고 어머니의 나이는 20세였을 것이다.

1931년, 내가 태어난 해는 일본제국이 아시아 전체를 지배하려는 야욕을 조선반도를 넘어 만주로 확장하던 해였다. 이른바 만주사변을 일으켜 압록강을 넘어 만주 벌판으로 침략의 야수를 뻗치기 시작한 해이다. 그리고 이 해는 일본제국의 조선총독으로 미나미 지로(南 次郎)라는 육군대장이 서울 총독부 청사에 입성한 해이기도 하다. 그리고 아시아 침략 공세를 시작하면서 조선 사람들을 일본 사람으로 만들겠다는 야심 찬 구호로 "내선일체(內鮮一體)"(일본과 조선은 한 몸이 되어야 한다는 뜻) 정책을 펴기 시작했다. 조선 민족 말살정책의 시작이었다.

내가 그 시골 마을의 공립 소학교에 입학했을 때는 이미 1학년 교실부터 일본어로 수업이 진행되었다. 수업시간에 선생이 일본어로 수업을 진행했을 뿐 아니라 학생들도 모두 학교에 있는 동안에는 일본어를 사용해야 했다. 겨우 일본말을 배우는 아이들에게 일본어를 강요하는 것은 도리에 맞지도 않고 교육상 적절하지도 않다고 생각해서 학부모들이 항의도 했지만, 소용없었다. 선생이나 학생들 모두 서툰 일본말로 일본말을 "국어"라고 공부하고 산수도 일본말로 배우고 선생님 훈시도 그 서툰 일본말로 더듬더듬 말하는 형편이었다. 학생들이 일본말이 하기 싫거나 서툴러서 우리말을 하게 되면, 반장이 나무로 된 조그만 딱지를 준다. 그리고 그 딱지를 받은 학생은 다른 학생이 우리말 하는 것을 발견하게 되면 그 딱지를 넘겨준다. 그렇게 하루 종일 딱지가 돌고 돌아서 하교 시간에 그 딱지를 가지고 있게 되면 그 아이는 결국 교실 청소를 혼자서 하고 선생님 검사를 받고야 하교하는 일이 있었다. 조선 사람이 조선말 하는 것이 "범죄"라는 인식을 초등학교 시절부터 인식시키려는 의도였다.

초등학교에 들어간 지 얼마 안 있어서는 아침 조례시간에 초등학교 전교

학생이 동쪽을 향해서 머리를 90도로 숙여 절하는 의식이 생겼다. 소위 "동방요배(東方遙拜)"라는 것인데, 일본제국의 천황이라는 왕이 사는 일본 도쿄의 궁성을 향해 절을 하는 것이었다. 조선의 아이들은 일본 천황의 어린이기 때문에 아침마다 천황이 사는 곳을 향해서 인사를 해야 한다는 것이었다. 그러고는 "황국신민의 선서"(1937년 10월 제정)라는 것을 합창하게 했다. 일본말로 소리 높이 읊어댄 내용은 이러하다. "하나, 나는 대일본제국의 신민이다. 둘, 나는 마음을 합해서 천황폐하에게 충성을 다한다. 셋, 나는 인고 단련하여 훌륭하고 강한 국민이 된다".[4] 그것으로도 부족했는지, 한 주에 한 번씩 마을 동네 뒷동산 좋은 터에 세운 일본 귀신들을 모신 신사에 온 학교 사람들이 모여서 참배를 했다. 신사를 향해서 세 번 절하고 세 번 박수를 치는 일은 어린 내가 보기에도 우습기 짝이 없는 짓이었지만, 엄숙하게 치러야 하는 일이라고 행사 도중에는 말 한 마디도 못하고 엄숙한 침묵 속에서 참배를 해야 하는 곤욕을 치러야만 했다.

소학교 학생인 나는 학교에서 시키는 대로 잘해낸 셈이었다. 우리말을 쓰다가 들켜서 딱지를 받아본 일도 없었던 것 같고 우리말을 쓴 벌로 방과 후 교실 청소를 도맡아 한 기억도 없다. 집에 와서는 전도사 아버지가 마련해주시는 우리말 동화책이며 성경 이야기책으로 우리말을 익히고 말하고 쓰는 데 익숙했다. 언어의 이중생활이 나에게는 그리 어려운 일이 아니었지만, 아버지에게는 대단한 고통이었던 것 같다. 일본말이 서툰 아버지가 어린 소학생인 나에게 일본말로 된 공문 같은 것을 읽고 설명하라는 일이 자주 있었던 기억이 난다. 나는 그렇게 할 수 있는 내가 자랑스러웠지만, 아버지는 그렇지 않은 모양이었다. 일본말을 모르는 아버지의 자존심 때문이겠지 정도로 생각하면서 아버지를 도왔다.

일제 총독부는 학교에서 조선인 학생들에게 "황국신민화"를 강요하고 추진하는 것으로 그치지 않았다. 1938년 2월에는 노골적으로 기독교인들, 특히 교회 목사들과 장로들이 앞장서서 조선 사람들을 일본 황국신민화하는 데 노력해야 한다고 밀어붙였다. 그러기 위해서 첫째, 교회당 안에 일본 국기를 게양하라, 둘째, 교회에서 예배할 때마다 일본 국기에 대해서 경례를 하고, "황국신민의 선서"를 암송하고, 국가(기미가요)를 봉창하고 동방요배를 하라, 셋째, 신사참배를 하도록 하라, 넷째, 특별한 이유 없이 서기 연호(서기 1930년 등)를 사용하지 말고 일본 천황의 연호(쇼와 12년 등)를 사용하라고 강요했다.5)

소학교 학생이 이러한 상황을 제대로 인식하기에는 너무 어렸지만, 집안의 분위기와 아버지 교회의 분위기를 보아서 심상치 않다는 것을 감지할 수는 있었다. 한마디로 말해서 전도사 아버지가 일본 정부의 시책에 반대하는 것으로 짐작했다. 신사참배는 물론, 교회 안에 일본 국기를 게양한다는 것은 도저히 용서할 수 없다는 태도였다. 경찰서에 출두하라는 명령을 받고 다녀오신 아버지는 어머니와 대화를 나누면서 고민하는 모습이 역력했다. 그럴 때면 온 집안에 긴장감이 돌았다.

아버지는 일본 경찰의 명령에 복종할 수 없었다. 그래서 경찰서에 왕래하는 빈도가 많아졌고, 때로는 경찰서에서 돌아오자마자 침상에 누워서 어머니의 간호를 받는 모습도 보게 되었다. 아무도 말해주지 않았지만, 경찰서에서 신사참배 문제로 언쟁 끝에 구타를 당한 것이 아닌가 눈치를 채고 나 혼자 아버지가 가여워서 눈물을 흘리기도 한 기억이 난다. 지금 생각해보면, 아버지는 철저한 근본주의 신앙을 가진 열렬한 전도사였다. 예수를 믿는다는 것은 성경에 쓰인 대로 믿는 것이고 실천해야 한다는 것이었다. 우리 집안은 철저한 청교도 생활을 하는 집안이었다. 전도사 집안은 모든 교인들의 모범이 되어야 하기 때문이었다. 전도사 아버지의 박봉 때문에 가난하게 살았고, 기근이 심한 해에는 하루에 두 끼 먹는 것도 다행이었던 때가 있었으며, 그것도 거의 항상 콩밥이나 옥수수밥이 아니면 누런 좁쌀밥으로 굶주린 배를 채워야만 하는 식생활을 했다.

그러면서도 전도사 아버지의 가정교육은 엄하기만 했다. 집안에서는 아버지 어머니의 명령에 절대 복종해야 했고, 밖에서는 모든 어른들의 칭찬을 받아야만 했다. 전도사 아들이 거짓말을 한다거나 도둑질을 한다거나 하는 소문을 절대 용납하지 않았다. 학교에서는 항상 우등생이어야 하고 담임선생으로부터 모범생이라는 칭찬을 받아야만 했다. 맏아들인 나는 동생들과 말다툼을 하거나 싸움이라도 하면 종아리가 터지도록 맞아야 했다. "얌전하고 착하디착한 우등생 전도사 아들"이 되어야만 했다. 나는 그게 부담스러웠다.

아버지는 철저한 친미 그리스도인이었다. 그뿐만 아니라 한국 문화를 철저히 배격했다. 집에서는 조선 유행가를 부르지 못하게 했다. 찬송가만 부르라고 강조하셨다. 서양 음악에 익숙해야 한다고 하셨다. 그리고 조선 화투 놀이는 안 되고 서양식 트럼프 놀이는 장려하셨다. 마을 뒷산에 있는 절에 놀러 가는 것을 금지하셨고, 동네 굿 구경은 절대 안 되는 일이었다. 나아가서 일본적인 것은 절대 금물이었다. 서양 동화책은 장려하시면서 일본 동화책은 학교에나 가서 보라는 것이었다. 감부열 미국 선교사가 교회 시찰차 우리 집에 오시면, 나는 선교사 무릎에 앉아서 영어로 어설픈 대화를 나누었는데, 아버지는 그것을 너무 자랑스러워 하셨다. 그러면서 아버지는 어린 아들에게 이광수, 김동인, 박계주 선생 등의 소설을 비롯한 한국 문학을 읽게 하셨다.

1939년에 일본 정부는 조선 사람들을 정말 황국신민으로 만들 요량으로 우리 조상으로부터 이어받은 성씨를 일본 성씨로 바꾸고 이름마저 일본식 이름으로 바꾸라는 "창씨개명"을 법으로 명령했다. 내가 초등학교 3학년 때 일이었다. 전도사 아버지는 교회에서 이를 반대하는 설교를 하셨다고 한다. 그리고 우리집에서는 결코 창씨개명을 안 할 것이라고 선언하셨다. 그러나 동반장이 찾아오고 경찰서에 몇 번 다녀오시더니 결국 굴복하셨다. 눈물을 머금고, "너희들이 사람대접을 받고 살려면 별 수 없지 않니? 우리 일본 이름을 오오모도(大本)라는 성으로 하고 네 이름은 에이이치(榮一)로 하기로 했다"라고 하셨다. 아버지의 구차한 설명으로는 내 에이이치라는 일본 이름은 아버지가 애독하는 일본 목사 작가 가가와 도요히코(賀川豊彦)의 자전적 소설 『사선을 넘어서』의 주인공 이름을 딴 것이라고 한다. 나도 가가와 도요히코 목사처럼 기독교 신앙으로 이 사회의 가난하고 소외된 사람들을 위해서 일했으면 좋겠다는 의미로 그렇게 하셨다는 설명이었다.

전도사 아버지는 분명한 친미항일의 민족주의적 그리스도인이었다. 그리고 아버지의 생각과 행동에는 자신이 기독교 전도사이며 예수 그리스도와 기독교의 하나님을 굳게 믿는 신앙인이라는 일관된 모습이 나타났다. 아버지는 철두철미 그렇게 설교하고 그렇게 살려고 노력하신 분이었다. 그래서 그리스도의 복음을 위하여 조선 땅에 온 미국 선교사를 절대 따라야 하고 그들처럼 살아야 한다는 생각이 철저했다. 미국식 그리스도인이 되는 것이 참그리스도인이 되는 것이라는 생각이었다. 그러므로 아버지에게 일본 정부는 미국 선교사들의 복음 전도와 기독교를 반대하는 적그리스도로 비쳤다. 일본 총독부와 일본 경찰이 신사참배를 강요하고, 교회 안에서조차 일본말로 설교하라고 강요하는 것도 모자라 주일마다 정복 경찰이 예배당 뒤 자리를 차지하고서는 목사와 전도사의 설교를 검열했기 때문에 일본제국과 총독부가 적그리스도임이 틀림없다는 굳은 신념을 가지고 있었다. 아버지에게는 국가가 없었다. 오직 기독교, 그리고 예수 그리스도에 대한 신앙만으로 사신 셈이다.

전도사 아버지가 신사참배를 거부하고 반대한 기본적인 이유는 신앙적인 것이었고 성서적인 것이었다. 십계명에 있는 대로 기독교의 하나님 이외에 다른 신을 섬길 수 없고 그 앞에 절해서는 안 된다는 신앙에서 온 것이었다. 그러므로 일본 귀신을 섬기는 일본 신사 앞에 가서 절을 한다는 것은 도저히 있을 수 없다는, 순수하고 굳은 신앙의 표현이었다. 기독교 신앙에서 우상 숭배는 하나님에 대한 배신이기 때문이다. 그리고 일본 천황은 우리와 다름없는 인간인데 신처럼 섬기고 충성하라는 것 역시 우상 숭배라는 것이었다. 당시 목사나 전도사들이 일본 경찰에 끌려가서 심문당할 때 제일 견딜 수 없는 질문이 "천황이 높으냐, 너희가 믿는 여호와 하나님이 높으냐?"라는 질문이었다. 아버지는 순진하고 대담하게 "그걸 질문이라고 하느냐? 물론 하나님이 너희 일본 사람들의 천황보다 높으신 분이다"라고 했다가 매질을 당하고 며칠을 병석에 누워 있어야 했다는 이야기를 후일 어머니에게서 들은 적이 있다.

젊은 전도사, 우리 아버지의 신학적 소양으로는 기독교가 믿는 하나님 이외의 어떤 다른 신을 믿는다는 것은 우상을 섬기는 것이었다. 불교를 믿는 것도 안 되고 무속신앙을 따르는 것도 안 되는 것처럼, 일본 신사 앞에 가서 절하는 것은 더욱 안 되는 일이라고 하는 소박한 배타적 신앙에서 신사참배를 거부하셨을 것이다. 교회와 국가의 관계, 종교와 정치와의 관계와 같은 복잡하고 예민한 사안을 고려해서 오는 것이 아니었다. 그러나 지금의 시각에서 반추해볼 때, 아버지 세대의 교회 지도자들이 기독교의 배타적인 종교적 신앙에 근거해서만 일본 정부의 신사참배 강요에 저항하고 거부했을까 질문하게 된다. 우리 아버지의 경우를 생각해보면, 종교적인 이유나 기독교 신앙의 입장에서만이 아니라 민족적인 이유에서도 일본 정부의 신사참배 강요를 거부했던 것으로 보인다. 일본 천황이나 신사를 숭배하는 것은 종교적 혹은 신앙적 문제만이 아니라 정치적 문제일 수밖에 없다. 그러니까 조선 사람으로서 도저히 조선을 침략한 일본제국주의에 굴복할 수 없다는 민족정신에서 온 것이라고 생각한다. 오늘의 정치신학의 시각으로 볼 때 신사참배 반대 운동은 종교적인 저항운동인 동시에 정치적 항일 민족운동이었다. 나아가서 신사참배 반대 운동은 일본의 국가지상주의, 즉 국가를 신격화하는 우상 숭배에 저항하는 정치신학적인 저항운동이었다고 할 수 있다.

그러나, 그럼에도 불구하고, 일제하 조선의 기독교회는 일본제국의 총독부 정치와 조선인 황국신민화 정책에 굴복하고 순응했다. 1930년대 교세가 가장 강력했던 조선예수교 장로회 총회는 총회의 이름으로 신사참배를 허용했다. 역사의 기록에 의하면, 1938년 장로교회 제27회 총회에서 신사참배 허용 결의의 이유를 다음과 같이 열거했다고 한다.

아등(우리)은 신사는 종교가 아니오 기독교의 교리에 위반하지 않는 본의를 이해하고 신사 참배가 애국적 국가의식임을 자각하며 또 이에 신사참배를 솔선

여행하고…….6)

그러니까 신사참배가 종교행위라면 십계명을 따르는 기독교인이 신사에 절할 수 없는 일이지만, 종교행위가 아니라 국가의식이니까 기독교의 십계명에 위배될 것이 없다는 억지 해석이었다. 조선의 장로교 목사와 교회 지도자들은 일제의 강압에 의해서 이런 결정을 내렸다고 하지만, 조선 민족의 자리에서 볼 때 민족적 위신과 자존심을 완전히 저버린 행위였다. "황국신민"의 한 사람인 기독교인이 일본 국민의 한 사람으로서 일본제국의 국가의식에 참여하지 못할 것이 없다는 억지 논리였다. 일본의 신사참배가 종교예식이 아니라는 억지를 내어놓은 것은 조선 민족의 자존심을 저버린 것만이 아니라, 기독교 신앙을 왜곡하는 것이었다. 그렇게 해서라도, 일본제국과 일본의 귀신을 섬기면서라도, 교회와 교회 학교를 지켜야 하겠다는 "현실주의"와 "현상유지" 정책에서 나온 결정이 아니었던가 하는 아쉬움이 있다. 결국 교회와 국가의 관계의 시각에서 본다면, 조선의 교회는 국가순응주의의 입장을 취했고, 일본제국주의에 동화하는 입장에 서서 교회가 국가 밑에 복종하게 되었다는 판단을 내릴 수밖에 없다. 한국교회사학자 박용권 박사는 『1930년대 조선예수교장로회의 역사』의 제목 앞에 "[일본] 국가주의에 굴복한"이라는 관형구를 달 정도로 한국 장로교회의 "정치 신학적" 굴복을 상세히 기술하고 있다.

교회를 박차고 나가다

젊은 열혈 전도사 아버지는 친일 조선의 기독교에 몸 둘 수 없다고 결심했다. 신앙의 굴욕을 참을 수 없었고, 민족적 굴욕을 받아들일 수 없었다. 교회 전도사 일을 그만두고 압록강 강가의 소도시 만포라는 고장으로 이사를 갔다. 그리고 거기서 잡화상을 열고 장사를 시작했다. 장사꾼이 된 아버지는 교회 전도사 일을 볼 때처럼 열심히 장사를 했다. 온 나라를 돌아다니며 품질 좋은 물건을 싸게 사서 크고 작은 보따리로 지고 메고 와서 만포 상점에 풀어놓고 싼값에 팔면 동네 손님들이 모여들게 되어 있었다. 소문이 나서 우리집 잡화상은 번창할 수밖에 없었다. 우리 형제는 처음으로 하루 세 끼 흰밥에 제대로 된 반찬을 마음대로 먹을 수 있게 되었다. 소학교 시절에 물질적 행복이 무엇인지 처음 깨달았다.

그러나 이 물질적으로 풍요로운 생활이 오래 가지는 못했다. 아버지는 장사를 시작한 지 2년도 채 안 되는 사이에 깊은 고민에 빠졌다고 한다. 하나님의 종으로 평생 교회를 위해서 몸 바치기로 한 사람이 목회일로부터 도망치고 장사나 하고 있는 것에 대해서 못마땅하게 생각했다는 것이다. 그래서 아직 강계에 계신 미국 선교사 스승인 감부열 목사를 찾아가서 고민을 털어놓았다. 감부열 선교사는 너무도 반가워하셨다고 한다. "잘 됐어요. 만주로 가서 선교사 일 보시오." 아버지의 결단력은 대단했다. 그 자리에서 일어나 만포 상점을 정리하고 이삿짐 보따리를 싸 들고 우리 어린 형제자매는 아버지 어머니를 따라 만주행 기차를 타고 압록강 철교를 건넜다.

당시 일본제국은 만주에 괴뢰정부를 세우고 군사기지를 만들고 있었다. 수많은 일본 사람들을 이민시켜서 탄광과 철광을 파게 하고 군수공장을 만들어 아시아 전체 공략의 전진 기지로 만들고 있었다. 조선의 농민들은 가뭄과 홍수로 땅을 잃고, 일본 지주들에게 쫓겨나 만주로 살길을 찾아가는 실향민들이 많이 들어오고 있었다. 아버지는 만주에 "야간도주"한 집 없고 땅 잃은 가난한 조선 백성들을 위해서 기독교의 복음을 전하는 전도와 선교의 사명을 받은 것이다. 소학교 5학년 어린아이의 기억에도 쓰라린 것이, 만주 시골 농촌의 생활은 쉬운 것이 아니었다. 이름 없는 전도사 가족의 생활은 가난과 배고픔 그 자체였다. 아버지는 전도의 열정과 가난한 동족과 나라에 대한 사랑으로 교회를 일으키는 데 전력을 다했다.

우리가 압록강 철교를 건너 만주로 들어가던 때는 1941년 일본이 미국 하와이 섬의 진주만 해군기지를 기습하는 준비를 하고 있던 가을이었다. 만주에서도 일본 경찰의 감시와 간섭은 조선에서와 다를 바 없이 전도사 아버지를 괴롭혔다. 1년 뒤에 우리 가족은 만주 중부 시골 농촌 마을에서 만주 서부 공장지대인 본계호(本溪湖)라고 하는 도시로 옮겼다. 본계호에 가까운 도시인 봉천(지금의 심양)에는 평양신학교에서 추방된 신학자 박형룡 박사와 박윤선 목사 같은 분들이 시작한 신학교가 있었다. 아버지는 신학 공부를 마치고 목사 안수를 받으라는 친구들의 권유를 받고 이곳으로 이사 온 것이었다.

나는 아버지 교회가 있는 조선인들의 동네에 위치한 조선인 소학교에 다녔다. 그리고 12살 되는 해 그 도시에 있는 일본인 중학교에 진학하게 된다. 거대한 제철소 등 공업지대로 유명한 대도시에는 수많은 일본인 기술자들과 노동자들이 와서 일본인 마을을 이루고 살고 있었기 때문에 자기 아이들 교육을 위해서 중학교가 필요했던 것이다. 조선인 학교 졸업생도 한두 명 받을 수 있다고 하니 아들을 보내보라는 학교 선생님의 권유로 아버지는 나에게 일본 중학교 입학을 강요하다시피 했다. 조선인 학생 입학이 어렵다고 하는 일본 중학교에 어렵사리 입학이 되었다. 아버지와 어머니는 물론 온 교회가 나의 입학을 축하했다. 사실 나는 조선인으로서 들어가기 어려운 그 일본 중학교에 들어갔다는 것에 대해서 안도의 숨은 쉬었지만, 왜 온 교인이 좋아하는지 어리둥절했다. 아버지에게 조용히 질문을 던졌다. "일본 사람에게 그렇게 당하시면서, 그리고 일본 사람이라면 그렇게 싫어하시면서, 왜 저를 일본 중학교에 넣으셨습니까?" 아버지의 대답은 간단했다. "너는 일본 아이들보다 공부를 더 잘해서 일본 사람들을 이겨야 돼. 호랑이를 잡으려면 호랑이 굴에 들어가야 되는 거 몰라? 그리고 성경에 모세가 어렸을 적에 애굽 나라 애굽 애들만 다니는 학교에서 교육을 받았던 거 기억해? 이스라엘 백성을 구원하기 위해서 모세는 애굽 왕립학교에서 애굽 아이들과 함께 공부한 거야. 민족의 지도자가 되기 위해서 그렇게 한 거야."

제2차 세계대전으로 온 세계가 전화에 휩쓸려 있을 때, 그리고 "대동아전쟁"이라고 승전가를 높이 부르며 일본제국주의 군대가 중국과 필리핀과 동남아시아에 침공과 약탈의 야수를 뻗치고 있는 동안, 나는 일본인 아이들 틈에서 숨을 죽이고 학교 공부에만 열을 올리고 있었다. 신학 공부를 다시 시작한 아버지는 공부에 열을 올렸고 교회에서 하는 설교는 더욱 희망으로 가득차 있었다. 신문과 라디오에서는 일본 군대가 온 아시아를 점령하고 이제 곧 미국이 항복하게 될 것이라고 떠들고 있는데도, 아버지의 설교는 정반대였다. 이스라엘이 애굽의 노예 생활에서 해방되었듯이, 조선 백성들은 하나님의 구원의 손길로 곧 해방될 것이라고 목소리를 높여서 설교하는 것이었다. 희망을 버리지 말고 열심히 일하고 고국으로 돌아갈 날만 기다리며 기도하자는 말씀이었다.

전쟁 중 조선에서는 차마 입에 담을 수 없는 설교를 우리 아버지는 할 수 있었던 것이다. 조선이 아니라 만주였기 때문만은 아닌 것 같다. 아버지의 굳은 신앙과 항일 민족자주정신에서 할 수 있었던 것 같다. 신앙과 민족정신, 어느 쪽이 더 큰 부분을 차지했는지 지금까지도 분명하게 분석하기 어려운 것 같다. 당시 기독교 지도자들은 거의 모두 기독교 신앙과 민족정신이 일치했던 것 같다. 민족정신을 통하여 예수를 믿게 되었고, 예수를 믿으면서 개인의 영혼 구원과 내세 구원에만 집착하지 않고 민족해방을 위하여 기도하고 말하고 행동했던 것이다. 그리고 일본 경찰과 헌병에게 매를 맞고 감옥에도 가고 했던 것이다. 그러나 대부분의 그리스도인들은, 속마음으로는 일본 경찰이나 헌병들을 증오했지만 그들 앞에서는 너무 무서워서 그런 말을 직설적으로 말하지 못했을 뿐이었으리라.

일본의 항복, 조선의 광복

1945년의 봄 학기는 학교 수업보다는 국가 봉사를 한다고 학교 근처의 공장에서 허드렛일을 하고 있었다. 8월이 되자 소련 군대가 탱크를 몰고 만주로 남하한다면서 소련 탱크를 막기 위해서 산언덕에 깊은 구덩이를 파는 일에 동원되었다. 소련 탱크가 밀려 내려오다가 우리 아이들이 판 구덩이에 빠져 움직일 수 없게 한다는 것이었다.

1945년 8월 15일, 그날도 우리 교회 뒷산 언덕에서 소련 탱크 방어용 구덩이를 파고 있는데, 12시 정각에 모든 작업을 중단하고 모이라는 지시가 내렸다. 담임교사를 중심으로 우리 모두 모여 선 자리에 라디오 소리가 들려왔다. "일본은 미국에게 항복했습니다."[7] 목이 쉰 것 같기도 하고 감기가 심해서 억지로 내는 것 같은 목소리로 일본 천황이라는 사람이 하는 말이었다. 일본 아이들은 훌쩍훌쩍 울기 시작했다. 담임선생이 큰소리를 내면서 오열을 하기 시작하니 아이들은 모두 함께 소리 내서 통곡을 하는 것이었다. 나는 어쩔 줄 몰랐다. 나는 속으로 만세를 부르고 싶었지만, 차마 그럴 수가 없었다. 담임 선생이 해산을 명령하는 순간까지 참고 서 있다가, 학교 동기들과 작별 인사도 없이 언덕을 달려 내려왔다. 아버지는 문밖에 나와서 나를 기다리고 계셨다. 우리는 조용히, "일본이 망했어. 빨리 이삿짐을 싸 가지고 고향으로 가야지" 하고 말을 나누며 온 식구가 조선행 기차에 올라탔다.

떠돌이 백성, 떠돌이 전도사[8]

만주에서 조선으로 돌아오는 기차에 올라 탈 때까지, 내가 태어나서 15살이 될 때까지, 이사를 많이도 했다. 내가 1937년, 여섯 살에 일본말을 사용하는 소학교에 입학한 이래 거의 1년에 한 번씩은 이사한 것 같다. 아버지는 한 고장에서 전도를 시작해서 교회를 개척하고 예배당까지 짓게 되면, 그 교회를 다음 전도사나 목사에게 맡기고 다른 고장으로 떠난다. 초청장도 없이, 그냥 짐을 싸 들고 소달구지에 아내와 아이들을 태우고 다음 고장으로 떠난다. 그리고 낯선 고장에서 다시 개척교회를 시작한다. 신사참배를 거부하고 전도사 일을 박차고 식료품 잡화상을 시작할 때도, 마냥 떠나는 것이었다. 아무런 약속도 기약도 없이 떠나는 것이었다. 아브라함의 믿음이었던가? 모세의 신앙이었던가? 하나님의 약속만 믿고 그렇게 훌훌, 마누라와 아이들을 고생시켜 가며 길을 떠날 수 있었을까 싶다. 아버지는 그리도 잘되는 장사를 걷어치우고 아무도 없는, 누구도 기다리지 않는 만주 벌판을 향해서 길을 떠날 때 어떤 심정이었을까? 아버지는 어린 나에게 그 심정을 털어놓은 적이 없다. 다만 그 끈질긴 믿음, 하나님을 의지하는 믿음, 전적으로 신뢰하고 의지하는 신앙이 아버지를 움직이게 한 것이라고 생각한다. 도탄에 빠진 우리 민족을 구원하고 일본제국의 노예로부터 해방시키는 일이라면, 어디든지 아무때고 짐 싸 들고 길을 떠나겠다는 조선 사람 그리스도인들의 신앙이었다. 나라 잃은 조선 민족의 한을 품고 민족의 구원과 해방을 밤새워 기도하던 우리 초대 그리스도인들의 신앙과 사역이었다. 일본 고등계 형사들과 경찰과 헌병들의 감시와 검문을 받고 매를 맞고 "조센진"이라는 천대를 받으면서도 굴하지 않고 예수 그리스도의 복음이 이 땅의 백성들을 죄악에서 구원하고 노예의 신세로부터 해방할 것이라는 그 신앙과 희망 하나로 헌신했던 것이다.

예수님과 제자들이 떠돌이 신세로 정처 없이 예루살렘을 떠나 온 지중해 세계로 복음 전도의 길을 떠났듯이, 우리 조선의 믿음의 조상들도 "떠돌이 전도인"으로 온 세상을 방방곡곡 누비고 다녔던 것이다. 우리 떠돌이 신앙인들에게는 복잡하고 예민한 국가와 교회의 관계라든가, 종교인이 정치와 정부에 대해서 어떻게 행동해야 하느냐 하는 문제는 문제도 아니었다. 하나님의 율법대로 복종해서 말하고 행동하면 되는 것이고, 일본 경찰과 헌병에게 매를 맞고 천대를 받더라도 예수님의 십자가의 고난을 생각하면서 "할렐루야"를 노래하며 이겨내는 것이 전부였다.

일본제국주의 강점기의 조선의 그리스도인은 일본의 국가지상주의와 천황제를 마귀가 아니면 우상으로 배격하고 저항했다. 일본제국주의 식민지 통치자들은 이를 알고 있었다. 그래서 조선의 기독교를 억압하거나 말살시켜야 했는데, 그렇게 못하면 통제하고 감시하고 억제해야 한다고 결심했던 것이다. 일제 강점기의 교회와 국가는 적대관계에 있었다고 단언할 수 있다. 조선의 기독교 지도자들이 교회와 교회 기관의 유지를 위해서 일본 통치에 순응하고 신사참배 강요에까지 굴복해야 했던 것은 수치스러운 역사이고, "어쩔 수 없는 상황이었다"고 변명하기 부끄러운 일이다. 그러나 이 수치스러운 역사 속에서도 우리 믿음의 조상들은 우리 민족의 해방과 구원의 희망마저 잃은 것은 아니었을 것이다. 우리에게 주기철 목사 같은 순교자들이 있었고 전도사 우리 아버지 같은 이름 없는 항일 민족주의 신앙인이 있었기 때문이다.

제2장

공산 치하의 북한교회

해방과 분단과 전쟁 사이

해방의 정치사, 분단 극복의 정치사

일제 강점기 한국 기독교의 역사는 민족 해방과 조선의 자주독립을 위한 애국애족의 역사, 일본제국주의 식민지 억압정치에 대한 저항과 정치투쟁의 역사였다. 1945년 해방 이후 우리의 역사는 민주주의와 분단 극복, 평화와 남북통일을 향한 정치사(政治史)이다.

만주에서 일본 패망의 소식을 접한 우리 가족은 얼마 안 되는 이삿짐을 싸들고 다시 피난민처럼 초만원인 기차를 타고 압록강을 넘었다. 우리는 모두 들떠 있었다. 고향인 한국으로 돌아간다는 설렘과 함께, 우리 민족의 미래에 대한 기대와 의문으로 불안하기도 했다. 앞으로 우리 생활은 어떻게 달라질 것이며 한국이라는 나라가 어떻게 될 것인가? 아버지에게 수없이 질문을 던졌으나, 돌아오는 대답은 "나도 모른다. 하나님이 우리 민족을 버리지 않고 해방을 주셨으니, 앞으로도 잘될 거다"였다. 나는 "잘된다"는 것의 내용이 궁금했다. "어떻게 잘된다"는 것인가 질문하고 싶었지만, 아버지의 대답은 역시

"나도 모른다. 하나님······"이라고 하실 것이 분명했기 때문에 다시 질문하지 못했다.

압록강을 건너 평양을 향해 달리는 기차 속에서, 아버지는 한반도가 북위 38도를 따라 남과 북으로 분단된다는 소식을 들었다. 북위 38도선을 사이에 두고 이북에는 소련 군대가 주둔하고, 이남에는 미국 군대가 주둔하게 된다는 것이다. 그게 무슨 소린지 나는 알 수가 없었다. 아버지도 잘 모르는 것 같아 질문을 하지도 않았다. 그래도 마음이 놓이는 것은 미군과 소련군이 한반도를 점령하고, 일본 군대가 모두 철수하고, 일본 총독부도 없어지고, 조선에 살던 일본 사람들 모두 본국으로 돌아간다는 것이었다. 아버지 말로는 만주와 조선에서 살던 일본 사람들이 마을에서 쫓겨나기도 하고 폭행을 당하기도 한다는 소식이 들린다는 것이었다.

왜 38선인가? 1945년 8월 12일부터 북조선 동북쪽에 쳐들어와서는 한 주도 안 되게 싸운 것을 공적으로 내세워 소련이 한반도 절반 이상을 차지한다는 게 말이 되는가? 아버지의 대답은 소련의 스탈린과 미국의 루스벨트, 영국의 처칠 수상 등 참전국 정상들이 우크라이나의 남단 항구도시 얄타에서 한국 문제를 가지고 논의한 결과라는 것이다. 이 말을 전하는 아버지는 분개하고 있었다. 그야말로 "왜 분단된 고국으로 가야 하는가? 왜 우리가 돌아가는 북한 땅에 붉은 군대가 들어와야 하는가? 북한 땅 고향에 가고 싶은 생각이 없어진다." 기차 속에서 아버지는 남북 분단에 대해서 울분을 토하고 계셨지만, 기차가 평양에 도착하자 우리 모두에게 하차를 명하셨다. 그리고 평안북도(지금은 자강도) 강계로 가는 기차를 갈아타라는 명령을 내리셨다.

해방과 분단의 북한 학교생활

그렇게 우리 가족은 북한 땅에 자리 잡고 살게 되었다. 우리 일곱 식구, 5남매와 아버지와 어머니는 집도 돈도 없는, 그야말로 전쟁 피난민과 다름이 없었다. 떠돌이 일곱 식구는 저마다 보따리 지고 메고, 갈 곳이 없었다. 우선 강계 근처에 있는 외가에 처들어갔다. 외가란 내가 13살 때 만주에서 영양실조와 폐병으로 돌아가신 김경숙 어머니의 부모님과 외아들 외삼촌댁을 말한다 (어머니의 동생인 이모님도 부농인 이모부와 함께 근처에 살고 있었다). 외삼촌에게는 광수라는 외아들이 있었다. 외삼촌은 평양 숭실전문학교를 졸업하고 강계 지방 이곳저곳에서 소학교 교사로 봉직하다가 시골학교 교장으로 수고하고 있었다. 외할머니는 우선 우리 식구들을 반기고 환영하고 돌보았다. 눈물겨운 상봉에 그 많은 식구가 가난을 나누어 먹고 몇 주를 지냈다. 전도사 아버지는 선배 목사님들을 찾아다니며 일할 수 있는 교회를 알아보았다. 일제 경찰의 탄압으로, 전쟁으로 교회는 피폐해지고 문을 닫은 교회도 많아서 교인들을 다시 모으는 것 역시 그리 쉬운 일이 아니었다. 게다가 전도사 식구 일곱은 작은 시골 교회로서는 너무도 부담스러웠다. 그런대로 강계 남쪽 시골의 아주 작은 교회에서 우리를 받아주었다. 그리고 나는 강계에 있는 공립 중학교에 전학할 수 있었다. 해방된 해 1945년 9월 학기였다.

8월 15일에 해방이 되자마자 9월에 학교를 열어야 했으니, 학교가 제대로 돌아갈 리 없었다. 모든 것을 새로 시작해야 했다. 우선 교과서들을 일본말에서 우리말로 고치는 일부터 쉬운 일이 아니었다. 일본 선생들이 모두 다 일본으로 돌아가는 바람에 한국 선생님들을 모시는 일 역시 쉬운 일이 아니었다. 그런대로 우리 학생들은 즐겁고 신나기만 했다. 무엇보다도 외국어인 일본말을 강제로 하지 않아도 되었다. 학교에서 자유롭게 우리말로 떠들고 우리말로 공부하고 우리말로 생각하고 우리말로 말싸움을 한다는 것이 신기하기도 하고 믿어지지 않기까지 했다. 해방이란 것이 이런 것이구나 싶었다.

중학교 교실과 기숙사와 강당, 교정에서까지 일본 글씨와 일본 그림자가 없어지기 시작했다. 그러나 그 자리에 붉은색의 한글로 된 김일성과 공산당 구호들이 나타나기 시작했다. 학교 대문에, 학교 강당에, 그리고 교실 안에 까지 "해방 붉은 군대 만세!", "항일 투쟁 조선 인민 독립 만세!", "김일성 장군 만세!"라고 쓴 굵직굵직한 붉은 글씨의 현수막들이 나붙기 시작했다. 학교 전체가 하루아침에 붉게 물들어버린 강압감을 느꼈다.

나는 내 눈으로 소련 군인을 직접 만나본 적은 없다. 소문으로 일본 군대가 주둔하고 있던 군 기지에 소련군이 주둔하게 되었다는 소리는 듣고 있었다. 소련 군인들이 일본 군인들이 타고 다니던 무개차보다 더 멋있는 군용차를 타고 다니는 것을 보았다는 친구들의 말을 들어보면, 일본 군인들보다 훨씬 더 멋있다는 것이었다. 키도 크고 웃고 떠드는 것이 일본 군인들처럼 무섭지 않고 오히려 친근감이 가더라는 것이었다. 그러나 들려오는 소식은 소련 군인들이 떼를 지어 다니면서 한국 사람들이 차고 있는 시계를 빼앗아 가진다는 것이었다. 심지어 어떤 소련 군인은 빼앗은 시계가 너무 많아서 팔뚝에서 어깨까지 차고 자랑하며 다닌다는 것이었다. 우리는 밤에 베고 자던 베개 같은 굳은 식빵 덩어리를 아침에는 그냥 뜯어 먹는 "야만인"이라고까지 흉을 보면서 소련 군대를 폄하했다. 우리 학생들 사이에는 소련의 "붉은 군대"를 환영하기보다는 멸시하고 혐오하는 분위기가 팽배해 있었던 것 같다. 해방과 함께 찾아온 이방 군대에 대한 태도의 불확실성과 갈등, 그리고 분단에 대한 위기감과 한반도의 미래에 대한 희망으로 학교 안과 밖은 무엇인지 모르게 불안하고 불안정하게 느껴졌다. 15살 중학교 3학년 소년으로서는 도저히 헤아리기 어려운 답답함이 가슴을 짓누르고 있었다고나 할까. 실로 69년 전의 나의 심정을 표현하기 어렵다.

학교에서 배우는 과목이 조금씩 변해갔다. 그래도 변하지 않는 것은 수학 과목과 물리, 화학 등 자연과학 과목이었고, 선생님들도 일본 학교에서 가르치던 한국인 선생님들이었다. 영어 시간과 영어 교과서는 일본 시대에 쓰던 그대로였다. 그러나 러시아어를 새로 배우기 시작했다. 동기생들의 러시아어 수업태도는 나빴다. 얼마 안 가서 폐지될 러시아어 과목을 왜 성실하게 해야 하느냐는 태도였다. 사회과목에 "소련공산당사"가 새로 추가되었다. 난생 처음으로 맑스, 엥겔스에다가 소련 혁명사와 스탈린 이야기를 귀가 닳도록 들어야 했다. 역시 학생들의 수업태도는 우리말 국어시간이나 수학시간과는 전혀 다른 것이었다고 기억한다.

학교 당국의 노력과는 상관없이 학생들은 일본식 강압적 교육에 저항하고 반대하던 학습태도의 연장선상에서, 소련의 붉은 군대와 김일성 장군에 대해서 회의적이었고 러시아말 공부와 소련공산당사 수업, 그리고 학교 전체를 도배질하다시피 한 붉은 글씨의 현수막 등에 대해서 반감을 나타냈다. 무엇이라고 분명하게 말할 수는 없었지만, "해방이 이게 아닌데······ 소련 군대가 날치고 공산주의가 지배하는 나라를 생각한 것이 아닌데" 하는, 막연한 의구심과 저항의식이 우리 어린 학생들 가슴을 짓누르고 있었던 것 같다. 그래서 휴식 시간이나 방과 후에는 삼삼오오 모여 서서 어디서 들었다는 소문을 퍼뜨리고, 유언비어를 속삭이는 일이 비일비재했다. 물론 선생님들은 그러면 안 된다고 훈시를 하면서도 일부 선생님들은 우리가 속삭이는 유언비어를 듣고 싶어하는 눈치였다.

북한교회의 목회생활

전도사 아버지는 만주 봉천(지금의 심양)에서의 신학교 졸업장을 가지고 장로회 산서노회 지도자들을 찾아다니면서 백방으로 목사 안수 절차를 밟았다. 결국 1945년 가을 "해방 노회"에서 목사 안수를 받았다. 목사 안수를 받고 초빙받은 곳이 강계로부터 동북쪽으로 백두산을 향해 가다가 첫 번째 고을이라고 하는 후창(厚昌)이었다. 아버지는 신들린 사람처럼 신나게 해방된 교회를 위하여 온 정성을 다했다. 하지만 해방이 되었다고 우리 집 살림이 나아진 것은 없었다. 여전히 가난하고, 여전히 배고픈 삶을 살아야 했다. 목사 아버지는 급속히 공산화해가는 세상에서 남북 분단의 문제를 고민하고 미군이 주둔한 남한의 정세와 교회 소문에 신경을 쓰면서 좌절과 희망 사이에서 기독교 신앙을 지키고 키우는 일에 고심하고 있었다.

해방 후 북조선 정세와 교회의 정치활동을 다음과 같이 정리해본다.[1]

> 1945년 8월 17일, 신사참배 거부자 10여 명 평양감옥 출옥
>
> 1945년 8월 26일, 평남 인민정치위원회 조직(위원장 조만식 장로)
>
> 1945년 9월 18일, 평북 신의주에서 기독교 사회민주당 결성(윤하영, 한경직 목사 등)
>
> **1945년 10월 12일, 북조선주둔 소련 25군사령관 성명서에서 "교회에서 예배하는 일을 허가한다"고 명기**(이하의 강조 표시는 모두 필자)
>
> 1945년 11월 3일, 조선민주당 창립(당수: 조만식 장로)
>
> 1945년 11월, 평양에서 김화식, 황봉찬 등이 기독교자유당 결성 모의 중 당국에 적발됨
>
> 1945년 11월 18일, 신의주 반공반소학생의거(사망 23명, 중경상 700여 명)
>
> **1945년 12월 28일, 모스크바 삼상회의에서 한국 신탁통치안 가결**[2]

40대 초반에 해방 한국교회의 초년 목사로 취임한 목사 아버지가 평양과 평북 도청 소재지인 신의주 등지에서 일어나고 있는 정치 동향에 대해서 어느 정도 알고 있었는지 뚜렷한 기억이 없다. 아버지는 알고 있으면서, 어린 중학생인 나에게 이야기할 마음도 기회도 없었을 것이다. 목사가 어린 아들과 정치 이야기를 한다는 것을 꺼려했을지도 모른다. 더욱 알 수 없는 것은 아버지가 해방 정국에서 어떤 정치를 원하고 희망했는지이다. 항일 목사로서 민족주의적인 입장에서 자주독립의 희망과 목표는 다른 한국교회 목회자들과 다를 바 없었을 것이다. 일제 강점기에 신학을 공부해서 목회자가 되었고, 일제의 한민족 말살정책의 와중에서 신사참배를 거부하고 만주로 망명할 정도의 항일 기독교인이었던 정치적 감각으로 아버지는 소련군의 점령을 싫어했고,

외세의 간섭과 지배 없는 자주독립을 원하는 민족주의자임에는 틀림없었던 것 같다. 그러나 교회와 교회 지도자의 정치 참여에 대해서는 어떤 입장을 가지고 있었는지 어린 중학생인 나는 알 수가 없었다.

목사 아버지는 1945년 해방 직후 몇 달 동안 북한의 교회 지도자들이 정당을 만들고 해방 한국의 정치적 방향을 모색하며 활동하기 시작한 것을 모르고 있었거나 관심을 보이지 않은 것 같다. 한국기독교역사연구소가 1996년 이만열 교수의 이름으로 펴낸 『북한교회사』는 단적으로 북한의 개신교는 "정치화"했다고 한다.3) 그 책에서 "개신교의 정치화"라는 제하의 한 대목은 다음과 같이 시작하고 있다.

> 이미 여러 차례 지적하였듯이, 해방 직후부터 기독교인들의 행동방식은 놀랄 만큼 정치화되었다. 해방이라는 사태를 맞아, 개신교 지도자들은 북한의 정치 및 종교집단들을 통틀어 가장 신속한 대응을 보였다. 해방과 거의 동시에 북한 전역에서 결성되기 시작한 건준 내지 지역자치조직 가운데 함경도를 제외한 평남건준(위원장 조만식 장로), 황해도 건준(위원장 김용순 목사), 평북자치위원회(위원장 이유필 장로)는 모두 유력한 개신교 지도자들에 의해 주도되었다.4)

한마디로 말해서, 북한에서는 해방 정국을 개신교 지도자들이 나서서 이끌어 나갔다는 것이다. 개신교 지도자들이 해방된 조국의 미래를 열어 나가겠다는 것이었다.

그러나 북한의 그리스도인들이 해방되자마자 갑자기 "정치화"한 것은 아니었다. 종교인들, 특히 기독교 종교지도자들이 갑자기 정당을 만들고 해방 정국의 정치 일선으로 돌입한 돌연변이었던 것은 아니다. 개신교가 19세기 말 조선시대에 미국 선교사들을 중심으로 전파되었을 때, 선교사들이 현대 의료사업과 현대 교육사업으로 선교를 시작하면서부터, 기독교교육을 받고 기독교에 귀의하는 조선 사람들이 서방 근대 사상과 이념으로 생각을 바꾸게 되면서부터 "정치화"되기 시작한 것이었다. 기독교의 힘으로 조선을 새롭게 만들어야겠다는 생각과 다짐은 조국의 개화와 개방을 향한 "정치화"의 동기였다. 특히 조선이 일본제국주의의 강점으로 나라를 잃게 된 마당에 기독교는 조국의 자주독립과 민족의 해방과 자유를 위한 정신적 무기였으며 교회는 그 정치활동의 마당이 되었던 것이다. 단적으로 말해서 조선의 초기 개신교도들은 이미 "정치화"되어 있었다. 이장식 교수의 말대로 "한국 초대 기독교의 기적적인 선교성취의 두 가지 요인은 한국교회의 신앙과 애국심이었다".5) 조선의 그리스도인들은 그리스도의 복음을 정치적으로 수용했던 것이다.

일제 강점기에 105인 사건, 3.1 운동 등에서 한국 그리스도인들은 일제에 저항하여 자주독립운동을 전개했고, 식민지교육정책과 신사참배 등 일본제국주의의 한민족 노예화 획책에 저항해온 그 숨은 저력이 해방 정국에 분출한 것이었다. 일제 강점기에 이미 탄압과 억압, 그리고 이에 대한 저항과 투쟁을 통하여 "정치화"되어온 한국의 개신교는 해방과 함께 조국의 자주독립을 위해 정면으로 "정치화"되었고 정치 세력화한 것이었다.

해방 정국에서 북한의 기독교가 정치세력화할 수 있었던 중요한 요인으로는 첫째, 교육과 전도를 통한 "의식화"를 들 수 있겠다(이것은 북한에 한정된 것이 아니었다). 선교사들이 시작한 교육사업은 개화기부터 한국의 기독교 지식인 배출에 기여했다. 그리고 그리스도의 복음을 전파하기 위한 매체로 한자나 한문이 아닌 한글을 선택한 것은 매우 주효했다. 글을 읽지 못하던 초기 기독교 대중이 기독교의 성경을 통해 글을 읽게 되었다는 것은 전도를 위해서만이 아니라 민족정신의 고취에 도움이 되었던 것이다. 한 통계에 의하면 1945년 당시 북한의 문맹률은 35%라고 한다.6) 그러나 교회에 출석하는 교인들은 대부분 글을 읽고 쓸 수 있었고, 성경을 매일 아침 읽고 암송할 수 있을 정도였다.

둘째, 북한 그리스도인들은 이미 "반(反)봉건적"이었고 "반제국주의자"들이었다. 북한 사람들은 진취적인 기상을 갖고 있을 뿐만 아니라 조선시대 중앙

정치로부터 소외를 당해온 정치적 경험에 의한 "저항의식"도 유전되어오고 있어서 그들의 의식 속에서는 "새로운 것에 대한 개방성"이 작동하고 있었다. 이 때문에 새로운 종교에 쉽게, 그러나 강력하게 귀의하여 결속하게 된 것이다. 1945년 해방 당시 북한의 개신교 인구가 북한 인구 약 1000만 명 중 23만 명 정도였는데 이 중 평안남북도에 68.1%, 황해도에 21.1%가 거주하고 있었다고 하니 거의 90%의 북한 개신교도들이 서북지역에 위치하고 있은 셈이다. 조만식 장로의 조선민주당이 평양을 중심으로 한 평안남도에, 한경직 목사의 기독교사회민주당이 평안북도 도청소재지인 신의주에서 발족되었다는 것은 당시 한국 개신교, 특히 장로교회의 교세가 서북지역에서 강했다는 것을 말해준다. 이들은 기독교 복음을 통해 이미 "민족주의적 민주주의 신봉자"들로 정치의식화되어 있었던 것이다.[7]

셋째로 생각할 수 있는 것은 일반 사회의 정치생활과는 달리 교회 안에서의 공동체 생활은 (정치)훈련의 과정이었다는 점이다. 한국의 교인들은 교회 안에서 처음으로 "선거"라는 것을 배웠다. 교회 공동체의 직분을 맡기는 일부터 목사가 일방적으로 임명하는 것이 아니라 교회 구성원들이 직분을 선출하는 것이었다. 일제 강점기에 모든 것이 위로부터 명령 일색으로 진행되는 사회정치적 환경에서, 교회의 직분을 일반 신도들이 선거라는 제도를 통해서 선출하고 교인들의 이름으로 임명한다는 것은 대단히 "혁명적"인 발상이었다. 교회의 장로나 심지어 최고 지도자인 목사까지도 교인들의 "다수결"에 의하여 초빙하고 파면할 수 있다는 것은 일반 사회에서는 있을 수 없는 파격적인 일이었다. 나아가서 교회 공동체의 회중이 회의에서 발언을 하고 동의 재청을 하고 손을 들어 거수함으로써 다수결로 공동체의 안건을 결정한다는 "민주적인 회의 절차"도 처음 경험하는 것이었다. 적어도 한국의 교인들은 교회 공동체 안에서 이러한 민주주의적 "정치훈련"을 받아온 것이다. 그래서 알게 모르게 대의제(代議制)라든가, 공화제(共和制)라는 낯선 정치제도에 익숙해 있었다. 그래서 기독교 지도자들이 참여한 3.1 독립운동에서 조선시대의 왕권 복귀를 제창하지 않았던 것이고 일제 강점기 독립운동 역시 민주주의 공화제의 수립을 분명하게 목표로 삼게 되었던 것이다. 이러한 민주주의 정치제도에 입각한 체제의 수립은 한경직 목사 등이 결성한 기독교사회민주당의 강령에 명쾌하게 나타나 있었다. 기독교사회민주당은 "민주주의 정부의 수립과 기독교 정신에 의한 사회개량"이 그 강령이었다.[8]

마지막으로 거론할 수 있는 것은, 보다 직접적이고 현실적으로 남과 북을 막론하고 한국의 기독교는 미국 선교사들에게서 전수된 것이어서 친미적일 수밖에 없었다는 점이다. 이 점은 초기 선교사들이 미국 사람들이었다는 것도 있지만, 한국은 다른 아시아 나라들, 특히 동남아시아 나라들과는 달리 선교사들을 파견한 유럽 열강들의 식민지가 아니었기 때문에 일제 강점기에 항일 자주독립운동에 앞장서고 저항할 수 있었던 정신적 힘을 미국으로부터 받을 수 있었다. 그래서 동북아시아와 동남아시아 나라들 중 유독 한국의 기독교 인구가 필리핀의 가톨릭 인구를 제외하고 두드러지게 많은 것이다.

그러므로 심정적으로라도 북한의 그리스도인들은 친미적이고 반소, 반공산주의적일 수밖에 없었던 것이다. 김일성은 북한으로 돌아온 직후부터 한국 그리스도인의 친미 경향을 못마땅히 여겼다. 김일성은 일찍이 1945년 10월 25일에 11월 3일 주일 선거문제를 놓고, 소위 진보적 목사들과 대화하는 자리에서 "미국의 하늘을 보고 기도하지 말고 조선의 하늘을 보고 기도하라"고 하고 "조선의 예수를 믿으라"고 말한 바 있다.[9] 그런가 하면, 같은 시기에 김일성은 "이제부터는 종교도 국가와 인민의 이익에 복종되어야 하며, 우리 민족의 이익을 위한 종교가 되어야 한다. 그러한 종교만이 조선 사람이 믿을 수 있는 종교로 될 수 있다. …… 하느님을 믿어도 남의 나라 것이 아니라 조선의 하느님을 믿어야 하며, 숭미(崇美) 사상을 퍼뜨리는 신자가 될 것이 아니라 조국의 자주독립을 위하여 투쟁하는 애국적 종교인이 되라"고 말했다.[10] 이런 발언의 배경에는 북한의 그리스도인들이 모두 친미, 반공 심지어는 반민족적이라는 편견과 인식이 자리 잡고 있었던 것이다.

우리 아버지도 친미, 반공, 반민족적 "미국의 스파이"라는 낙인이 찍혀 있었다. 우리 형제들 모두 북한에서는 "출신성분"이 불온하거나 나쁜 것으로 분류되어 있었다.[11] 북한에서 출신성분이 나쁜 것으로 분류되면 2등, 3등 시민으로 차별을 받는다. 심지어 김일성대학 진학도 미리 알아서 포기해야 했다.

북한 해방 정국의 공산주의화

중학교 학생이었던 나는 목사 아버지에게서 평양과 신의주 등지에서 일어나고 있는 개신교 지도자들의 정치활동에 대해서 들은 바가 전혀 없다. 다만 설교를 통해서 개신교 지도자 목사님들이나 장로님들이 해방된 조국에 새로운 희망을 주고 있다는 이야기를 종종 하신 것은 분명히 기억하고 있다. 그래도 "민주당"이니 "사회민주당" 혹은 "자유당" 같은 "당(黨)"이 무슨 일을 하는지 잘 이해가 가지 않았다. "공산당"이 소련의 유일한 정당이라는 것, 공산당은 피압박계급인 농민과 노동자들이 독재하는 정당이라는 정도는 학교에서 하는 주입식 "세뇌교육" 덕분에 알고 있었다. 아버지의 말로는 공산당은 무서운 정당이고, 공산주의자들은 신의 존재, 기독교가 믿는 하나님을 믿지 않고, 신이 도대체 존재하지 않는다고 믿는 무신론(無神論)자들이며, 기독교를 반대하는 "악마"들이었다. 무산대중(無産大衆)을 위한다고 하지만 거짓말이고, 사실은 무산대중을 착취하는 억압자라는 것이었다. 소련이 그런 나라이고, 스탈린은 독일과 싸우면서 승리하여 약소민족들을 해방했다고 하지만 사실은 소련 주변의 여러 작은 나라들을 "식민지화"했다는 것이다. 이제 북한에서도 소련과 김일성이 이끄는 공산당이 득세하면 기독교는 살아남을 수 없다고 하면서 한숨을 쉬시는 일이 자주 있었다.

나는 학교에서 선생들이 주입하는 공산주의와 소련과 공산당에 대한 이야기와 목사 아버지가 말하는 북한의 해방 정치에 대한 무서운 이야기 사이에서 고민했다. 나는 아버지의 이야기가 학교 선생들의 이야기보다 더 옳다고 믿기 시작했다. 무엇보다도 학교 선생들이 기독교에 대한 비판적인 이야기를 할 때나 교회에 다닌다는 학생들에게 취하는 적대적인 태도가 싫었다. 선생들에게 이 문제에 대해서 질문을 던지기가 무서웠고, 무엇보다 질문이란 것 자체가 도대체 허용되지 않았다. 사실 일부 선생들을 제외한 대부분의 선생들도 내어놓고 솔직한 말을 못하고 오히려 공포에 떨고 있었던 것 같았다. 그리고 어떤 선생이 교실에 나타나지 않으면, "월남"했다는 소문이 돌기도 했다. 이러는 동안 아버지는 어느 누구 목사는 야반도주해서 가방 하나만 들고 38선을 넘어 월남했다더라, 누구 목사는 도중에 공산군에 잡혀서 처형됐다더라, 지주였던 어느 교회 장로는 땅을 모두 뺏기고 오갈 데 없어서 우물쭈물하던 터에 소작인들에게 잡혀서 인민재판을 당하고 그 자리에서 "민족반역자"라는 죄명으로 살해당했다는 끔찍한 이야기 등등을 어머니와 쉬쉬하면서 나누었다.

『북한교회사』에서 정리한 연표[12]에는 신의주학생사건 이후에 발생한 일련의 사태가 북한교회의 "비정치화" 과정이며 공산정권의 기독교 박해와 탄압의 역사였음이 드러난다.

> 1946년 1월 5일, 조만식이 고려호텔에 감금되고, 2월 5일 조만식 규탄선언문 채택
>
> **1946년 2월 7일, 북조선 임시인민위원회 성립**
>
> 1946년 2월 26일, 기독교계의 3.1절 기념행사 방해, 평양의 교계지도자 60명 체포
>
> **1946년 3월 5일, 북조선 임시인민위원회(위원장 김일성, 서기 강양욱) 명의의 토지개혁 결정 발표(교회 재산 등 종교재산 몰수 포함)**
>
> 1946년 5월 한 달 동안 북한 천주교 박해, 독일인 신부 18명, 수사 17명, 수녀 3명 체포 수감

1946년 9월 5일, 북조선 임시인민위원회에서 11월 3일 주일을 인민위원 선거일로 결정

1946년 10월 20일, 이북 5도연합노회에서 주일선거 반대결의문 발표, 11월 3일 주일선거에 불참

1946년 11월 28일, 북조선기독교도연맹 창립

한경직 목사 등이 기독교사회민주당을, 조만식 장로 등이 조선민주당을 창립하여 북한의 기독교계가 정치화하기 시작했을 때만 해도, 소련군과 함께 돌아온 김일성과 그가 이끄는 공산당세력 사이에는 "반제 반봉건 민주주의 혁명"의 과제를 놓고 새 정부 수립을 위한 협력과 합세가 가능한 것처럼 보였다. 그러나 해방 후 몇 달이 지나지 않아 이러한 협력관계는 갈등과 경쟁, 나아가서 분열과 투쟁의 관계로 악화되어갔다. 그 원인의 하나는 이념의 문제였고, 다른 하나는 계급의 문제였다 하겠다. 기독교의 유신론과 공산주의의 무신론은 양립하기가 어려웠으며, 한국 기독교의 계급 성분은 중산층, 지식층에다가 지주와 중농층, 기업가, 중소 상인층이었고, 공산당의 주체는 무산계급, 노동자, 농민이었다. 공산당 정권에 편입된 기독교 지도자들은 기독교도연맹을 결성하고 모든 개신교 목사들을 포섭하기 시작했다. 북한의 해방 정국에서의 교회와 국가의 관계는 갈등관계를 넘어서 적대관계가 되어갔다. 그야말로 로마제국 치하에서 초기 기독교가 겪었던 국가와의 갈등관계에 버금가는 상태였다 하겠다.

1945년 12월에 있었던 모스크바 외상회의에서 한국을 분할 신탁통치하자는 결의에 대한 남과 북의 기독교인들의 반대 역시 교회와 북한 당국과의 관계를 악화시켰다. 그리고 나아가서 1946년 3월, 북한 공산당 임시정권에 의해 전격적으로 그리고 강제적으로 실시된 토지개혁은 이념적 갈등을 넘어 계급적 갈등을 일으키면서 지주들과 중농을 중심으로 한 교회와 갈등과 충돌을 빚게 했다. 같은 해 3.1절 행사를 두고 교회와 공산세력이 갈등한 것도 토지개

혁을 중심으로 한 갈등의 표출이라고 하겠다. 『북한교회사』의 저자가 지적한 대로, "전체적으로 볼 때 기독교인들은 토지개혁의 '수혜자'라기보다는 '피해자'에 가까웠기 때문이다".[13] 토지개혁과 함께 교회 소유의 부동산 역시 박탈당한 형편에서 공산세력과 교회의 갈등은 증폭되기만 했다. 아버지가 목회하던 교회의 장로님들과 집사님들이 밤중에 비밀리에 찾아와 눈물을 흘리며 작별인사를 나누는 광경을 너무 많이 보았다. 정처 없이 기약 없이 38선을 넘어 보겠다는 것이었다. "목사님 가족도 같이 떠나셔야 합니다"라는 충고 아닌 충고와 함께.

서울의 영락교회의 목사였다가 후일 도미하여 한인교회를 목회하면서 평양의 김일성대학에서 기독교를 강의한 적도 있는 홍동근 목사의 말을 빌리지 않아도 토지개혁 이후의 평양지역 교회를 위시한 북한의 교회들에서는 밤마다 반공부흥회가 있었다. "공산당을 공공연하게 욕할수록 유능한 설교자요 순교자적 목사로 찬미되었다." 아버지의 설교가 나에게는 그토록 내어놓고 공산당을 비난하거나 "저주"하는 것으로 들리지는 않았다. 가끔 눈물을 흘리면서 해방이 해방이 아닌 것이 되어버린, 분단의 족쇄를 매고 살아야 하는 민족의 아픔과 슬픔을 말하면서 일제 강점기에 하시던 설교, 애굽의 노예로 고생하던 이스라엘 백성들의 해방을 다시 역설하시면서 희망을 잃지 말자고 하시던 말씀이 기억난다.

북한교회에 팽배한 반공주의적 언행에 반대하여 북한 공산당 김일성이 추진하는 사회주의 통일전선에 협조하는 일부 기독교 지도자들은 강양욱 목사를 중심으로 하여 1946년 11월 28일 평양신양리교회에서 북조선기독교도연맹 창립대회를 열고 이 자리에서 다음과 같은 강령을 발표했다.

1. 기독교의 박애적 원칙에 기초하여 인민의 애국심을 환기하며 조선의 완전 독립을 위하여 건국사업에 협력할 것
2. 민주조선 건국에 해독인 죄악과 항쟁하고 도의(道義) 건설을 위하여 분투

할 것

3. 언론, 출판, 집회, 결사 및 선교의 자유를 보장하기 위하여 진력할 것

4. 기독교의 발전을 위하여 매진할 것[14]

기독교도연맹의 강령은 얼핏 보아 별로 문제 삼을 것이 없어 보인다. 강령 1항에는 기독교의 박애정신, 사랑의 정신을 원칙으로 하고 있으며 애국 애족과 조선의 완전 독립을 주장하고 있다. 3항은 모든 민주주의 국가의 인권과 자유권의 보장을 주장하고 있으며 4항의 기독교 발전을 위한다는 강령은 지금의 우리 입장에서도 기독교인으로서 환영할 만한 것이다.

다만 2항의 강령은 애매모호하다. "민주조선 건국에 해독인 죄악"이 무엇인가? 바로 반공 반소 행위를 말하는 것인가라고 질문하게 된다. 『북한교회사』의 저자는 단적으로 판단하기를 "강령의 우선순위로 보나 각 항목의 내용으로 보나, 이 단체(기독교도연맹)는 정치적, 사회적 목적을 전면에 내세우고 있을 뿐 아니라 친공산당적 지향도 분명히 하고 있다."[15] 이 판단은 연맹의 강령이 그리스도인들의 "신앙고백"이라기보다는 하나의 정치 단체의 정치적 선언으로 보인다는 뜻일 것이다. 한경직 목사나 조만식 장로의 "기독교 정당" 출범과 맞먹는, 친공산주의적, 친정부적 북한 기독교의 "정치화"라고 말할 수 있다.

북한의 개신교 목사의 거의 3분의 1이 "타의 반, 자의 반" 소신에 따라, 혹은 강권과 압박에 마지못해 기독교도연맹 회원이 되었다. 2000명에 가까운 교직자 수의 3분의 1이면 600명에서 700명 가까운 회원을 확보했음을 알 수 있다. 3분의 2는 가입을 거절하거나 거부했고 오히려 항의 반발하고 월남했을 가능성이 높다. 우리 아버지는 이 문제를 놓고 많이 고민했던 것으로 기억한다. "강양욱 목사를 만났어……"라는 이야기를 저녁식사 자리에서 어머니와 나누는 것을 들은 것 같기도 하다. 아버지는 김익두 목사가 연맹의 초대 위원장직을 맡았다는 이야기를 했다. 김익두 목사는 황해도 총회장을 역임한

분인데, 내가 어렸을 때부터 그의 부흥강사로서의 명성을 듣고 있었다. 아버지 교회의 부흥강사로 초청되어 우리집에도 모셨던 기억이 나는 분이다. 기록에 의하면 김익두 목사는 친공 기독교도연맹의 초대 위원장까지 역임한 분인데도 6.25 전쟁통에 인민군 사격장의 이슬로 순교하셨다고 한다. 『북한교회사』에 의하면 연맹에는 천주교 신부는 가맹을 거부했고 주로 장로교 목사들이 가맹했는데, 평안도 지역보다 함경도와 황해도 지역에서 많이 가맹했다고 기록되어 있다.[16]

기독교도연맹 창립을 주도한 강양욱 목사는 김일성의 가까운 외척이고 김일성의 소학교 시절의 담임선생이었다. 1903년생으로 조선최고인민회의 제1기 대의원과 상임위원회 서기장을 거쳐 1972년과 1981년에는 국가 부주석으로 제2인자의 자리를 차지한 최고 지도자였다. 김일성의 외할아버지 강돈욱 장로의 육촌동생이라고 알려졌다. 강양욱 목사가 1946년 3.1절 행사를 기독교인들이 독자적으로 개최하는 것을 반대한다는 이유로 일부 기독교신자 청년들이 그의 목사관에 폭탄을 투척하여 자녀들이 폭사한 비극이 있었다고 전해진다.[17]

아버지는 이런 이야기를 우리에게 해주신 적이 없다. 나는 1986년 이후 서너 번에 걸쳐서 남한 기독교 대표들과 함께 스위스와 캐나다 그리고 미국 등에서 북조선 기독교도연맹 대표들과 회동하여 조국의 평화통일을 위해 함께 기도하고 회담을 했다. 이 자리에는 대부분 강양욱 목사 아들인 고 강영섭 목사가 북한기독교도연맹을 대표해서 참석했다. 나는 우리 아버지의 지인이면서 원수처럼 생각하던 강양욱 목사의 아들을 외국에서 만나게 된 것이 못내 어색하면서도 반가웠다. 평양 고향사람을 만나는 기분이었다. 그리고 나와 동갑내기였다. 몇 번 만났는데, 강 목사 집안에 그런 비극이 있었다는 이야기를 들을 만한 기회가 없었다. 나는 강양욱 목사가 우리 아버지에게 기독교도연맹 가입을 강권했으나 거절하셨던 것을 이야기했지만, 강영섭 목사의 반응은 냉랭했던 것 같다.

강영섭 목사와의 만남에서 생긴 일화 한 토막을 소개하고자 한다. 1991년 엔가 캐나다 몬트리올에서 WCC 회원 교회 대표들과 캐나다 정부 대표들이 남북한 기독교 대표들과 만난 공식 장소에서, 북한 기독교 대표로 강영섭 목사가 주제발표를 하고, 내가 남한 교회를 대표해서 남한 교회의 입장을 말하게 되어 있었다. 회의 장소에 도착하자, 강영섭 목사가 나를 기다렸다는 듯이 다가왔다. "서 박사님, 내가 주제 발표할 때, 서 박사님이 동시통역을 해주십시오" 하는 간청이었다. "아니, 정식 통역관이 함께 왔지 않습니까? 왜 저더러……." 나는 당황했다. "아닙니다. 우리 통역은 통역이 아니에요. 우리 대표단을 감시하러 온 사람이디요. 부탁합니다. 회의를 하다 보니 박사님 영어가 제일 분명하고 유창하단 말을 들어서 하는 부탁입니다." 나는 당황해서, 남한 교회 대표들과 의논해봐야 하겠다고 하고 우리 남한 대표와 만나서 사정을 말했다. 모두들 "그건 서 박사 재량에 맡겨야지요" 하는 것이었다. 나는 이 일을 하게 되면 우리나라의 엄격한 반공법에 "이적행위"로 걸리리라는 것을 알고 있었다. 생각 끝에 나는 그의 부탁을 수락했다. 그리고 동시통역실에 들어가 앉아 땀을 흘리며 그가 대변하는 북한 측 입장을 성실하게 통역했다. 나의 머릿속에는 "원수를 사랑하라"는 예수님의 말씀이 메아리치고 있었다.

1946년 11월 3일 이후, 북한교회와 공산정부의 갈등

앞에서 연표로 요약했듯이 1946년 9월 초에 북조선 정권이 11월 3일 주일에 인민위원회 선거를 치르겠다는 계획을 발표하면서부터 장로교의 연합노회 및 감리교의 서부연회 측과 기독교도연맹 측의 갈등이 심화되기 시작했다. 이것은 11월 3일 주일에 선거를 강행하겠다는 공산 정권에 대한 공식적인 반대 입장을 취한, 이른바 "보수"교단과 "진보"적 연맹과의 갈등일 뿐만 아니라 실로 대다수 교회 구성원과 정권과의 대립이었다. 연합노회 측은 10월 20일경 다음과 같은 결의문을 발표했다.

> 1. 성수주일(聖守主日)을 생명으로 하는 교회는 주일에는 예배 이외의 어떠
>   한 행사에도 참가하지 않는다.

이 결의문은 과감한 선거참여거부선언이었다. 일반적으로 근본주의적 보수신앙을 목숨으로 지켜온 기독교 신앙으로는 십계명에 명시된 "안식일을 거룩하게 지키라"는 하느님의 명령을 거역할 수 없다는 고백(status confesiones)의 선언이라 하겠다. 순교를 각오한 입장 표명이었고, 결의한 대로 실천하겠다는 각오를 표명한 것이었다.

10월 21일 강서 가양교회에서 열린 평서노회에서는 더 분명한 결의를 한다.

> 1. 우리 기독교인들은 주일인 11월 3일에 실시하려는 총선거에 참여하지 않
>   는다.

일반적인 "성수주일", 즉 주일을 거룩하게 지키겠다는 결의를 넘어서 보다 구체적으로 국가가 1946년 11월 3일로 예정한 "총선거", 즉 국가적 행사에 참여하지 않겠다는 결연한 자세이다. 나아가서 2항에서는 북조선인민위원회가 주일날 선거를 치르겠다는 저의가 무엇이냐고 항의하면서 "지금이라도 날짜를 변경하라"고 요구하고 나섰다.

위와 같은 강력한 반대에 맞서 기독교도연맹 측에서는 다음과 같은 취지의 성명을 발표했다.

> 1. 우리는 김일성 정부를 절대 지지한다.
> 2. 우리는 남한 정권을 인정하지 않는다.
> 3. 교회는 민중의 지도자가 될 것을 공약한다.

4. 그러므로 교회는 선거에 솔선 참가한다. [18]

나는 아버지와 어머니가 11월 3일 선거에 나가서 투표했는지 기억이 나지 않는다. 아버지가 교회 강단에서 교인들에게 11월 3일 주일은 교회에만 나오고 선거 같은 것은 하면 안 된다고 설교하셨는지도 기억이 희미하다. 과격한 아버지는 아마 강력하게 주일성수를 설교했을 것으로 짐작한다. 나는 보통 때와 마찬가지로 별 생각 없이 그 문제의 일요일 교회에 나갔던 것으로 기억을 더듬는다.

그러나 이러한 교회와 정부의 갈등이 있은 다음부터, 교회는 반공 반정부 연대의식이 강화된 것 같았다. 1947년 2월부터는 장로교와 감리교의 교회지도자들이 기독교자유당을 결성하려는 움직임을 보였다. 그리고 그해 3.1절 예배를 평양 장대현교회에서 드렸을 때 1천여 명이 운집했고, 예배 후에는 지도급 목사들이 신탁통치 반대 강연을 하며 가두시위에까지 나섰다. 정부를 자극하는 기독교인들의 이러한 행위는 강력한 탄압으로 억제되었다. 같은 해 6월과 11월에는 기독교자유당 결성을 막기 위한 조처로 장로교와 감리교 지도자들이 대거 구속되면서 교회세력은 위축될 수밖에 없었다. 『북한교회사』는 "1946년과 1947년을 거치면서 수많은 지도급 기독교 인사들이 북한을 탈출하여 남한으로 빠져나왔으므로 반공적이고 보수적인 기독교세력의 약화는 더욱 가속화될 수밖에 없었다"[19]라고 기록하고 있다.

북한교회 목회자들 모두가 그렇게 할 수는 없었다. 우리 아버지만 해도 지방 인민위원회 사람들의 압력과 감시를 위한 방문을 받기 시작하면서 월남을 고민하기 시작했다. 교인들도 비밀리에 찾아와 월남을 종용하기도 했다. 그러나 아버지는 "어린양들을 버리고 도망가는 목자는 없습니다"라는 말로 일관되게 월남을 거절했다.

하지만 결국 평양의 어떤 작은 교회에서 목사 아버지를 초빙하여 우리 가족은 다시 보따리 짐을 메고 지고 버스와 기차로, 백두산 아래 첫 동네라고 하는 후창을 뒤로 하고 떠났다. 1948년 봄이었던가 여름인가 기억이 아련하다. 후창교회 교인들의 눈물어린 송별을 뒤로 하고 떠나던 쓰리고 아픈 기억이 새롭다. 아버지는 결국 "어린양들"을 버리고 "도망"가고 있었다. 그러나 평북 후창을 떠났으나, 그길로 38선을 넘지는 못했다. 아버지는 평양 근처의 시골교회의 초빙으로 그곳에서 교회 일을 보다가 기회가 닿는 대로 38선을 넘자는 의도였던 것 같다.

그러고 있는 동안 1948년 9월 8일에 이르러서는 조선민주주의인민공화국, 즉 김일성을 주석으로 하는 북한 단독의 분단국이 탄생했다. 『북한교회사』의 연표를 보면, 북조선 당국은 기독교학교들을 폐교하고 기독교 지도자들을 체포 감금하는 일을 빈번하게 자행했으며, 이에 대해 기독교 학생들과 청년들의 정부 반대 시위는 계속되었다.

1946년 12월 5일, 조선민주당 당원 500여 명 봉기 음모혐의로 체포

1947년 1월 20일, 김인준 목사 연행되고 이성휘 목사가 평양신학교 교장에 취임

1947년 2월, 황해도 장연여중 반공 삐라 살포 사건

1947년 5월 23일, 정주 오산학교 데모 사건

1947년 11월 18일, 기독교자유당 결단식 직전 40여 명 체포

1948년 4월 19일, 평양에서 남북협상회의 개최

1948년 9월 9일, 공화국 헌법 제14조에 "모든 인민은 신앙 및 종교적인 활동의 자유를 가진다"고 명시

1948년 10월, 평양 성모(聖母)학교, 동평(東平)학교, 의주 해성학교 등 강제 몰수

1948년 10월 20일, 통일당 사건, 철원 신한청년단 사건

1948년 12월 6일, 박용옥, 서운석, 이재호, 장두봉 신부 당국에 체포

1948년 12월 24일, 신창교회 안봉진 목사 당국에 연행되어 행방불명[20]

우리 아버지는 당국의 집요한 간섭을 받으면서도 굴복하는 모습을 보이지 않았다. 어려움이 커지면 커질수록 아버지의 생각은 굳어가는 것 같았다. 나는 아버지의 설교를 들을 때마다 불안하면서도 자랑스러웠다. "공산주의 독재는 우리가 원하던 독립된 나라가 아니다. 남과 북이 갈라져서 살 수 없다. 하나가 되어야 한다……."그리고 일제 강점기에 하시던 해방자 모세의 이야기, 남유다와 북이스라엘의 분단 이야기, 예수님이 이방인을 받아들이는 이야기 등으로 평화와 통일 그리고 남과 북의 화합을 강조하면서 듣는 이들에게 해방과 통일의 희망을 말씀하셨다. 그런데도 불구하고 듣는 이들은 공산당 정권의 독주와 강권 통제정치 그리고 기독교 탄압 때문에 불안과 공포에 떨고 있었다. 가장으로서의 아버지는 고민이 더해갔다. 남한으로 월남하기로 하고 평양까지 와서 그 기회를 살피고는 있었지만, 그 기회가 쉽게 오는 것 같지 않았다. 38선의 경계가 점점 더 강화되어가고 있다는 소식이 들렸다. 이에 더하여 아버지는 교인들이 주일마다 교회에 모여서 위로를 받으며 예배에 열중하고 목사의 설교에 실낱같은 희망을 키우고 있는 것을 보면서 "도저히 양떼를 버리고 우리 혼자 살겠다고 도망갈 수 없다"면서 한숨을 내쉬는 날이 많았다.

교인들 역시 장로님 가족을 위시해서 한두 집안이 야반도주하다시피 집을 떠나는 일이 비일비재했다. 교인들의 권유로 결국 아버지가 남쪽으로 나온다는 것이 겨우 대동강을 건너, 대동강 남쪽 언덕에 위치한 장포동(章浦洞)교회로 옮겨가는 정도였다. 그것이 1949년 봄인가 여름이었던 것 같다. 여기에서도 38선을 넘을 기회를 살폈으나 여의치 않았다.

나는 강계중학교를 졸업하고 아버지 교회가 있는 후창에서 은행에 취직이 되어 북한이 1947년 12월 6일에 실시한 제1차 화폐개혁 실무를 볼 수 있었다. 그 당시의 화폐개혁은 북한에 주둔한 소련군이 만든 "군표"를 북조선 인민위원회의 이름으로 된 돈으로 바꾸는 것이었다. 취직한 지 1년도 못 되어 가족과 함께 평양에 이주하게 되면서 나의 취직생활은 끝이 났다. 목사 아들이라 "출신성분"이 나쁜 탓에 김일성대학에 진학할 수도 없었다. 김일성대학에 들어가서 공부하다가 모스크바대학에 유학이라도 가게 되면, 거기서 탈출해서 미국으로 건너가 공부를 계속할 수도 있지 않겠나 하는 소설 같은 허망한 꿈을 꾸기도 하고 아버지에게 그 꿈을 털어 놓기도 한 "철없는 날"의 기억이 난다.

그 대신 아버지의 권유로 평양신학교에 진학하기로 했다. 1948년 가을 학기가 아니면 1949년 봄 학기였던 것 같다. 만 18세의 어린 신학생을 학교 전체가 환영하는 것 같았다. 당시 평양신학교의 교장은 이성휘 박사였다. 그리고 당시로는 저명한 교회 지도자들이 교수나 강사로 나서서 성경과 신학을 가르쳤다. 가장 분명하게 기억하는 교수로는 영어를 가르친, 당시 평양의 감리교신학교인 성화(聖化)신학교의 박대선 교수가 있다. 박대선 박사도 유명했지만, 그의 부인이 하와이 출신이어서 박대선 교수보다 영어를 더 잘한다는 소문으로 유명했다. 박대선 박사는 자기 밑에서 영어를 공부하는 학생들 몇을 불러 주말마다 자택에서 "영어 과외 공부"를 시킨 일이 있었다. 나도 그중의 한 사람으로 영어를 공부하면서 많은 사랑을 받았다.

신학교 공부도 좋았지만, 학생들이 대부분 나보다 10살이나 20살 연장자들이었다. 그중에 아동 문학가이며 설교자로 이미 이름을 날리고 있던 안성진 전도사와 가장 가깝게 지냈다. 그리고 그분의 사랑을 많이 받았다. 1917년생이니까 나보다 14년 선배였는데, 6.25 전쟁 때 남쪽으로 피난해서 영락교회 근처에 아동문학관을 내고 딸들과 함께 아동 문서 활동을 하시다가 도미, 목회 활동을 계속하셨다. 안성진 목사님은 나중에 내가 뉴욕에서 신학공부를 할 때도 나를 찾아주셨고, 나를 시애틀 자택에 불러주셔서 목사님의 온 가족들과 반갑게 만나기도 했다. 안성진 목사님은 2002년 85세를 일기로 사랑하는 가족과 교인들 곁을 떠나셨다.[21]

1950년 6월 25일

1950년에 접어들면서 아버지의 점점 더 초조해하시는 모습이 눈에 띌 정도였다. 당국의 압력도 심해지는 것 같았고, 기독교도연맹 가입문제로 목사들과의 관계도 불편해지는 것 같기도 하고, 무엇보다도 교인들의 월남 권유와 함께, "양떼"를 버리고 도망간다는 것에 대한 죄책감 때문에 이러지도 저러지도 못하면서 안타까워하시는 모습이 눈에 띄었다.

그해에는 예전처럼 3.1절에 평양 큰 교회에서 기념예배를 드리지도 못했다. 공산당 정부가 허락을 하지 않는다는 것이었다. 세상이 심상치 않게 돌아간다고 아버지가 어머니와 소곤거리는 소리도 들었다. 이것을 뒷받침이나 하듯, 평양신학교가 임시 휴교한다는 소식이 와서 나는 학교에 나가는 일도 중단했다. 박대선 교수님의 영어 공부는 계속되었지만, 선생님 가족도 언제 월남하실지 모르는 상태였다. 주변의 돌아가는 모든 것이 뒤숭숭하고 불안하기만 했다.

6월 초 아버지가 들려준 소식으로는 평양신학교 교장 이성휘 박사가 행방불명되었다고 한다. 그리고 나도 이름을 기억하는 이학봉 목사님과 다른 큰 교회 목사님들이 투옥되었다는 것이었다. 같은 달 11일에는 천주교 평양교구의 주교님들이 체포되었다고 했다.[22]

그 와중에 1950년 6월 25일 아침, 새벽기도회에서 돌아오신 아버지는 전쟁이 터졌다고 말씀하시며 숨막히는 음성으로 라디오를 틀어보라고 하셨다. 굉장한 군대 행진곡과 함께 북조선 인민군이 38선을 뚫고 남조선 괴뢰 군인들을 무찌르면서 남쪽으로, 남쪽으로 행진하고 있다는 보도가 들렸다. 서울 탈환은 시간문제라고 떠들고 있었다. 그날 주일 설교는 아버지 설교 중 최고의 걸작이라고 나는 생각했다. "이제 제2의 해방의 날이 멀지 않았다." 아버지는 용감하게도 남침한 인민군은 곧 남한군에 의해 격퇴되고 평양은 해방되고 곧 통일이 된다고 예언 아닌 예언을 하고 있었다. "목사가 양떼를 버리고 남쪽으로 도망가지 않아도 된다. 하나님의 뜻이다. 하나님께 감사와 찬송을 드리자." 북조선 인민군 행진곡보다 더 큰 목소리로 교인들은 찬송을 불렀다.

아버지는 그 다음날 교회 사택 마루를 뜯고 그 밑에 땅굴을 파고, 나더러 그 안에 들어가 숨어 있으라고 말씀하셨다. 낮에는 그 어둡고 눅눅한 구덩이에 들어가 앉아 하루를 보내고 밤에는 방에서 자는 날이 계속되었다. 인민군에 끌려갈 나이가 되어서라는 것이었다. 동생들은 교인들이 알선한 시골로 나가서 숨어 살게 했다.

미군 폭격기나 전투기가 날아오면 공습경보 사이렌 소리가 요란했다. 그 사이렌 소리는 나에게는 해방의 기쁜 소식이었다. 땅굴에서 뛰쳐나와 기관총 사격을 해대는 미군 전투기를 향해 두 손을 흔들어 대면서 환영했다. 소리도 질렀다. 폭격기가 왔으니 모두 집에서 나와서 산으로 도망가라는 동네 방송이 나오면 집을 뛰쳐나가 산 쪽으로 뛰어올라 갔다. 폭탄에 쓰러지는 사람들, 전투기 기관총에 맞아 넘어지는 사람들……. 아비규환 자체였지만 우리는 죽음의 아우성 사이를 뚫고 뛰었다. 그리고 살아남았다. 이토록 폭격을 당하고 이렇게 많은 사람들이 죽어 나가는데, '이제 곧 북조선 인민군은 남쪽에서 쫓겨나고 전쟁도 끝나고 통일도 곧 될 것이다……'. 이것은 아버지의 꿈이요 희망이요 간절한 기도였다.

그해 여름이 더웠었는지 기억이 없다. 숨막히는 전쟁터에서, 숨막히는 땅굴 속에서 여름이 오는지도 가는지도 모르면서 죽은 듯이 목숨을 부지하고 있었다고 하는 것이 정확할 것이다. 7월이 다 가고 있는데, 미국 비행기 공습이 점점 더 심해졌지만, 나는 폭탄에 맞아 죽으면 죽었지 뒷산으로 뛰어올라 갈 생각을 접고 있었다. 날아오는 전투기의 기관총탄이 무서운 것이 아니라, 기분도 나쁘고 실망과 좌절에 빠져 있었기 때문이다. 남한의 국군이 밀리고 인민군이 파죽지세로 밀고 또 밀고 내려가, 이제 곧 남한을 모두 점령하게 된다는 소식만 들려오고 있었던 것이다. 라디오에서는 계속해서 인민군의 승전가가 울려 퍼지고 있었다. 그러는 동안 어느 날 저녁 아버지는 교인 심방을 나가셨다가 집으로 돌아오지 않으셨다. 교인 몇 분이 어머니를 위로하면서 기도하고 있었다.

나는 8월 초 어느 날 땅굴 속에서 나와 맑은 공기를 마시고 집 근처 가까운 동네 골목길을 산보하다가 보안서원(경찰)에게 잡혔다. 다른 또래 친구들과 함께 군 트럭에 실려 어디론가 잡혀갔다. 평양 중심에 있는 큰 학교 건물 앞에 우리는 모두 내렸다. 학교 마당에는 건물을 향해 긴 줄이 서 있었다. 우리는 그 줄 맨 뒤에 서서 기다리라는 말을 들었다. 영문도 모르고 왜 서 있어야 하는지도 모르고 마냥 서 있었다. 학교 건물 안으로 들어가는 젊은이들이 한 사람도 다시 나오지 않았다. 그래서 학교 건물 안에서 무슨 일이 벌어지고 있는지 알 길이 없었다.

드디어 내 차례가 왔다. 학교 건물 안에 들어갔는데, 헌병이 나를 교실 절반만 한 사무실로 들어가라고 했다. 문을 밀고 들어가니 흰 가운을 입고 목에 청진기를 두른 중년으로 보이는 의사가 앉아 있다가, 의자에 앉으라고 손짓을 했다. 앉자마자 흰 가운의 그 군의관은 버럭 소리를 지른다. "자네 어디 아프지?" 나는 "아니요"라고 말하고는 당장 후회했다. 아프다고 해야 군대에 안 가게 될 거 아닌가 하고 언뜻 생각이 들었던 것이다. 그런데 군의관이 다짜고짜로 "자넨 아픈 데가 있어. 아주 악성 기관지염이야"라면서 나를 쳐다보았다. 나는 어이가 없어서 아무 말 않고 앉아 있었다. 마루 밑 구덩이에 몇 달 동안 햇빛도 못보고 숨어 있어서 얼굴이 병자처럼 창백해서인가라고 생각하고 있었다. 군의관은 "자넨 신체검사 불합격이야. 이거 들고 나가!" 하면서 신체검사 불합격증을 떼어주었다. 나는 너무도 순식간에 일어난 일이어서 어찌할 바를 모르고, 군의관의 방에서 쫓겨나듯이 나와버렸다. 방문을 지키고 있던 헌병이 왜 다시 나오느냐는 듯이 저지하길래 신체검사 불합격 도장이 크게 찍혀 있는 종잇조각을 내보여주었다. 헌병은 고개를 갸우뚱하더니 그냥 나가라고 했다.

학교 교사 밖의 여름 햇볕은 뜨겁고 눈부셨다. 신체검사 줄은 내가 들어갔을 때보다 더 길어진 것 같았다. 나는 무슨 영문인지, 왜 내가 신체검사 불합격증을 받고 집으로 돌아가게 됐는지 머릿속이 뒤죽박죽된 상태로 걸어나가고 있었다. 그런데 내 뒤에서 "형", "형" 하는 소리가 들리는 것 같아 뒤돌아보았다. 내 바로 밑의 동생, 16살짜리 장난꾸러기 웅선(雄善)이 줄 한가운데 서 있지 않은가? "야, 넌 어떻게 잡혀 왔니?" 동생은 내 질문에는 대답하지 않고, "아니, 형은 어디로 가는 거야?" 왜 학교 정문 밖으로 나가는 것이냐는 뜻이 틀림없었다. "오, 나, 신체검사 불합격이래. 그래서 집으로 가는 길이야." 내 대답에 동생은 당황하는 기색이었다. "그래 잘됐다. 형은 군대 가면 안 되지……." 그 말이 우리 사이에 나눈 마지막 말이 되고 말았다. 동생은 인민군에 끌려갔고, 6.25 전쟁이 끝나고 64년이 지난 오늘까지 우리는 서로 생사를 모르고 살고 있다.

나는 신체검사 불합격증을 신주처럼 모시고 다시 땅굴 속에 들어가 살았다. 이제 다시 잡혀가면 전쟁터에 끌려갈 것이 분명했기 때문이었다. 그리고 9월이 오고, 다시 가을이 오나보다 하고 있을 때, 미군과 남한 해병대가 인천에 상륙해서 서울을 탈환하고 계속 북상하고 있다는 소문이 돌기 시작했다. 그리고 10월 어느 날 미군과 국군이 38선을 넘어 평양에 진입했다는 소식이 날아들어 왔다. 어머니가 굴속에서 나오라고 해서 나왔더니 미군과 국군이 평양에 쳐들어왔고, 평양은 해방되었다는 것이었다. 나는 거리로 뛰어나가 봤다. 정말 그랬다. 아버지가 예언처럼 말했듯이 미군과 남한 국군이 평양 시가지를 행진하고 있었고, 사방에 태극기와 미국 국기와 유엔군 깃발들이 가득차 있었다. 우리는 공산 치하에서 해방이 된 것이었다. 그리고 통일이 됐다는 말이 들렸다.

목사 아버지의 순교

우리 교회 장로님들과 집사님들이 총동원되어서 아버지의 행방을 찾아 나섰다. 여기저기에서 수많은 사람들이 북으로 후퇴하는 인민군에게 학살당한 참담한 꼴을 보았기 때문이다. 그렇게 며칠을 두고 평양 시내 사방을 돌아다니며 정처 없이 아버지의 행방을 찾아다녔다. 서울에서 이승만 대통령과 맥아더 미군 사령관 등이 평양에 와서 평양 해방을 선포하는 행사에도 나가지 못하고 나는 아버지 교회 사람들과 함께 아버지를 찾아나섰던 것이다.

그러던 어느 날, 대동강 하류에서 아버지 시체를 찾았다는 소식을 듣고 달려갔다. 대동강 하류, 토머스(Robert Jemain Thomas) 목사(1886년 서면호를 타고 대동강을 거슬러 올라오다가 대원군의 군대가 쏘아대는 불화살을 맞고 서면호가 불에 타 침몰하자 헤엄쳐서 강기슭에 이르렀다가 성경책 몇 권을 던지고 화살에 맞아 순교한 영국의 선교사) 기념관에서 멀지 않은 곳에 아버지의 총 맞은 시체가 눕혀져 있었다. 아버지는 혼자가 아니었다. 네 분의 다른 목사님들과 함께 밧줄로 묶여서 함께 누워 있었다. 다섯 사람을 한 밧줄에 묶어서 총살하고 대동강 물속으로 쳐 넣었는데, 갈대밭에 걸리고 다섯 사람의 무게도 있고 해서 강물에 밀려 떠내려가지 않았던 것이다. 10월 중순의 대동강 물은 얼음물이어서 시체들은 깨끗한 편이었다. 인민군의 따발총 총알 자국이 아버지의 얼굴과 온몸에 선명했다. 순교하신 아버지는 45세의 젊은 나이였다.

나는 아버지 두 손에 묶여 있던 밧줄을 끌렀다. 그리고 아버지 얼굴의 총알 자국을 내 손으로 하나하나 닦아드렸다. 눈물이 나오지 않았다. 치밀어 올라오는 분노만이 내 몸을 떨게 했다. 원수를 갚아야겠다는 아우성소리가 내 온몸을 뒤흔들고 있었다. 나중에 서울 무학교회에서 시무하신 문창권 목사, 우리 아버지가 살아생전 그렇게도 아끼고 사랑했던 그 젊은 목사님의 집례로 순교자 아버지를 평양 장포동교회 뒷산에 묻었다. 아버지 관속에는 아버지의 설교 원고들과 몇 가지 안 되는 책들과 유물들을 넣었다.

그러는 중에 우리는 중국 공산군이 압록강을 건너 유엔군과 미군과 한국군을 밀고 내려온다는 소식과 함께 국군과 유엔군이 남으로 도망친다는 소식을 들었다. 그래서 우리는 대동강 철교가 폭파되는 굉음과 불길을 뒤로 하고 피난민 대열에 끼어들어 남쪽으로 걸음을 재촉했다. 집과 교회를 뒤로 한 채 말이다. 소돔과 고모라의 불길이 따로 없었다.

2014년 6월 서울에서

서울 종로 5가에 위치한 한국기독교회관 안에 "한국교회순교자기념사업회"가 있다. 매년 6월이 되면 6.25 전쟁 중에 순교한 목사님들과 장로님들을 기리는 모임을 가진다. 2014년 6월에는 평양에서 6.25 당시 순교하신 분들을 추모하는 모임을 한국중앙교회에서 가졌다. 이 모임에서 주기철 목사의 손서(손자사위) 이윤호 목사의 추도가 있었고, 평양의 순교자 이대식 목사에 대한 추모사를 재미 이승만 목사의 동생 이승규 장로(대전대덕교회)가 맡았다. 그의 증언은 다음과 같았다. "저희 아버님께서도 10월 11일 평양 시내에서 공산당원에게 체포되어 끌려다니시다가 온몸이 쇠사슬로 묶인 채 동 평양철도역 근처의 방공호 속에 처박혀 놈들의 따발총에 맞아 40여 명의 다른 교회 지도자들과 함께 몰살당하셨습니다. 우리가 아버지의 시신을 찾았을 때엔 너무나 처참하여 얼마나 슬픔의 눈물을 흘렸는지 모릅니다."[23]

1948년 2월에 평양 산정현교회 담임목사로 부임한 김철훈 목사는 일제 강점기 항일투쟁에 가담했다는 이유로 투옥되기도 하고 평양 숭실중학교 교목으로 초대되었으나 항일투쟁을 했다는 이유로 취임도 하지 못한 항일 목사였다. 해방 후 조선민주당 창설자 조만식 장로를 보필하고 서울과의 연락책으로 활동하기도 했다. 1946년 11월 3일 평양의 인민위원회 선거에 반대하는 목사들과 함께 김일성과 회동하기도 했지만 1950년 6.25 전쟁 발발과 함께

서평양역 근처에서 행방불명이 되었다. 그의 나이 45세. 김철훈 목사의 사위 이금세(영세교회 은퇴 장로)의 증언이다.[24]

이날, 2014년 6월 27일, 평양에서 순교한 분들을 위한 추모예배에서 김명혁 목사는 순교자 아버지 김관주(金冠柱) 목사님을 추모했다. "북한에서 신앙의 절개를 지키며 진실하게 목회하시다가 45세에 1950년 6월 23일, 평양 교외 사동탄광에서 순교하신 분이 바로 저의 아버지 김관주 목사입니다. 저의 아버지는 평남 안주 출신(1905년 9월 25일생)인데 일본으로 가서 법학공부를 하다가 신학공부를 하시게 되었습니다. …… 아버지는 1947년 평양 서문밖교회로 옮겨가서 목회를 시작했습니다. 그러나 아버지는 기독교자유당 결성과 관련하여 1947년 11월 19일 평양에서 투옥되었다가 평양 교외에 있는 사동탄광으로 옮겨져 그곳에서 복역하게 되었습니다." 김명혁 목사는 1948년 7월 아버지를 사동탄광에서 만나 뵙고 자기는 38선을 넘어 남한으로 가겠다고 말씀드리고 아버지의 허락을 받고 남하하였다고 한다. 그때 나이 11살. 그 뒤 김명혁 목사의 아버지 김관주 목사는 주기철, 최봉석, 김화식 목사 등과 함께 인민군에게 처형당했다.[25]

이것이 해방에서 6.25 한국전쟁까지, 5년 동안의 북한교회 정치사이며 피로 물든 순교의 역사이다.

제3장

남한의 해방 정국과 전쟁, 그리고 4.19

해방 직후로부터 6.25 전쟁까지

솔직히 말해서 나는 1945년 8월 15일 해방 이후 1950년 6.25 전쟁까지의 남한의 기독교에 대해서 경험적으로 아는 바가 없고, 그 당시의 기독교에 대해서 말할 자격이 없는 사람이다. 따라서 이 당시의 한국교회사를 집필한 역사학자들의 논문들과 책들에 의존해서 내 나름대로의 그림을 그려보는 데 그칠 수밖에 없었다. 역사학자들의 저술에 의존하면서, 한편 8.15 해방을 맞아 남한에서 생존하면서 한국 기독교에 몸담고 "해방 정국"을 살아온 선배 스승들의 자서전과 "증언"들을 통해서 그리스도인들의 "정치사"를 재구성하여 당시의 모습을 그려보았다. "역사적 상상력"을 최대한 동원해서 내가 직접 살아보지 못한 세상을 그려보고 그 속에 살아본다는 것은 한없이 어려운 일이지만, 역사를 공부하는 데 있어서 즐거움과 괴로움과 함께 보람과 배움을 경험할 수 있었다. 평생 걸릴 작업을 제한된 시간과 제한된 공간에서 해낸다는 것이 많은 아쉬움으로 남는다.

해방 정국을 살아온 기독교 선배 스승 가운데 한 분인 박형규 목사는 1923
년생이며 22세 때 8.15 해방을 경상남도에서 맞이했다. 박형규 목사는 당시
를 회고하면서 이렇게 말한다.

　　우리는 잠들어 있었다. 그래서 해방을 맞자 한쪽은 소련, 무신론, 공산주의
　편에, 다른 한쪽은 미국, 유신론, 기독교의 편에 서서 양분된 사고방식에 사로잡
　혀 역사를 보는 예리한 눈을 가질 수 없었다. 이승만 정권은 이런 상황을 이용해
　'경찰서 100개를 짓는 것보다 교회 하나 만드는 것이 낫다'든지, '온 국민을 기독
　교신자로 만들어야 한다', '무조건 교회에 나오면 잘살게 된다'는 등의 싸구려 복
　음을 팔았지만, 대부분의 교회는 정치에 이용당하는 줄도 몰랐다.[1]

"잠들어 있었다"기보다는 지쳐 있었다는 표현이 더 적절했을 것 같다. 1941
년 12월 7일, 일본제국주의가 일으킨 태평양 전쟁이 4년 가까이 이어지면서
우리 식민지 한국 사람들은 기진맥진해 있었다.

　1941년 12월 7일, 일본 해군이 항공모함을 이끌고 태평양 한가운데 있는
하와이 진주만의 미국 해군 기지를 공습한 것으로 일본이 미국에 선전포고를
하고 태평양 전쟁을 일으켰지만, 사실상 일본제국은 태평양 전쟁 10년 전인
1931년 만주를 침공하여 괴뢰 만주국을 세우고 그것도 부족하여 1937년 중국
본토에 진격하여 동북아 전역을 전쟁터로 만들고 있었다. 10년이 넘는 침략
전쟁의 막판에 이르러 일본 제국주의자들은 한국의 모든 자원을 전쟁을 위해
강제 동원했다. 한국의 젊은 여성들을 취직시켜준다는 이유 등으로 강제 납
치하여 전쟁터로 내보내서 군대 위안부로 삼아 성노예처럼 비인간적인 성착
취를 저질렀다. 한국의 젊은이들은 강제 동원되어 일본의 탄광이나 군수 공
장으로 끌려가 강제 노동으로 지쳐 있었고 목숨을 잃기도 했다. 그리고 일본
은 학도병이라는 허울 좋은 이름으로 한국과 일본의 대학과 전문학교에 적을
두고 있는 학생들을 징집하여 전쟁터로 내몰았다.

한국에 남아 있던 노인들과 부녀자들은 여러 가지 명목으로 동원되어서 노역을 했다. 일본의 전투기와 폭격기 엔진 기름이 모자란다고 한국 산속에 있는 소나무의 송진을 채취하게 하고, 미국 폭격기의 공습에 대비한다고 마을마다 방공호를 파게 하고, 공습에 대비하는 "방공연습"을 매일같이 실시하는 등, 전쟁에 나가서 싸우는 일만큼 고역을 치르고 있었다. 이런 와중에 전쟁터에서 싸늘한 시체로 돌아온 아이들과 남편, 아버지를 맞이하는 통곡소리는 온 마을과 강산을 슬프게 했다.

절망의 암흑 속에 광복의 빛이

좌절과 절망의 한가운데 광복의 밝은 빛이 비쳤다. 1945년 8월 초부터 일본 동경 상공에 미국 폭격기가 벌떼처럼 날아와 폭탄을 며칠 동안이나 퍼붓고 도시를 완전히 초토화해 버렸다. 미군은 동경 폭격에 이어 8월 6일에는 일본 서쪽 항구 공업도시 히로시마에 인류 역사상 처음으로 원자폭탄이란 가공할 만한 파괴력을 가진 폭탄을 투하했다. 온 도시가 탔고 수십만 명의 인명피해가 있었다. 그래도 항복할 기미가 보이지 않자 사흘 뒤인 8월 9일 미군 폭격기는 일본의 남쪽 섬 규슈의 공업도시 나가사키에 원자폭탄을 다시 투하한다. 온 도시가 타고 공업지대는 쑥대밭이 되었다. 다시 몇십만 명이 원자탄에 타죽었는데 한국에서 징발되어온 한국인 노동자가 무수히 포함되어 있었다. 북쪽으로는 소련군이 만주 동쪽 국경선을 넘어서 남하해온다는 소식이 들리더니 8월 9일 드디어 두만강을 넘어 함경도로 진격해 들어오고 있다는 소문이 뉴스로 발표되었다.

1945년 8월 15일 정오 일본 천황이 쉰 목소리로 미국에 무조건 항복한다고 온 천하에 선언했다. 온 천하가 놀랐고 환호했다. 우리는 거리로 뛰쳐나와 만세를 부르며 해방을 만끽했다. 그러나 그것이 전부였다. 우리 한국 사람들의 만세 부르는 손은 빈손이었다. 이제 광복이 되면 무엇을 할 것인가? 무엇부터 해야 하는가? 해방 조국을 어떻게 해야 할 것인가? 그런저런 깊은 생각을 할 능력도 없었지만, 그럴 여유도 없었다. 일본 사람들은 짐을 챙기고 기차로 배 편으로 일본으로 도망가고 있었다. 한국 사람들은 그들의 뒤를 좇아 몰아냈 다. 악질 경찰이나 형사들이 붙들리면 맞아 죽기도 했다. 경찰이 해체되었으 니 무법천지가 될 수밖에 없었다. 일본 사람들이 도망간 빈집은 노략질을 당 하고 일본 사람들 밑에서 일하던 한국 사람도 화를 면치 못했다. 그야말로 치 안의 공백상태가 된 셈이었다.

어렵게 찾아온 광복은 다시 빛을 잃었고 혼돈과 폭력과 파괴와 무법의 암 흑이 밀고 들어왔다. 이 광복과 혼돈의 와중에 북위 38도선이 한반도의 허리 를 잘라버렸다. 북위 38도선 북쪽에는 소련 공산군이 진출할 것이고 이남에 는 미군이 점령할 것이라는 소식이 들렸다. 38선은 영원한 분단선이 아니라 이북의 일본군을 해산시키는 일을 소련군이 맡고 이남의 일본군을 미군이 맡 아 하기로 한 것을 구획하는 선일 뿐이라고 했지만, 엄연히 공산주의와 민주 주의라는 양극화된 이념의 대결을 의미하는 것이었다. 소련의 수도 모스크바 에서 미국과 소련을 위시한 열강들이 모여 앉아 한국의 통일과 단독정부수립 안을 만들고, "신탁통치"라는 치욕적인 안을 만들어냈지만, 한국 사람들은 받 아들이지 않았다. 오히려 이 문제는 남과 북을 더 멀어지게 했고 온 민족을 갈 등과 분열의 도가니로 몰아넣었을 뿐이었다. 결국 이북에는 김일성이 공산주 의 정권을 세울 것이고, 이남에는 이승만 박사가 독립정부를 수립할 것이라고 하더니, 1948년에는 급기야 조선민주주의인민공화국이라는 이름의 북한 단 독정부가 수립되었고, 남한에는 대한민국의 국호를 가진 단독정부가 수립되 었다.

뿌리 깊은 일제 잔재세력

해방된 조국에서 일본 사람들을 추방하는 것만으로는 조선이 완전한 조선으로 회복될 수 없었다. 40년에 가까운 일본제국주의 식민지 통치는 조선 사람들을 위에서부터 아래까지 속속들이 일본 사람으로 만들겠다는 것이었고, 철저한 경찰 통치였다. 일본이 패망하고 조선 땅에서 물러갔어도 정치, 경제, 문화, 교육, 거의 모든 면에서 일본식으로 살고 있었다. 군사적인 항복이 조선 사람들의 삶의 모든 영역에 미치는 것이 아니었다. 우리의 몸과 마음에 배어 있는 "일본"을 어떻게 청산하고 우리 자신을 찾고 명실 공히 민족 자주독립을 이룩할 것인가 하는 것은 난제 중의 난제가 아닐 수 없었다. 누가 어떻게 이 엄청난 일을 해낼 수 있을 것인가? 그것이 우리의 역사적 과제였다.

이 난제를 안고 씨름한 젊은 박형규 목사의 이야기를 들어본다. 1944년 봄, 청년 박형규는 나이가 차서 징병되었는데 그동안 앓아왔던 폐결핵으로 불합격 판정을 받고 집에 머물게 되었다. 그러나 날로 악화되는 일본군의 전쟁상태를 라디오로 듣고 있던 터라, 동료 선생들과 의논 끝에 동네 어린이들에게 한글을 가르치기 위해 스스로 우리말과 영어 공부를 시작했다고 한다.

그런데 이 한글공부가 들통나고 말았다. 당시 모든 경찰이 그랬던 것처럼 김해경찰서도 사상통제 차원에서 청년들의 동태를 은밀히 감시하고 있었는데, 그들이 심어놓은 스파이가 우리 주변에도 한 사람 있었다. 시계방을 경영하는 젊은이였는데, 그가 우리들의 한글공부를 경찰에 밀고한 것이었다. 이 일로 나는 함께 행동했던 구본영, 허병오와 함께 경찰서에 잡혀가 조선인 형사에게 무지막지한 고문을 당했다.[2]

청년 박형규와 친구들을 고문한 형사는 이토(伊藤)라는 일본 이름을 가진 윤 형사였다. 박형규는 "일제하 경찰에서 앞잡이 노릇을 한 조선인 형사가 일본인 형사보다 동포들에게 가혹한 짓을 더 많이 했다는 것은 모두가 다 아는 일이다"라고 조선 형사를 규탄했다. 아버지의 힘으로 박형규는 경찰에서 풀려나고 군대도 안 가게 되었지만, 윤 형사의 스파이로 포섭되기도 했다. 그러나 그는 산속으로 도망쳤고 그동안에 해방이 되었다.

다른 한편, 친구 구본영은 일본군에 끌려가 만주에서 해방을 맞았다고 했다. 박형규 목사의 기막힌 이야기로는 "그는 만주에서 한동안 더 있다가 돌아와서는 윤 형사를 잡아 죽이겠다고 찾아 나섰다. 그러나 윤은 이미 서울로 도망가고 없었다. 8.15날 청년들은 윤의 집에 불을 질러 태워버렸다"는 것이었다.3) 윤 형사를 밤낮으로 찾아다닌 구본영은 드디어 서울 거리 한복판에서 그를 찾았다. "네 이놈, 이제야 너를 만났구나. 네가 무슨 짓을 했는지 알지? 이제 너는 죽었다" 하고 주먹을 쥐고 달려들었으나 윤 형사는 태연하게 뿌리쳤다고 했다. 왜냐하면 그는 이미 미 군정청 경찰당국의 꽤 높은 지위에 있었던 것이다. 경찰도 보통 경찰이 아니었다.4) 구본영은 그 후 "에이, 더럽다"면서 이북으로 넘어가버렸다고 한다. 박 목사는 회고하기를, "민족적인 양심을 가진 사람치고 이런 현실에 분노하지 않은 사람이 있었을까? 해방의 감격 속에서 새로운 희망을 품고 나라를 바르게 살려보려던 젊은이들에게 거꾸로 된 이런 현실은 큰 분노와 절망을 느끼게 한다"라고 했다.5)

반민족행위처벌법

1948년 입헌 국회는 일제 잔재 청산을 위한 정치적이며 법률적인 노력의 일환으로 "반민족행위특별위원회"를 조직하고 특별법을 발표했다. 특별법은 "국권피탈에 적극 협력한 자는 사형 또는 무기징역, 일제로부터 작위를 받거나 제국의회 의원이 된 자는 최고 무기징역, 최하 5년 이상의 징역, 독립운동가 및 그 가족을 살상 및 박해한 자는 무기징역 또는 5년 이하의 징역, 직간접으로 일제에 협력한 자는 5년 이하의 징역이나 재산 몰수에 처하도록 한다"고 규정했다. 그러나 총 682건의 고발 중 기소 221건, 판결 40건, 체벌 14명에 그쳤으며 사형 집행은 한 건도 없었다. 한국교회 지도자 격인 김길창, 전필순, 정인과 등이 반민특위에 체포된 일은 충격적이었으나,[6] 한편 교회지도자 역시 친일 행렬에 들어가 있었다는 것은 기독교 신앙의 입장에서나 항일 민족주의의 입장에서 수치스러운 일임에는 틀림이 없다.

결국 이승만 대통령의 방해로 인해 반민특위는 국회 프락치 사건과 경찰의 6.6 반민특위 습격 사건 등으로 와해되어버리고 말았다. 다른 한편, 일제에 종사한 친일 한인 경찰 8000명 중 5000명이 대한민국 경찰로 편입되었다. 해방 이승만 정권에서 친일 잔재를 소탕하는 일은 불가능한 것이 되었고, 오히려 한국정치 상부구조는 친일 잔재가 부활하는 형국이 되어버린 셈이었다. 이승만 정권은 북의 공산주의 정부에 대치하기 위해서는 친일 전력이 있더라도 반공정신에 투철한 군경을 앞에 내세울 수밖에 없다는 명분이 있었다. 해방 정국의 정치적 아이러니는 반공정권을 지키기 위해 일제 강점기의 파쇼 통치수단을 다시 동원하는 것이었다. 한마디로, 해방 정국은 해방 정국이 아니었다. 일제 강점기의 경찰통치가 민주주의와 반공의 가면을 쓰고 다시 활발하게 살아난 셈이었다.

남한사회의 이념적 분열

미군이 주둔한 남한사회에서 미국과 미국이 표방하는 자유민주주의에 대한 주민의 이해는 불충분했다. 오히려 주민의 78%가 사회주의 내지는 공산주의를 선호했다는 미 군정청의 통계가 있을 정도였다.[7] 해방 당시 남한 주민의 80% 이상이 문맹이었다는 것을 감안할 때 남한 주민의 78%가 좌익 사상을 선호한다는 통계가 어느 정도 믿을 만한 것인지 모르겠다. 글을 몰라서 이념과 사상에 무식한 나머지 이승만 정부와 미 군정에 대한 불만의 표시로 공산주의를 선호한다는 반응을 보인 것인지 잘 모를 일이다. 남한사회는 남한 체제를 옹호하는 우익세력과 북한 체제를 선호하고 남북 통일정부 수립을 지지하는 좌익세력으로 분열하여 갈등과 혼돈을 겪고 있었다.

청년 대학생 박형규는 고백한다. "급격한 사회적 혼란과 정치적인 혼미, 한반도에서 벌어지고 있는 미·소 양 진영의 대립 등 복잡한 현실을 이해하기에는 나 자신이 너무 어리고 무식하다는 생각이 들었다."[8] 그래서일까. 그는 아버지가 법과대학이나 의과대학에 진학하라는 것을 마다하고 부산대학 철학과에 입학한다. 1946년 미 군정 학무국이 경성대학과 9개 관립전문대학교를 통폐합하여 "국립서울대학교"를 설립하려고 한 이른바 "국대안" 사건에서 좌익 학생들은 이 국대안이 "반동교육"의 보루를 만들려는 음모라고 반대했다. 반면 우익은 이를 지지하여 사회는 남남 갈등과 좌우 투쟁으로 혼란에 빠져들었다. 부산대학의 학생회장으로 활동하고 있었던 박형규 학생은 좌익도 우익도 모두 반대했다고 한다.

이런 문제에서 초연하고 싶었던 것이다. 학생회의 책임을 맡은 위치에 있었으므로 함부로 행동할 수도 없었다. 양쪽 다 거부하고 다수 학생의 의사에 따라 공부에 열중한다는 입장이었다. …… 그래서 나는 좌우 양쪽에서 테러를 당할 뻔했다. …… 중간 입장에 선다는 것이 참으로 어렵고 괴롭다는 것을 이때 체험했다. 이제와 돌이켜보면 국대안 문제는 큰 이슈가 못 되는 것 같은데, 당시의 젊은 학생들은 인생의 갈림길에서 중요한 선택을 해야 하는 문제로 받아들였던 것 같다.[9]

김구 선생 암살사건

철학도 박형규는 좌우 갈등의 혼란 속에서 "중립"을 지키고 공부에만 열중할 수 있었을지 모르지만, 정치판은 "중립"이란 있을 수 없었다. 상해임시정부의 수장으로서 조국의 자주독립을 위하여 평생을 투신한 민족주의자 김구 선생에게는 "중립"이 허용되지 않았다. 그는 이른바 모스크바 3상회의에서 결정한 5년간 신탁통치를 반대하는 "반탁운동"에 앞장섰고, 일관되게 미군과 소련군의 동시 철수를 요구했으며, 동시에 38선 철폐와 자주통일정부 수립을 주장하며 남북 단독정부 수립에 반대했다. 1948년 4월 19일에는 김규식과 함께 평양을 방문하고 김일성과 함께 단독정부 수립에 반대하는 입장을 표명했다. 남북한은 1947년 미국과 유엔이 합의한 "유엔 감시하의 남북 총선거"를 거부하고 각각 단독정부 수립에 박차를 가했으나 김구 선생은 이를 적극 반대했다. 1949년 6월 26일, 김구 선생은 남한 장교 안두희의 총탄에 쓰러졌다. 이승만 정권은 남한의 좌우 갈등을 조장하면서 결국 우익 단독 정부를 고수했고, 대한민국의 국시를 자유민주주의로 설정했으며 친미, 반소, 반공 정책을 실행함으로써 남북 분단을 이념적으로나 정치적으로 그리고 구조적으로 고착화시키고 있었다.

남한 기독교의 분열과 융성

해방 정국과 이승만 남한 단독정부 수립으로부터 6.25 전쟁에 이르기까지, 정치의 이념적 혼란과 갈등 속에서 남한의 기독교는 혼란과 분열을 일으키면서도 교세 확장과 성장을 거듭해왔다. 한마디로 해방 정국은 기독교의 세상이었다고 해도 과언이 아니다. 그것은 무엇보다도 반기독교적인 일본이 패망하고 기독교 국가인 미국이 승리한 일이며, 전쟁 중에 철수했던 미국 선교사들이 다시 개선장군들처럼 미군과 성조기를 앞세우고 남한에 상륙했기 때문이었다. 세상이 바뀐 것이었다. 일본 귀신들을 몰아내고 기독교 국가를 세우겠다는 의욕이 넘쳐났던 것이다. 그것은 미국 선교사들뿐 아니라 독실한 기독교인인 이승만 대통령의 정치적 사명이며 신앙적 의지였다.

그러나 해방 정국이 일제 강점기의 잔재를 청산하지 못하고 친일파들이 득세하고 좌우로 갈려 갈등과 물리적 충돌로 혼란에 빠져 있는 동안, 기독교 내부 역시 이 갈등에 휘말려 있었다. 한국의 기독교는 일제하에서 기독교인들과 교회에 강요했던 신사참배 문제를 해결하기 위해 씨름해야 했다. 1945년 9월 20일에는 신사참배를 거부하고 옥고를 치르고 나온 출옥성도들이 평양 장대현교회에 모여 한국교회 재건운동의 5가지 원칙을 제시했다.

> 첫째, 교회의 지도자들은 모두 신사참배를 하였으니 권징의 길을 취하여 **통회 정화**한 후, 교역에 나갈 것.
> 둘째, 권징은 자책이나 자숙의 방법으로 하되, **목사는 최소한 2개월 간 통회 자복**할 것.
> 셋째, 목사와 장로의 휴직 중에는 집사나 평신도가 예배를 인도할 것.
> 넷째, 교회 재건의 기본 원칙을 전국에 전달하여 일제히 실행하게 할 것.
> 다섯째, 교역자 양성을 위한 신학교를 복구 재건할 것.[10]

그러나 일제의 강압에 의해 신사참배를 총회의 이름으로 정당화하고 개인적으로나 집단적으로 일본 신사 앞에 절하고 굴종한 대다수 교회의 목사들은 위의 5개 "**자숙**" 조항에 대해 오히려 반발했다. 일본 신사 앞에서 절하고 일제에 굴종한 것은 사실이지만, 신사참배를 반대하고 투옥되었던 목사들만큼이나 교회를 지킨 것을 인정해야 한다며 반발한 것이다. 10여 명의 목사들은 노골적으로 성명을 내어 "신사참배는 이미 우리 양심으로 해결한 것이며, 지금에 해방이 되었다 하여 죄로 운운함은 비양심적이다"라는 입장까지 취했다.

남한에서는 박윤선 전 봉천신학교(지금의 심양 소재) 교수가 부산에 고려신학교를 설립하면서 평양의 "재건파" 운동이 남한의 "고신파(高神派)" 교회 정화 운동으로 발전하게 되었다.

한편, 1949년 4월에 열린 장로교 35회 총회는 "고려신학교는 총회와 하등 관계가 없다"는 입장을 천명함으로써 한국 장로교회와의 결별을 선언했다. 결국 반민특위의 와해와 교회 안의 친일파들의 득세, 미국 선교사들로부터의 고립 등으로 인해 고신파 측은 "극도로 불리한 상황에 내몰렸으며",11) 해방 후 한국 장로교 분열의 첫 장을 만들게 되었다.

고신파가 장로교회로부터 이탈한 것을 보수 우파의 분열이라고 한다면, 진보 좌파의 분열은 기독교장로회 및 한국신학대학의 장로교회로부터의 이탈이라고 하겠다. 소위 기독교장로회[基長]의 분파는 친일의 문제가 아니고 신사참배 문제는 더욱 아니었다. 오히려 "순수한" 신학의 문제였다고 판단할 수 있겠다. 그 발단은 서울에 세운 조선신학교에서 구약학 교수인 김재준 목사가 성서 해석의 "고등비평"을 교수한 것이 발단이 된다. 이러한 신학 교수 행위는 한국에 와서 선교를 개시하고 신학교 교육을 전담한 미국 선교사들의 근본주의 신학에 정면으로 도전하고 반대하는 신학 방법론이고 자주적인 신학의 선언이었다. 미국의 선교사들이 신사참배 불복종을 선언하고 본국으로 귀국한 이후의 신학교육의 공백을 메우고 한국인 신학자들이 독자적이고 자주적으로 신학교육을 새롭게 시작하려는 의지에서 명실공히 "신(新)신학", 즉 서구 자유주의 신학을 도입한 것이었다.

그러나 이 일은 "순수한" 신학교육 운동에 머물 수가 없었다. 모든 신학이 정치와 분리될 수 없듯이 김재준 목사가 창설한 조선신학교는 미국 선교사들의 신학적 지배로부터의 탈출과 자주독립의 선언이며 정치 행위였다. 평양신학교의 교장직과 교수직을 독점하고 있었던 미국 선교사들은 학교에 대해 신사참배를 강요하는 일제의 압박이 가해지는 동안 총회 본부와 상의 없이 일방적으로 평양신학교를 폐쇄하고 본국으로 귀환했다. 여기에는 미국 선교사들과 1938년 9월 평양에서 열린 제27회 장로교회 총회에서 신사참배를 가결한 한국 장로교회 측 사이의 미묘한 감정적 적대의식이 개재되어 있었다. 그 후 평양신학교가 폐쇄된 지 1년이 넘도록 신학교의 문을 열지 못한 상태에서 평양과 서울에서 거의 같은 시기에 신학교육을 재개하거나 신설하려는 움직임이 있었다. 평양에서는 1939년 3월 3일에 총회 신학교육부가 모여서 평양신학교를 총회 직영 신학교로 운영하기로 하고, 선교부에 이를 청원했다. 그러나 선교부는 총회가 신사참배를 가결시켰다는 이유로 이를 거절했다. 1939년 3월 27일 서울에서 조직된 조선신학교 설립기성회는 "선교사 시대는 지났고 잘되든 못되든 조선교회는 조선사람 손으로 운영 추진 건설해야 한다"[12] 입장이었다.

기성회 일을 맡고 있던 송창근 목사가 용정의 은진중학교 교편을 잡고 있던 김재준 목사에게 조선신학교 설립 사업을 맡아달라는 편지를 보냈다. 1939년 9월 25일 김재준 목사는 서울로 들어왔다. 서울에는 당대의 부흥 강사로 유명한 김익두 목사에게서 온 편지가 기다리고 있었다. 편지의 수신인은 조선신학교 설립을 추진하고 있던 김대현 장로였다. 편지의 요지는 "평양신학교 재개 또는 서울에서의 새 신학교 설립 등은 모두 선교사에 대한 배신행위요 우상숭배에 굴종하는 배교행위"라는 것이었다.[13]

김대현 장로는 인사차 방문한 김재준 목사에게 이 편지를 보여주고 답장을 쓰라고 했다. 무어라고 답할지 몰라 "멍하니 앉아 있었다"고 김재준 목사는 회고한다.[14] 이때 김대현 장로는 전도서 3장 1절 이하의 구절을 읽었다고 한다. "천하만사가 기한이 있고 때가 있다. 날 때가 있고 죽을 때가 있다. 심을 때가 있고 뽑을 때가 있다. 지킬 때가 있고 버릴 때가 있다." 이 말씀을 받아 김재준 목사는 깨달았다. "선교사의 때와 지금의 때가 같지 않고 때를 따라 헐기도 하고 새로 세우기도 해야 하나님의 새 경륜이 이뤄질 것이 아닌가? 평양신학교를 헐고 조선신학교는 세워야 한다는 때의 요청에 응답한 것뿐이라고 생각했다."[15]

1940년 2월 9일 조선총독부는 평양신학교만 인가를 내주었다. 조선신학교
는 총독부의 인가를 받지 못하다가 경기도청에서 허가를 내주는 강습소의 자
격으로 1940년 3월 22일에 이르러서야 "조선 신학원"이라는 명칭으로 허가
를 받았다.[16] 같은 해 4월에 개원한 조선신학원의 교육이념 5개 항은 다음과
같다.

1. 우리는 조선신학교로 하여금 복음 선포의 실력에 있어서 세계적일 뿐만
   아니라 학적, 사상적으로도 세계적 수준에 도달하도록 할 것.
2. 조선신학교는 경건하면서도 **자유로운 연구**를 통하여 자율적으로 가장 복
   음적인 신앙에 도달하도록 지도할 것.
3. 교수는 학생의 **사상을 억압하는 일이 없이** 동정과 이해를 가지고 신학의 제
   학설을 소개하고 다시 그들이 **자율적인 결론**으로 칼빈 신학의 정당성을 재
   확인함에 이르도록 할 것.
4. **성경 연구에 있어서는 현대 비판학을 소개**하며, 그것은 성예비적 지식으로
   이를 채택함이요 신학 수립과는 별개의 것이어야 할 것.
5. 어디까지나 교회의 건설적인 실제 면을 고려해 넣은 신학이어야 하며 신
   앙과 덕의 활력을 주는 신학이어야 할 것. **신학을 위한 분쟁과 증오, 모략과**
   교권의 이용 등은 조선 교회의 파멸을 일으키는 악덕이므로 삼가 그런 논
   쟁을 하지 말 것.[17]

조선신학교의 교육 이념은 실로 획기적인 것이었다. 위의 조선신학교 교육
이념을 소개하면서 굵은 글씨로 부각한 부분은 무엇보다도 학문의 자유와 관
련된 것이다. 신학 사상은 억압되어서는 안 되고, 교권에 의해서 탄압되어서
도 안 된다는 것이었다. 특히 강조된 것은 성경 연구에 현대 문서비판학을 도
입하겠다는 의지였다. "신학 사상에 대한 자유로운 연구" 그리고 "문서비판학
을 도입한 성경 연구", 이 두 가지 신학교육 이념은 획기적일 뿐 아니라 충격

적이었다. 미국 선교사들이 가르친 대로 보수적 근본주의 신학에 머물지 않고, 오히려 대항해서 진취적으로 서구 신학계와 신학대학에서 논의되고 공인된 바 있는 기독교 신학의 내용과 연구 방법을 그대로 수용하겠다는 교육정책은 근본주의 신학 사상에 물들어 있던 한국의 교계에는 큰 충격이 아닐 수 없었다.

이러한 입장은 결국 한국의 교계와 신학계 그리고 신학생들의 반발에 부딪쳤다. 해방 이후 북한 공산당 체제에 저항하여 신앙의 자유를 지키기 위해 피난하여 남한에 정착한 목회자와 평신도들이 조선신학교의 신학 교육이념에 전투적으로 반항한 것이다. 남하한 평양의 보수주의적 목회자들은 1948년 서울 남산에 총회신학교를 세우고 남부 총회에서 총회 직영 신학교로 인정받은 조선신학교의 정통성에 대해 문제를 제기하기에 이르렀다. 여기에는 해방과 동시에 한국에 상륙한 미군과 함께 한국 땅을 다시 밟은 미국 선교사들의 힘이 있었다. 해방과 함께 남과 북으로 분단된 비극 위에 기독교 신학계 역시 진보와 보수로 분열하게 되었다.

이러한 진보신학과 보수신학의 분열의 발단은 평양신학교로부터 조선신학교로 편입해온 51명의 학생들이 장로회 총회(제33회)에 조선신학교와 김재준 구약학 교수의 교수법에 반대하는 "진정서"를 제출하면서 시작되었다. 이들의 진정서의 핵심은 김재준 교수가 구약성서의 문서설 등 "고등비평"을 기초로 해서 성서를 가르치고 해석한다는 데 있었다. 그들은 "조선신학교(김재준)가 문서설을 주장하고 성서에 오류가 있다고 가르침으로써 성서의 권위를 파괴한다. 성서의 고등비판 연구를 사용하는 자유주의 신학을 배척해야 한다"[18]고 주장했다. 나아가서 "정통주의 신학자들로 교수진을 강화하라"고 하면서 김재준 교수 배척운동을 벌였다. 총회는 결국 1948년 5월 20일 장로회 정통신학교라는 이름으로 또 하나의 신학교를 남산에 세우면서 만주에서 피난을 내려온 박형룡 목사를 교장으로 임명했다. 그리고 우여곡절 끝에, 6.25 전쟁 중 대구 서문교회에서 열린 1952년 4월 총회에서 미국 군목으로 귀환한 선교사들의 책동과 조정으로 인해 김재준 교수는 조선신학교를 상실했을 뿐 아니라 교수직에서 파면당했다. 결국 이단으로 규정당하며 목사직까지 파면당한 셈이었다.[19] 실로 남북 전쟁의 와중에서 진보와 보수의 기독교 종교전쟁이 벌어졌던 것이다. 결국 한국 장로회는 예수교장로회와 기독교장로회로 분열했다. 1953년 6월 10일, 서울 동자동 한국신학대학에서 발표된 성명서가 그 분열을 공식적으로 표명했다.

8.15 해방과 함께 남과 북으로 분단된 한반도에서 한국의 기독교는 일본 제국주의 식민지 통치의 잔재를 청산하는 과정과 북의 공산주의와 대결하는 과정에서 분열을 피해갈 수 없었다. 즉 북한, 특히 평양신학교를 중심으로 하는 서북 지역의 교역자들과 용정 등 북간도와 함경도 지역의 교역자들이 해방 이후 북한 공산당 치하에서 남한으로 피난하여 정착하면서 형성하게 된 미국 남북 장로교회 선교사 중심의 보수적 근본주의 신학 노선이 캐나다의 진보적 자유주의 신학 노선과 대립하게 된 것이다. 신학교육의 당면 과제를 놓고 박형룡 박사와 김재준 목사의 신학적 대결은 한국 장로교회의 분열로 이어졌다.

이러한 "지방색"에 의한 교회분열의 씨앗은 이미 1890년대부터 있었다. 한국에 진출한 미국의 교파 선교사들은 1894년 당시 중국에서 선교하고 있던 영국 출신 선교사 존 네비우스(John L. Nevius)를 초청하여 선교협의회를 개최하고 한국에서의 선교정책을 논의했다. 여기에서 채택한 정책 중 시의적절한 정책들이 있었다. 가령 선교의 대상을 한국사회 상류층, 즉 한문을 해독하는 양반 계급으로 할 것이 아니라 한글을 상용하는 민중과 부녀자를 대상으로 하자든가, 성서를 순우리말 한글로 번역하여 보급하자는 등의 정책은 그 이후 기독교 선교와 확장에 크게 기여한 바 있다 하겠다.

그러나 이 선교정책협의회에서 채택한 선교지역 분할정책은 해방 이후 한국교회의 분열의 과정을 "촉진"시켰다고 평가할 수 있다. 선교지역 분할정책은 미국 개신교의 교파주의를 그대로 한국에 이식한 것이나 다름없었다. 이 정책에 의하면, 미국 북장로회 선교부는 서북 지역과 경상북도 지역을 담당하고, 미국 남장로교 선교부는 남한의 호남 지역을, 미국 감리교는 경기도와 강원도 그리고 충청남북도 등 중부지역을 맡으며, 나중에 한국에 진출한 호주 장로회 선교부는 부산을 중심으로 하는 경상남도 지역을, 그리고 캐나다 선교부는 함경남북도 지역을 맡게 되었던 것이다. 그러나 인구 5천 명 이상의 도시나 지역에는 모든 선교부가 선교활동을 할 수 있도록 하였다.

남과 북이 이념적·정치적으로 분단되고 북에서 피난 온 장로교인들이 남으로 이주하고 정착하면서, 남한 교회 재건의 과정에서 서북지역의 목사 장로들의 교회와 함경도 지역에서 온 목사 장로들의 교회가 거의 자연스럽게 갈라진 것이었다. 따라서 보수 근본주의 신학에 친숙한 서북지역의 교역자들은 영락교회를 중심으로 정치적으로 반공적이며 신학적으로 보수적인 근본주의 신학 노선을 선택했고, 캐나다 선교부의 비교적 자유주의적인 신학 노선에 친숙해진 함경도 지역의 목회자와 교인들은 김재준 목사의 신학 노선을 추종하게 된 것이었다.

예수교장로교회와 기독교장로회의 분열은 신학적인 분열이면서 동시에 정치적 분열이었고 이념적 분열이었다 하겠다. 신학적인 보수 교파와 교인들은 자연스럽게 정치적 친미반공 보수의 대열에 서게 되었고, 신학적 진보 교파의 교인들은 같은 반공 노선을 취하면서도 미국과 선교사들과 남북 분단 문제와 국내 정치문제에 대해서 비판적인 입장을 취해왔다.

이승만 정권과 한국 기독교

월남 혹은 탈북 개신교 기독교인, 특히 장로교 중심의 "주류 기독교인"들이 미국 군대가 해방군으로서 38도선 이남에 진군 및 주둔하고 군정을 펴게 됨으로써 활력을 찾게 된 것은 자명한 일이라 하겠다. 개신교 기독교는 미국의 주류 종교였기 때문이고, 한국의 개신교 교회는 미국 선교사들에 의해 세워졌고 성장했으며 교세가 확장되어왔던 것이다. 역사적으로 볼 때, 동북아시아와 동남아시아를 통틀어 서구 제국주의 국가의 식민지가 아니었던 나라는 한국밖에 없었다. 일본제국주의의 잔혹한 억압적 식민지 정치에 저항하면서 한국의 기독교는 항일 종교였고 따라서 거의 맹목적인 친미 종교로 성장해왔던 역사적 배경이 있었던 것을 기억해야 한다. 나아가서 미국 선교사들은 군목의 자격으로 혹은 군사 고문의 자격으로 미국 해방군과 함께 "개선장군"들처럼 앞서거니 뒤서거니 한국 땅을 다시 밟게 되었던 것이다. 그들은 해방을 기다리던 한국의 기독교 지도자들과 교인들에게 승리자의 모습으로 받아들여졌으며 그 순간은 새 세상을 약속하는 감동적인 순간이었음이 틀림없었다. 그리고 미군과 선교사들을 환영하면서 한국의 개신교 기독교는 자연스럽게 정치화되어갔고 미 군정과 "유착"이 아니면 "가까운 사이"가 될 수 있었던 것이다. 백종현이 예리하게 지적한 대로, 해방 정국의 한국 기독교의 성장은 "통역정치", 즉 영어를 할 줄 아는 기독교 지도자들이 "미 군정에 참여하면서 개신교의 정치적 영향력을 급속히 확대"[20]시키는 과정에 이루어진 것이다. 한국의 개신교가 미 군정의 "통역정치"의 물질적 혜택을 받은 것은 일본이 한국에 남기고 간 "적산"을 교회가 우선적으로 거의 무상으로 분배받은 일이다. 이는 한경직 목사의 영락교회나 김재준 목사의 경동교회 역시 일본 종교의 하나인 천리교(天理敎)의 회당과 대지를 무상 인수했던 것에서 알 수 있는 일이다.

개신교 기독교가 누린 결정적인 정치적 특혜는 일제 초기 일본 감옥에서 기독교로 개종하여 열렬한 기독교인이 되어 미국의 명문대학에서 정치학을 전공하고 독립운동에 전념한 이승만 대한민국 초대 대통령의 권력에 의한 것이었다. 이승만 박사는 미국에서 귀국하는 동시에 처음부터 한국을 "기독교화"하겠다는, 혹은 "기독교 정신에 입각한 새 한국을 세우겠다"는 포부를 피력해왔다. 그는 1948년 남한의 단독 정부를 수립하는 자리에서부터 이 포부를 실천했다. 1948년 8월 15일 이승만 박사의 대통령 취임식에서 취임식 선서를 기독교식 기도로 하나님께 호소한 것은 대한민국 헌정사에 특기할 만한 사건이었다. 그 이전에 5월 31일 제1대 국회의장에 이승만 박사가 당선되었을 때도 이윤영 목사가 개회기도를 했었다. 이 당시 기독교인 국회의원이 약 50명이었고, 미 군정 아래 자유당 집권 당시까지 중앙 정부 각 부처의 공무원 중 약 10%가 교회에 출석하는 기독교인이었다.[21] 대한민국 헌법에는 종교의 자유를 표방하고 종교와 정치의 분리를 명기했음에도 불구하고 남한의 기독교는 이승만 정권을 음으로 양으로 지지하고 지원했다.

김용복 박사의 한국 기독교와 이승만 정권과의 관계에 대한 결론은 조심스럽다. "[이승만의] 자유당과 기독교와의 관계를 일반적으로 생각하듯이 상당한 유착 관계에 있었다고 전제할 수는 없다"고 하면서 보다 비판적으로 말하기를, "그러나 이러한 냉소적이고 실망과 유감적인 분위기에 의해 한국 기독교의 입장이 두둔될 수는 없다. …… 당시 한국 기독교의 태도는 …… 권력구조에 아부, 편승된 모습이거나 아니면 냉소적으로 기생하여 종교적 분파와 교권 쟁탈에 매몰된 모습으로 비쳐졌다"라고 했다.[22] 이승만 대통령의 자유당 정권에 가담한 목사들은 자기 교회와 교권의 확장에 몰입하였을 뿐 아니라, 정치권에 들어가서 국회의원이 된 뒤 이른바 "성직자"들의 부패상을 드러내기도 했는데, 그 한 예가 외국제 고급시계 밀수사건과 같은 것이었다. 그중 박영출 의원은 1958년 1월 14일 대법원에서 징역 6개월의 언도가 확정될 정도였다.[23]

김용복 박사가 소개하는 "한국교회의 양적 성장추세"라는 이름의 조사에 따르면, 1940년의 교인 수가 37만 2400명이었는데, 6.25 전쟁 당시인 1950년에는 83만 9711명이었고, 이승만 정권이 몰락하는 1960년에는 119만 명으로 증가했다. 10년 동안, 일제로부터 해방된 남한에서 기독교 대통령을 선출한 이후, 그리고 6.25 전쟁을 겪은 이후 이승만 정권이 몰락할 때까지 개신교인은 3배 이상의 양적 성장을 보여준 것이다.[24]

남한의 공산주의와 이승만 정권 그리고 교회

한반도의 남북 분단, 북의 소련군 점령과 공산당 정권의 수립, 그리고 남의 미군 진군과 이승만 정권의 출범의 역사는 일제 강점기인 1925년 4월 조선공산당 창설의 역사로 거슬러 올라간다. 왜 남한의 해방 정국이 공산주의 지지자들과 미국 및 이승만 정권 지지자들로 갈라져 이른바 좌우 갈등으로 치열한 이념투쟁을 하게 되었을까? 그것은 신탁통치 반대와 찬성론자들, 그리고 단독정부 수립 찬반론자들의 대결 이전에 이미 일제 강점기인 1920년대, 소위 일제의 "문화통치" 시기에 불붙기 시작한 조선 사회주의 독립운동으로부터 시작된 것이었다. 1920년대 조선의 사회주의 운동과 기독교의 관계의 역사는 애증(愛憎)의 관계였다고 말할 수 있을 것 같다. 이 관계가 남한의 해방 정국에서 철저한 "악마와 천사 간의 전쟁"[25]이라고 할 만한 적대관계로 변화한 것이다.

1925년에 결성한 조선공산당의 지도 이념은 민족주의와 계급투쟁이었다. 조선공산당의 사회주의 민족독립 운동은 1917년 러시아의 10월 혁명의 성공에 자극받은 만주지역 출신 독립운동가들의 사회주의적 사상과 빈곤한 일본 유학생들의 민족주의 운동이 연결되어 10년에 가까운 갈등과 조정을 거친 뒤 결성된 것이다. 그 운동이 한국의 기독교 지성인들을 자극했다.[26] 해방 이후 남한에서 조직된 좌파 정당은 조선공산당(1945년 9월, 박헌영), 조선인민당(1945년 11월, 여운형), 남조선신민당(1946년 2월, 백남운) 등이었는데, 1946년 11월 좌파 3당 합당으로 남조선노동당(남로당)이 결성되었다. 11월 23일 열린 남로당 결당식에는 대의원 558명이 참석했고 이 자리에는 미 군정청 인사들과 미국과 국내 신문기자들이 참석한 것으로 보도되었다.[27] 그리하여 조선 사회주의 민족주의자들과 기독교 민족주의자들의 접촉과 접속이 가능해졌다. 이를테면 민족주의 독립운동의 깃발 아래 기독교인들은 사회주의자들과 연합하게 되었다고 할 수 있다. 1927년 2월 결성된 신간회는 기독교 민족주의

인사들과 사회주의 인사들이 "반식민, 반봉건"의 기치를 들고 결성한 항일 조직으로서 한국 YMCA의 지도자 이상재와 조영옥, 그리고 YWCA의 김활란 등이 주도한 기독교와 사회주의의 연합 민족주의 단체였다. 그리고 근우회(槿友會)는 여성단체로서 역시 기독교 민족주의 여성들과 "사회주의 조선 여자동우회"와의 연합으로 형성된 항일운동 단체였다. 1927년 5월 유각경, 김활란, 양매륜 등이 기독교를 대표했다면 사회주의 여성동우회 측은 허정숙이 대표자 역할을 했다. 이들의 행동강령은 민족해방과 여성해방이었다. 이어서 1932년에 결성된 "적극신앙단"은 서울 YMCA를 중심으로 하는 기독교 갱신운동이면서 사회주의자들과 대화하는 민족주의 사회갱신 운동이었다.

1945년 8월 15일 태평양 전쟁의 종식과 함께 들이닥친 민족해방과 남북 분단은 기독교와 공산주의를 "악마와 천사"로 갈라놓았다. 북조선은 기독교를 친미 반공세력으로 공격했고 남한은 공산주의자들을 친소 반미 반기독교 세력으로 규정했다. 일제 치하에서 형성되기 시작했던 기독교와 사회주의 민족주의자들의 대화와 협력은 "없었던 것"으로, 망각의 상태로 전환되었다. 이에 더하여 북조선의 기독교 탄압에 견딜 수 없어 남하한 기독교인들과 토지개혁으로 인하여 농지와 산지를 빼앗기고 추방당한 기독교인 토지 소유자들은 남한의 해방 정국에서 반공주의자들로 결합하고 단합될 수밖에 없었다. 남한에 상륙한 미 군정은 기독교인 이승만과 함께 반소 반공주의자들 편에 설 수밖에 없었다. 그리하여, 미 군정과 이승만 정권과 월남한 기독교 세력은 하나로 뭉쳐서 남한에 잔존하고 있는 공산주의/사회주의 세력을 "악마"로 규정하게 된 것이다. 이로써 남한의 기독교는 "정치화"될 수밖에 없었다.

이에 대한 역사사회학자 강인철 교수의 해석은 정곡을 찌르고 있다.

기독교와 공산주의가 공존할 수 없는 것으로 교리화될 경우 가장 호소력 있으며 광범한 동원 능력을 가진 '호교(護敎)'라는 종교적 이해관계가 반공투쟁의 명분이 되기 때문이며, 이를 위해 우익 정치세력에 대한 정치적 지지를 굳이 전제할 필요가 없는 것이다. 또한 북한에서 공산주의 세력과 격렬하게 충돌한 후 월남한 신자집단의 대종이 종교적 보수 세력이었다는 사실이 이러한 상황을 더욱 심화시켰을 것이다. 정치화를 부추긴 다른 원인은 남한에서 활동한 유력한 정치인들(좌파를 제외한다면) 대부분이 개신교 교리에 충성스런 신봉재(근본주의자들), 분명한 기독교적 배경을 가진 이들이라는 사실, 그리고 남한에서 개신교에 대해 극히 우호적인 미 군정과 이승만 정권이 수립되었다는 사실에서 찾을 수도 있다.[28](대괄호는 필자 삽입)

해방 정국에서 기독교의 "호교"라는 종교적 이해관계에 앞서, 구조적으로 볼 때 일제 강점기에는 민족주의적 동기로 기독교와 사회주의가 연합전선을 펴서 일본제국주의에 대항했으나, 일본이 패망하고 조선으로부터 물러난 해방 조선에서는 "공동의 적"이 사라진 점을 지적할 수 있다. 다시 말하면 공동의 적을 잃은 기독교 세력과 사회주의 세력은 일제에 대한 민족해방이라는 공동의 목표도 상실한 셈이었다. 그리고 분단 조선에 침입한 다른 적대세력과 각자 대면하게 되었다. 북쪽의 공산주의 정권은 기독교를, 남쪽의 이승만 정권은 공산주의를 적으로 인식하게 된 것이다. "영원한 동지는 없다"고 하듯이 기독교와 사회주의는 분단 한국에서는 동지가 될 수 없었다. 이것이 우리의 비극이었다. 우리의 "해방"은 결국 "분단"이고 "분열"이고 "분쟁"일 수밖에 없었다.

남한 기독교의 "정치화" 내지 "정교 유착"은 이념의 문제나 정치적, 경제적 이해관계의 문제만이 아니었다. 적극적인 행동으로 정치화한 남한의 기독교 세력은 반공주의 폭력 통치에 가담하게 된다. 북조선의 기독교 정치사가 "피해자" 혹은 "순교자"의 정치사라고 한다면, 남한의 기독교 정치사는 "가해자"의 정치사라고 할 수 있겠고 "폭력 방조" 내지는 "침묵"의 무책임하고 무능한 정치사였다고 해도 과언이 아닐 것이다. 대표적 사례로 제주도 4.3 사태, 여수 순천 반란 사건, 그리고 보도연맹학살 사건 등을 들 수 있는데, 이들 사건들은 남한 기독교의 정치사와 무관하다고 할 수 없는 것들이다.

제주도민의 8명 중 1명꼴로, 즉 3만여 명의 양민을 학살한, 1948년 4월 3일부터 1954년 9월 21일까지 계속된 소위 4.3 사태는, 1947년 3.1절 행사에서 이승만 단독정부 수립을 반대하는 가두시위로부터 발전하게 되었다. 계엄령에도 불구하고 남로당 무장대는 미군과 이승만 정권의 군대와 경찰에 맞섰지만 역부족이었다. 이승만 정권의 심복 친일파 우익 행동대원에는 북한에서 재산을 몰수당하고 가족을 잃은 월남 청년들로 구성된 서북청년단이 포함되어 있었다.[29]

여수 순천 국군 반란 사건은 가히 남한 안에서의 "남북 전쟁"이었다 할 수 있다. 대한민국 군대의 전신인 "국방 경비대" 안의 좌익세력인 남로당 계열 장교들이 4.3 제주도 사태를 진압하라는 상부의 명령에 항거하여 일으킨 항명사건으로, 대한민국 경찰 74명, 우익 지도자 16명과 함께 150명의 민간인을 학살한 것이 발단이 되었다. 1948년 10월 19일에 일어난 군대 항명 폭동사건은 439명의 민간인의 생명을 앗아갔다. 10월 21일에 발동한 계엄령에 의해 군사 폭동은 진압되었으나, 양민들은 진압군에게와 반란군 양쪽에서 희생을 당했다. 이 싸움터에서 손양원 목사의 두 아들이 공산군에게 희생당했는데, 공산군 학살자를 양아들로 삼았다는 이야기는 유명하다. 손양원 목사는 신사참배 반대를 이유로 5년간 감옥생활을 하다가 해방과 함께 출옥한 출옥성도의 한 사람이었다.

"국민보도연맹"은 자의로 구성된 "친목단체"가 아니다. 1949년 말, 이승만 정권이 공산주의의 확산을 저지할 목적으로 제정한 "국가보안법"에 의해 정부가 이름 붙인 단체였다. 일제 강점기부터 공산주의 사상과 이념에 추종하는 자들이라고 판단하는 자들을 등록하게 하고 "주민증" 대신에 "보도연맹증"을 배부하여 관리했다고 한다. "보도(保導)"라고 하는 것은 좌익 경향이 있는 주민들을 "보호"하고 "지도"한다는 뜻이었으나, 결국 남한 정권의 적대세력으로 감시의 대상이었던 것이다. 이들은 6.25 전쟁이 터지자 서울로부터 후퇴하는 이승만 정권의 특수부대와 서북청년단에 의해 참혹한 학살을 당했다. 전국 각지에서 20만 명의 무고한 민간인들이 희생되었다.[30]

6.25 남북 전쟁은 이미 제주도와 대한민국 남쪽 산과 들에서 이념전쟁으로 시작되고 있었다고 해도 과언이 아니었다. 북에서 기독교를 신봉하고 공산주의 정권을 반대하는 양민들이 김일성 정권에 의해서 학살된 비극과 남에서 공산주의자들과 양민들이 이승만 정권에 의해서 학살된 비극을 어떻게 설명하고 어떻게 비교할 수 있을까? "민족상잔의 비극"이라고 정리하고 도망하기에는 너무도 "위험한 기억"이 아닐 수 없다. 목사 아버지를 김일성 인민군의 총부리에 빼앗긴 분노에 찬 철없는 19살 젊은이에게는 남한에서의 공산주의자 "토벌"은 "아버지 원수 갚는 일" 정도로 정리되고 있었다. 그것이 그때의 솔직한 심정이었다고 고백한다.

피난민, 그리고 해군 소년통신병

나는 평양에서 북조선 인민군 총탄에 쓰러진 항일, 반공 순교자 목사 아버지를 우리 교회 뒷산에 묻고 교인들과 함께 정중한 장례예배를 드렸다. 아버지 무덤에는 많은 사진첩과 아버지 설교 유고들과 성경 찬송가책들과 함께 아버지가 즐겨 읽으시고 아끼시던 책 몇 권을 함께 묻었다. 이제 얼마 안 있어서 전쟁도 끝나고 남과 북이 통일이 될 터인데, 그때 가서 아버지 무덤에서 아버지 유고들을 꺼내어 책으로 출판도 하고…… 하는 꿈과 바람을 아버지 무덤에 묻었던 것이다.

아버지 장례식이 끝날 무렵, 미군과 남한 국군이 압록강까지 진출하고 "북진 통일(北進 統一)의 개선가를 부를 날이 멀지 않다고 굳게 믿고 있었다. 그 승리의 날을 믿어 의심한 사람이 별로 없었다. 그러나 1950년 11월 초부터 무서운 소문이 퍼지기 시작했다. 중공군이 압록강과 두만강을 넘어서 쳐들어오고 있다는 것이었다. 그리고 미군과 국군은 인해(人海)전술로 구름떼같이 밀려오는 소위 중국 인민해방군에 힘없이 밀려 도망치고 있었다. 평양도 중공군에게 내어주어야 할 판국이 되어버렸다. 내가 대동강 북쪽에 위치한 교회 어린이 주일학교 학생들에게 설교하고 있는 동안, 평양은 불바다가 되어 있었다. 남하하고 있는 중공군에 밀려 도망가는 미군이 자신들의 무기 창고와 화약 창고에 불을 지르고 후퇴할 준비를 시작한 것이었다. 대동강 남쪽에 위치한 우리집으로 돌아가기 위해 대동강 북쪽 강가에 갔다. 벌써 피난민들이 다리를 건널 생각을 버리고 쪽배를 타고 대동강을 건너고 있었다. 나는 혈혈단신으로 쪽배에 몸을 싣고 대동강을 건넜다. 피난 가는 어른들이 지금 집을 찾아갈 생각을 말고 피난민 기차를 타고 남쪽으로 떠나야 한다고 일러주었다. 그리고 어머니와 동생들은 이미 피난민 기차를 타고 남으로 향해 떠났을 터인데, 집으로 가야 소용없다는 것이었다. 소돔과 고모라에서 도망치다가 뒤를 돌아본 롯의 아내처럼 뒤를 돌아다볼 생각일랑 말고(롯의 아내가 뒤돌아보다가 소금기둥이 되었다는 성경 이야기가 있다), 우선 피난민 기차에 올라타라는 것이었다.

　망설이다가, 어른들의 말을 듣기로 하고 피난민 기차 등에 기어올랐다. "피난민 기차"라고 하는 것은 군용 화물차 꼭대기를 말하는 것이었다. 피난민들이 화물차 꼭대기에서 떨어지지 않으려고 서로 부둥켜 앉고, 그 추운 겨울바람을 정면으로 맞아가며 위험을 무릅쓰고 올라탄 것이다. 깊은 밤을 달리는 화물차 꼭대기에서 배고픔과 추위와 졸림을 참다못해 졸다가 떨어져 죽는 노인들과 아이들의 비참한 모습은 오늘도 나의 밤잠을 어지럽게 한다. 화물차가 가다가 아무 이유도 설명도 없이 멎으면, 우리는 걸었다. 그 많은 사람들 틈에서 나의 어머니와 동생들을 찾았지만 헛수고였다. 나는 피난민들 틈에 끼어서 화물차를 포기하고 두 발로 걸어서 38선을 넘었다. 걷다가 지치면 텅텅 비어 있는 농가에 들어가 먹을 수 있는 것은 무엇이든 주워 먹고, 집안에 있는 덮을 수 있는 것들은 무엇이든 덮고 잠을 자고 일어나 다시 길을 걸었다.

피난민들은 38선을 넘고 있다고 소리를 질렀지만, 나에게는 38선은 어디에도 보이지 않았다. 내 기억으로는 개성역이라는 푯말이 붙어 있는 작은 기차역에서 다시 화물차에 올라타고 새벽에 서울역에 도착했다.

누가 그랬는지 모르지만 피난민은 서울에 있는 영락교회에 가면 된다고 해서, 나도 피난민들을 따라 걸어서 영락교회로 갔다. 그때는 서울역에서 고개만 넘으면 영락교회였다. 허물어진 건물들, 아직도 불타고 있는 집들 사이를 걸어서 영락교회 뜰에 도착했을 때 나는 놀랐다. 영락교회 뜰과 건물 안은 피난민들로 가득차 있었다. 나처럼 헤어진 가족들을 찾는 사람들도 많았다. 그러다가 우연히 만나게 되면 반가움에 눈물로 부둥켜안고 우는 아우성으로 교회 뜰은 아수라장이었다. 게시판에 붙어 있는 피난민 소식을 아무리 뒤져 보아도 우리 식구들 이름은 찾아볼 수 없었다. 우선 나는 그 게시판에 내 이름을 올리고 우리 가족 이름을 큰 글씨로 써 붙였다. 내가 부산으로 피난 갈 것이고, 멀쩡하게 살아서 서울까지 왔다는 글도 덧붙였다. 그리고 돌아서는데 "서 선생 아니야?" 하는 소리가 들렸다. 평양에서 가까이 지내던 평양신학교 동창인 연상의 안성진 목사가 거기 서 있는 것이 아닌가. 안성진 목사는 대동강 남쪽에 있는 이름 있는 교회에서 교육목사로 아동 목회를 하셨던 분이다. 그는 동화 작가이면서 아이들에게 동화를 재미있게 들려주는 분으로 유명한 기독교 아동문학가이다. 나는 최연소 평양신학교 학생으로 나보다 10살, 20살 연상인 다른 신학생들의 사랑을 많이 받으며 학교에 다녔다. 그리고 안성진 목사의 교회에 가서 목사님이 아이들에게 성경을 이야기하는 예술에 가까운 "기술"도 배우고 모범으로 삼았다.[31]

안성진 목사는 나를 끌고 자기 가족들이 머물고 있는 집에 갔다. 나는 안 목사님 가족들과 하루 밤인가를 같이 지내고 다음날 영락교회에 가서 다른 피난민들과 함께 부산으로 가는 피난 기차에 오를 계획을 세우고 있었다. 마침, 이북에서 내려온 순교자 가족들은 등록하라는 광고가 있어서 등록했다. 그 다음날 순교자 가족들은 부산행 기차에 승차하라는 광고를 듣고 서울역으로 달려갔다. 그리고 화물차를 탔다. 이번에는 화물차 꼭대기가 아니라 화물차 안이었다. 의자가 있는 것도 아니고 화물차 바닥에 앉거나 서거나 하면서 서울을 빠져 나가는 것이었다. 그래도 화물차 안에는 미국 선교사들이 넣어준 물과 빵이 있어서 굶주리지 않고 "편안히" 잠까지 자면서 수시로 가다가 멎다가 하면서 남으로 달렸다. 미군 군용 기차여서 기차역마다 시간 맞춰 멎는 것이 아니라 아무때고 미군 필요에 따라 가다가 멎고, 멎으면 몇 시간이고 기다리다가 떠나는 그런 기차였다. 며칠이 걸렸는지 모르겠지만, 부산에 도착했다는 소리에 우리 피난민 순교자 가족들은 기차에서 내렸다.

당시 나는 자세한 내용은 잘 몰랐지만, 미국 선교사의 세력과 권한은 막강했던 것 같다. 우리 피난민 가족은 군복을 입은 미국 선교사들의 안내로 부산 기차역에서 거기에 가까운 언덕바지에 세워진 "콘센트" 임시 건물로 갔다. "콘센트"는 요즘도 군부대 안에 설치되는 반원(半圓)형의 건물로 양쪽에 출입문이 있고, 건물 안은 아마 3, 40평은 되고 창문이 뚫려 있어서 비교적 채광이 잘되고 쾌적한 곳이다. 내 기억으로는 거의 100명이 넘는 피난민 가족이 함께 들어가 먹고 자고 생활했던 것 같다. 나는 낮에는 부산 시내 여기저기를 돌아다니다가 숙소로 돌아와서 피난민 가족들 틈에 끼어 오지 않는 잠을 청하며 밤을 지새웠다.

나는 무슨 일거리가 있으면 육체노동이라도 해야겠다고 마음먹고 부산 부두를 헤맸다. 그러던 어느 날 해군 본부엔가 바람벽에 붙어 있는 광고지에 눈이 끌렸다. "제2기 해군통신병 모집"이라는 큰 글씨의 광고판이었다. 학력은 중학교 졸업이나 재학생도 되고 몇 가지 시험을 치러야 한다는 것이었다. 나는 주저하지 않고 응시했다. 그리고 경쟁이 심했는데도 불구하고 합격이 되었다. 바닷바람이 차게 부는 저녁, 소년통신병 지원생들과 함께 부산 항구에서 떠나는 배를 타고 진해로 향했다. 한 달인가 두 달 동안의 신병 훈련은 심하고 고됐다. 나는 목사 집안에서 배고프게 자랐다고 하지만, 군대 생활이 이토록 배가 고픈지 몰랐다. 나는 아버지에게 종아리도 많이 맞으면서 자랐지만, 그토록 뼈저린 "빳다"라는 걸 맞아본 적이 없다. 항상 졸리고 항상 아프고 항상 배고프게 신병 훈련을 받았다. 어디서 어떤 고생을 해도 견딜 수 있는 군인을 만든다는 식이었다. 그리고 이렇게 강훈련을 하는 것이 일본 해군의 전통이라는 것이었다. 대한민국 해군에도 일제 잔재는 그대로 남아 있었다.

나는 1개월인가 2개월 동안의 고된 신병 훈련을 마치고 통신학교에 진학하여 통신병 자격을 얻는 공부에 열중했다. 6개월인가 소정의 과정을 마치고 나는 100여 명의 졸업생 중에 최우등생의 영광을 차지했다. 그리고 성적 우승자라는 이유로 통신학교의 조교로 발탁되었다. 그때 나와 함께 졸업한 통신병으로 나중에 연세대학교 교회사 교수가 된 민경배 박사가 있었다. 해군 통신학교는 진해의 해군 통제부 밖 동쪽에 위치한 경화동 해변에 있었기에 나는 일요일이 되면 경화동 교회에 나가서 유년 주일학교에서 교사 일도 보면서 교회에 봉사했다.[32]

평양에서 헤어졌던 나의 어머니와 동생들은 나를 찾아 북에서 헤매다가 온갖 고생을 다하고 죽을 고비를 몇 번이고 넘기고 황해도 서해안에서 쪽배를 타고 인천에 도착했다고 한다. 교회를 찾아다니면서 나의 행방을 알아내고 부산으로 내려왔다는 것이었다. 가족들은 내가 부산에 자리를 잡기도 전에 진해로 나를 찾아 달려왔다. 그때의 감격은 이루 표현할 수 없었다. 그리고 미안하고 죄송스럽기 한이 없었다. 우리는 부둥켜안고 울기만 했다. 부산에는 "미실회(美實會)"라는 순교자 가족을 돌보는 감리교 계통의 자선단체가 있었다. 장로교 순교자 가족인데도 불구하고 우리 사정을 들은 미실회 총무, 납북자 목사 유가족인 김동숙 사모님은 우리를 환영하고, 미실회가 마련한 순교자 가족 숙소에서 머물게 하며, 순교자 가족들의 경제적 자립을 위해서 순교자 사모들에게 재봉틀로 바느질하는 일을 가르쳐주었고, 제품을 국제시장에 내다 파는 일까지 돕는 일을 했다. 동생들은 피난학교에 입학했고, 그렇게 피난생활은 안정을 찾아갔다.

1953년 휴전과 미국 유학의 길

나는 해군 통신학교 조교의 자격으로 통신병 지원자들을 위해서 열심히 일했다. 일선에서 인민군 병사들과 마주치고 총칼로 죽고 죽이는 피 터지는 백병전을 벌이지 않는다 하더라도 한 사람의 훌륭한 통신병으로 훈련받고 일하는 것이 순교자 아버지의 원수를 갚는 일이라고 생각했다. 그러면서 주일날에는 경화동교회에 출석해서 순교자 아버지의 원수를 갚는 길을 찾아 열심히 기도했다. 1952년이 지나고 1953년에 들어서면서 중공군과 미군이 38선에서 피 터지는 싸움을 하며 밀고 밀리고 하면서 강원도와 경기도 산과 들과 골짜기에 전사자의 주검이 쌓인다는 소식을 듣고 있었다. 그리고 38선 정도에서 전쟁을 멈추는 휴전, 즉 싸움을 중단하고 "쉰다, 휴식한다"는 소식도 들려왔다. 나는 왜 중공군과 인민군을 북으로 밀어내지 못하고 전쟁을 그만두고 쉰다는 것인지 이해가 가지 않았다. 이승만 대통령이 휴전을 반대하고 있다는 소식도 들으면서 이승만 대통령의 말이 옳다고까지 생각했다.

그러는 동안, 이승만 대통령이 계속 대통령이 되기 위해서 별의별 정치적 부정과 비리로 다 밀어붙인다는 소식도 들었다. 한국교회 목사들이 이승만 대통령의 집권 유지를 지지하고 많은 노력을 한다는 소식도 들었다. 교회가 이승만 정권의 부정과 비리에 대해서 비판적인 입장을 취하지 않고 오히려 정부 권력에 밀착해서 함께 비난의 소리를 듣는다는 소식도 들었지만, 나는 그런 비난에 동의하지 않고 있었다. 나는 역시 북조선 공산당 정권에 의해 순교당한 아버지의 편에 선, 반공 피난민 해군이며 이승만 대통령을 맹목적으로 지지하는 청년이었다. 나와 나의 피난민 가족은 미국 선교사 군목들의 구호물품과 순교자 구호 사업의 혜택을 받았다. 그리고 감격하고 감사했다. 미국 군인이 유엔의 이름으로 우리와 함께 공산당과 싸우도록 한 이승만 정권에 대해서 감사하고 지지하는 교회 목사님들의 설교에 찬동하고 함께 감사했다. 나는 "반공", "친미" 독실한 기독교 군인인 것을 떳떳하게 생각하며 자부심을 가지고 해군에서 나라에 충성하고 교회에서 신앙심을 길렀다.

그러던 중 미국 해군 종합학교에 유학할 수 있는 길이 열렸다. 휴전 협정에 대한 협의가 진행되고 있는가 하면 다른 한편으로 휴전 협정 반대 운동이 터지고 있던 1953년 7월 초, 나는 부산의 공군 기지인 수영 비행장에서 미국행 공군 비행기에 올라탔다.

공군 비행기는 괌에서 기름을 넣고 다시 하와이에 기항해서 기름을 넣고는 샌프란시스코에 미군들과 함께 우리 일행을 내려놓았다. 샌프란시스코의 해군부대는 나와 다른 미국 해군들을 어떤 섬에 있는 해군 기지에 데리고 갔다. 거기서 이틀인가를 지내고 미 대륙 횡단 기차로 미국 남부 해안에 있는 버지니아 주 요크타운이라는 곳으로 이동하라는 명령을 받아 샌프란시스코 기차역에서 표를 끊고 기차에 올랐다. 시카고 역까지 3일의 여정이었다. 미국이 크다는 소리는 들어왔지만, 미 대륙을 횡단하면서 이토록 클 줄은 몰랐다. 거의 매순간 경악을 금치 못하면서, 조선조 말기에 조국의 앞날을 염려하면서 혈혈단신으로 미국 대륙을 횡단하던 조상 선비들을 생각하면서 여행을 즐겼다. 기차의 차장이나 승무원들이 영어를 제대로 못하는 한국 해군 수병의 뒷바라지를 정성껏 친절하게 해주는 데 감동을 받고 미국이라는 나라 사람들에 대한 무한한 신뢰감을 갖게 되었다.

시카고 역에서 기차를 갈아타고 남쪽으로 향했다. 긴 여행에 지쳐서인지 기차에 오르자마자 깊은 잠에 빠져들었다. 시간이 얼마나 지났는지 잠에서 깨어났을 때 내 주위에 가득히 타고 있던 승객들이 보이지 않았다. 나 혼자만 그 넓은 기차 칸에 앉아 있는 것이 아닌가? 깜짝 놀라서 일어나 옆의 기차 칸에 건너가 보았다. 그 칸에는 흑인 승객들만 가득 타고 있는 것이 아닌가? 영문을 알 수가 없어서 내 자리로 돌아오니 백인 몇 사람이 내 칸 옆자리에 앉아 있는 것을 보고 다시 한 번 놀랐다. 지나가는 차장에게 영문을 물었더니 아주 간단한 대답이었다. 이 칸은 백인들만 타는 칸이고 옆 칸은 흑인들만 타는 흑인 전용 칸이라는 것이다. 1953년 그 당시만 해도 미국의 흑백 인종차별이 엄연히 존재하고 있었던 것이다. 메이슨-딕슨선(Mason Dickson Line)이라고 해서 미 대륙의 북부와 남부를 갈라놓는 선이 있는데, 그 선의 북쪽에서는 흑백 차별 없이 기차도 같이 타고 버스도 같이 타고 화장실이나 식당도 같이 사용할 수 있지만, 남부에 내려가면 흑인들이 타는 기차 칸도 따로이고, 버스 좌석도 흑인들의 것은 뒤쪽에 있었으며 식당은 물론 화장실까지도 흑인용과 백인용이 따로 있었던 것이다.

노란 얼굴을 가진 나는 혼란에 빠졌다. 나도 유색인종인 한국 사람인데 백인 전용 기차 칸에 앉아도 된다는 것이다. 나는 이것을 "대접"으로 생각하기 어려웠다. 그래서 흑인 전용 칸으로 옮기겠다고 그쪽으로 갔더니, 흑인 전용 칸이라고 나더러 백인 칸으로 가라는 것이었다. 차장은 내가 짐을 들고 왔다 갔다 하는 것을 못마땅해할 뿐 아니라 내가 유별나게 흑백 차별에 대해서 몸으로 비판하고 저항하는 것으로 보는 것 같았다. 나는 하라는 대로 백인 기차 칸에 조용히 앉아서 목적지까지 갈 수밖에 없었다. 기차역에 내려서 화장실을 찾았는데 역시 "흑인 전용"이란 표지판이 크게 붙어 있었다. 영어로 "Colored Only"(유색인종 전용)라는 표지판 앞에서 나는 망설였다. 나도 "colored", 유색인종이 아닌가. 그래서 그리로 들어가려는데 흑인이 막고 서서 "백인 화장실을 쓰라"고 손짓을 하고 있었다. 키 크고 무시무시하게 새카만 흑인의 우렁찬 소리에 짓눌려 백인 틈에 끼어 용변을 보았지만, 이번에는 백인들의 눈치가 보여 역시 불편하기 짝이 없었다. 1960년대 들어 미국의 흑인 목사 마틴 루터 킹(Martin Luther King Jr.) 목사가 이끈 흑인 해방운동의 승리로 법적으로 이런 차별대우는 폐지되었다. 그러나 나는 그때 해군 수병으로 겪은 경험에서 기독교 국가라고 하는 미국에 대한, 특히 백인 인종우월주의에 대한 의식과 교육 문화 그리고 기독교에 대한 비판적 회의가 생기기 시작했다.

나는 미국 해군 종합학교에서 즐겁게 생활했다. 미 해군 동료들과 전우들이 각별히 나를 돌보아주었고, 가까운 친구들도 생겼다. 나는 손짓 발짓 다해가면서 그 짧은 영어로 소통하고 한국전쟁의 비참한 상황 이야기도 설명하면서, 미국이 한국의 민주주의를 위해 싸워주는 것에 대해 감사하는 말을 잊지 않았다. 그리고 주말마다 미군 친구들이 나를 가까운 도시로 관광 여행에 끌고 다녔다. 덕분에 미국의 수도 워싱턴 구경도 했다. 워싱턴에 가면 군인들이 주말에 외출 나올 것에 대비해서 YMCA 호텔이 개방되어 있었다. 운동장만큼이나 넓은 방에 200개가 넘는 철제 2층 침대를 하룻밤에 1달러에 내어주는 시설에서 우리는 편안히 잤다. 그리고 금요일과 토요일 밤이면 YWCA 회원들이 몰려와서 우리 군인들에게 저녁 대접도 하고 댄스파티도 열어주었다. 나는 주로 그들이 준비한 성경 공부와 예배에 참석하여 영어도 배우면서 조용한 시간을 가질 수 있었다.

나는 이런 즐거운 주말여행의 일환으로 친구가 운전하는 자동차로 뉴욕을 방문할 수 있었다. 나는 미국 해군 훈련에 떠나기 전에 평양에서의 은사이자 당시는 미국 보스턴 대학에서 신학박사 공부를 하고 계신 박대선 선생님에게 내가 미 해군 훈련차 미국에 가게 되었다는 편지를 써 보낸 일이 있었다. 미국 해군 친구가 뉴욕에도 데려다준다고 하기에 다시 박대선 선생님에게 편지를 보냈더니 지금 뉴욕 근처에 있는 뉴저지에 위치한 드류 대학에 와서 여름 동안 논문을 쓰고 계시다는 것이었다. 나는 친구를 꼬드겨, 뉴욕에 가는 김에 드류까지 데려다달라고 했다. 토요일 밤중에 도착한 나는 박대선 선생님의 소개로 당시 드류에서 박사학위 공부를 하고 계시던 감리교 신학대학의 김용옥 교수님과도 알게 되었다. 그리고 다음날 아침 박대선 선생님의 안내로 뉴욕의 유일한 한인교회에서 예배를 드리고 뉴욕 YMCA 호텔로 돌아와 친구의 자동차로 다시 미 해군 기지로 돌아온 적이 있다.

1953년 7월 27일, 미 해군 친구들이 한국전쟁이 끝나고 휴전협정이 체결되었다는 소식을 전해주었다. 그러면서 유엔군과 중공군, 그리고 북조선 인민군은 휴전협정에 서명을 했는데, 남한의 이승만 대통령은 휴전을 반대하고 서명을 안 했다고 하면서 이승만 대통령을 비난하는 것이었다. 나는 그 이유를 설명할 만한 지식도 능력도 없어서 가만히 듣고만 있었다. 나는 그 부족한 영어로 "We want unification, not division"(우리는 통일을 원하지 분단을 원치 않는다)라는 말만 되풀이하고 있었다.

그럭저럭 6주간인가 7주간의 교육 훈련을 마치고 귀국길에 오르기 전날 저녁, 친구들이 마련한 송별 만찬을 받으며 석별의 정을 나누었다. 송별 만찬 뒤, 나를 워싱턴과 뉴욕 등에 데리고 다닌 친구와 마주앉았다. 그 친구가 "너 이제 한국에 돌아가게 되었는데, 한국 가면 뭐 하면서 살 거야?" 하는 것이었다. 나는 "뭐하긴 뭐 해? 이젠 미국에 와서 훈련을 받았으니, 직업군인으로 평생 사는 거지 뭐." 체념하는 것 같은 내 말에 친구는 고개를 흔들며 말하는 것이었다. "아니야, 넌 직업군인 타입이 아니야. 넌 앞으로 학자가 될 사람이야. …… 내 고향, 저 서부에 있는 몬태나 주 소도시에 아주 작은 기독교대학이 있는데, 아주 실력 있는 대학이야. 내가 도와줄 테니까 그 대학에 와서 공부하도록 해." 자기 자신은 중학교도 못 마치고 중퇴한 사람이라고 하면서 이런 제안을 하는 것이었다. 너무 진지한 이야기여서 그런 일은 일어나지도 않을 테니 신경 쓰지 말라는 말도 못하고 작별인사를 하고, 나는 다시 부산 수영 비행장을 거쳐 집으로 돌아왔다. 그리고 진해 해군 기지에 정착했다.

1953년 휴전 후 한국의 기독교

나의 해군 복무 기지가 진해로 정해지면서 일요일에는 진해교회로 출석하게 되었다. 진해교회는 주일 아침 예배에는 예수교 장로회 목사(김경도 목사)의 인도로 교인들이 모이고, 오후 2시부터는 고신파 목사가 이끄는 예배를 드리는 교회였다. 해방 후 한국교회 분열의 모습을 적나라하게 보여주는 교회였다. 나는 교회 유년주일학교에서 열심히 일했다. 당시 그 교회의 담임목사였던 김경도 목사의 아들 김중은이 주일학교 학생이었다. 그리고 나와 함께 주일학교 예배에 피아노 반주를 해준 분이 서울대학교 음악대학 교수였던 김정길 교수였다. 나는 진해교회 성가대원으로 참여하면서 교회생활을 즐겼다.

1953년 휴전 이후 이승만 정부가 서울을 수복하면서 남한사회와 기독교가 "재편"하는 과정에 접어들었다. 전쟁으로 파괴된 도시의 재건 문제에서부터 시작하여, 한국사회 전반에 걸친 인프라 재건의 문제, 전쟁 과부들과 전쟁고아의 문제, 언론과 통신, 통행의 문제 등을 해결하고 정상으로 돌아가야 할 문제들이 쌓여 있었다. 산속에는 아직도 북조선 인민군 패잔병들이 빨치산이라고 불리며 잔존해 있으면서 밤에는 양민들을 괴롭히고 있었다. 그리고 거제도 포로수용소에 갇혀 있던 전쟁포로들의 폭동과 그들을 처리하는 문제는 치안문제인 동시에 전후 처리의 골치 아픈 문제로 남아 있었다. 총과 대포와 전투기와 폭격기 소리는 멈추었지만, 안과 밖으로 불안하고 불안정한 시기였다.

1953년 휴전 전후의 한국 기독교의 연표를 보면서 기억을 더듬어본다.

1951년 육군 군목제도 실시; 부산에서 정전 반대 신도대회

1952년 공군 군목제도 실시; 김재준 목사 제명처분; 기독교인 국회의원 신우회 조직; 한국복음주의협회(NAE) 창립; 한국기독교연합회, 이승만 대통령을 제2대 대통령으로 추대하기로 결의하고, 8.5 부통령 선거대책위원회 결성; 빌리 그레이엄 제1차 내한 집회

1953년 기독교하나님의성회 창립; 구국기독교신도대회 개최; 통일 없는 휴전 반대

1954년 기독교 방송국 개국

1955년 감리교 호헌파 성립; 감리교 전밀라, 명화용 한국인 여성으로 첫 목사 안수

1956년 이승만, 정동교회에서 명예장로로 피선; 빌리 그레이엄 내한 전도집회; 감리교 중부연회, 제3대 대통령으로 이승만 출마요청 성명; 정·부통령선거추진 기독교도 중앙위원회 조직, 이승만, 이기붕 지지성명; 한국복음주의 방송국(극동방송국) 개국/인천복음국제방송국 개국

1957년 ≪기독교사상≫ 창간

1958년 영등포 도시산업선교연합회 설립

1959년 한국기독교운동협의회(KSCC) 창립; 장로회 제44회 총회 WCC 탈퇴

선언33)

위 연표에서 보다시피 해방 정국(1945~1950)에 이어 이승만 정권의 휴전정국(1950~1960)에 이르기까지의 정교(政敎) 유착은 밀착의 양상을 보였다. 즉, 초대(1948)부터 제2대(1952), 제3대(1956) 그리고 제4대(1960)에 이르기까지 이승만 장로 대통령 추대 및 당선 운동에 기독교계가 적극 가담한 것이다. 그리고 이 기간 동안에 주류 교단마다 분열과 갈등이 계속되면서 진보와 보수 진영으로 신학적, 정치적 "색깔"이 선명해지는 것을 볼 수 있다. 특히 이 시기에 빌리 그레이엄(Billy Graham)의 부흥집회가 주목을 받게 되고, 이승만 정권이 추진한 기독교 군목제도가 시작되고 자리를 잡아가면서 군대 내의 기독교인 수가 증가하고 있었다. 이 시기는 이승만 정권과 함께 기독교가 친미, 반공, 친정부, 우익화하고 신학적으로 보수화하는 시기라고 말할 수 있을 것 같다.

그러나 위의 연표가 보여주지 않는 당시의 기독교 안의 사정이 있었는데, 기독교 "소종파" 운동이라고 해야 할지, "사이비 기독교", 혹은 "신흥 종교"라고 이름 붙여야 할지, 아니면 기독교 주류 교파에서 판단하는 "이단 종파"라고 해야 할지 애매모호한 기독교 집단의 출현이다. 그 하나는 "통일교"라는 약칭으로 유명한 "세계평화통일가정연합" 혹은 "세계기독교통일신령협회"라는 사이비 기독교집단이다. 통일교 교주는 문선명이며 평안북도 정주 출신으로 16세 때 부활절날에 인류구원의 사명을 계시받았다고 주장하며 설교를 시작했다. 1948년 사회질서 문란 혐의로 평양감옥에 투옥되었으나 흥남 감옥에서 6.25 전쟁 때 출옥하여 월남한 뒤, 부산의 부두 노동자로 생활했다. 1954년 문선명은 통일교의 교주가 되어 자기 "신학"을 설교하고 교인들을 모으기 시작해서 1958년에는 일본으로, 다음해에는 미국으로 선교지역을 넓혀 갔다.

문선명의 교리는 『교리원론』이란 책에 수록되어 있는데, 한마디로 말하면 기독교와 동양 민간 종교의 혼합이라 할 수 있다. 그의 교리가 애매모호한 것은, 그의 "원리"에는 창조주 하나님을 인간의 아버지로 믿고 있고, 신구약성서를 경전으로 정하고, 예수를 구세주로 모시고 재림을 믿는 것으로 나타나 있기에 기독교의 근본주의 사상과 별다른 차이를 볼 수 없기 때문이다. 다만, 예수를 중심으로 두지 않고 자신을 인류 가족의 중심으로 주장하고 있고, 그가 만드는 통일된 가족, 세계적 가족을 중심으로 구원을 얻을 수 있다는 데 문제가 제기된다.

다른 수많은 소종파, 혹은 사이비 기독교 운동 중에 문제가 된 것은 박태선 장로의 "신앙촌" 현상이다. 박태선 장로는 천부교(天父敎)라는 이름의 종파를 창시하고 전도관을 세우고 "한국예수교전도관부흥협회"라는 공식 명칭으로 사람들을 모았다. 경기도 부천에 소사 신앙촌과 덕소에 신앙관을 만들어 교인들에게 일자리를 주고 학교와 공업단지를 세우고 시온 합창단을 창설하고 부흥협회를 열면서 휴전 이후의 기업을 부흥시키며 기독교 신도들의 공동체 사업을 전개한 것이다. 그가 일군 기업체로는 시온합섬, 한일물산 신앙촌 공업주식회사, 시온철강 등이 있다.

이 외에도 전국 방방곡곡에 우후죽순처럼 세워진 기도원 등은 6.25 전쟁 이후 휴전 상태의 불안한 한국사회 속에서 일어난 복잡한 종교현상이라고 할 수 있다. 집과 토지와 가족을 잃은 실향민들과 피난민들, 올데갈데없는 전쟁고아들과 과부들이 몸 붙여 일하고 먹고 자고 서로 믿고 살아갈 수 있는 곳을 찾아 헤매는 세상에서 통일교나 신앙촌은 구원의 복음이 아닐 수 없었다. 이들 교주들은 모두 성령의 세례를 받은 영적 지도자로 추앙될 수밖에 없었다. 이들의 "복음"은 기독교의 하나님을 믿고 성령을 받으면 마음의 평화를 얻고 믿음의 공동체에서 일하면서 물질적 축복을 받는다는 것이다. 그리고 어지럽고 불안한 세상에서 안정을 찾을 수 있다는 것이다.

이러한 어수선한 시기에, 나는 1956년 8월 15일 대한민국 해군에서 명예제대 명령을 받고 해군 수병의 하얀 복장을 벗었다. 미국 해군 친구가 보내준 대학의 입학허가서가 있었고, 몬태나 주 빌링스라는 도시의 장로교회의 부인전도회가 재정보증을 해주었고 그 도시의 한 의사 선생님이 개인재정보증서류를 보내준 덕분에 나는 문교부의 해외 유학시험에 무난히 통과됨으로써 미국 유학길에 오르게 되었다. 이번에는 부산 공군 기지에서 떠나는 군용 비행기가 아니라 노스웨스트 항공사의 민항기를 타고 괌과 하와이와 샌프란시스코를 거쳐 몬태나 주 빌링스 공항에 도착해서 재정보증인 부부의 환영을 받았다. 그리고 록키마운틴 대학의 기숙사에 짐을 풀었다.

1960년: 미국 대학 졸업과 한국의 4.19

나는 1950년 한국전쟁 한가운데서 순교하신 아버지를 잃고 부산으로 피난해 대한민국 해군에 자원입대한 지 10년 만에 미국의 기독교대학을 졸업했다. 1960년 한국에서는 3.15 부정선거로 학생들의 데모가 시작되었고, 결국 4월 19일 서울에서 터진 학생 민주화 혁명은 막강한 줄로만 알았던 이승만 대통령을 하야하게 했다. 나는 미국에서 공부하는 동안, 한국 정치 사정은 전혀 모르고 지냈다. 동생들의 대학 진학을 위해서 여름마다 노동을 해가며 모은 미국 돈을 어머니에게 부치는 것으로 맏아들 노릇을 했다고 스스로 위로하며 편안한 유학생활을 했다. 나는 어렸을 때부터 결심한 의학 대신 철학을 전공으로 선택했다. 학교 안에서나 밖에서 주위 사람들은 내가 돈이 되는 의학이나 경제학이나 정치학을 전공으로 공부하기를 원했지만, 나는 철학 공부가 좋았다. 사람들이 죽어가고 피 흘리는 동족상잔의 비극 속에서 나는 인생의 의미와 고난의 의미, 그리고 신의 존재에 대해서 고민하면서 치열한 질문을 던지고 답을 구하고 있었다. 나는 플라톤과 칸트와 실존주의에 매료당하고 있었다. 서양 철학사에 몰입하고 있는 나에게 미국의 정치나 한국의 정치는 더

더욱 흥미가 없었다. 나아가서 한국교회에 대한 관심은 나의 관심이 아니었다. 철학 공부에 성공하고 성적을 올리고 장학금으로 대학원에 진학할 생각으로 내 마음은 가득차 있었다.

1960년 5월 나는 미국 대학의 학사학위증을 손에 거머쥐었다. 나는 4.19 소식은 듣지도 못했다. 나는 미국 기독교대학의 졸업장과 우등상장과 함께 일리노이 주립대학원의 입학허가서를 들고 있었다. 나는 20대의 세월에 전쟁 중의 군인으로서 군대로부터의 해방을 갈망했고, 미국 유학의 길에 오르면서 거의 완벽하게 탈(脫)정치화하는 공부를 하고 삶을 살았다.

나가면서

8.15 해방 이후 남한의 해방 정국과 6.25 전쟁 이후의 휴전 정국, 그리고 1960년 4.19까지의 기독교의 정치사를 마감하는 와중에 2015년 3월 26일 《한겨레》에 실린 조현 종교전문기자 겸 논설위원의 칼럼이 눈에 띄었다. 그의 칼럼 제목은 "한국 기독교가 '성년'으로 부활하는 날"이었다. 장로회의 언더우드와 감리교의 아펜젤러가 제물포항에 첫발을 내디디던 1885년 4월 5일을 기념하여 한국개신교 선교 130년을 기리는 한국 개신교에게 던지는 뼈아픈 충고의 메시지였다. 그는 칼럼 말미에 이렇게 썼다.

일제가 물러간 뒤 선교사들의 조국은 더 큰 우상으로 다가왔다. 해방 이후 공산주의에 대한 공포와 혐오에 사로잡힌 기독교인들에게 미국과 미군은 구세주이자 가장 든든한 '빽'이었다. 마크 리퍼트 대사가 피습당했을 때 미국대사관 앞에서 부채춤을 추고 무릎을 꿇은 기독교인들의 숭배는 극소수의 의식만은 아니다.

북에서 잔혹한 학살과 재산 탈취를 당하고 월남해 남한 우익의 핵이 된 기독교인들의 공산주의 혐오증과 반공은 어쩌면 당연한 것이다. 그러나 이제 해방은

70년, 6.25도 65년이 지났다. 한국 기독교도 유아 청소년기를 지나 장년이 될 시점이다. 해방 전과는 비교할 수 없을 만큼 맷집이 커졌다. 보채는 아이에서 그런 아이를 달랠 만큼 성장했다.

기독교(개신교)는 구한말, 이 땅과 동포의 안위보다 상국에 대한 예의에 더 정신을 쏟은 조선 유교 사대부를 비판하며 등장했다. 그런데 정작 자신이 외세 숭배자로 남아 여전히 한반도의 갈등만 재생산해낸다면, 선교의 논리를 스스로 부정하는 것이다. 이제 원한을 십자가에 못 박고, 희망을 부활시킬 때가 아닌가.34)

제4장

4.19 학생혁명과 5.16 군사 쿠데타, 그리고 한국교회

4.19 학생민주주의 혁명

4.19 학생혁명은 한국의 그리스도인들과 교회에 큰 충격이었다. 한국교회는 부패하고 비민주적인 이승만 독재정권과의 결탁과 밀착으로, 똑같이 부패하고 무책임한 행태로 교회 부흥만을 강조해왔기 때문이었다. 이승만 정권에 대한 학생들의 봉기는 바로 한국 기독교회에 대한 통렬한 비판이며 책임 추궁이었다. 4.19 학생혁명은 이승만 독재정권에 대한 항거와 저항만이 아니라, 한국 기독교에 대한 개혁과 혁신을 촉구하는 혁명적 계기였다.

그러나 한국교회는 아직도 눈도 뜨지 못하고 깨어 일어나지 못하는 모습을 보이고 있었다. 당시 향린교회 설교자였던 장하구 장로는 ≪기독교사상≫에 다음과 같이 썼다.

한때는 민족의 혁명 정신의 선봉이 되었던 교회는 어느덧 인간의 수명과 더불어 늙고 말았다. …… 민족은 폭정에 반발하여 혁명을 성취하고 모든 언론은 드높은 혁명의 정신을 고창한다. 그러나 교회는 아직도 영문을 모르겠다는 것이다. 혁명의 전야까지 무슨 뜻으로든지 간에 활발하던 대표인 교회 신문은 이제 침묵을 지키고 있다.[1]

이 글은 1961년 5.16 군사 쿠데타가 일어난 지 1년 후에 발표된 글이어서 "혁명"이 4.19를 말하는 것인지, 아니면 4.19와 5.16을 통틀어 말하는 것인지 분명하지 않다. 그러나 한국교회가 1960년대 초 이른바 "혁명의 시대"에 아직도 잠에서 깨어나지 못하고 몽롱한 상태, 무기력한 상태였다는 것을 지적하고 있다.

그러나 4.19 이후의 한국교회 일부 지도자 목회자와 신학자들의 자성의 목소리는 메아리치고 있었다. 박형규 목사가 그의 자서전에서 4.19를 회고하며 "내 삶의 진로를 바꾸어놓은 4.19"라는 제목 아래 쓴 글이다.[2]

나는 그때까지 사회 전반의 부조리나 부정부패 같은 것에는 거의 관심을 두지 않은 채 평범한 목회활동을 즐기고 있었다. 그러다 4월 19일 역사적인 날을 맞게 되었다. 이날은 우리나라 역사에서도 중요한 날이지만, 내 삶에 있어서도 잊을 수 없는 날이다. 수많은 젊은이들이 뜨거운 피를 쏟은 4.19혁명을 현장에서 지켜보면서 생각이 크게 바뀌었기 때문이다.

4.19날 나는 경무대(지금의 청와대) 근처 궁정동에 있는 한 식당에서 결혼식 주례를 하고 있었다. …… 주례를 마친 뒤, 교회 여신도들과 함께 밖으로 나왔는데 총소리가 계속 들려왔다. 이상하다 싶어 총소리가 나는 곳으로 가까이 가보니 학생들이 경무대 쪽으로 가다가 총을 맞고 밀려 나오고 있었다. 총에 맞아 쓰러져 피를 흘리는 학생도 보였다. (중략)

그날 나는 많이 울었다. 순결한 젊은 학생들이 왜 저렇게 피를 흘리며 죽어야 하는가? 젊은이들이 저렇게 죽어가는 데 내게는 책임이 없는가? 그동안 나는 결혼식 주례나 하고 사회와 정치문제에는 나 몰라라, 무관심했던 목사가 아니었던

가? 가난한 이웃들을 도와주는 것만으로 목사의 직분을 다했다고 착각하고 있었던 것이 아닌가? 나야말로 강도 만난 사람을 외면하고 지나갔던 위선자가 아닌가? (중략)

부정선거를 해놓고도 항의하는 학생들에게 발포하는 뻔뻔하고 무자비한 권력에 대해서도 분노를 억누를 수 없었다. 총부리를 들이댄 정권이 자칭 기독교 정권이라는 데 대한 분노이기도 했다. 대통령과 부정선거의 원흉인 내무부 장관 최인규(崔仁圭)가 교회 장로라면서 이승만 정권 스스로 기독교 정권임을 내세우지 않았던가.[3]

4.19 혁명은 친미, 친일, 반공, 독재, 기독교 이승만 정권에 대한 민주주의적 혁명이었다. 1948년 대한민국 단독정부의 대통령으로 취임한 이승만은 전쟁 중인 1952년에 재집권하고, 휴전 후 1956년에는 3선 개헌을 통과시켜 3선에 성공하더니 1960년에 이르러서는 4선을 밀어붙였다. 실로 12년 동안의 장기 집권을 연장하려는 정권욕이었다. 그리하여 같은 해 1960년 3월 15일의 대통령 선거에서 불법 선거가 탄로났다. 부정선거 무효를 외치는 민중의 항거운동은 마산에서부터 일어났다. 이승만 대통령 당선에 불복하는 운동은 주로 중고등학생들이 중심이 되었다. "부정선거를 무효로 돌리고 다시 정당한 선거를 실시하라"는 정당한 요구였다. 그러나 정부는 이들을 탄압하고 총탄으로 맞섰다. 이 와중에 한 소년이 사망했고 경찰은 그 시체를 마산 앞바다 물속에 유기했다. 이를 발견한 학생들의 항의의 목소리가 온 나라에 퍼져 나갔다.

4월 18일 고려대학교 학생 3천여 명은 서울 거리로 행진해나갔다. 경찰과 경찰들이 동원한 "깡패"들이 부정선거 반대운동의 대열을 방해했지만 소용이 없었다. 대학생들과 중고등학생들과 함께 3만여 명의 시민들이 합세했다. 의대생들이 흰 가운을 입고 총탄에 쓰러진 친구들의 시체를 안고, 데모 학생들은 친구들의 시체를 넘어 경무대로 몰려갔다. "대통령을 만나겠다"는 호소는 경찰의 총탄에 묵살당하고 처단당했다. 경찰의 총탄에 쓰러진 학생과 시민의 수는 1566명이라고 신문에 보도되었다.

4월 25일 오후 전국 27개 대학 교수단 400여 명이 서울대학교 교수회관(지금의 대학로)에 모여 선언문을 발표하고 계엄령하의 삼엄한 분위기를 뚫고 서울의 한복판 종로통을 여유 있게 그러나 결연한 자세로 행진했다. 교수들의 성명서의 내용은 (1) 대통령을 위시하여 여야 국회의원, 대법관의 인책 해임, (2) 3.15 선거의 무효선언과 공명선거의 재실시, (3) 부정선거 조종주모자와 발포 명령자 및 하수자의 엄벌, (4) 구금된 학생들의 무조건 석방, (5) 부정부패 척결, (6) 경찰의 중립 확보, 학원의 자유 보장, 학원의 정치도구화 방지, 권력에 아부한 사이비 학자, 문화인, 예술인의 배제 등이다. 이에 더하여, 대학 교수들은 학생들의 자중과 지성적 판단에 호소하면서 조속한 학업에의 복귀를 권했다.

4월 26일 아침, 이승만 대통령은 하야했고 자유당 정권은 무너졌다. 그리고 학생들은 이제 물러간 '경찰'을 대신해서 질서유지에 나섰다.

4.19 민주혁명 국립묘지

서울 수유리에 위치한 4.19 민주혁명 국립묘지에는 4월 학생혁명 기념탑이 서 있는데, 그 비문에는 다음과 같은 글귀가 음각되어 있다.

1960년 4월 19일 이 나라 젊은이들의 혈관 속에 정의를 위하여는 생명을 능히 던질 수 있는 피의 전통이 용솟음치고 있음을 역사는 증언한다. 부정과 불의에 항쟁한 수만 명 학생대열은 의기의 힘으로 역사의 수레바퀴를 바로 세웠고 민주제단에 피를 뿌린 185위의 젊은 혼들은 거룩한 수호신이 되었다. 해마다 봄이 오면 봄을 선구하는 진달래처럼 민족의 꽃들은 사람들의 가슴마다 되살아 피어나리라.

그 많은 비석의 숲 속에 경찰의 총탄에 쓰러져 바닷물 속에서 발견된 마산 상업고등학교 학생 김주열 군의 비석이 눈에 띈다. 그리고 10살의 어린 나이로 총탄에 쓰러진 임동성 종암초등학교 학생의 묘비가 서럽다.

4.19가 일어난 지 55년이 지난 오늘날에도 나는 장만영 시인의 조가(弔歌)를 읽으며 눈물을 삼킨다.

조가
-4.19 젊은 넋들 앞에-

분노는 폭풍을 휘몰아치던 그날을
나는 잊을 수 없다. 유령처럼 아침이슬처럼
사라져 버리던 독재의 꼴을
총탄에 쓰러진 젊은 영혼들을
나는 잊을 수 없다.

여기 새로 만들어 놓은 제단이 있다.
여기 꺼질 줄 모르는 성화가 있다.
여기 비통한 가지가지 이야기가 있다.

아무런 모습이라도 좋다.
먼 하늘 반짝이는 저 별처럼 나와
가벼운 속삭임으로라도 좋다.
아아 나에게 슬기로운 역사를 말해 주려무나.

슬픔은 독한 술, 날이 갈수록 더욱 심하구나.
이윽고 봄이 오면 꽃도 피겠지 꽃도 지겠지

그때마다 나는 새로운 슬픔에 사로잡혀

사랑과 우정을 넘어 통곡하리라.

4.19에 대한 기독교 지성의 반응

한국신학대학 학생들은 4월 19일 다음과 같은 성명서를 발표한다.

결의문

1. 우리는 현 역사 안에서 진정한 "크리스챤 카이사"가 있을 수 없음을 안다. 그러나 카이사기 때문에 하나님과 사람들 앞에서 그의 책임이 면제될 수 있으리라고는 생각할 수 없다. 그가 크리스챤으로 자처할 경우에는 더욱 그러하다. 이제 우리나라의 집권자가 비민주적이요 비기독교적인 정치 현실을 빚어낸 사실, 특히 3.15 선거에서 드러난 국민 기본 주권의 유린에 있어서는 극도의 유감을 표시하지 않을 수 없다. 우리는 국민의 일원으로 또한 크리스챤의 입장에서 집권자들의 회심과 시정을 촉구함과 동시에 우리 자신들의 공동책임을 절감하고 지금부터 회오와 간구의 기도를 하나님의 제단 앞에 몸과 함께 드리기로 한다.

1. 우리는 우리 교역자가 준엄한 "말씀"의 사자로서, 그 "말씀"의 선포와 전달에 용감하지 못했음을 참회함과 동시에 이러한 정치 현실에 가담, 협력, 조장한 일부 교역자들의 단호한 회오를 촉구하며, 한국교회의 윤리를 천명하여 그 대사회적 책임을 완수할 수 있도록 적극 추진한다.

1. 우리는 우리의 민족적 울분을 대변한 4.19 학도 의거를 계기로, 철저한 자기반성과 아울러 지금까지의 학문적 공식주의, 관망적 냉소적인 중립주의, 편협

주의 등을 일소하고 지성과 정열을 겸한 신앙인으로 온갖 죄악과 싸우며 우리
학교의 전통과 학풍을 새롭게 한다. 그리고 이 일을 위하여 우리는 동지적인 결
합을 더욱 굳게 약속한다.

1960년 4월 19일 한국신학대학 학생 일동[4]

결의문은 이승만 정권이 "기독교 정권"임을 표방하면서 결국 10여 년에 걸
쳐 "비민주적이고 비기독교적인 정치 현실을 빚어내고, 3.15 선거에서 국민
기본권마저 유린한" 죄과를 지적하고 있다. 나아가서 한국교회와 교역자들이
이러한 반민주적인 폭거에 가담하고 협력 조장한 과오에 대해서 회개하고 반
성하고 "사회적 책임"을 다할 것을 촉구하고 나섰다. 교회와 신학도들의 "철
저한 자기반성"을 촉구하고 있는 것이다.

≪기독교사상≫은 1960년 5월 6일 서울 한복판에 위치한 새문안교회에서
"한국정변과 교회의 반성"이라는 제하의 좌담회를 개최했다. 20명의 참석자
의 명단을 보면, 당시의 한국교회 지성인들을 대표하는 목회자와 신학자들이
다. 강신명 NCC 총무를 비롯하여, 김춘배 대한기독교서회 총무, 김관석 기독
교서회 편집부장, 손명걸 감리교총리원 교육국장 등 기독교 기관 책임자들과
문익환 한신대 교수, 윤성범 감신대 교수, 조요한 숭실대 교수, 박상증 서울신
대 강사, 김하태 연세대 대학원장, 김재준 한신대 학장, 안희국 한신대 교수,
문상희 연세대 교수 등 학계 인사들, 최문환 선린교회 목사, 조향록 초동교회
목사, 반병섭 동원교회 목사 등 목회자들과 함께 전호윤 신암교회 장로, 장하
구 향린교회 장로, 김웅식 장로, 신애균 기장여전도회장 등 평신도들이 참석
했다.[5]

이들의 논지는 한결같이 4.19 학생혁명을 정당한 항거이며 영웅적인 거사
인 동시에 이성적인 태도와 행동으로 규정하고 있다. 이들은 대학생들의 폭
력적인 파괴행위가 없었다는 점을 높이 평가했다. 나아가서 4.19 정신은 이
민족의 정신적 동력으로서 3.1 독립운동 정신과 더불어 민족의 가슴 속에 영

원히 살아야 한다고 강조했다. 문상희 교수는 "4월 혁명이 있는 한, 민족은 망하지 않을 것이다"라고 평가하기도 했다. 그리고 문익환 교수가 이승만 대통령과 기독교와의 관계를 반추하면서 "학생들 간에 '왜 이 박사를 교회에서 제명하지 않는가?' 하는 말이 돕니다. 교회는 그대로 장로직에 머물러 있게 해서는 안 되고 용납해서는 안 되지요"라고 하자 강신명 목사는 그에게 장로직을 준 것부터가 잘못이라고 응수하기도 했다.[6]

김재준 한신대 학장은 한국교회와 이승만 정권과의 밀착관계를 반성한다.

해방 후 외지에서 김구 선생이나 김규식 박사가 귀국하여 정동교회에서 기념예배를 볼 때에 '우리는 기독교인이니 기독교적으로 정치를 하겠다'고 약속하자 이로부터 교인들은 저들 정치가들이 '자기 집안'이란 그릇된 생각과 기분 때문에 사리를 밝히지 못하고 바른말도 못하게 되었습니다. 이 박사도 교회를 정치적 도구로 이용했던 것은 부정 못할 사실입니다. 교회가 바른말을 못했고, 또 이 박사와 대결 못했다는 것은 실로 후회막심한 일입니다. 교회가 정치에 너무 가까이하면 교회가 참 교회 노릇을 못하게 되는 것입니다.[7]

교회가 정치권력에 밀착되면 결국 "바른말"을 못하게 되고 교회가 교회답지 못하게 된다는 점을 4. 19 학생 '의거(義擧)'에서 배워야 한다고 역설한다. 그리고 교회와 국가의 올바른 관계를 정립해야 한다고 강조한다.

연세대의 문상희 교수는 학생들이 하는 말을 소개하면서 4. 19 당시의 한국교회의 문제점을 신랄하게 비판하고 있다.

저는 수업 중에 [학생들에게] 이런 말을 들었습니다. "고려는 불교로 망했고, 이조는 유교로 망했고, 또 대한민국은 기독교로서 망한다. 기독교는 불교(弗敎-미국 달러)가 되었다." 불교(弗敎)는 불교(不敎)다. 이는 기독교의 부패를 규탄하는 사회의 비난입니다.

나아가서 교회가 사회, 정치, 문화의 문제에 대해서 아무 준비도 못하고 정치적인 문제에 대해서 발언할 준비도 없고 능력도 없었다는 점을 지적하고 있다. 개인의 영혼 구원 문제, 예수 믿고 천당 가는 이야기, 축복받는 것만을 중요시하는 기복(祈福) 종교로 전락한 '비정치화'한 한국교회에 대해서 자성과 비판의 목소리를 높이고 있었다.[8]

그렇게 4.19 학생혁명은 한국교회의 예언자적 정치참여로의 전환의 시대를 열었다.

5.16 군사 쿠데타와 한국교회

혁명 이후의 혁명은 더욱 어려웠다. 1960년 5월 16일 박정희 소장이 이끄는 군사 쿠데타는 "올 것이 왔다"는 좌절감을 불러왔지만 4.19 혁명 이후 만연한 위기의식 속에 성사되었다. 4.19 학생혁명은 이승만 독재정권을 무너뜨리고 민주주의를 새롭게 이루기 위한 혁명이었다. 이승만은 하야 성명을 내고 하와이로 망명하면서 당시 허정 외무장관 겸 내각수반에게 대통령 권한대행이라는 직책을 주었다. 국무총리 허정은 1960년 6월 15일 내각책임제 양원제 개헌을 통해 제2공화국을 선포했고, 7월 29일 총선에서 이승만 정당의 반대당인 민주당이 압승하면서 대통령에 윤보선, 총리에 장면이 당선되었다. 그러나 제2공화국 정권은 무능과 무질서와 내부 권력 다툼으로 분열하면서 4.19 혁명 정신과 요구를 담아내지 못했다.

강원용 목사는 그의 자서전 『빈들에서: 나의 삶, 한국현대사의 소용돌이』 제2권 「혁명, 그 모순의 회오리」[9]에서 이렇게 회고하고 있다. "5.16이 터지자 윤보선 대통령은 '드디어 올 것이 왔다'는 유명한 말을 남겼지만, 나 또한 솔직히 말해서 올 것이 왔다는 생각이었다."[10] 박정희 장군의 초청으로 대면하면서 군사혁명에 협조해달라는 부탁을 거절한 강 목사는 많은 고민 끝에 군사혁명을 '보다 작은 악(lesser evil)'[11]으로 규정하고 지켜보기로 한다. 기독교 윤리학자 에밀 브루너(Emil Brunner)의 『신의 명령(Divine Imperative)』을 인용하면서, 한 국가가 굳건하게 유지되기 위해서는 질서, 자유, 정의 그리고 평화이 네 가지가 모두 보장되어야 하는데 그중에 가장 중요한 것은 자유가 아니라 질서라고 주장했다는 것이다. 나는 강원용이 독재보다 더 나쁜 것이 무질서(chaos)라고 말한 데 주목한다.

나는 그 같은 생각에서 민주당 정권하의 무질서와 혼돈보다는 군사정권의 질서를 택하면서 다른 세 기둥, 즉 자유, 정의, 평화를 이제 우리에게 부과된 과제로 받아들이라고 했다. 내가 동감하고 있는 기독교 윤리 가운데 '어떤 것을 선택해야 할 때, 선택 대상이 선과 악이 아니라 둘 다 악일 때는 보다 적은 악(Lesser Evil)을 택하라'는 것이었다. 그 같은 관점에서 본다면 나는 무질서와 독재라는 두 가지 악 중에서 보다 적은 악인 독재를 선택했던 것이다.[12]

오늘날, 이 글을 쓰고 있는 2015년 8월의 시각에서 생각해보면, 나치에 의해 추방된 스위스 신학자 에밀 브루너는 나치 히틀러의 독재를 '보다 작은 악'이라고 인정하지 않았다. 오히려 바르트(Karl Barth)와 본회퍼(Dietrich Bonhoeffer)가 히틀러의 독재를 '악'으로 규정하고 하나님의 절대 권력에 도전한 자로 규탄한 「바르멘 선언」이 옳았던 것이 아닌가 생각된다.

그러나 박정희는 군사 쿠데타를 '보다 작은 악'이 아니라 '최선'이며 불가피하고 필연적이었다고 주장했음이 1960년 5월 16일에 발표한 「혁명 공약」 6개 항에 나타나 있다.

5.16 혁명 공약

1. 반공을 국시의 제1의로 삼고, 지금까지의 형식적이고 구호에 그친 반공체

제를 재정비하여 강화한다.

2. 유엔 헌장을 준수하고 국제협약을 충실히 이행할 것이며 미국을 위시한 자유 우방과의 유대를 더욱 공고히 한다.

3. 이 나라 사회의 모든 부패와 구악을 일소하고 퇴폐한 국민도의와 민족정기를 다시 바로 잡기 위하여 청신한 기풍을 진작한다.

4. 절망과 기아선상에서 허덕이는 민생고를 시급히 해결하고 국가 자주경제 재건에 총력을 경주한다.

5. 민족적 숙원인 국토 통일을 위하여 공산주의와 대결할 수 있는 실력 배양에 전력을 집중한다.

6. 이와 같은 우리의 과업이 성취되면 참신하고도 양심적인 정치인들에게 언제든지 정권을 이양하고 우리들 본연의 임무에 복귀할 준비를 갖춘다. 13)

김재준 목사는 ≪기독교사상≫ 1962년 4월호에 「4.19 회고와 전망」이라는 제목의 논평을 기고했다. 그는 "그토록 억세었던 불의에 항거하여, 정의의 불을 뿜던 민족의 남아, 이날이 바로 그날은 아니언만, 그때 물들었던 피의 터전에 4월의 푸른 싹이 부풀어 온다. 허나 누가 이 꽃을 고히 가꾸어 가리"라는 서문(序文)으로 4.19와 5.16을 평가하고 전망하고 있다. 5.16 군사 쿠데타가 4.19 정신을 이어가리라는 기대가 간절했던 것 같다. 4.19 이후의 혼란과 무질서 속에서 김재준 목사가 "이제 한 가닥 소망 부쳐 볼 데가 있다면 '군(軍)' 밖에 없었다. …… 1961년 5월 16일 새벽, 천만 뜻밖에 배신한 부패정권에 '심판'이 '도적같이' 임했다. 군 혁명은 물샐 틈 없이 삽시간에 정권을 잡아버렸다. …… 이것은 항구한 집권을 위함이 아니라, '응급수술'을 위한 부득이한 조처라고 했다"14)고 술회한 것을 보면, 군사정권에 대한 기대는 앞의 강원용 목사보다 덜한 것 같지 않다. 이어 그는 다음과 같이 덧붙였다.

4.19의 고귀한 의거가 구정권은 무너지게 했으나 '학생'이라는 미완성적 위

치 때문에 신정권을 소신대로 장악 구사하지 못한 결함을 군 혁명에서 맡아 실시한 셈이다. 학생의거와 군혁명과는 한 가지 일을 반반씩 맡아 한 것이라 하겠다. 4.19의 의롭고 높은 정신성이 '피'로 심어져 5.16에서 몸을 이루어 싹튼 것이다.[15]

김재준 목사의 인식과 기대는 5.16 군사 쿠데타가 4.19 정신을 이어받은 것이고 4.19의 학생들과 민중들의 '피'를 헛되이 하지 않은 것이라고 평가하고 있었다. 그러면서도, 군의 "응급수술은 1963년 여름까지 끝내고 민정에 자리를 맡긴다"고 하는 박정희 장군의 말을 철석같이 믿고 있었다. 그는 위의 「혁명 공약」 제6항을 글자 그대로 믿었던 것이다. 이러한 기대는 정치의 현실에 대해서 너무도 낙관적이었고 순진한 판단이었던 것으로 평가할 수 있다. 아니면, '자유주의' 정치 현실에 대한 좌절 때문에 기대할 곳이 없는 절박한 상태에서 군의 정치개입에 기대할 수밖에 없었던 것이 아니었나 하는 생각 역시 하게 된다.

박정희 최고회의 의장은 쿠데타 직후인 1961년 5월 교계지도자들을 초대하여 혁명정부에 대한 협조를 구했으나 교계지도자들은 별 말이 없었고 '쓴소리'는 더욱 기록되어 있지 않다. 그러나 같은 해 5월 29일 한국기독교연합회는 성명을 발표한다. "금반 5.16 군사혁명은 조국을 군사 침략에서 구출하기 위하여 부정과 부패로 기울어져 가는 조국을 재건하기 위한 부득이한 처사였다고 생각하며……"라고 긍정적으로 평가하고 있다. 그러면서도, "조속한 시일 내에 혁명 공약을 성취시켜 금반 혁명정신을 계승하는 민주정부를 수립하여 우리나라 역사상 새 기원을 만들어"달라는 요구를 제시하고 있다.[16] "정치는 조속히 정치인에게 맡기고 군은 국방의 간성으로 그 본무에 혜념할 수 있기를 국민과 함께 요청하는 바입니다"라고 거듭 강조하고 있다.[17] 권위 있는 한국교회사 저작은 간단명료하게 당시의 한국교회의 입장을 다음과 같이 요약하고 있다.

조속한 민정이양을 촉구하기는 했지만, 반공과 친미를 앞세운 쿠데타 세력의 손을 들어준 것이다. 한 교계신문은 '우리는 권위 있는 정부 밑에서 있게 되어 행복하다'고 아부하였다. 한경직, 김활란 등 교회 지도자들은 쿠데타 직후인 6월 하순 '혁명정부의 국제적 지지'를 얻어내기 위해 도미하였다.[18]

그러나 1962년 3.16 성명에서 박정희 장군은 군복을 벗고 민간인으로 대통령에 출마하겠다고 자신의 정권욕을 내외에 천명했다. 그리고 같은 해 12월 17일 국민투표에 의해 헌법을 개정하고 1963년 10월 15일 제5대 대통령 선거를 실시하여 같은 해 12월 17일 대통령으로 취임함으로써 대한민국 제3공화국을 출범시켰다.

나의 신학교육

나는 앞에서도 썼지만, 미국에서 대학을 졸업하고 대학원에 진학하는 동안 일어난 한국의 4.19와 5.16에 대해서 전혀 들은 바가 없었다. 그래서 앞에 적은 4.19와 5.16에 대한 서술은 이 글을 위해 조사 연구한 결과에 불과하다. 나는 한국의 6.25 이후 혁명의 시대에 외국에서 역사의식 없이 서양철학과 신학 공부에 열중하고 있었다. 가히 "탈(脫)정치"의 시기였다고 고백한다. 칼 바르트가 "그리스도인은 한 손에 신문을 들고, 다른 한 손에는 성경을 들고 세상을 읽어라"라고 했는데, 나는 신문을 읽는 것을 포기한 철학도에 불과했다.

나는 학부에서 서양철학에 몰입했고, 1960년 4월 한국의 4.19 혁명 이야기는 들어보지도 못한 채 그해 5월 대학 졸업장을 받았다. 그리고 이어서 일리노이 주립대학 대학원에서 다시 철학을 공부하고 있었다. 플라톤의 『국가론』을 읽고 아리스토텔레스의 『정치학』과 『니코마코스윤리학』을 정독하면서도 정치철학에 관심이 없었다. 그리스 철학의 형이상학과 인식론의 정치적 배경에 대해서는 무관심했다. 나는 데카르트로부터 시작된 유럽 대륙의 관념론과 영국의 경험론자들의 인식론에 심취했고, 칸트 철학을 탐구하고 있었다. 그러면서 당시 구미 철학의 학풍이었던 과학적 언어 분석철학에 몰두하고 있었다. 종교적 언어, 신학적 언어는 사실을 말하는 언어가 아니고 경험적으로 실증할 수 없는 언어이므로 '무의미'한 언어라고 단정해버리는 분석철학자들의 말에 '환희'를 느끼고 있었다. 비트겐슈타인(Ludwig J. J. Wittgenstein)의 철학적 언어 분석에 매료되어 있었던 것이다.

나는 학생 수 3만 명이 넘는 주립종합대학에서 한국에서 온 유학생들 30여 명과 어울리면서 한국의 정치 상황을 들을 수 있는 기회가 생기기 시작했다. 그리고 1960년 미국은 대통령 선거운동이 한창이었다. 당시 민주당 후보 존 케네디(John F. Kennedy)가 46세의 젊은 나이로 선거에 출마한 것이다. 아일랜드 출신 천주교인으로서 하버드 대학 출신의 귀공자라는 이유 등으로 개신교 신자들의 반대에 부딪혔다. 그는 내가 다니던 주립대학을 방문하여 선거운동을 벌이고 있었는데, 학생들은 인산인해를 이루어 그를 영접하고 환호했다. 나는 학생들 틈에 끼어서 그의 젊고 유려한 모습을 보았다. 그리고 그의 유창하고 간결하면서도 설득력 있는 강연에 감동받고 있었다. 새 시대의 새 인물―혁명의 시대가 열리는 기분을 만끽했다.

당시, 미국의 정계와 학계 그리고 온 나라는 소련이 1957년 인류 역사상 처음으로 스푸트니크 1호 인공위성을 우주에 쏘아올린 소식에 흔들리고 있었다. 실로 과학혁명의 시대가 열렸다는 데 놀라고 있으면서도, 미국이 소련에 과학적으로 기술적으로 뒤져 있다는 것에 흥분하고 있었다. 이런 와중에 자유주의를 표방하는 젊은 케네디 대통령에 대한 기대는 하늘로 치솟고 있었다. 1961년 초 케네디는 미국 대통령으로 취임하면서 유명한 말들을 남겼다.

아시아에서는 사회적, 이념적 정치 혁명의 시대가 열리고 있었다. 1949년 중국은 모택동(毛澤東)이 이끄는 공산혁명이 성공하여 중화인민공화국(PRC, People's Republic of China)이 수립되었고, 인도차이나에서 역시 공산주의 혁명이 일어나면서 월남(베트남)이 남북으로 분단되어 1955년부터 내전상태에 들어가고 있었다. 미국은 국내적으로 백인지상주의와 흑인인종차별 문제를 제기하는 흑인해방 운동이 시작되고 있었다. 이와 함께 미국의 대학가는 흑인해방운동에 자극을 받아 이에 참여하기 시작하고 자유언론운동(Free Speech Movement)을 전개하면서 1950년대의 반공 매카시즘에 저항하는 '자유주의' 운동을 전개했다. 이러한 격동의 시대에 새 시대의 별로 떠오른 젊은 케네디가 미국 대통령으로 취임한 것이다.

이러한 정치적, 과학적, 그리고 국제적 격동과 혁명적 변화의 시대에 나는 관념적인 철학 공부를 하면서도 알게 모르게 자극을 받고 있었다. 그러면서 내가 하는 분석철학과 언어철학에 대해서 회의를 느끼기 시작했다. 그리고 나는 신학 공부를 하기로 결심을 하게 되었다. 목사 아버지의 근본주의 신앙과 신학에 대한 회의를 풀고 도전하기 위해서, 그리고 나의 철학과 논리와 분석력 수업을 기초로 해서 신학을 학문적으로 탐구해보려는 생각을 하게 되었다. 철학 공부를 포기하는 것이 아니라 나의 서양철학 공부를 토대로 해서 신학으로 '진학'하고 싶었던 것이다. 그리하여 나는 1962년 여름, 철학 전공의 문학석사(MA) 학위증을 받고, 그해 가을 뉴욕의 유니언 신학대학원으로 진학했다.

유니언에서의 신학 수업은 한마디로 힘들었다. 세계적으로 유명한 교수들의 강의는 모두 나에게는 새로운 것이었다. 철학적 소양과 기초 없이는 이해하기 어려운 조직신학 강의는 나의 주일학교 신앙과 목사 아버지의 근본주의 신학으로는 풀어낼 수 없는 것이었다. 완전한 시각의 전환, 패러다임의 전환이 필요했다. 성서 연구에 있어서도 발상의 전환, 즉 고대 문서를 보는 눈으로 성서를 인간의 책으로 읽어내는 방법을 익히는 데 온 정신을 경주해야 했다. 성서를 인간의 눈으로, 인간의 입장에서, 인간의 책으로 읽어내야 하는 과제는 근본주의 교리에 "세뇌"되어 있던 나에게는 힘들 수밖에 없었다. 신에게 솔직히, 그리고 나 자신에게 솔직히, 나에게 의심되는 것, 알 수 없는 것에 대한 질문을 교수들에게 과감하게 던질 수 있었던 것은 나의 신학 공부에 큰 도움이 되었다. 그리하여 나는 "자유주의" 신학에 친숙하게 되었고 진보적인 신앙과 신학을 체질화하게 되었다. 다양한 신학에 접하면서 종교의 다양성에 대해서 새로운 인식을 가지게 되었고, 다양한 사상과 이념에 대한 열린 태도를 갖고 연구를 자유롭게 할 수 있었다. 이로써 나는 신학 공부를 하면서 철학의 세계관을 더욱 넓히게 되었다. 수많은 어려운 학문적·신앙적 도전을 받으면서도 마음의 평정을 가지게 되었고, 사람과 세상에 대해서 열리고 너그러워지는 것을 느끼게 되었다. 나의 철학의 세계가 확장되는 것을 실감하게 되었다. 그것은 자유정신이었다.

나의 정신세계의 확장은 유니언 신학대학원의 정치신학과 사회참여의 학풍에서 온 것이었다. 강의실에서뿐 아니라 학교생활 전체에서 미국 사회 문제, 미국 정치 문제와 세계 문제에 대한 관심과 토론이 진행되고 있었다. 미국의 인권 문제, 특히 흑인 민권운동에 참여하는 문제, 월남전쟁 문제, 동서 냉전 문제 등, 거의 모든 사회문제에 대해서 연구하고 토론하고 행동하는 일을 보고 듣고 참여하면서 "신학한다는 것"에 대한 의미가 무엇인지 체험하며 신학하는 보람과 긍지를 가지게 되었다. 다른 친구들과 마찬가지로 나도 뉴욕 시외에 위치한 흑인과 백인들의 인종혼합 교회에서 학생 전도사 일을 보면서, 흑인들의 문제와 인종차별문제, 이에 대한 교회의 책임을 몸으로 체험했다. 아시아 사람으로서, 한국 사람으로서 절박한 미국의 사회문제를 경험하면서 흑인 교인들의 사랑을 받았다. 기독교 신앙의 문제가 사회문제 및 정치문제와 구별될 수 없고 분리될 수 없다는 것이 유니언 신학대학원에서 배운 것의 전부였다고 해도 과언이 아닐 것이다. 모든 신앙적인 것, 신학적인 것은 정치적인 것, 그리고 실천적인 것이고, 나의 삶과 직접적으로 연결되어 있다는 것을 몸으로 터득하고 있었다.

나의 유니언 신학대학원 시절의 은사들은 강의실에서 만나고 신학서적에서 만난 세계적인 석학, 폴 틸리히(Paul J. Tillich), 라인홀드 니버(Reinhold

Niebuhr), 폴 레멘(Paul Lehmen), 윌리엄스(Daniel D. Williams), 불트만(Rudolf K. Bultmann), 바르트, 본회퍼뿐만이 아니라 나와 함께 신학과 신앙을 고민하고 사회운동에 동참하고 함께 예배드린 동문 미국 친구들이다. 200여 명이 넘는 학교 전체에 아시아계 학생이라곤 박사학위와 석사학위를 목표로 유학 온 일본 학생 목사들과 중국 학생 10여 명 정도였고 한국 학생으로는 WCC 장학생으로서 신학석사(STM) 취득을 목표로 나와 같은 날 입학한 박형규 목사 한 명이었다. 박형규 목사는 나에게 한국인 목회 개인 교수였다. 나는 박형규 목사를 통해서 한국교회의 역사를 배웠다. 박 목사는 내가 주일마다 새벽에 일어나 2시간 이상 걸리는 흑백교회에 가서 하루 종일 목회 실습을 하고 밤늦게 기숙사로 돌아오는 것을 기다려주었다. 그리고 나와 함께 컬럼비아 대학교 북쪽에 위치한 흑인 동네 근처의 이탈리아 피자집에 가서 맥주와 함께 밤참을 먹으면서 나에게 '한국'을 가르쳐주었다. 한국의 정치사, 한국교회의 신학과 신앙의 성격, 한국교회 혁신의 과제, 한국교회의 신학적 과제 등, 우리 대화의 주제는 한국의 정치, 경제, 사회, 문화, 교육 거의 모든 문제에 대한 것이었다. 나는 미국을 말하고 그는 한국과 세계를 말했다. 그는 나의 '과외선생'이었고 '가정교사' 이상의 선생님이며 은사였다. 그를 통해서 나는 한국에 나가 일해야겠다는 결심을 굳히고 있었다.

뉴욕의 유니언 신학대학원에서 만난 또 한 분의 은사는 이화여자대학교의 총장직을 수십 년 동안 봉직한 김활란 박사이다. 김활란 박사는 박정희 군사정권의 부탁으로 군사정권의 반공 이념과 친미 성격을 설명하기 위해 1961년 6월 미국 정계를 방문했었다. 1963년 봄에는 군사정권의 만 60세 이상 대학 총장 퇴직명령에 의해 학교를 떠나게 되었는데, 마침 유니언 신학대학교 총장인 밴 듀센(Henry Van Dusen) 박사의 초청으로 한 학기 휴양 겸 수학차 미국에 오신 것이다. 나는 난생 처음으로 김활란 총장을 우리 학교 강의실에서 대면할 수 있었다. 강의실에서 나오는 복도에서 인사를 드렸더니, "아, 미스터 서, 당신이 우리 함선영이를 붙들고 약혼한 사람이요? 힘들었지?" 하시는 것이었다. 함선영은 이화대학 영문과를 졸업하고 총장 비서실에서 근무하다가, 내가 일리노이 주립대학 대학원에서 수학할 때, 감리교 크루세이드 장학금으로 일리노이 웨슬레안 대학에서 경영학을 수학한 사람으로서 나와 약혼하고 내가 유니언으로 진학하는 때 귀국하여 이화여대 총장 비서실에서 김활란 박사의 후계자인 김옥길 총장을 보좌하고 있었다. 그렇게 김활란 박사는 나를 '예비 사위'이자 제자로 대해주셨다. 김활란 박사와의 수많은 대화에는 한국 이야기가 주였는데, 당신이 쓰고 있던 자서전, 나중에 『그 빛 속의 작은 생명』이라는 책으로 출간된 영어 원고 뭉치를 읽어보라고 하셨다. 한국 기독교 여성 지도자로서, 대학자로서, 대학 총장으로서의 생애와 일을 회고하는 역사책은 나에게 많은 감동을 주었다.

김활란 박사의 이화학당 시절의 이야기이다. 1910년 일제 강점기를 10대 소녀로 경험하면서 다음과 같이 울분을 토하고 있었다.

> 아아, 착하고 슬픈 백성들이여! 너희들 갈 길이 어느 곳이냐?
> 말하는 자유, 울 수 있는 자유, 일체의 자유를 박탈당한, 표정을 잃은 백의민족의 울분……
> 일본에 대한 증오심과 비통한 마음에 대하여 보복하고 싶은 무서운 마음으로 자꾸 굳어져 갔다. …… 한 민족이 다른 민족에게 종속되어 노예가 되는 것보다 더 비참한 일이 있을 수 있을까? …… 이렇게 불우한 사회적 환경 속에 있던 많은 청년들에게 도움이 된 것은 기독교라는 종교였다.19)

그리하여 소녀 김활란 학생은 기독교에 심취하고 열심히 신앙생활을 영위했다. 그러나 그에게는 기독교가 말하는 '죄'에 대한 회의와 고민이 있었다. "하나님 앞에 죄를 고백하고 용서와 자비를 구하라"는 목사들의 설교에 반발하고 회의하게 되었다는 것이다. 그래서 철야기도를 결심하고 하나님에게 매달렸다.

매일 밤 그 깜깜한 기도실에서 꼬박꼬박 새웠다. 소리 없는 기도였지만 인간의 영혼의 문제와 나라의 비운을 슬퍼하는 비애와 울분과 의욕이 한꺼번에 소용돌이치며 아우성치는 처절한 마음의 부르짖음이었다.

어느 날 한밤중이었다.

땀에 흠뻑 젖은 이마를 드는 순간, 나는 희미한 광선을 의식했다. 십자가에 못 박히신 예수의 얼굴이 보였다. 그 예수의 모습에서 원광이 번져 내 가슴으로 흘러드는 것 같았다.

사방은 어두웠다. 사방은 무섭게 침묵하고 있었다. 그런데 갑자기, 아득히 먼 곳에서 아우성을 치는 소리가 들려왔다. 그 처절한 부르짖음은 아득히 먼 것 같았고 바로 귀밑에서 들리는 것 같기도 했다. 울부짖고 호소해 오는 처절한 울음소리. 그 소리를 헤치고 문득 자애로운 목소리가 들려왔다.

"저 소리가 들리느냐?"

"네, 들립니다."

"저것은 한국여성의 아우성이다. 어째서 네가 저 소리를 듣고도 가만히 앉아 있을 수 있느냐? 건져야 한다. 그것만이 너의 일이다." 그 목소리는 분명했다.[20]

이러한 회심의 경험은 그의 한국여성을 위한 생애 전체를 지배하게 되었고, 그리스도인이 된다는 것은 한국 여성교육과 여성해방운동에 헌신하는 것으로 자리매김하게 되었다. 한국여성교육과 여성 해방의 목적을 위해서 거의 모든 것을 희생하고 살아온 그의 헌신적 삶에 대해서 존경하게 되었다.

1963년 봄 학기가 끝나고 작별인사를 드리는 자리에서, 김활란 박사는 나의 진로에 대해서 물으셨다. 한국에 학맥이나 인맥, 연고가 없는 터라 미국에서 계속 공부하고 대학 교수로 지낼 생각을 말씀드렸다. 그 자리에서 김활란 박사는 "공부 마칠 때까지 기다릴 터이니, 공부 마치는 대로 이화에 와서 가르치라"고 말씀하시는 것이었다. 나는 감사드리고, 그렇게 하리라고 결심을 하게 되었다.

이 결심을 실행에 옮길 수 있는 좋은 기회가 왔다. 유니언에서 신학석사 학위를 이수하는 학생은 1년 동안 국내외의 교회나 학교 혹은 종교기관에서 인턴 수련을 하고 학점을 취득할 수 있는 기회를 주는 교육 프로그램이 있었다. 나는 2학년을 마치고 1964년 5월 귀국해서 이화여자대학교 교목실에서 인턴 수련을 받도록 계획하고 진행했다. 이대에서 봉직하고 있는 약혼자와 6월에 결혼식도 올리고, 교목실에서 학교 종교 프로그램에 대한 경험도 쌓고, 가능하면 기독교 과목을 강의할 수 있는 기회를 가지고 싶어서였다.

우리는 이화여대 중강당에서 아버지의 평양신학교 친구인 한국YMCA연맹 총무 김치묵 목사의 주례로 결혼식을 올렸다. 그리고 나의 철학석사 학위를 근거로 이화여대 문리대학 기독교학과의 전임강사로 임명되었다. 나는 성심 성의를 다해서 내가 맡은 신학과목들을 열심히 가르쳤다. 나에게는 귀중한 경험이었고, 나의 생의 목표가 뚜렷해지는 한 해였다.

한일 회담과 한국 기독교

강의실에서 학생들 앞에 서서 내가 배운 대로 신학을 강의하는 것도 보람이 있었지만, 군사혁명 정부가 경제발전 5개년계획을 진행하면서 일본과의 국교정상화를 통해서 자원을 확보하려는 정책에 대한 학생들과 지식인 그리고 진보 기독교 지도자들의 반대운동을 지켜보면서 정치적 감동을 받게 되었다. 이화대학의 여학생들은 학교 안에서 성토대회를 열고, 한일회담과 국교정상화에 대한 문제점을 지적하면서 이를 '굴욕외교'로 규탄하고, 학교 대문을 열고 거리를 행진하면서 반대데모에 돌입했다. 김옥길 총장은 학생들 맨 앞줄에 서서, 데모를 저지하는 기동경찰에 맞서서 "학생들 잡아가려면 먼저 나를 잡아가라"고 외치며 학생 편에 버티고 서 있기도 했다. 서울 시내의 대학생들이 반대데모 행렬에 가담하여 치열해지자 군사정부는 1964년 6월 3일

계엄령을 선포했다. 이른바 6.3 사태였다.

4.19 학생혁명에 신학적 충격을 받고 5.16 군사 쿠데타를 수용해야 했던 한국교회는 군사정권의 굴욕적인 한일회담에 반대의 목소리를 높였다. 그동안 이승만 정권에 밀착하여 예언자적 사명을 다하지 못해온 한국교회가 드디어 정치문제에 대해서 비판적 참여를 하는 '전환적' 계기가 되었다. 이 '전환'은 한국 기독교의 본래의 모습, 일제 식민지배에 저항하여 1919년 3.1 독립운동의 선두가 되었던 혁명적 정치행동의 전통을 이어받는 것이었다.

먼저 한일회담 반대운동은 기독 학생들로부터 시작되었다. 한국기독학생회(KSCM)는 1964년 2월 12일 한일회담 문제가 거론되기 시작한 초기 단계에 이미 「일본 기독자에게 보내는 공개장」을 발표했는데, 여기서 일본의 36년간에 걸친 식민 지배를 상기시키고, 6.25 한국전쟁을 통한 일본의 경제적 번영을 지적하면서 일본의 자성을 촉구했다. 그리고 한일회담에서의 일본의 고자세를 비판하고, "일본이 아직 종전의 제국주의적 식민정책을 청산하지 않았다는 것을 의미한다"고 통렬한 반성을 촉구했다. 김용복 박사는 이 공개서한을 높게 평가하면서 "이 공개서한은 민족적인 과제에 대하여 기독학생이 공식적으로 발언하기 시작했다는 점, 그리고 기독교 내의 최초의 발언이라는 점에 주목할 만하다"라고 했다.[21]

1965년 2월 10일 한일 기본 조약이 가조인되자, 비준을 반대하는 유혈적인 학생데모가 재연되었다. 한국기독교연합회는 같은 해 4월 17일 「한일 국교 정상화에 대한 우리의 견해」라는 성명서를 발표하고, 한일 국교정상화에 원칙적으로 동의하면서도 가조인된 기본 조약의 내용에 대해 몇 가지를 지적했다. (1) 국민 주권의 문제, (2) 평화선 수호 문제, (3) 한국 어민들의 권익 문제, (4) 미국이 일본을 앞세워 대북 안보문제에 개입하는 문제 등을 제시했다. 김용복 박사는 이 성명은 "대체로 그리스도의 '화해의 복음'에 입각하여 찬반 전체를 총괄하는 중립적인 성격의 것이었다"고 평가한다.[22]

1965년 6월 22일 일본 도쿄에서 한일협정이 정식으로 조인된 직후인 7월

1일, 김재준, 한경직, 강신명, 강원용, 함석헌 등 한국 기독교 지도자를 포함한 기독교계 인사 215명의 연서로 발표한 성명서를 계기로 격렬한 반대 운동이 범교회적으로 전개되었다. 성명서는 한일 협정이 일본의 침략을 인정하는 것이고, 경제 발전을 빌미로 국제자본에 문호를 개방하여 항구적인 신식민지화를 획책한다고 통렬히 비판하면서, 군사정권에 대해서는 국민의사에 대한 무력 탄압을 중지할 것과 부정부패 일소, 그리고 정치 쇄신을 요구하며 다음과 같이 성명서를 마감한다.

> 우리 그리스도인은 온갖 형태의 독재와 모든 불의·부정·부패에 항거한다. 우리는 경제·문화·도덕·정치 등 온갖 부문에서 불순 저열한 외세에의 예속 또는 추종을 배격한다. 그리고 성령의 인도와 기도와 봉사로 조국의 역사 건설에 공헌하기를 기약한다.[23]

이 성명서를 계기로 한국교회는 거국적으로 한일협정에 대한 반대운동에 나섰다. 서울지역의 교역자들은 7월 5일과 6일 이틀에 걸쳐 영락교회에 모여 "국가를 위한 기도회"를 열었는데 매일 3천여 명이 참석했고, 이어서 7월 11일에도 같은 영락교회에서 6500여 명이 운집하여 비준반대 구국기도 연합예배를 열었다. 지방에서는 7월 1일 기장의 전북노회가 성명서를 냈고, 7월 4일에는 군산에서 500여 명이 연합예배를 드리고 "한일회담 비준반대"라고 적힌 펼침막을 들고 가두시위를 벌여 경찰과 충돌하는 사태가 벌어졌다. 같은 날 대전에서, 그리고 5일에는 부산지역의 목사 40명의 이름으로 비준반대 성명서를 발표했다. 가히 거국적인 한일 국교정상화 반대운동이 퍼져 나갔다.[24]

그러나 한국의 대다수 교회는 이 문제에 대해서 침묵하거나 "교회의 정치개입"이라고 비판하고 오히려 한일 국교정상화를 지지하고 나섰다. 이로써 한국교회는 정치문제에 대한 교회의 발언과 참여에 있어서 갈등하고 분열하기 시작했다. 교회 안의 진보와 보수파의 분열과 갈등, 그리고 그 '색깔'이 분명해지기 시작한 것이다. 김재준, 함석헌 등이 이끄는, 군사정권의 한일 정상화 정책에 반대하는 '진보'적 그리스도인에 반해서 군사정권에 찬동하는 '보수적' 기독교 지도자들은 "가이사의 것은 가이사에게로" 그리고 "권력에 복종하라"는 말로 정치에 개입하고 있었다. 이 자가당착적인 "보수" 기독교 지도자의 입장은 이승만 시대의 "보수" 기독교인들 입장을 이어받은 것 같아 보인다. 정치와 교회의 이러한 유착은 그 시대 이래로 오늘날까지 이어지는 기(奇)현상이라 하겠다.

한일 국교정상화에 반대하는 진보적 기독교 지도자들에 대한 보수 측의 반대 입장은 (1) 교회가 정치에 간섭하는 것을 반대한다는 것이고, (2) 한일 국교정상화는 전 국민이 원하는 일이라는 것, (3) 한일 국교정상화는 남북통일의 초석이 된다고 강변하는 것이었다.

1965년 8월 14일 대한민국 국회가 한일 협정을 비준하게 되는 시점에서는 한국교회의 한일 협정반대 운동이 가열되어 군사정권에 대한 저항운동으로 발전하는 것을 보게 된다. 1965년 8월 12일 새문안교회에서 열린 긴급구국기도회는 14일까지 계속되었고, 15일 광복절에는 해방 구국 연합예배를 전국적으로 드리고 비준안의 날치기 통과를 통렬히 비판했다. 1965년 8월 13일 발표한 성명은 비준 무효를 다음과 같이 선언했다.

이 나라 정치 현실에는 이 이상 민주주의는 존재하지 않으며 헌정 질서는 존재하지 않는다. 우리는 이 흉악한 민주주의 교살행위를 묵과할 수 없으며 앞으로 집권당 자체가 스스로 파기한 헌정 질서를 국민만이 준수하라고 강요할 수 없음을 선언한다.[25]

김용복은 한일 국교정상화 반대 기독교 운동을 다음과 같이 평가한다.

비록 비준 반대 운동 자체는 커다란 결실을 맺지 못한 채 끝났으나, 한국 기독교의 운동사적 측면에 있어 한일회담 비준 반대 운동이 갖는 의미는 매우 크다. 즉, 해방 이후로 계속되어온 반역사적 행태와 침체상을 일시에 불식하고, 4.19 이후 서서히 대두되기 시작한 기독교의 사회·정치 참여론이 급성장하는 중요한 계기를 이루었다는 점에서 그 역사적 의의가 있다.[26]

1960년대 한국 사회 변화와 기독교 사회운동

독일 망명 신학자 폴 틸리히의 신학하는 방법으로 "상관방법"이라는 것이 있다. 그는 "신학이란 인간의 실존적 질문에 대해서 대답을 하는 일"이라고 했다. 실존주의 철학을 바탕으로 하는 그의 신학은 인간의 실존론적 질문에 대해서 응답하는 것이라고 했지만, 이를 확대해석한다면 인간사회에 발생하는 많은 도전적인 문제에 대해서 신학적으로, 그리스도의 이름으로 대응하는 것이 신학적 작업이라 하겠다. 1960년대 한국교회와 한국의 기독교 지성인들은 나라 안팎에서 벌어지는 격동적 변화에 대해 반응할 수밖에 없었다. 4.19와 5.16의 도전에 가만히 있을 수가 없었다.

1957년 창설된 한국기독자교수협의회는 매년 겨울 방학을 이용해서 주로 유성 온천장에 모여 혁명적 변화의 시대에서의 기독자의 역할과 책임 등을 주제로 하여 2박 3일 동안 주제 강연과 토론회를 가졌다. 나는 이화대학에서 인턴 수련을 하는 동안 1965년 1월에 열린 모임에 참석했다. "한국의 근대화와 대학의 책임"이라는 주제로 모인 모임에서 한국의 유수한 대학의 크리스천 교수들과 신학자들이 "조국 근대화" 구호를 내세운 군사정권에 대한 비판적 토론을 전개하는 것을 보고 한편 놀라면서도 기독자 교수들의 시대적 사명감과 연대의식에 감동받기도 했다. 이들 기독자 교수회 회장단은 1970년대에 이르러서는 박정희 군사정권과 유신정권에 대해서 전면적으로 도전하는 '반정부' 비판세력으로 활동했다. 기독자교수협의회는 한국 YMCA가 사무적 역할을 담당하는 연대 조직이었다.

나는 기독자교수협의회 모임에 참여하면서 1960년대 한국 신학계에서 논의된 '토착화 신학'에 충격을 받았다. 유동식 교수의 한국 무속 연구, 윤성범 교수의 한국 유교 연구, 그리고 변선환 교수의 한국 불교 연구를 통한 한국 기독교의 '토착화' 신학운동은 놀랄 만한 것이었다. 한국의 기독교가 미국을 중심으로 한 서구 기독교의 아류 정도로 인식되는 풍토에서 "한국인의 문화적 심성에 뿌리 내린, 한국의 기독교"를 주장하는 감리교 신학대학 교수들의 신학적 노력에 눈을 뜨게 되었다. 이들은 외래 서구 기독교를 '한국화'하는 일에 학문적 열정을 다했다. 나는 이 운동을 단순한 신학 운동으로만 보지 않았다. 신학적 식민지 인식에서 해방된 정치신학적 운동으로 보았다. 문화적, 신학적 탈식민지 운동으로 인식하고, 역시 1960년대 학생 혁명운동 정신에서 파생한 지적 운동으로 보고 싶었다.

기독자교수협의회와 같은 기독교 지성인들의 움직임과 함께, 1960년대에 태동한 한국교회의 사회참여 운동이 군사정권의 경제발전 5개년계획에 따라 파생한 사회문제에 대해 어떻게 대응했는지를 주목해야 한다. 군사정권이 추진하는 '압축적' 경제 발전은 주로 산업화, 특히 2차 산업화 드라이브였다. 이에 따라 농촌사회가 붕괴되고, 공장이 집결하는 도시화가 급속히 진행되면서 노동자들의 문제가 심각해지기 시작했다. 교회는 한국 농촌 문제와 도시화와 공장 노동자, 특히 소년소녀 노동자들의 문제에 주목하고 나섰다.

교회의 본격적인 산업선교는 대한예수교 장로회(통합)가 1957년 총회에서 산업 '전도'에 착수하기로 결의한 데서 시작되었고, 1961년에는 감리교가 인천에서, 그리고 성공회가 강원도 황지 탄광지대에서 산업선교 활동을 시작했다. 기장(한국기독교장로회)은 1963년에, 구세군은 1965년에 교단 단위의 산업선교에 몰입했다. 산업선교는 초창기에는 노동자들에게 기독교 신앙을 고취하고 교회에 나와서 정신적 위로를 받고 산업현장에서 '열심히' 일하라는 복음 전파 정도의 '전도 운동'이었다. 그러나 1960년대 후반에 들어서면서, 선교

신학의 반성과 발전에 호응하여, 경제발전에 동원된 노동자들의 정치경제적이고 구조적인 문제에 접근하기 시작했다. 경제발전에 따르는 노동의 구조적 문제를 파헤치면서 노동자의 의식교육에 치중하게 되었다. 구체적으로 노동조합 지도자 훈련, 노동조합 조직 지원, 한국 노동법 강의 등을 통해 노동운동에 직접 개입하고 지도하는 사업을 시작하게 되었다. '산업전도'가 아니라 '산업선교' 활동을 전개했던 것이다.

노동운동의 선교적 기반을 형성해 나가면서 도시빈민의 문제에 대응하기 위해 연세대학교는 1968년 도시문제연구소를 개설한다. 기독교 고등교육기관으로서 이 연구소의 사업은 도시빈민의 발생과 문제에 대한 사회과학적 연구와 함께, 도시빈민선교 실무자 훈련을 통해 도시빈민이 자발적이며 자율적으로 자신들의 문제를 스스로 조직화하고 변화하는 운동방법론을 연구하며 교수하는 일이었다. 이 운동은 1970년대에 이르러 "수도권도시선교위원회"로 발전되어, 한국의 산업화에 따른 도시빈민지역 문제와 씨름하며 정치 운동을 전개했다.

4.19와 5.16의 정치적 충격과 대응에 나선 한국의 기독교 지도자들은 세계교회 에큐메니컬 운동의 영향을 크게 받고 있었다. 1960년에 세계 에큐메니컬 운동의 모체인 세계교회협의회(WCC)로서는 처음으로 아시아에서 개최한 인도 총회에 강원용, 김활란, 강문규, 오재식 등이 참석하면서 교회의 사회문제 참여와 정치 참여에 대한 관심이 고조되었다. 특히, 강원용 목사는 WCC의 "교회와 사회 위원회(Church and Society Committee)"의 위원장으로 활약하면서 서구교회 신학과 선교운동으로부터 직접적인 영향을 받게 된다. 이러한 해외교회 지도자들과의 접촉을 통해 이루어낸 것이 독일의 "아카데미 운동"을 한국에 '수입'한 일이다. 1966년 11월 16일 서울 동쪽 백운대 밑, 수유리에 "한국 크리스챤 아카데미"를 발족시킨 강원용 목사는 그의 회고록에 다음과 같이 쓰고 있다.

1960년대에 들어 4.19와 5.16을 겪으면서 나는 교회가 해야 할 일을 전혀 새로운 차원에서 느끼고 있었다. 다시 말해 자유당 시절의 이기주의에 바탕한 호교적(護敎的) 자세나 현실을 멀리한 복음우선주의 모두에 강한 비판의식을 갖고, 한국교회가 정확한 사회과학적 인식하에 하나님의 뜻에 따라 현실개혁에 나서는 혁신적인 전환을 실현해야 한다는 생각을 굳히게 되었던 것이다. 그리고 이러한 나의 신학적 반성이 기사연(기독교사회연구회)을 중심으로 한 기독교 사회운동에 방향과 활력을 제공해주고 있었다.[27]

강원용 목사 역시 4.19와 5.16의 혁명적 자극을 받아 행동할 수밖에 없었다. 그는 1966년 "크리스챤 아카데미" 개소식과 함께 무수한 대화모임을 통해 정치적 이념적 좌우, 진보 보수 지성인들, 노사문제, 종교 간 갈등의 문제, 여성문제 등 거의 모든 사회, 정치, 경제, 노동, 여성, 교육 문제에 대해서 분석적이며 과학적인 이해를 촉진시키는 한편, 대화를 통한 사회통합 문제에 대해 씨름하는 일을 진행해왔다. 강원용 목사는 김재준 목사와 함께 나의 신학과 사회활동에 지대한 영향을 준 스승이다.

미국 기독교의 흑인해방운동, 월남전쟁 반대운동

나는 한국에서의 신혼생활을 군사정권이 강행하는 한일 국교 정상화 획책에 대해 한국 대학생들과 기독교 지도자들이 펼치는 치열한 반대 투쟁운동의 한가운데서 보냈다. 1960년대 혁명의 시대를 피부로 체험하면서 대학 교수 생활을 시작한 셈이다. 나 자신이 정치적으로 그리고 정치신학적으로 '의식화'되어가는 것을 감지하면서, 학업을 마치기 위해 유니언 신학대학원으로 돌아왔다. 그런데 다시 돌아간 미국은 온통 흑인 지도자 마틴 루터 킹 목사의 흑인 해방운동의 소용돌이에 있었다. 우리 신학교 동기생들은 미국 남부로, 워싱턴으로, 마틴 루터 킹 목사의 뒤를 따라 흑인 해방운동에 참여하고 있었다. 그리고 월남전에 미국이 참전하는 것을 반대하는 반전운동에 열을 올리고 있었다. 미국의 기독교는 정치화한 상태였고, 미국의 신학계는 기독교의 사회 정치 참여를 하나님나라 운동으로 인식하고 정치적 해방운동에 뛰어들고 있었다. 한마디로 정치신학적 혁명의 시대를 만들고 있었다.

유니언의 학생들은 흑인 해방운동과 월남전 반대운동에 참여하면서 도서관에서는 독일의 신학자 디트리히 본회퍼의 『옥중서한』을 열독하고 있었다. 눈물을 흘리며 본회퍼가 나치 감옥에서 쓴 편지들을 읽으면서, 나치 독일의 유태인 학살의 문제와 함께 "유태인 학살에 대해서 침묵하는 기독교인은 찬송가를 부를 자격이 없다"고 부르짖은 본회퍼의 말에 선동되고 있었다. 행동 없는 신앙은 신앙이 아니라고 외치면서 학생들은 거리로 나섰다. "행동하는 신앙인"이 우리의 신학적 슬로건이었다. "종교를 벗어난 '비종교적' 기독교 복음"이 무엇인가? "세속화된 세계에서의 복음"은 무엇인가? 본회퍼의 감옥으로부터의 절규와 질문이 우리 신학생들을 움직이게 했다.

미국의 신학계는 "신의 죽음의 신학"을 외치는 젊은 신학자들의 목소리에 경악했다. 유럽의 니체가 19세기 말에 외친 "신은 죽었다. 우리 인간들이 죽였다"는 철학적 절규가 신학자들의 입에서 터져나온 것이었다. 그리고 이 와중에 영국의 성공회 주교 존 로빈슨(John A. T. Robinson) 감독은 『신에게 솔직히』라는 책을 내고, 우리가 복 달라고 매달리는 그런 신은 없다고 주장하면서, 하나님의 존재와 하나님의 사랑은 우리 인간들 사이의 사랑의 실천 속에만 살아 있다고 설파했다. 나아가서 하버드 대학의 신학자 하비 콕스(Harvey Cox) 교수는 『세속도시』라는 책을 내고 "하나님 없는 세속도시"의 모습을 보여주고 그 세속도시에서의 하나님나라 운동을 촉구하는 새로운 기독교 선교 운동을 설파하고 있었다. "세속화"는 바로 "인간화"이며 기독교의 정치 운동이며 하나님의 선교라는 신학/반(反)신학이었다.

나는 유니언에서의 신학 공부를 마치고 박사학위를 위해 남부에 위치한 밴더빌트 대학원에 진학하면서 ≪기독교사상≫ 1966년 5월호에 다음과 같은 말을 기고했다.

[하비 콕스는 말하기를] 세속화된 사회에 있어서의 교회의 책임은 현대적 '무당'의 역할을 하는 것이다. 인간을 타계의 '귀신'들, 점성학적, 형이상학적, 혹은 종교적 귀신딱지들로부터 해방시켜 진정한 구체적인 문제에 직면하게 하여야 한다. 그 문제는 바로 '참된 하나님의 부르심이 어디에 있는가' 하는 것이다. 인간들을 아편의 잠에서 깨워 사회적 현실을 바로 보게 함으로써 환상에 망각한 사회적 행동이나 침묵을 지양하게 하여야 한다. 이 일이야말로 사회적 무당이 할 일이다. 예수께서 하신 일이 바로 귀신들을 내쫓으신 일이었다. 당신의 교회도 역시 같은 일에 종사하여야 할 줄로 안다.[28]

미국은 1963년 젊은 케네디 대통령을 잃었다. 그리고 흑인 해방운동의 선구자 마틴 루터 킹 목사는 백인 인종주의자의 총탄에 쓰러졌고, 이 운동을 법률적으로 지지한 케네디 정부의 법무장관이자 케네디 대통령의 친동생 로버트 케네디(Robert Kennedy) 역시 암살당하였다. 그러는 동안에 월남전은 확전되었고, 케네디 대통령의 뒤를 이은 린든 존슨(Lyndon B. Johnson) 대통령은 한국의 박정희 군사정권을 꼬드겨 한국군을 월남으로 파병하게 했다. 한국 역사상, 거의 항상 중국과 일본의 침략 전쟁에 시달려온 비참한 역사는 있어 왔지만, 처음으로 남의 나라에 군대를 보내어 "자유와 민주주의"의 이름으로 남의 나라 사람들을 학살하는 역사를 만들고 있었다. 동서의 미소 냉전 속에서 아시아 군대가 아시아 양민을 학살하는 비극을 만들고 있었다. '냉전'은 냉전이 아니었다. 피 터지는 열전(熱戰)이 동남아, 아시아의 한복판에서 전개되고 있었다.

한국에서의 혁명적인 정치 상황과 미국의 월남전 확대, 그리고 흑인민권운동의 소용돌이 속에서 미국에 유학하고 있는 한인 학생들을 중심으로 해서

"북 미주 한인 기독학자 협의회"라는 명칭의 모임이 시작되었다. 박사학위 취득을 위해 밴더빌트 대학교 대학원에서 공부하고 있을 때, 프린스턴 신학대학원에서 신학박사 공부를 하고 있던 김용복에게서 창립취지문을 받고, 우리 대학원 근처 주립대학에서 사회학 교수로 재직하고 있던 한완상 교수와 함께 피츠버그에 위치한 장로회 신학대학에서 열린 그 첫 번째 모임에 참석했다. 이 한인 기독자 모임은 1967년 감사절 주말 기간 동안 시작한 이래, 1970년대에 이르러서는 김대중 대통령의 미국 망명생활과 김재준 목사의 1974년부터의 망명생활을 지원하는 일을 하게 되었으며, 오늘날까지도 여러 가지 국내외 정치 및 국제 문제에 대해서 뼈 있는 발언을 하고 1970년대 한국 민주화 운동과 인권 그리고 학원 자유화 문제에 크게 기여해왔다.

1969년 8월 말, 나는 구미의 언어분석 철학을 신학과 연결시키는 박사학위 논문을 제출하고 귀국길에 올랐다. 한국은 바야흐로 박정희 군사정권의 3선 개헌 획책이 전개되고 있었고, 기독교계는 이에 대한 반대 운동으로 긴장하고 있었다. 기독교와 국가권력의 대결, 대한민국의 정치적 격동의 험난한 물결 속에 뛰어드는 것을 통감했다. 귀국 인사를 드린 자리에서 김옥길 이화여대 총장은 한마디 환영의 말씀을 주셨다. "잘 왔소. 이제 고생 많이 하게 됐소. 하하하." 그의 쾌활하지만, 깊은 의미가 담긴 환영의 웃음소리가 아직도 내 귀에 쟁쟁하다.

제5장

군부 독재에 대항하는 한국교회

한일정상화 반대운동에서 3선 개헌 반대운동까지

　1964년부터 시작된 한일 국교정상화 회담에 대한 한국 기독교계의 반대운동은 1960년대 초 4.19 학생민주화운동과 5.16 군사 쿠데타로부터 충격을 받고 각성하기 시작한 결과였다. 5.16 군사 쿠데타에 대해서 교계 지도자들은 "무질서라고 하는 절대 악(惡)"보다는 쿠데타라는 "보다 작은 악"을 선택하기로 하거나, 현실적으로 "부득이"한 것으로 "소극적 허용" 혹은 "용납"의 태도를 취했던 것이다. 그러나 박정희 군사 쿠데타 세력이 자신들의 공약인 "조속한 민정 이양"의 약속을 어기고 2년도 못 되어 1963년 박정희 장군 스스로 대통령으로 취임하는 것을 지켜보고, 취임 직후 일본과의 국교 정상화를 획책하는 것을 보면서 기독교 지도자들은 한국 민주주의의 위기를 느끼기 시작했다. 한국의 기독교계는 한일 국교정상화 비준 반대운동을 계기로 하여 군사정부에 대한 비판세력으로 등장하기 시작했다.

　1965년 8월 11일 8.15 해방 20주년 기념일을 며칠 앞두고, 한일 기본 조약이 국회 특위에서 심야에 날치기로 통과되고, 이어서 8.15 바로 전날 야당이 불참한 가운데 국회 본회의에서 일방적으로 통과되었다. 한국 기독교계는 한일 국교정상화 비준 반대운동에 실패했으나, 완전 실패한 것은 아니었다. 이를 계기로 하여 한국 기독교의 정치의식은 오히려 고조되었고 비판적 정치 참여의식은 고양되었다. 1967년 6월 8일에 실시한 국회의원 선거와 대통령 연임 선거에서 교회는 다시 일어났다. 이른바 6.8 부정선거에 대한 반대운동이었다. 이렇게 하여 한국의 기독교는 정권에 대한 비판세력으로 자리를 잡아가기 시작했던 것이다.

한일협정 비준 반대운동으로 고양된 한국 기독교계의 정치 참여의식은 각종 에큐메니컬 협의회에서 확인되고 천명되었다. 그 하나는 비준 반대운동이 실패한 직후인 1966년 1월 기독교연합회[NCC, 후에 한국기독교교회협의회(NCCK)로 개칭함]와 동남아 기독교 협의회(EACC)가 공동으로 주최한 "한국기독교 지도자 협의회"에서 기독교 공동체와 정치 사회와의 관계에 대한 토론을 전개하면서 교회 혁신의 문제와 동시에 기독교인의 정치참여 문제가 집중적으로 논의되었다.[1] 이 논의의 핵심 주제는 교회가 정치문제에 개입할 때 공교회의 이름으로 할 수도 있지만 그리스도인 개인의 자격으로 한다 해도 교회의 입장이 될 수 있는가 하는 것이었다. 이를테면 "보편적(정상적) 상황에서는 교회의 집단적 정치행위도 가능하지만, 정치적 극단 상황에서는 개인의 결단만이 가능한데 이것을 다만 일반 시민적 행위로만 파악할 수 없다"는 결론을 내렸다.[2] 이는 그리스도인의 개인적 정치참여는 시민의 자격으로 하는 것일 수도 있지만 그리스도인으로서의 신앙적 표현, 신앙적 행동으로 보아야 한다는 것이다. 이러한 결론은 자명한 것으로 보이지만, 당시의 상황에서는 그리스도인의 비판적 정치참여를 신학적으로 뒷받침하는 의의를 지니고 있었다.

그리스도인의 비판적 정치참여의 문제가 신학계와 에큐메니컬 운동체에 회자되면서 "한국 기독교 지도자 협의회"는 1967년 총선과 대선에서 "한국 민주주의의 성장과 기독자 현존"이라는 주제를 걸고 전국 중요 도시에서 강연회를 열었다. 이 강연의 캠페인은 공명선거 운동이었다. 민주시민의 정치참여는 헌법에 명시된 주권재민의 정신을 발휘하는 것이며, 이는 선거를 통해 정권을 심판, 혹은 지지하는 민의의 표시라는 것을 강조했고, 민주시민으로서의 기독교 신앙의 행동이며 실천이라고 강조했다. 기독교 민주시민이 정신을 차리고, 거침없이 밀어붙이는 박정희 군사독재 정권의 독주를 평화적으로 보편선거를 통해서 저지하자는 것이었다. 그러나 6.8 국회의원 선거는 "역사상 유례없는 부정 타락선거"[3]였으며 선거혁명은 실패로 돌아갔다. 한국의 학생들은 다시 격렬한 총선 무효 데모에 돌입했다.

박형규 목사가 이끄는 한국기독학생회는 6월 15일 산하 기독학생들에게 보내는 서한에서 자제를 권유하고 나섰다. "6.8 선거의 불의가 작용하여 우리의 사회는 또다시 혼란과 무질서와 파멸의 위기에 직면하게 되었다"고 전제하고 4.19의 역사를 환기시키면서 "4.19의 정신은 살아야 하지만 4.19의 사태는 되풀이되어서는 안 될 것이다. 6.8 부정선거는 전적으로 정부와 여당의 책임이지만 동시에 야당과 투표권을 행사한 국민의 몫을 반성하고 회개해야 한다"고 호소했다. 결론적으로 이 공개서한은 "학원에서 그리스도와 함께 현존하기를 기약하는 우리는 이 사태에 있어서도 책임 있는 참여 방식을 강구해 보아야 할 것이다."[4]라고 호소했다. 7년 전의 비극을 되풀이해서는 안 되겠다는 의지와 함께 그리스도인들과 학원의 민주주의 의식과 함께 불의한 정권에 대한 평화적 저항과 비판의식을 고취하는 분위기였다.

기독교연합회(NCC) 역시 6월 21일 긴급 실행위원회를 열고 6.8 부정선거에 대한 공교회의 입장을 표명하기로 하고 시국 수습책을 논의했다. 실행위원회가 발표한 성명서는 6.8 부정선거야말로 "국민 주권에 대한 침해"이며 "민주 정치의 기저를 흔드는 위험천만한 우거(愚擧)"라고 비판하면서 그리스도인들을 향해서는 "기독자의 양심에 서서 이 위기에 대한 책임의식을 가지고 기도와 신앙적인 결단으로써 이 땅에 있어서의 의로운 민주적 장래를 지키자"고 호소하며 기독교 신앙과 민주주의 수호를 연결시키고 있었다. 그러면서도 시국 수습대책회의 개최 같은 실질적 행동에 나서는 것을 자제하면서 "우리가 교회 전체를 대표할 수 없고, 필요 이상의 정치 간여를 해서는 안 된다"고 한발 물러선 태도를 보이기도 했다.[5]

그러나 김재준 목사는 단호했다. 6.8 부정선거에 대한 입장을 밝힌 ≪사상계≫ 1967년 7월호에 기고한 글은 그의 그리스도 신앙인으로서의 입장을 다음과 같이 표명했다.

> 우리는 여야 어느 편에도 정당적인 의식을 가지고 편드는 일을 하지 않는다. 정권이 어느 누구에게 넘어가든지 그것 자체에 대하여는 담담하다. 그러나 불의가 있을 경우에는 어느 편, 어느 누구의 소행이든 간에 우리는 이를 묵과하지 못한다. 그것은 이 땅에 의를 세우는 것이 우리 신앙의 본질에 속하는 일이기 때문이다.[6]

그럼에도 불구하고, 박정희 군사 독재정권의 장기집권의 야욕은 멈출 줄을 몰랐다. 1969년 새해 벽두에 실시한 국회 연설에서 박정희 대통령은 애매모호하게 3선을 통한 연임을 시사했다. 그리고 시간이 지날수록 3선 개헌을 통한 연장통치의 야욕을 분명히 했다. 우여곡절 끝에 같은 해 8월 7일에는 집권 여당인 공화당이 3선 개헌안을 국회에 제출했고 9월 14일 새벽 2시 야당인 신민당원들이 국회 상정을 저지하기 위해 농성을 감행하고 있는 상황에서 여당 전원이 제3별관에 들어가 2분 만에 날치기 통과시켰다. 찬성 122표, 반대 0표. 개헌 통과를 알리기 위해 의장 탁자 위에 놓였던 주전자 뚜껑을 세 번 두들겨 통과시킨 "주전자 뚜껑 3선 개헌"의 웃지 못할 "활극"을 벌인 것이었다. 국회 본관에서 급히 빠져 나오느라고 의사봉을 두고 나오는 바람에 일어난 소극(笑劇)이었다. 10월 17일에 실시한 국민투표에서 투표율 77.1%에 65.1%의 찬성표로 3선 개헌은 통과되었고 박정희 장기집권의 길이 열리게 되었다.

야권의 3선 개헌 반대운동은 "3선 반대 범국민투쟁위원회"로 결집했다. 무더운 여름이 그렇게 시작되었다. 3선 반대 범국민투쟁위원회의 장준하, 윤길중, 이철승, 송원영 등 문화·사회·정치 지도자들은 김재준 목사를 위원장으로 추대했다. "정치를 모르는 사람"이라고 적극 고사했으나 "자유민주주의에 깊은 관심, 사회적 명망과 영향력, 정권에 대한 야심이 없는" 종교지도자로서의 김재준 목사를 추대한 것이었다. 김재준 목사가 이 엄혹한 책임을 맡은 것은 "불의에의 항거가 그대로 '정의'의 증언이기 때문이다. '아니오' 할 것을 '아니오' 할 용기가 없다거나 '아니오' 할 것을 '예'로 번복하는 것은 가장 비윤리적인 '외식'이고 비굴이기 때문"이었다.[7]

김재준 목사는 김연준 씨가 사장으로 있던 ≪대한일보≫ 논설위원으로 박정희 군사정권의 장기집권 음모를 규탄하는 논설을 기고했다. 이를 저지하기 위해 정권은 김연준 사장에게 압박을 가해왔으나 소용없었다. 그동안 세계 YMCA 대회에 다녀온 김재준 투쟁위원장은 귀국 즉시 효창공원에서 범국민 대회를 열었다. 9월 14일 국회 날치기 통과 바로 몇 주일 전이었다. 6만 명이 운집한 가운데 장준하가 사회를 보고, 김재준 목사가 개회사를, 야당 정치인들이 3선 개헌 반대 연설을 했는데, 6만 청중은 김대중의 연설에 열광했다. 그리고 국회 투표 전일에는 국회의사당 앞에서 대규모 시가행진을 감행했다.[8] 김재준 목사는 "이제부터 장기적인 국민민주화 계몽운동에 각자 있는 고장에서 유의하시기 바랍니다. 나는 교회의 사회화와 국민의 민주화에 미력이나마 장기 봉사할 작정입니다"[9]라는 말을 남기고 투쟁위원회를 해체시켰다. 그리고 민주화 투쟁에 투신하게 된다.

이에 반하여, 그동안 김재준 목사를 위시한 교계 지도자들의 박정희 군사 독재 저지를 위한 정치적 발언과 운동 참여를 못마땅해 하던 보수 성향의 교계 지도자들은 김재준 목사를 반대하고 나섰다. 이들은 김재준 목사 등, 정권의 불의와 반민주적, 반헌법적 폭정에 대해 비판하고 반대하는 교계 지도자들에 대해 "정교분리 원칙"의 위반이라고 비판하고 나섰다. 한마디로 "교회가 왜 정치에 관여하느냐?"는 비난이었다. 같은 해, 3선 개헌 반대운동이 가열되고 있는 와중에 9월 4일 날짜로 김윤찬, 박형룡, 조용기, 김준곤, 김장환 등 보수계통의 목사 242명의 이름으로 "개헌문제와 양심자유 선언"을 발표했다. "그리스도의 이름으로 개헌 반대를 강요한다면 우리들의 복음은 격하된다"고 강변하면서 기독교인의 정치참여를 강경하게 반대하고 공격하는 것을 넘어서 "날마다 그 나라의 수반인 대통령과 영도자를 위하여 기도하여야 한다"고 주장하고 나섰다. "대한기독교연합(DCC)"이라는 명칭의 "급조된" 보수 기독교 단체는 한술 더 떠서, "우리들 기독교인은 개헌문제에 대한 박 대통령의 용단을 환영하여……"라는 성명을 발표했다.[10]

이에 대해 기독교연합회(NCC)는 9월 6일 성명을 통해 "대한기독교 연합회(DCC)"는 NCC와 무관한 단체라는 것을 천명하고, 9월 8일 3선 개헌에 대한 반대입장을 표명했다. 그러나 그 성명서는 구체적인 사안인 3선 개헌 문제에 대해서는 애매모호하게도 "우리는 국론의 분열과 약화를 초래하는 3선 개헌 발의에 대해서 깊은 우려와 심한 유감의 뜻을 표하는 바이다"라고 했을 뿐이다. 박정희 정권의 3선 개헌에 대한 유감인지, 3선 개헌 반대가 국론을 분열하고 약화시킨다는 판단으로 "깊은 우려와 유감의 뜻"을 표한 것인지 분명하지가 않았다.

보수 기독교 지도자들의 기독교인의 정치참여 불가론에 대하여, 김재준 목사는 "정치에 관여하지 않고 하룬들 살 수 있느냐? …… 정부에서 하는 대로 하는 친여적인 형태는 정치가 아니고 정부의 잘못을 충고하는 것만이 정치 관여냐?"고 항변했다. 불의한 정권에 대한 비판만이 정교분리원칙 위반이고, 불의한 정권의 명령에 복종하는 것, 불의를 허용하고 침묵하는 것은 정교유착이며, 따라서 정교분리 원칙을 위반한 것이라는 해석이다. 그리고 사실 정교분리 원칙이라고 하는 것은 정부가 특정 종교를 국교로 지정하지 않겠다는 것이고 종교의 자유를 허용하고 특정 종교를 차별하지 않겠다는 헌법의 "약속"이다. 기독교회와 기독교인이 시민의 자격으로 정부정책을 비판하고 저항하는 것은 시민의 자유이며 권리라는 것을 간과하기 쉽다. 불의한 정권에 대해서 과감하게 시민적 권리를 행사해야 한다는 것이 민주사회에서의 그리스도인의 정치참여의 원칙인 것이다. 나아가 김재준 목사가 과감하게 말한 대로 이것이 예수의 길이고 십자가의 길이다. "의를 위한 '투쟁'을 피했다면 예수도 십자가를 지지 않았을 것이다. 예수님도 세상에 싸움을 일으키러 왔노라 하지 않았는가?" 김재준 목사의 항변이었다.[11]

당시 월간 ≪기독교사상≫의 편집장을 맡고 있던 박형규 목사는 3선 개헌이 국회에서 날치기 통과된 후, 다음과 같은 글을 발표했다.

> 이제 다시 흑암의 세력이 고개를 들기 시작했다. 빛의 아들들도 하나님의 전신 갑주를 입을 때가 됐다. 조국의 광명을 지키기 위해 일본 제국주의와 싸웠고 붉은 야수와 접전하여 수많은 순교의 피를 흘린 한국교회는 이제 다시 대두하는 밤의 세력과 대결하지 않을 수 없게 되었다.[12]

한국교회, 민주화 투쟁의 한가운데로

나는 1969년 8월 말 박사학위 논문 심사 통과 후 곧 귀국했다. 1965년 8월 이화여자대학교에서의 신학생 인턴 생활을 끝내고 공부를 계속하기 위해 뉴욕으로 다시 떠난 이후, 4년 동안 실로 많은 일이 벌어지고 있었다.

한일 국교정상화 회담에 대한 반대운동이 전개되던 해에 떠났지만, 1969년에 귀국했을 때는 일본이 제공한 배상금으로 경제발전 5개년계획을 진행하고 있었다. 한일 국교정상화를 밀어붙인 미국은 곧 이어 자신들이 빠져 들어가고 있는 월남(베트남)의 정글 속에 한국군을 끌어들이는 데 성공하고 있었다. 한국의 육군과 해병대는 대만과 필리핀, 태국과 호주, 뉴질랜드 등 나라의 군대와 함께 이국땅 남쪽 나라 정글 속에서 베트콩 공산군과 민간인 학살의 "용맹한" 군사작전을 전개하고 있었다. 미국에서는 나의 동료 신학생들과 대학생들이 월남전 반대운동을 맹렬하게 전개하고 있을 때였다. 월남 파병에는 1964년부터 1973년 미군이 패배하여 월남에서 철수할 때까지 8년 8개월 동안 30만 명의 현역 군인이 투입되었다. 이른바 월남 특수는 현대건설과 한진과 같은 해상수송 등의 분야의 발전에 기여한 바 크다. 월남 파병은 미국과 거액의 차관 협상을 추진할 수 있게 했다. "월남전 특수"는 1950~1953년의 한국 전쟁이 전후 낙후된 일본의 경제를 되살리는 데 크게 기여한 것을 상기하게 한다.

1968년 1월에는 북한의 김신조를 선두로 한 무장 군인들이 청와대를 향하여 서울 시내에 잠입했으나 모두 사살되는 사건이 터졌고, 같은 해 11월에는 울진과 속초 지방에 무장 공비가 침투했다는 보도로 세상이 시끄러웠다. 국가안보의 문제를 앞세워 박정희 정부는 국민 통합과 단결, 국가재건과 정체성 확립을 주창하고 나섰다. 1968년 12월 5일 박종홍 서울대 철학과 교수 등 학자들을 동원하여 "국민교육헌장"을 발표하여 모든 학교의 입학식과 졸업식, 그리고 각종 국가 기념식장에서 "봉독"하고 학습하게 했다. "우리는 민족중흥의 역사적 사명을 가지고 태어났다"는 말로 시작되는 "국민교육헌장"은 마치 일본이 명치유신을 시작하면서 만든 일본 "천황"의 "교육칙어(教育勅語)"를 방불케 하는 내용이었다. 이로써 박정희 군사정권은 충효교육과 함께 "한국적 민주주의"를 내세우고 전 국민의 의식화 교육을 통해서 독재정치를 강화하려는 의지를 강력하게 표출하고 있었다.

박정희 정권은 1968년 2월 1일 경부고속도로 건설 사업을 개시했다. 1970년 7월 7일의 개통식으로 서울~부산 직통 4차선 왕복 428km의 경부고속도로를 2년 5개월 만에 완공했다. 도로 건설 사업에 투자하면서 동시에 "새마을" 운동을 전개했다. 1967년 대선과 총선에서 신승(辛勝)한 박정희 대통령은 도시 유권자들보다는 농촌 유권자들의 지지에 보답하는 형식으로 농촌진흥 사업에 몰입했다. 그러나 사실은 농촌을 중심으로 하는 국민 총동원의 성격이 농후한 것이었다. 농촌의 초가집 지붕을 개량하고, 농삿길을 개량 확대하고, 모든 하천에 다리를 놓아주고, 마을마다 공공 목욕탕을 개설하고, 시골 개울마다 빨래터를 만들어주는 등의 사업을 진행시켰다. 농민들 스스로 하는, 아래로부터의 농촌 건설이 아니라 위로부터의 농촌진흥 국책사업이었다. 1960년대 말까지만 해도 농촌을 포함한 지방의 인구는 71.7%, 수도권의 도시 인구는 28.3%였던 것을 감안하면, 농촌 진흥은 국민 총동원 정책의 하나로 필요한 것이었다. 대통령이 직접 나서서 독려하는 새마을 운동은 대의정치를 넘어서 국민과 직접 개선진흥 운동에 나서는 것이기 때문에 "포퓰리즘" 정치의 대표적인 예라 할 수 있다.

1972년 4월에 온 나라와 농촌에 울려 퍼지게 한, 박정희 작사와 그의 딸 박근령 작곡의 새마을 운동 노래는 오늘날까지도 새마을 운동의 동기와 내용을 잘 말해주고 있다.

새벽종이 울렸네
새 아침이 밝았네
너도나도 일어나
새마을을 가꾸세.

(후렴) 살기 좋은 내 마을
우리 힘으로 만드세.

초가집도 없애고
마을길도 넓히고
푸른 동산 만들어
알뜰살뜰 다듬세.

새마을 운동이라는 이름으로 농촌 진흥사업과 함께 1960년대 후반에 이르러서는 도시 주변에 공업단지를 조성하기 시작했다. 1964년 울산에 수출 공업단지를 조성하여 제조업과 기계공업과 섬유공업 육성에 집중하기 시작한 박정희 군사정권의 고도 경제성장 드라이브는 한국사회를 농촌사회로부터 도시사회로, 산업구조를 농업으로부터 공업과 수출 산업으로 이동하게 했다. 지하자원의 부족과 내부 경제의 취약성을 감안한 군사정부는 값싼 노동력을 동원하여 제조업을 진흥하고 수출에 의존하기 시작한 것이다. 이로 인해 농촌의 노동인구는 급격한 속도로 도시와 도시 주변으로 이동하기 시작했고, 농촌에는 곡가 인상의 혜택을 주면서 도시에는 저곡가 정책을 실시함으로써 노동자에게 저임금을 강요했다. 통계로 보는 1960년대와 1970년대 인구이동은 1960년 통계와 1980년 통계를 비교하면 확연하게 드러난다. 1960년의 도시 농촌 비율은 20.8% 대 79.2%였으나 1980년에는 35.5% 대 64.5%였다. 공업화에 따른 도시화 현상으로 인해 청소년 노동인구가 도시로 이동하면서 농촌 인구는 노령화되었고, 정부의 새마을 운동에도 불구하고 농촌의 피폐화 현상은 마찬가지였다. 급격한 도시화 현상은 도시빈민의 문제를 일으켰고, 저임금 노동자들은 노동 착취와 빈곤에 시달리게 되었다.

한국 사회의 공업화와 함께 발생한 도시화 현상은 기독교 개신교의 신자 수에 영향을 미쳤다. 1960년 62만 3천 명, 전체 인구의 2.5%에 불과하던 개신교 인구는 1970년 인구의 10%가 넘는 319만 2600명으로 급증한다. 1970년대 10년 동안, 개신교 신자 수는 인구의 14.3%인 533만 7000명으로 집계되었다.

1969년은 박정희 대통령이 3선 개헌을 통한 장기집권의 야욕을 드러내는 해이며 김재준 목사를 위시한 기독교 집단지성의 개헌 반대운동의 해로 기억된다. 동시에 1960년대 후반에 박정희 정권은 새마을 운동을 위시하여 경부 고속도로 건설, 그리고 월남전 파병 등으로 경제발전 드라이브를 가속시키고 있었다. 나아가서 도시와 도시 주변에 공업, 산업 단지를 조성하면서 도시화와 농촌인구의 이동이 일어나는 시기였다. 군사정권의 국민 총동원 시기가 열렸다. 물리적, 경제적 총동원뿐 아니라, 국민교육헌장을 제정하고 공공의 모임에서 제창하게 함으로써 민족주의, 국가주의로 국민정신의 획일화를 획책했다. 이러한 정치적, 사회적 현실을 한국의 기독교 집단지성은 역사적 도전으로 인식했다. 역사적 도전에 직면한 한국의 기독교계는 "도시산업선교"와 "도시빈민운동"을 조직하여 대응과 행동에 나섰고, 학생 기독교운동은 "학사단" 운동을 전개함으로써 시대적 요청에 응답했다.

1970년대 새해가 열렸다

1969년 가을 학기와 함께 귀국한 나는 이화여자대학교로 직행했다. 귀국했어도 내 집 한 칸 없는 백수에게 학교는 학교 바로 옆에 위치한 작은 집을 임시 처소로 마련해주었다. 박사학위를 취득하고 귀국 즉시 조교수로 승진 발령하면서 김옥길 총장은 나를 문리대학 기독교학과의 과장으로 임명했다. 나는 무거운 책임을 느끼면서 떨리는 마음으로 학과의 사무실로 출근했다. 아직 마흔도 안 되는 미숙한 나이에 모두 나의 선배가 되는 교수들을 이끌고 나가야 한다는 책임과 학과의 발전을 도모해야 한다는 책임에 어깨가 무거웠다. 여기에 더하여 학생들 앞에서 강의할 생각을 하니 더욱 떨리는 마음을 가다듬기가 어려웠다. 출근 첫날, 김옥길 총장실을 찾아 귀국 보고를 드리는 자리에서 총장은 "수고 많이 하게 됐소"라며 악수를 청했고, "하하하" 그 특유의 쾌활한 웃음을 던지는 것이 취임 인사 행사의 전부였다. 상투적인 "잘해보시오"라든가, 학과의 사정이 이렇고 저렇고, 학과 교수진이 어떻고 하는 "정보" 같은 것은 전혀 없었다. 완전히 신뢰하는 태도와 표정은 더욱 나를 긴장하게 했다. 그리고 나는 기독교학과 교수 한 분 한 분을 찾아가 인사를 드리고 협조를 구했다. 교수진에는 기독교장로회 계통의 현영학 교수가 있었고, 감리교 계통으로는 마경일 목사, 조찬선 목사, 이병섭 목사, 한준석 목사, 그리고 정의숙 교수, 박순경 박사, 신옥희 교수, 손승희 선생 등 여자 교수들이 새로 취임

박형규 목사 활동일지

일자	활동내용
1968년	도시빈민 문제가 심각한 사회문제로 등장하자 빈민선교를 시작함. 미국 북장로교 선교부장 조지 타드(George Todd) 목사의 지원을 받아 연세대 안에 "도시문제연구소"(소장 노정현 교수)를 만들고 박형규 목사는 그 산하 "도시선교위원회"의 책임자가 됨.
1968년 5월	대한기독교서회 정기간행물 부장 겸 월간 ≪기독교사상≫ 주간으로 취임.
1970년 3월	서울제일교회의 초빙을 받아 주일설교를 시작함.
1970년 4월	재단법인 기독교방송(CBS)의 방송 및 기술담당 상무로 취임.
1971년 4월 8일	민주수호국민협의회 결성에 참여.
1971년 6월	권력의 집요한 압력으로 CBS에서 퇴사.
1971년 7월	크리스챤 아카데미의 프로그램 위원장으로 취임.
1971년 9월 1일	가톨릭교회를 포함한 초교파적인 도시빈민 선교기구인 "수도권도시선교위원회" 발족, 위원장 취임.
1971년 9월 28일	빈민선교를 하는 신·구교의 선교단체들이 서로 협력할 필요를 느껴 "크리스천사회행동협의체"를 결성, 부이사장직을 맡음. 이 단체는 1972년 3월 6일 "에큐메니칼 현대선교협의체"로 이름을 바꾸고 조직을 재정비함.
1971년 10월 8일	"크리스천사회행동협의체" 주최로 서울 혜화동 가톨릭 학생회관에서 "사회정의 실현 촉진대회"를 열고 부정부패 추방을 위한 시가행진을 벌임. 동대문경찰서에 연행되었다가 풀려남.
1972년 11월 26일	기독교장로회 서울노회 서울제일교회의 담임목사로 초빙받아 부임. 이후 20년 동안 당회장으로 시무함.

한 과장을 기다리고 있었다. 모두 다 한결같이 이 젊은 후배를 환영하고 격려해주었다. 그러면서도 "낙하산"으로 위에서 선택하고 임명한, 경험 없는 과장이 무얼 어떻게 할 것인지 비판적 기대도 보이고 있었다.

나는 교수 취임과 학과장 임명의 인사 등 절차를 마치고, 곧바로 미국 뉴욕 유니언 신학대학원에서 나의 신학 "과외 선생님"이 되어주셨던 박형규 목사님을 찾아뵙고 인사를 드렸다. 박형규 목사는 월간 ≪기독교사상≫ 주간으로 활동하고 있었고, 동시에 김재준 목사를 중심으로 하는 박정희 정권 3선 개헌 저지운동에 가담하고 있었다. "잘 왔어. 이제 우리 함께 할 일이 많아요. 많이 도와주시오." 나라 사랑과 교회 사랑의 열정이 넘치는 그의 눈은 충혈되어 있었다. 그렇게 만난 박형규 목사는 눈코 뜰 새 없이 한국의 정치 상황 속에서 그리스도인의 사회운동과 노동자와 도시빈민의 의식화운동에 앞장서고 있었다. 1968년 도시빈민 선교를 시작해서 1972년 10월 박정희의 유신 선포에 이르기까지의 박형규 목사의 활동일지를 보면 그의 활동의 다양함을 볼 수 있다.13)

　　1968년 연세대학교의 도시문제연구소의 도시선교위원장으로 취임한 박형규 목사는 주민조직운동 프로그램을 시작했다. 주민조직운동은 도시빈민 스스로가 자발적으로 조직을 만들어 의식화하며 단결함으로써 사람답게 살아갈 수 있는 길을 모색하고 행동하도록 하는 것이다. 주민 조직운동에 대해 지식도 경험도 없는 박형규 목사에게는 새로운 선교의 방식으로 인식되었고 사회선교 운동에의 과감한 전환이었다. 이 전환에는 당시 YMCA 연맹 대학생부 간사였던 오재식 선생의 역할이 컸다. 오재식 선생은 1960년대 중반 미국 예일대학교 신학대학에서 수학하는 동안 미국 연합장로교회 도시산업선교의 책임을 맡고 있던 조지 타드(George Todd) 목사와 그의 주민조직운동의 선구자이며 스승인 사울 D. 알린스키(Saul D. Alinsky)와 친분을 맺고 주민조직운동 방식의 선교운동을 공부하고 귀국한 터였다. 박형규 목사는 오재식 선생과 함께 주민운동의 조직가들을 훈련하는 일에 착수했다. 도시주민조직의 전문가인 미국 연합장로교의 허버트 화이트(Herbert White) 목사를 훈련자문위원으로 모시고 약 2년 동안 신학교 졸업생들과 젊은 평신도들에게 빈민조직에 필요한 훈련을 시작했다. 한번에 7~8명을 투입하여 6개월씩 세 번으로 끝내는 훈련 프로그램으로, 빈민지역에 들어가 살면서 실태조사를 실시하게 하고 주민조직 활동에 들어가게 하는 집중 프로그램이었다.

　　주민조직운동에 참여한 서울 판자촌 지역의 주민들은 자신들의 상수도 문제 등, 주거환경 개선을 위해 시청에 집단 민원을 내는 등의 활동을 시작하게 되었다. 한편 창신동의 판자촌 철거를 추운 겨울의 2월 중에 밀어붙이겠다는 것을 이직행과 윤종대는 주민들과 함께 시청에 항의시위를 벌이는 등 행동을 통해 4월로 연기하게 했고, 철거 세입자도 철거된 지역에 건설될 시민아파트의 입주권을 받을 수 있는 운동을 벌이기도 했다. 나아가서 1969년 7월에서 12월까지 실시한 제2차 훈련은 청계천을 따라 조성된 도시빈민지역에서 화장실 개수, 전기가설 등의 문제를 해결해나가기도 했다. 도시주민운동의 효과는 서울시가 1969년부터 3년 동안에 2천 동의 시민아파트를 건축하고 32만 가구에 달하는 무주택자의 약 3분의 1인 13만 가구를 수용하겠다는 발표를 하게 했다. 이는 1969년 3선 개헌 반대운동과 함께 진행된 도시빈민운동의 결과로 평가된다. 그러나 시민아파트는 서울 시내 고지대에 조성되고 날림으로 엉성하게 지어져서 도시의 보기 흉한 슬럼(빈곤 집중지대)이 되어가고 있었다. 마침내 1970년 4월 8일, 마포구 창천동 산2번지에 위치한 5층짜리 와우(臥牛)아파트 15동이 붕괴하는 불상사가 일어났다. 33명이 죽고 40명이 크게 다치는 불상사였다. 박정희의 고도성장 드라이브가 가져온 참사이며 건설업자들의 비리와 부패상이 드러나는 계기가 되었다. 그리하여 1970년 1월부터 시작된 제3차 훈련 프로그램은 시민아파트 안전문제를 집중적으로 다루게 되었다. 이것이 계기가 되어 40개 지구의 시민아파트 319동의 주민이 단결하는 "서울 시민아파트 자치운동연합회"라는 조직체가 형성되기에 이른다.

도시빈민운동과 도시산업선교는 당시의 기독교 사회운동의 두 날개라고 할 수 있을 정도로 서로 연결되어 있었다. 도시빈민을 구성하는 사람들은 도시를 중심으로 형성된 공업지대에서 일하는 저임금 노동자들이었기에 이 연결고리를 설명할 수 있었다. 도시빈민들의 주거 환경 개선활동은 노동 현장에서의 열악한 처우개선 운동으로 연결될 수밖에 없었다. 1969년을 전후하여 영등포에는 조지송과 인명진을 중심으로 하는 장로교 계통의 산업선교가 시작되었고, 인천에서는 감리교 중심의 조승혁과 조화순 등이 이끄는 도시산업선교가 활동을 개시하고 있었다. 도시산업선교는 노동 현장에서의 노동자들의 인권문제와 아울러 노동자들의 권익 문제를 문제화할 수 있는 의식화 작업에 집중되었다. 노동자들을 향한 "전도 운동"이 아니라, 노동자들이 권익문제를 스스로 제기할 수 있는 노동법 교육 등의 의식화 작업이었다.

　도시빈민운동과 도시산업선교의 연결 고리는 학생 기독교운동의 전개였다. 도시빈민운동과 도시산업선교의 주역들은 역시 기독학생들이었다. 당시 기독교 학생운동의 중심에 있었던 오재식 선생의 회고록은 다음과 같이 기록하고 있다.

　　1968년 한국기독학생회(KSCM) 여름대회의 테마는 "한국을 새롭게"였다. 이는 1968년 WCC 웁살라 총회의 테마인 "만물을 새롭게"라는 것에서 따왔다. 우리는 만물까지는 아니더라도 최소한 한국이라도 새롭게 하자는 뜻으로 그리 정했다. 800여 명이 모인 여름대회는 미래지향적인 학생운동을 통해 한국을 새롭게 하는 캠페인을 하자는 것을 합의하여 성황리에 끝났다. 마침내 1968년 말 KSCM과 YMCA의 통합이 이루어졌다. YWCA가 빠져 아쉽기는 했지만, 기독학생운동단체의 통합은 그간 계속 끌어 오던 통합논의의 종지부를 찍을 수 있었다. (중략)

　　1969년 11월 23일은 …… 기독학생운동사의 중요한 획을 그은 역사적인 날이 되었다. KSCM과 YMCA가 마침내 합쳐져 종로 2가 YMCA 강당에서 "한국기독학생회총연맹(KSCF, Korea Student Christian Federation)으로 새롭게 출발하게 된 것이다. 그리고 나는 KSCF의 초대 사무총장을 맡아야 했다.[14]

　오재식 선생이 회고록에서 말한 학생기독운동단체들이 KSCF로 통합하는 과정에서 논의된 중요한 과제는 "학생사회개발단(학사단)"의 조직과 업무였다.[15] 학사단 프로그램은 방학 동안을 이용하여 학생 2~3명을 사회 변두리에서 생을 연명하는 소외지역에 파송해서 그들의 삶의 현장을 관찰하고 직접 경험하게 하는 일이었다. 학생들은 일용노동자가 되기도 하고 공장으로 "위장취업"을 하여 그들과의 생활을 경험하면서 보고서를 작성하도록 했다. 학사단 사업은 대학생들로 하여금 당시의 노동 현장과 도시빈민의 현장을 체험하게 하면서 학생운동이 현장성과 과학성과 더불어 연대의식을 가지게 했다. 학사단 운동은 실로 노동현장과 도시빈민 현장을 집단지성의 장과 연계하고 연대하는 장(場)을 열고 확장시켰다.

1970년대 유신시대

나는 이화대학 캠퍼스 바로 옆에 학교가 마련해준 주택에서 살게 되면서 한국 생활의 어려움을 실감하기 시작했다. 수돗물은 밤 12시나 돼야 공급이 되고 부엌과 마루방은 연탄난로로 온기를 채우는 형편이었다. 그래서 나는 새벽 2시에 끊기는 수돗물을 받느라 밤 12시까지 강의 준비를 계속하다가 새벽 2시에 잠자리에 들어야 하는 고된 생활을 시작했다. 학과 교수들의 협력과 격려, 그리고 학생들의 호응은 나에게 보람을 주었고 사명감을 느끼게 했다. 그러나 주택 문제, 특히 갓난 아들이 마루방에 놓인 연탄난로에 손을 대는 바람에 입은 화상으로 인해 어려움을 겪기도 했다. "이런 고생 하러 한국에 왔느냐? 당장 미국으로 돌아가자"며 눈물로 호소하는 아내에게 위로의 말이 나오지 않을 때가 한두 번이 아니었다. 함께 눈물을 흘리는 일밖에 할 수 있는 일이 없었다.

그러나 우리 내외는 포기하지 않았다. 아내는 대학의 행정직에 있으면서 성실한 일꾼으로 일하고, 나는 내가 배운 대로 가르치고 경험한 대로 한국의 대학을 새롭게 해보려는 노력에 전력을 다했다. 1970년에 들어서면서 이화대학 교목실에서 매년 연례행사로 하는 "신앙강조주간"에 설교 강사로 나서게 되었다. "신앙강조주간"이라고 하는 것은 교회에서 하는 "부흥회"와 비슷했다. 일주일 동안 8천 명에 달하는 모든 학생들이 학업 사이사이 시간에 대강당에 모여서 교내외의 목사들이나 신학자들의 설교나 종교 강연을 듣는 일이다. 60년대에는 미국 감리교회의 덴만(Harry Dehnmann) 박사라는 부흥강사를 초빙하여 통역을 통해서 설교를 듣는 것이 기독교대학으로서 이화의 유명한 전통이었다. 부흥회가 끝나면 2, 3백 명의 학생들이 세례를 받게 되는데, 서울 시내의 목사님들이 그 많은 학생들의 세례식에 참여하여 세례를 베푸는 일이 봄과 가을 학기에 있었다고 한다.

그런 전통이 있는 "신앙강조주간"의 설교를 맡게 된 것은 영광이라기보다 커다란 부담이며, 젊은 평신도 신학자로서 떨리는 도전이었다. 나는 1969년 가을, 서울 땅에 들어서면서 그동안 잃어버리고 잊고 있었던, 한국의 젊은이들이 듣고 부르는 노래를 듣고 즐기고 있었다. 그리고 그동안 외국에서 공부하면서 놓쳤던 우리나라 문인들의 문학작품들을 탐독했다. 한국으로 되돌아오는 과정, 한국 사람으로서의 문화적, 정치적 정체성을 되찾는 과정이 필요했던 것이다. 그러면서 미국에서 배운 기독교 신학을 우리말로 해석하고, 그리하여 기독교가 우리 사회에서 의미 있는 종교, 의미 있는 말이 되게 하는 일에 대해서 고민하고 실습하고 실천하는 것을 나 자신의 과제로 삼았다. '기독교에서 말하는 하나님의 말씀을 한국이라는 컨텍스트, 대학 사회에서 학생들에게 그리고 지성인들에게 어떻게 해석하고 말하고 엮어내야 하는가?'라는 것을 나에게 부과된 사명이라고 생각했다. 젊은이들의 말투로 젊은이들의 고민과 질문을 던지고 거기서 해답을 찾아보자는 것이었다. 하나님은 오늘의 한국의 젊은이들에게 어떤 대답을 하실 것인가? 그 대답들은 의미가 있는 것일까? 그런 질문들을 가지고 접근하기로 했다.

1970년 봄 학기의 "신앙강조주간"의 주제는 "현대. 지성. 신앙"이었다. 대학생 젊은이들의 질문과 고민이 무엇인가를 당시 유행하던 유행가 제목들을 골라서 기독교 신앙의 입장에서 던져본 것이었다. "임은 가고 빈터에", "어떻게 해", "사랑이란 두 글자는", "너무 하셨어", "꿈을 꾸어야"와 같은 노래 제목을 가지고 설교를 했다. 나는 미국의 사신주의(死神主義) 신학자들의 영향을 받은 것이었다. "임(하나님)은 가고 …… 하나님 없는 빈터에 인간들 혼자 남은 이 땅에서, 이 고통과 아픔과 가난의 땅에서 우리가 할 수 있는 일은 서로 돌보고 사랑하며 사는 일이다. 바로 거기에서 우리가 찾는 하나님을 만나는 것이다." 이것이 나의 간절한 메시지였다. "너무 하셨어"라는 노래가 억울함과 한 맺힌 호소를 하는 것으로 해석하면서 사회비판의 소리를 냈다. "국회의원이 국회의장을 넘어뜨린 것은 너무했다. 국회의장이 국회법을 어긴 것도 너무한 것이다. 단 하나의 혈육을 남겨놓은 정인숙 여인을 죽인 것 또한 너무한 일이다. 아파트가 하루아침에 와르르 무너져 버리게 부실공사를 한 것은 더욱 너무한 일이다"라면서 기독교 윤리의 입장에서 사회정치적 비판을 서슴지 않았다. 마지막날 설교의 제목은 "꿈을 꾸어야"로 하면서 '오늘의 지성인, 대학인들은 꿈을 잃었는가'라며 도전했다. "꿈은 우리의 미래이고 미래는 우리를 새로운 지평으로 끌어들이고 장래의 삶을 설계하게 만든다. 미래는 우리를 부르고 있다. 미래에의 초대에 응답해야 한다"고 설교했다.

학생들의 호응은 컸다. 학생들이 열심히 듣는 것 같았고, 때로는 함께 웃으면서 나의 이야기에 호응했고, 심각한 얼굴로 경청하는 모습에 내심 놀랐다. 소통이 되고 공감대를 만들었다는 데 스스로 흥분했다. 나의 노력에 응답하는 모습을 보면서 희망이 있다고 생각했다. 한국의 젊은 여성들에게, 한국의 젊은 지성들에게 희망이 있고, 기독교는 이들에게 도전이 되고 의미 있는 종교라는 것을 확인할 수 있었다.

주간지 ≪주간 중앙≫은 1970년 6월 14일 날짜로 이대 신앙강좌를 크게 보도했다. "설교제목이 '너무하셨어⋯⋯'", "유행가 가사, 은어들도 내용에 동원", "근엄해야 할 신앙강좌치고 제목이 유치하다", "해학적 제목으로 흥미 끌고 공감 일으켜 성공" 등 2면에 걸쳐 보도하는 기사가 실렸다.

학교 일과 집안일로 분주하면서도 같은 학과의 선배 교수인 현영학 교수와 많이 어울리면서 나의 고충을 호소하기도 했다. 현영학 교수는 자기가 함께하는 신학자들의 모임에 나를 소개했다. 현영학 교수를 위시하여, 연세대의 서남동 교수, 감신대의 김용옥 교수, 한신대의 안병무 교수 등이 한 달에 한 번씩 서울 YMCA 호텔방을 빌려 모이는 신학연구회가 있었는데 거기에 새 멤

버로 소개되었던 것이다. 회원 자격을 준다면서 나더러 발표를 시키는 바람에 당시 서구 신학계의 화제가 되고 있던 독일 신학자 에벨링(Gerhard Ebeling)에 대해서 이야기했는데, 당시의 한국의 정치 상황이나 사회상에는 아무 도움이 안 되는 것을 절감했다. 나에게는 신학 공부를 다시 시작해야겠다는 생각만 하게 된 계기가 되었다.

1969년 나의 첫 번째 가을 학기는 박정희의 3선 개헌 날치기 통과에 울분을 터뜨리며 보내고 말았다. 같은 해 겨울 장모님을 여의는 슬픔이 가시기도 전에 1970년 새해 벽두 이화여대의 최초 한국인 총장이신 김활란 박사님의 학교장을 치러야 했다. 이런 와중에 박정희 정권의 문교부는 기독교 학교에서의 종교교육을 문제삼기 시작했으나 기독교계의 반발에 부딪혀서 결국 몇 달 지나지 않은 1970년 6월에 문교부 장관의 명의로 사립학교에서의 종교교육을 허용한다는 결론을 내리기도 했다. 5월 1일에는 대통령 조찬기도회가 있었고 7월에 이르러서는 NCCK의 주동으로 주한미군 감축 반대운동이 한국 기독교계의 이슈로 등장하기도 했다. 주한미군 감축 반대운동은 1969년 1월에 미국 대통령으로 취임한 리처드 닉슨(Richard M. Nixon)의 이른바 "닉슨 독트린(Nixon Doctrine)", 즉 중국과의 외교관계 수립을 제창하면서 아시아 지역의 미군 감축을 제안하고 나선 데 대한 반응이었다.

이런 국내외적 변화의 소용돌이 속에서 3선 개헌 반대운동의 주역이었던 김재준 목사가 월간 동인지인 ≪제3일≫ 출간을 위한 동인 모임을 열었다. 나는 박형규 목사님의 소개와 초청으로 그 어른 신학자들의 모임에 참여했다. 김재준 목사님은 나의 인사를 받으시면서 "여기 박 목사에게서 이야기 많이 들었소. 귀국을 환영합니다. 고생 많이 하게 됐군요. 미국서 배운 대로 가르치고 그대로 살면 됩니다"라고 말씀하셨다. 나는 그렇게 해서 ≪제3일≫의 동인이 되었다. 선배 동인의 명단은 쟁쟁했다. 박형규, 현영학, 이문영, 홍동근 등이 동인이며 필자로 참여했고, 윤반웅, 전학석, 문익환, 문동환, 노신영 등이 후원자로 참여했는데 후원회장으로 문익환 목사와 서기로 이우정 선생이 책임을 졌다.

"오늘도 내일도 나는 내 갈 길을 간다! 이것이 예수의 삶이었다. 사람들은 자기들이 가는 길대로 가지 않는다고 그를 잡았다. 그래서 첫날에 그를 십자가에 못 박아 죽였다. 다음 날에는 무덤 속에 가두고 인봉했다. 그러나 인간들이 자기 악의 한계점에서 '됐다' 하고 개가를 부를 때, 하나님은 '아니다!' 하고 무덤을 헤친다. 예수에게는 이 '제3일'이 있었다. 그의 생명은 다시 살아 무덤을 헤치고 영원에 작렬한다. '제3일.' 그것은 오늘의 역사에서 의인이 가진 특권이다. 역사의 희망은 이 '제3일'에서 동튼다. 이날이 없이 기독교는 없다. 이날이 없이 새 역사도 없다."16) 월간 동인지 ≪제3일≫의 뜻을 담은 김재준 목사의 격문(檄文)이었다. ≪제3일≫과 함께 이보다 3개월 앞서 창간된 함석헌 선생의 ≪씨알의 소리≫는 당대의 한국기독교 집단지성의 목소리를 담은 역사신학과 정치신학의 표현이었다.

박정희 군사독재정권의 고도 경제성장 드라이브에 항의하는 한국 기독교계의 산업선교운동과 도시빈민운동의 한가운데서, 1970년 11월 13일 청계천 지역 평화시장 봉제노동 현장의 젊은 노동자 전태일의 분신자살 사건이 터졌다. 어린 여자 노동자들과 함께 재단사로 일하던 22살의 감리교인 전태일은 노동현장의 비참함을 박정희 대통령에게 호소하는 편지를 부치기도 했으나 쇠귀에 경 읽기였다. 근로기준법을 공부하면서 그 법대로만 공장을 운영하고 노동자들을 보호하면 이토록 처참한 노동현장을 만들 수 없다는 것이 그의 소신이 되었다. "근로기준법을 준수하라. 우리는 기계가 아니다. 일요일은 쉬게 하라. 노동자들을 혹사하지 말라. 내 죽음을 헛되이 하지 말라"고 외치며 분신을 감행한 것이다.

전태일의 죽음은 신문에 자세히 보도되지 못했다. 정부의 보도 통제 때문이었다. 그러나 당시 기독교 방송의 프로그램 책임자였던 박형규 목사는 11월 15일 경동교회 강원용 목사가 일요일 주일 설교에서 전태일 분신 사건을 터뜨린 것을 중계 보도했다. CBS 기독교 방송은 주일마다 교회 주일 설교를 방영해 오던 터에 강원용 목사의 설교 전체를 방영했던 것이다. 박형규 목사는 당시를 회고하면서 다음과 같이 술회한다.

중앙정보부는 언제나 방송을 모니터하고 있었으므로 당연히 전태일 사건에 대한 CBS의 보도를 다 듣고 있었다. 예상대로 즉시 오재경 이사장에게 전화를 걸어 '당신네들 정말 이럴 거냐'고 협박을 해왔다. 오 이사장은 '우리는 늘 하던 대로 주일예배를 녹취하여 내보냈을 뿐'이라고 대답했다. 전태일 사건을 보도한 것이 아니라 주일예배 설교를 방송한 것이라는 대답이었다.[17]

대학 진학을 포기해야만 했던 젊은 노동자 전태일 군이 근로기준법을 공부하면서 그 난해함에 자신의 무식을 한탄하며 "아, 나에게는 왜 대학생 친구가 하나도 없는가!"라고 탄식했다는 소식이 대학가에 퍼지면서 대학생들의 마음을 울렸다. 11월 16일 이 처절한 이야기를 전해들은 서울대 법대생 100여 명이 집회를 열고 서울법대 학생장으로 장례식을 진행하기로 했지만 정부의 방해로 무산되었다. 그러나 서울대 상대 학생 400여 명이 집회를 열고 정부를 비판하고 무기한 단식 농성에 돌입하면서 서울대 법대, 문리대 학생들과 이화여대생들이 서울대 법대 구내에서 "전태일 추모식"을 갖고 전태일을 죽인 기업주와 어용노조, 그리고 정부당국을 고발하며 항의시위에 나섰다. 이를 저지하는 경찰과 충돌할 수밖에 없었다. 정부가 서울대에 무기한 휴교령을 내리자, 학생들은 철야농성으로 항의했다.[18] "아, 왜 나에게는 대학생 친구가 하나도 없는가!"라는 전태일 군의 절규는 그의 처절한 죽음 이후에라도 그의 친구가 되어야겠다는 한국 대학생들의 연대 운동으로 확산되기 시작한 것이다.

당시 KSCF의 초대 사무총장이었던 오재식 선생은 ≪기독교사상≫ 12월호에 "어떤 예수의 죽음"이라는 제호 아래 전태일 군의 죽음을 애도하는 글을 기고했다. 전태일의 죽음을 예수의 십자가의 죽음과 비교한 글이었다. 전태일의 죽음을 외면하고 비난하는 교회는 예수의 십자가의 죽음을 외면하는 교회라며 힐책하는 글이었다. 오재식은 당시를 회고하면서 이렇게 말한다.

> 글이 발표되고 난 뒤 기독교 한편에서 나는 '죽일 놈, 살릴 놈'이 되어 완전히
> 죄인이 되어 버렸다. 어떻게 전태일을 예수로 만드느냐, 네가 뭔데, 예수가 그
> 렇게 값싼 줄 아느냐는 항의였던 것이다. 심지어 폭행까지 당할 뻔했다. 그래도
> ≪기독교사상≫에서 실어줘서 아주 화제가 되었고, 전태일과 예수의 비유는 사
> 람들 입에 오르내릴 수 있었다.19)

역사학자 조이제 교수는 전태일의 분신 사건을 역사적 사건으로 평가했다.

> 전태일 분신 사건은 사회변화와 그것에 수반하는 새로운 사회 문제를 국민
> 적 이슈로 등장시키는 계기가 되었었고, 1970년대 사회운동의 새 지평을 여는
> 불꽃이 되었다. 이것은 1960년대 지식인운동의 한계를 극복하고 1970년대 운
> 동의 원칙, 곧 '민중'이 역사의 주체임을 제시한 민중운동사의 출발점이기도 하
> 였다.20)

나는 강의실에서 고대 희랍 철학자들의 철학 사상을 강의하면서 플라톤과
아리스토텔레스의 철학을 소개했다. 플라톤의 『국가론(The Republic)』을 강
의하면서 정의란 무엇인가를 논하고 플라톤 특유의 계급론을 검토하면서, 군
인 철학자의 통치가 가장 바람직하다는 대목에 이르러 나는 플라톤의 계급론
과 군인 독재정치론에 대해서 비판했다. 그리고 칼 포퍼(Karl Popper) 교수가
그의 책 『열린사회와 그의 적들(Open Society and Its Enemies)』에서 했던, 플
라톤의 정치학에 대한 민주주의 입장에서의 비판을 논하면서 박정희 군사정
권의 오만과 독선을 비판하기도 했다. 그리고 소크라테스의 죽음을 소개하면
서 민주주의의 희생제물로서의 철학적 순교자의 길을 이야기했다. 또한 이대
전교생들에게 필수 교양과목으로 기독교를 소개하는 과목에서는 예수의 생

애와 교훈을 소개하면서 예수가 가난하고 소외된 민중의 친구이며, 사실 예수도 당시의 이스라엘 민중과 함께 로마 제국의 압정과 폭정에 시달리던 민중이었다는 사실, 그리고 그 시대의 선구자이며 선지자로서 부패한 유대종교를 비판하고 개혁하려는 노력 때문에 보수적 종교인들의 핍박을 받았고, 로마 정권에 저항했다는 정치적 이유로 정치적 십자가형을 받았다는 이야기를 학생들과 나누었다. 나는 독일의 정치신학자 위르겐 몰트만(Jürgen Moltmann)의 정치 신학을 강의하고 있었다.

나의 선배 교수이며 평생 멘토였던 기독교학과의 현영학 교수는 6.25 전쟁 통에 미국에 유학하여 유니언 신학대학에서 당대의 저명한 기독교사회윤리학자 라인홀드 니버 교수의 지도를 받으신 진보적 기독교 윤리학자였다. 그는 당시 인천 공장지역에서 산업선교에 헌신하고 있던 조화순 목사와 연결이 되어, 자신의 "기독교 윤리학" 과목을 수강하는 학생들에게 인천지역 공장지대에서 "실습"을 시키기로 했다. 다른 대학의 학생들처럼 "위장 취업"을 하게 해서 공장 노동자들의 실태를 조사하고 연구하고 사회 여론화하겠다는 뜻이었다. 현영학 교수의 과목을 청강하고 있는 학생들 가운데 기독교학과 학생들과 영문과 등 다른 문리대 학생들이 지원하여 여름 방학 동안 인천 공장에 위장 취업하기로 했다. 한여름에 두 명 정도의 학생들이 이에 참여하여 여름 방학을 지내고 가을 학기에 돌아와 강의실에서 실습과정을 보고하는 방식으로 기독교사회윤리 과목을 진행했다. 실로 눈물의 강의실이었다. 나이가 같거나 어린 공장 노동자들의 일하는 모습을 생생하게 보고하는 보고회에는 조화순 목사가 초대받아 와서 학생들의 보고서를 평가하고 격려하면서 자신의 노동현장 선교의 이야기를 나누기도 했다.

그러나 두 번째 여름의 "위장 취업 실습"은 끝내 들키고 말았다. 대학생이 아무리 위장을 잘해도 국민학교밖에 나오지 못한 여공들 틈에서 정체를 감추고 일하기에는 너무도 힘들었다. 결국 공장장은 이화여대의 여학생들이 위장 취업을 해서 자기 공장에서 일하고 있다는 것을 알게 되었고 청와대로부터 온 나라에 소문이 퍼졌다. 공장장은 학교에 압력을 넣어서 학생들을 위장 취업시킨 교수는 물론 대학 총장까지도 문책하라는 압력을 가해왔다. 학과장인 나는 책임을 질 수밖에 없었다. 김옥길 총장은 학과장인 나를 총장 승용차에 태우고 인천의 공장으로 향했다. 잔뜩 화를 내고 앉아 있던 공장장은 소리를 지르면서 총장에게 책임을 추궁하고 있었다. 김옥길 총장은 의연한 자세로 조용히 말을 이어갔다.

"우리 이 젊은 과장이 미국에서 공부 마치고 돌아온 지 얼마 되지 않아서 우리 사정을 잘 몰라서 이런 일을 저질렀습니다. 그러나 다른 의도는 없고 학생들이 노동 현장에 와서 경제성장의 역군들이 일하는 사정도 알아보고 노동자들의 노동 현장을 살피고 함께 일하면서 한국의 경제 사정을 기독교 정신에 입각해서 공부하려는 것이었습니다. 학력을 밝히지 않고 위장 취업을 한 것은 잘못한 것입니다. 그렇지만 우리 학생들이 대학생들이라고 밝혔으면, 사장님, 취직이 되었을까요? 그러니까 그렇게 한 것입니다."

공장장과 사장은 위장 취업한 학생들을 당장 징계하라고 강경하게 나섰다. 김옥길 총장은 이렇게 말씀하셨다. "정 그러시다면 고려해 보겠습니다. 그렇지만, 그렇게 되면, 우리 이대 학생 8천 명이 여기 몰려와서 데모할 겁니다. 내가 물론 앞장 설 거구요. 하하하." 쾌활한 웃음과 함께 대화는 끝났고, 점심 초대를 마다하고 총장과 나는 학교로 돌아왔다. 돌아오는 자동차 안에는 무거운 침묵이 흘렀다. 그렇게 해서 우리 이대 학생들의 위장 취업은 막을 내렸다. 그런데 이 공장실습 경험을 한 학생들 가운데는 장차 야당 국회의원으로 활동한 정치인이 배출되었다.

1972년 7.4 공동성명 그리고 유신정권의 출범

박정희 군사정권은 3선 개헌을 날치기로 통과시키면서부터 3선 운동에 박차를 가해왔다. 1971년 12월 대통령 선거에서 승리해야만 했던 박정희 대통령은 북한과의 안보문제와 고도 경제발전 사업과 새마을 운동으로 국민을 동원하여 선거운동에 박차를 가했다. 1971년 한 해는 대통령 선거전으로 온 나라가 술렁거리고 있었다. 박정희 대통령의 적수는 신민당의 대통령 후보로 선출된 김대중이었다. 김대중 대통령 후보는 장충단 출마연설 등에서 정권교체의 필요성과 정당성을 그의 특유의 열변으로 호소했으나, 선거 결과 95만 표의 차이로 박정희 후보에게 패배했다. 여기저기에서 선거 부정 사건이 터졌으나 모두 묵살당했다. 이로써 정치인 김대중은 향후 20년 동안의 죽음과 어두움의 "창살 없는 감옥생활"을 감내하게 된다.

1972년 초 박정희의 제3기 대통령 취임식이 열리면서부터 박정희 대통령은 장기집권의 길을 모색하기 시작했다. 1972년을 상기하면, 7.4 공동성명을 잊을 수 없다. 박정희 정권이 3기 집권에 들어서면서 무슨 일로 국민을 놀라게 할 것인지 숨을 죽이고 있던 차에, 7월 4일 (미국 독립기념일에) 남한의 이후락 중앙정보부장과 북조선의 김영주(金英柱)의 이름으로 남북 공동성명이 발표되었다. 이른바 7.4 공동성명 전문은 다음과 같다.

첫째, 통일은 외세에 의존하거나 외세의 간섭을 받음이 없이 자주적으로 해결하여야 한다.

둘째, 통일은 서로 상대방을 반대하는 무력행사에 의거하지 않고 평화적 방법으로 실현하여야 한다.

셋째, 사상과 이념, 제도의 차이를 초월하여 우선 하나의 민족으로서 민족 대단결을 도모하여야 한다.

박정희 대통령의 장기집권 획책이 남북통일에 관한 공동성명으로 막을 올릴 줄 몰랐다. 실로 그 충격은 컸다. 적대적이었던 남북 관계를 내세운 안보정책으로 임기를 연장해가면서 집권한 군사정권이 비밀리에 물밑 접촉을 통해서 얻어낸 공동성명에 경악을 금할 수 없었다. 한편에서는 박정희 정권 임기 안에 통일을 이룰 수 있을 것인가라는 의구심과 함께 그 가능성을 희망적으로 생각하면서 환영하는 기색도 보이고 있었다. 다른 한편, 3선 개헌과 3선 임기 연장을 환영하는 모습 역시 나타났다. 그만큼 7.4 공동성명의 정치적 여파는 큰 것이었다.

한국기독교교회협의회(NCCK, 이하 NCCK로 표기)는 1972년 7월 18일 7.4 공동성명에 대한 긍정적 반응을 표명했다. 이에 반하여 전택부, 김관석, 강원용, 함석헌 등은 한결같이 민주적 가치를 강조하면서 국민의 민주적 합의과정을 강조했고, 기독교장로회의 정식 입장은 "인간의 기본적 가치인 인간 존엄과 자유가 침해되어서는 안 된다"는 점을 강조했다. 하지만 백낙준 박사는 "군사적 충돌의 방지"라고 하는 평화적 통일 정책에 대해서 환영의 뜻을 보였다.

다른 한편 문익환 목사는 "그렇기 때문에 우리 사회의 모순과 부조리를 바로 잡고 사회정의를 세우는 일에 있어서 우리는 아모스와 호세아, 이사야와 예레미야의 뒤를 밟아야 한다"고 역설했다.[21] 남북통일을 이루기 위해서는 민주주의를 남한에서 구현하는 것이 급선무임을 강조하고 있었다. 기독교계의 7.4 공동성명에 대한 평가는 통일 원칙으로 내세운 (1) 외세의 간섭 없는 자주적 민족 통일, (2) 군사적 대결 없는 평화적 방법, (3) 사상과 이념, 체제의 차이를 초월한 민족 대단결 등 3대 원칙에 대체적으로 찬동하고 환영하면서도, 자유민주주의의 가치를 놓쳐서는 안 되고 남한사회에서부터 이를 실질적으로 강화해야 한다는 입장을 밝히고 있었다. 이는 통일을 구실 삼아 장기 집권을 하려는 박정희 군사정권의 야욕을 저지하려는 목적이었던 것 같다.

1972년 7.4 공동성명의 충격이 채 가시기 전에 서울에서 남북적십자회담이 극적으로 개최되었다. 남북 분단 이후 그야말로 27년 만에 남과 북의 "민간" 적십자 대표들이 서울의 조선호텔에 한자리에 모여 앉아, 전쟁으로 흩어져 살아온 이산가족 상봉의 길을 모색하는 회의였다. 이 감격스러운 자리에 이화여대 김옥길 총장은 환영사를 통해서 눈물겨운 감동의 메시지를 전했다. 20

분에 가까운 짧은 메시지를 통해서 남과 북으로 휴전선을 가운데 두고 흩어지고 찢어진 이산가족의 재회를 호소하면서 이렇게 끝을 맺었다.

서울과 평양이 몇 리나 됩니까? 추석도 다가오는 이때 흩어진 가족이 그리워 잠 못 이루는 이 땅의 모든 어머니들의 소원을 하루 속히 이루어 주서야만 되겠습니다.
어떠한 어려움도 물리치고 어떠한 여건에도 굴하지 않고, 이 세대에 맡겨진 무거운 책임을 다하기 위하여 어려운 길을 떠나 서울을 찾아주신 북한 적십자사 대표단 일행을 충심으로 환영하며 이번 회담에 큰 열매 있기를 간절히 기원하는 바입니다.[22]

우리는 환호했다. 이산가족들이 다시 만날 수 있고, 7.4 공동성명을 통해서 남과 북이 이념과 체제를 넘어서 서로 교류하고 평화적으로 통일을 이야기하고 꿈꾸고 실현할 수 있을 것이라는 꿈과 희망을 가질 수 있었다.

그러나, 그럼에도 불구하고, 박정희 정권은 장기집권의 야욕을 버리지 않고 그 길을 향해 착착 행진하고 있었다. 1972년 10월 17일 위헌적 계엄을 선포하고 국회를 해산함으로써 헌법 정지라는 비상조치를 선포했다. 곧 이어서 11월 2일 유신헌법을 국민투표에 부쳤다. 공포에 싸인 분위기에서 실시한 국민투표는 유신헌법을 채택하게 되고 1972년 12월 27일 새로 개정된 유신헌법에 따라 통일주체국민회의의 장충단 체육관 간접선거에 의해 박정희는 6년 임기의 유신 대통령으로 추대된다.

유신헌법의 내용을 간추리면 다음과 같다. (1) 국회의원 3분의 1은 대통령이 임명한다. (2) 모든 법관은 대통령이 임명한다. (3) 대통령은 긴급조치권과 국회해산권을 갖는다. (4) 대통령 선거는 통일주체국민회의에서 실시한다. (5) 대통령 임기는 6년으로 하되 연임할 수 있다. 결국 민주주의 제도의 3권 분립은 무너지고 행정, 입법, 사법은 모두 대통령이 독점한다는 것이었다. 그리고 대통령의 임기는 6년으로 하되 계속 연임할 수 있게 함으로써 종신 대통령의 권좌를 확보할 수 있게 한 것이다. 남북통일을 위한 3대 원칙을 공표한 1972년 7.4 공동성명에 환호했던 민주주의 옹호자들, 특히 진보적 그리스도인에게는 커다란 충격이 아닐 수 없었다. 위수령으로 군대를 동원한 언론통제 하에서 기독교 세력과 야권 정치권은 분노와 절망으로 강요당한 침묵으로 국민투표장에 가서 홀로 반대표를 던질 수밖에 없었다.

이렇게 하여 한국의 기독교계의 대정부 투쟁이 격렬해지기 시작했다. 한국의 기독교계는 새로운 정치사, 유신정부와의 관계를 가지게 되었다. 1970년대의 한국 기독교의 정치적 역사 전개는 반유신, 반독재, 반군사정권 운동이며, 인권과 민주주의 쟁취를 위한 투쟁의 역사라고 할 수 있다. 이 정치투쟁의 역사는 유신정권 강제 출범 후 6개월도 되지 않은 1973년 4월 22일 부활절에 불붙기 시작했다.

1973년 부활절 남산 야외음악당 예배와 박형규 목사

1973년 부활절에는 이른바 진보기독교 연합기관인 헌국기독교교회협의회와 보수세력 연합체인 대한기독교연합회가 공동으로 주최한 연합예배가 열릴 예정이었다. 박형규 목사는 이를 계기로 하여, 그 예배가 남산 야외 음악당에서 열릴 때, 유신 장기집권 획책에 대한 기독교의 입장을 시위할 계획을 세우고 유신 체제를 비판하는 플래카드와 전단지를 만들어 배포하는 준비를 하고 있었다. 서울 제일교회에서 함께 시무하고 있던 권호경 전도사에게 거사자금 10만 원을 주어 준비하게 했다. 플래카드와 전단지에는 "주여, 어리석은 자를 불쌍히 여기소서", "선열의 피로 지킨 조국 독재국가가 웬 말이냐?", "서글픈 부활절, 통곡하는 민주주의", "사울 왕아 하늘이 두렵지 않느냐?", "꿀 먹은 동아일보, 아부하는 한국일보", "회개하라 이후락 정보부장" 등의 문구가 들어갈 예정이었다. 그러나 수도권도시선교위원회에서 함께 일하던 반석교회 김동완 전도사를 만난 권호경 전도사는 전단지에 간단한 구호만을 넣기로 하고 "회개하라, 때가 가까웠느니라", "회개하라, 위정자여", "주여 어리석은 왕을 불쌍히 여기소서", "화 있을진저 위정자여, 국민주권 대부받아 전당포가 웬말이냐?", "주님의 날이여, 어서 옵소서, 부활절 주일 새벽에" 등을 인쇄했다. 이렇게 플래카드 10장, 전단지 2천여 장을 준비했다. 그리고 부활절 연합 예배가 끝나자마자 플래카드를 사방에서 펼치고, 전단지를 뿌리기로 계획을 세우고 있었다.

그러나 그날 6만 명이 운집했으나, 삼엄한 경계 속에서 계획은 모두 실패로 돌아갔다. 플래카드는 한 장도 펼쳐지지 않았고 그 많은 전단지는 학생들이 헌금바구니에 처넣고 말았다. 그들은 달아났다. 그래서 예배를 마치고 귀가하는 교인들에게 전단지를 조금 나누어 주고 겨우 몇 장을 승용차에 집어넣는 데 그쳤다. 완전한 실패였다. 유신정권은 불발된 이 일을 그냥 넘어가지 않았다. 6월 29일과 30일, 권호경 전도사와 박형규 목사가 육군 보안사령부 요원에게 체포되었고, 김동완 전도사는 NCCK 사무실에서 연행되었다. 7월 1일에는 KSCF 나상기가 체포되고 이어서 황인성 학사단 단장이, 그리고 이어서 정명기, 서창석, 이상윤 등 사건관련자 전원이 연행되었다. 나상기는 육군보안사에 연행되어 고문당한 일을 다음과 같이 회고한다.

직업군인들이 직접 담당한 서빙고 수사는 처음부터 발가벗기고 고문하는 의자에 앉혀 야구방망이로 발바닥을 가격한다. 서너 명의 수사관들이 달려들어 폭행을 가하는 등 초장 수사 국면을 폭행과 구타로 온몸을 망가뜨린 후에야 "야, 이제 불겠지" 하면서 심문을 하는 방식으로, 잠을 재우지 않는 지구전 식의 중앙정보부의 방식과 판이하다.[23]

유신정권은 남산 야외 음악당 부활절 예배 사건을 내란 음모사건으로 몰아갔다. 조사를 받고 고문을 당한 사람들은 모두 이를 부인했으나, 박형규 목사역시 결국 내란음모를 했다는 "거짓자백을 할 수밖에 없었다"고 한다.[24] 1973년 8월 21일 첫 공판이 있었고 9월 25일 선고공판에서 재판부는 공소사실을인정하고 박형규 목사와 권호경 전도사에게 징역 2년 등을 선고하며 3분 안에 재판을 끝냈지만, 선고공판이 있은 지 이틀 만인 9월 27일 두 사람은 보석금 10만 원씩을 내고 그날 풀려났다.[25] 1973년 9월 12일에 개정된 제3회 공판에서 한승헌 변호사가 피고인에게 행한 반대신문은 여기에 다시 기록하고싶다.

> 문(한승헌 변호사): 기독교에서는 폭력을 사용하는가?
>
> 답(박형규 목사): 안 한다.
>
> 문: 폭력을 사용하지 말라는 것은 성경이 그렇게 말하고 있는가?
>
> 답: 그렇다. 성서도 그렇게 말하고 있고 일반적으로도 그렇게 안다.
>
> 문: 남산 예배 시에 주로 어떤 연령층의 사람들이 모인다고 보았는가?
>
> 답: 중년 이상의 성인 신자들, 특히 부인들이 중심이 되어 있다.
>
> 문: 무엇을 가지고 참석하는가?
>
> 답: 찬송가와 성경이다.
>
> 문: 그럼 성경과 찬송가로 내란을 일으킬 수 있다고 생각했는가?
>
> (한승헌 변호사가 이렇게 물었을 때 방청석에서는 웃음이 터져 나왔다.)[26]

정말 웃음거리의 재판이었다. 그러나 박형규 목사의 "거사"에 호응하는 국내외의 움직임이 유신정권에 압력이 되었을 것이다. 1973년 전주의 은명기목사가 교인들과 함께 나라와 민족을 위한 구국기도회를 열다가 구속된 사건이 있었고, NCCK는 이 사건을 계기로 하여 인권위원회를 조직했다. 나아가구속자 가족을 중심으로 하는 목요기도회가 시작되었다. 이 기도회는 그 뒤민주화 운동 기간 내내 종로 5가 기독교회관 2층에서 유신반대 정치범들의 석방과 민주회복을 위한 정치운동의 장이 되었다.

〈지저스 크라이스트 슈퍼스타〉 공연

박형규 목사가 교회 청년들과 함께 남산 야외음악당 부활절 예배 전단지 사건을 준비하고 있는 동안, 우연히도 나와 이화여대 교목실은 부활절에 교내 대강당 학생 채플에서 록 오페라 〈지저스 크라이스트 슈퍼스타(Jesus Christ Super Star)〉를 무대에 올리는 기획을 하고 있었다. 나의 신학대학원 동창생이었던 티모시 라이트(Timothy Light)가 홍콩 중문대학에서 영어를 가르치고 있으면서, 이 록 오페라의 녹음테이프를 보냈기 때문이다. 혹시 대학 채플에서 사용할 수 있지 않겠나 해서 보낸 것이었다. 1972년 유신 준비로 세상이 한참 어수선할 때 나는 이 테이프를 경청하고서 이 오페라가 미국 뉴욕의 뮤지컬 극장가에서 흥행몰이를 하고 있다는 이야기를 듣고, 혹시 우리 대강당 무대에 올려놓을 수 있지 않을까 해서 교목실의 종교위원회에 공연을 제안했다.

이화여대 무용학과의 현대무용 교수인 육완순 선생을 모시고 종교위원들이 함께 뮤지컬 녹음테이프를 처음부터 끝까지 경청했다. 그리고 나서 육완순 교수에게 이 록 오페라를 가지고 안무해서 1973년 부활절에 이대 대강당 채플 무대에 올려놓자고 제안했다. 가을 학기와 겨울 방학을 통해서 육완순 교수는 안무를 맡았고 무용과 학생들에게 무용을 가르쳤다. 그리고 본인이 직접 예수로 등장하기로 했다. 무용극 중에 막달라 마리아가 사랑의 고백을 할 때, 학생들은 눈물을 흘리면서 호응했다. 그리고 헤롯 왕이 예수를 농락할 때, 그 광경에 모두들 야유를 보내기도 했다. 가룟 유다가 예수를 배반하는 장면에서는 대강당 전체가 숙연해지고 있었고, 예수가 로마 병정들에게 체포되어 잡혀갈 때, 그리고 로마 총독 빌라도가 예수를 심문하면서 채찍질할 때, 모두들 눈물을 흘리고 있었다. 로마 병정들에게 한국의 계엄군의 군대 복장을 하고 나무총을 메게 했기 때문에 관람 중의 학생들은 친구들이 보안사에 끌려가서 고문당하고 매 맞는 장면을 상상했던 것이다.

1973년 부활절 대강당 채플에서는 〈지저스 크라이스트 슈퍼스타〉 전곡을 공연할 수 없어서 몇 꼭지만을 올렸지만 학생들의 열렬한 환영을 받았다. 학생들은 눈물과 분노와 저항심과 함께 감동을 받았다. 그해 크리스마스를 기해서는 전편을 안무해서 공연했다. 대강당을 개방해서 시민들에게 입장권을 팔아 공개했다. 대강당 앞에서부터 교문 정문까지 줄을 이어 관람객들이 모여들었다. 정부는 곧 공연 중단 명령을 내렸다. 그러나 오늘날까지도 매년 서울과 지방에서 100회가 넘게 육완순 교수의 〈지저스 크라이스트 슈퍼스타〉 공연은 계속되고 있다.

박형규 목사 공판에서 한승헌 변호사가 피고인 신문 중에 "성경책과 찬송가책으로 정부를 넘어뜨리는 내란을 일으킬 수 있는가?"라고 질문했을 때 방청객 모두가 웃었다고 했지만, 그리고 박형규 목사는 아니라고 했지만, 성경책과 찬송가책은 불의한 정권에 대해서 "아니요"라며 일어설 수 있는 힘이 있다는 것을 역사가 보여준 것이다. 젊은이들의 노래와 춤으로, 예수의 삶과 사랑과 교훈과 정치적 저항을 성경에 있는 대로 보여줄 때, 정치적 의식이 생겨나고 불의하고 포악한 정치권력에 대한 저항감이 생겨나고 행동이 가능하게 된다는 것을 알 수 있다.

1972년 가을과 겨울 유신헌법 발표와 함께 위수령하에서 국민투표와 장충단 체육관 대통령 선거를 치르는 공포분위기가 지속됐다. 그렇게 추운 겨울을 지나고 나니 1973년에는 오지 않을 것 같은 봄이 예수의 부활과 함께 온땅에서 일어나고 있었다. 1973년의 부활절에는 유신의 흑암에서 밝은 빛이 가늘게나마 비추어지고, 무덤에 갇힌 민주주의의 숨결이 봄의 햇살 속에서 움트기 시작했던 것이다. 김영삼 씨가 하여 유명해진 "닭의 모가지를 비틀어도 새벽은 온다"는 말은 1980년대에 나왔지만, 1973년에도 맞는 말이었다.

"닭의 모가지"를 비틀기 위해서 박정희 유신 정권은 반대당 대통령 후보였던 김대중 씨를 일본 도쿄의 한 호텔에서 납치하는 사건을 벌였다. 김대중 씨가 포박을 당한 채로 일본 앞바다 깊은 물속에 수장되기 직전, 미국 CIA의 개입으로 구출되어 서울집에 압송되는 천인공노(天人共怒), 하늘과 땅과 인간이 도저히 용서할 수 없는 정치살인 미수사건이 터진 것이다. 그것도 8월의 뜨거운 하늘 아래서.

한국 그리스도인 선언, NCCK 인권위원회 목요기도회

1973년 부활절 남산 야외음악당 사건은 미수로 그쳤는데도 불구하고 이에 대응하는 유신정권은 기독교의 정치참여에 대해서 초기에 진압해야겠다는 생각으로 그 미수 사건을 "내란 음모 사건"으로 확대 조작했다. 그 과정에서 기독교계의 유신정권에 대한 저항운동이 강화되고 확대되었다. 그 첫 번째 가시적인 저항 선언은 한국의 유신 체제 출범과 이에 저항하는 한국 기독교계의 고난에 대해 일본에서 작성된 성명서였다. 이 성명서는 일본에 체류하면서 한국의 민주화 운동을 개시한 오재식, 지명관, 김용복 등에 의해 기초되었고, 비밀리에 한국으로 운반된 것이었다.[27]

1973년 5월 20일 자로 발표된 이 문서는 시국선언문으로는 장문의 글이지만 당시의 긴급한 상황과 유신정권에 대한 기독교 지성인들의 날선 비판과 함께 한국 그리스도인의 사명을 명쾌하게 제시한 명문이다. 그 일부를 발췌하면, 먼저 "우리는 이 선언을 한국 그리스도인의 이름으로 발표한다"고 하면서 이 선언을 익명으로 내보내는 이유를 설명한다.

"한 사람이 3권을 완전히 장악하고 국민을 억압하는 데 온갖 군사력과 정보 조직을 동원하고 있는 오늘의 상황 아래서 우리는 이 선언에 서명한 사람들의 이름을 밝히기를 주저한다. 우리는 우리의 싸움이 승리하는 날까지 지하에 몸을 숨기고 입을 다물고 행동하여야 하기 때문이다……."

그리고 10월 유신에 대해서 "지난 10월 17일 이른바 10월 유신은 사악한 인간들이 그 지배와 이익을 위하여 마련한 국민에 대한 반역"이라고 판단하고 한국의 그리스도인들이 이 판단에 따라 행동할 수밖에 없는 근거를 다음과 같이 제시한다. (1) "[그리스도인들은] 구체적인 역사적 상황 속에서 하나님의 말씀에 복종하여야 한다는 하나님의 명령을 받고 있다. (2) "[우리의 행동은] 국민들의 독촉과 격려를 받고 있다." 국민들의 고통과 호소를 외면할 수 없다는 것이다. (3) 한국 그리스도인들의 행동은 한국 기독교의 역사적 전통에 뿌리가 있다. 그래서 "우리 교회의 역사적 전통 속에 있는 강한 신앙의 의지 속에서 우리의 신학적 신념을 찾아야 한다".

선언문은 나아가서 유신정권의 통치 행태를 다음과 같이 통렬히 비판한다. (1) "한국의 현 정치세력은 공법과 설득에 의한 지배를 무시하고 힘과 위협에 의하여서만 지배하려고 한다. …… 하나님 이외에는 누구도 법 위에 설 수 없다. 누구나 자기를 법 위에다 세우고 정의에 대한 하나님의 명령을 위반한다면 하나님을 반역하는 것이다." (2) "한국의 현 통치세력은 양심의 자유와 신앙의 자유를 무너뜨리고 있다. 표현의 자유는 물론 침묵의 자유도 없다. 그리스도 교회는 예배, 기도, 집회, 설교내용, 성경의 가르침에 있어서 부당한 간섭과 억압을 받고 있다." (3) "한국의 현 통치세력은 국민을 지배하기 위하여 대중기만과 조작, 또는 세뇌 작용을 조직적으로 전개하고 있다." (4) "한국의 현 통치세력은 무자비하게 효과적인 수단을 써서 정치적인 반대자, 비판적인 지식인, 나아가서는 무고한 국민들을 파괴하고 있다. 이러한 목적을 위하여 활동하는 중앙정보부는 나치스나 스탈린 치하의 비밀경찰을 방불케 한다." (5) "한국의 현 통치세력은 강한 자가 가난한 자를 수탈하는 오늘의 경제체제에 대하여 책임을 져야 한다. …… 한국의 이른바 '경제발전'이란 가난한 사람들에게 대한 지배자 몇 사람의 음모의 결과이며 우리의 환경에 대한 가혹한 재난이라고 하지 않을 수 없다. 우리 그리스도인들은 이 극단적인 비인간화와 부정의 체제를 무너뜨리기 위하여 싸워야 한다."

이 그리스도인 선언은 유신 정권에 대한 저항적 정치운동의 강령도 제시한다. (1) "1972년 10월 17일 공포한 10월 유신의" 독재를 위한 정치적 절차를 한국 국민으로서 단호히 거부한다. 이 땅에 민주주의를 부활시키기 위하여 온갖 형태의 국민적 연대를 수립하자. (2) "이 투쟁을 위하여 우리 그리스도인들은 신학적 사고와 신념을 심화하고, 신앙적 자세를 분명하게 하며, 눌리고 가난한 자들과 연대를 강화하고, 하나님의 나라를 선포하는 복음을 널리 전파하며, 말씀에 서서 조국을 위하여 기도함으로써 교회를 새롭게 하자." (3) "우리의 주님, 메시아 예수는 유대 땅에서 가난한 자들, 눌린 자들, 멸시받는 자들의 사이에 계셨고, 그들과 함께 살으셨다. 그는 로마제국의 대표자 본디오 빌라도 앞에 담대하게 서시었다. 그리고 진리를 증거하시는 도상에서 십자가에 못 박혀 죽으셨다. 그러나 백성들을 해방하기 위하여 죽음에서 일어나 변화의 능력을 전해주셨다. 오늘 우리는 주님의 발자취를 따라 갈 것을 결의한다. 그리하여 주님처럼 소외당한 동포들과 함께 살면서 정치적인 압박에 저항하고 역사의 개조에 참여하려고 한다. 왜냐하면 이것만이 우리의 사랑하는 조국, 한국 땅에서 메시아의 나라를 선포하는 길이라고 믿기 때문이다."[28]

이 선언문은 가히 역사적인 한국교회의 정치신학적 각성이라고 평가받았고, 독일 나치 치하에서 바르트를 위시한 독일 신학자들의 시대적 "바르멘 선언"에 버금가는 것으로 평가받았다. 하지만 에큐메니컬 운동 진영의 소수 목회자들과 신학자들만이 이 선언문을 접할 수 있었다. 당시는 유신 정권을 음으로 양으로 지지하는 보수 기독교 세력이 한국의 도시화와 산업화와 함께 팽창하는 기독교 인구에 힘입어 "그리스도 안에서 새 삶을 찾자"는 구호를 내걸고 미국의 보수 부흥사 빌리 그레이엄을 초청하여 한국전도대회를 열고 복음의 "비정치화" 작업에 열을 올리고 있던 시기였다.

집단지성의 민주화 운동: 기독자교수협의회, 크리스챤 아카데미 대화 모임 등

기독자교수협의회는 1957년 서울 YMCA 회관에서 출범한 전국적인 대학 교수들의 모임이다. 각 대학에서 교편을 잡고 있는 기독인 교수들이 친교와 대화를 목적으로 모이기 시작한 느슨한 형태의 교수 단체이다. 대학 안의 문제, 대학교육의 문제, 학생기독교운동의 과제, 기독교대학인의 사명(1964년 주제) 등을 주제로 하여 모이던 교수들이 1960년대에 들어서는 대학 밖의 사회문제, 정치문제, 그리고 세계적인 문제를 놓고 논문을 발표하고 대화와 열띤 토론의 장을 마련하면서 발전해나갔다. 가령, 내가 1965년 처음으로 참석한 연례 모임에서는 100여 명이 모인 가운데 "한국의 근대화와 대학의 책임"이라는 주제로 열띤 토론을 전개했던 기억이 난다. 3개 분과에서 경제, 사회, 정치, 그리고 자연과학 등 분야에서의 근대화 과정에 대한 대학의 참여와 역할 등을 논의했다. 한일 국교정상화 회담이 강행되는 가운데 박정희 군사정권의 "근대화" 및 "경제발전 드라이브"에 대한 비판적 토론의 장이 마련되었던 것이다. 1970년 회의에서는 "Student Power"를 주제로 당시 일본과 유럽에서 학생들이 대학개혁을 위해 정치투쟁에 돌입하는 현상을 보면서 한국의 4.19 학생운동과 연결시켜 앞으로 한국 대학의 나아갈 길, 대학의 혁신 문제 등을 집중토론하기도 했다.

박정희 정권의 장기집권의 야욕이 드러난 이후 1971년 초 대통령 선거운동이 전개될 때는 "인간화"의 문제를 놓고 격론을 벌였다. 이 모임의 특징적인 일은 기독자 교수들의 이름으로 결의문을 발표한 것이다. 결의문은 "근대화라는 말로써 표현되는 인간과 역사의 발전은 창조주 하나님의 축복과 약속이며 인간에게 부과된 책임으로" 인식한다고 전제하고, "인간의 근대화를 위한 작업은 인간의 가능성을 개발하는 것이 되어야 하며, 개인의 근본적인 자율성과 자유를 창달하여야 하며 사회정의를 구현하는 것이 되어야 한다"고 주장했다. 그러면서도 먼저 "오늘의 근대화 작업에 있어서 비판을 용납하지 않고 시민의 정치적 자유를 박탈하며 사회의 윤리적 퇴폐를 촉진시킴으로써 인간성 그 자체를 거부하는 일체의 비인간적 현상에 대하여 저항하며 이것을 제거하여야 할 책임을 통감한다"고 밝혔다. 이것이 당시의 정치적 상황에 대한 기독교 집단지성의 통찰이며 사명감이었다. 대학 안의 기독교적 휴머니즘의 결핍을 통탄하면서 지성인이 권력의 "시녀"로 타락하던 대학의 비인간화 추세를 통탄한 것이다. 나아가서 1971년에 당면한 양대 선거에서 "이 선거를 분명하게 지키고 관리하는 것이야말로 이 땅에 민주주의의 토대를 수호하는 첩경이라고 믿는다"고 직면한 정치적 과제를 명시한 뒤, "개인으로나 또는 집단적인 활동을 통해 우리 사회의 정치, 경제, 사회질서와 구조에서 비인간화하는 모든 요인과 세력"과의 투쟁을 선언했다. 한국 기독교 집단지성의 각성이며 또한 투쟁의 전통을 재확인하는 것이었다.[29]

나는 대학 안에서 대학생 YWCA의 학내 지도교수로 기독 학생들을 지도하는 책임을 가지고 활동하면서 교외에서는 기독자교수협의회의 총무, 회장으로 대학의 민주화와 개혁 그리고 정치민주화 운동에 가담하기 시작했다. 결국 유신정권은 1975년부터 시작해서 기독자 교수들을 집단적으로 해직시키는 폭거를 저질렀다. 『한국 기독자 교수협의회 30년 자료집』에 의하면 1970년대 해직된 교수명단은 다음과 같다. 연세대 김동길, 고려대 김용준, 연세대 김찬국, 전북대 남정길, 경희대 노명식, 전남대 명노근, 한신대 문동환, 연세대 서남동, 한신대 안병무, 부산교대 우창웅, 연세대 이계준, 고려대 이문영, 서울여대 이우정, 조선대 임영천, 서울대 한완상.[30]

이화여대에서는 현영학, 서광선, 이효재 등이 1975년 해직교수 명단에 올라 있었으나, 김옥길 총장의 반대운동으로 인해서 해직을 면할 수 있었다. 전해 내려오는 일화로, 현영학 교수가 김옥길 총장에게 직접, 감사의 표시를 하고 진상을 밝히기를 요청했으나, 김옥길 총장은 1990년 사별할 때까지 침묵으로 일관했다. 그러나 결국 위의 이화여대 교수들은 1980년 신군부에 의해서 모두 해직을 당했다. 이에 더하여, 같은 해 신군부 합동수사본부에 연행되어 해직당한 교수의 명단은 다음과 같다. 전남대 노희관, 전북대 변홍규, 이화여대 김치수, 백명희, 백재봉, 전남대 이광우, 숙명여대 이만열, 서울대 이명현, 전북대 이석영, 숭실대 조요한 등.

다른 한편으로, 나는 강원용 목사가 1965년 창설한 크리스챤 아카데미에서 개최하는 각종 대화모임에 참여했다. 1970년대에 들어서면서 "인간화"를 주제로 하는 '타궁'(대화 모임)이 1박 2일의 일정으로 수유리 도봉산 밑자락에 세워진 아담하고 깨끗한 아카데미 하우스 강당에서 열렸다. 나는 그 대화 모임에서 주제 발표도 하고 토론자로 초청되어 열심히 그리고 성실하게 참여했다. 아카데미 대화 모임에서는 신학자들과 기독자 교수들만이 아니라 각계각층의 지도적 지성들이 모여서 사회적, 정치적 갈등과 대결의 현상에 대해서 진단하고 해결책을 제시하는 대화가 진행되었다. 모든 사회, 정치 문제에 대해서 결론이나 해결책이 나오지는 못했지만, 진보와 보수, 친여와 친야 등 갈등세력의 중심이 되고 있는 지성인들의 모임은 나름대로 의미가 있었고 반대진영 서로 간의 이해와 소통의 길이 되었던 것으로 평가되었다.

나는 대학 밖의 각종 학회에도 열심히 참여했다. 기독교학회, 신학대학협의회는 물론, 한국철학회, 그리고 한국아메리카학회의 활동을 했다. 특히 아메리카학회에서는 진보, 보수 계열의 미국 유학파 교수들과 자주 만나는 기회를 가질 수 있었다. 이 학회를 통해서 1970년대 박정희 정권에 봉사한 이른바 "고문교수", 혹은 "어용교수"들과 친교를 가질 수 있었고, 이들과의 대화를 통해서 기독교 민주화 운동세력의 입장과 미국의 민주주의를 토론할 수 있는 귀한 기회도 있었다.

1973년 10월 항쟁과 긴급조치 1호와 2호

1973년 10월 2일 서울대 문리대 학생들은 유신 선포 이후 1년도 못 되어 최초로 반정부 학생시위에 나섰다. 서울 문리대생들의 유신반대 시위가 교내외에서 격렬하게 시작되자 법과대학, 공과대학, 상과대학생들의 시위로 번져나갔고, 경북대학교 등 지방대학으로까지 퍼져나가면서 서울의 연세대, 성균관대, 이화여대 등도 시위에 동참하게 되었다. NCCK 인권위원회가 펴낸 『1970~1980년대 민주화 운동』(1987) 제5권에 의하면, 10월 2일부터 12월 20일까지 각 대학에 시위에 참여하여 체포되어 구류된 학생 수가 기독학생을 포함해서 114명에 달할 정도였다. 이 유신반대 학생시위의 계절에 발표된 민주화 운동 선언문은 NCCK를 비롯하여 이화여대, 한신대, 감리교 신학대학은 물론 서울대, 고려대, 연세대 등으로부터 수십 편에 달한다.[31]

그중 시중의 주목을 받지 못했던, 이화여대 교무위원 일동의 이름으로 발표된 "건의문"이 있다.[32] 이 건의문은 전국적으로 확산되고 있는 대학가의 학생 시위와 선언, 그리고 무차별적인 학생 체포, 구타, 구금, 기소 등의 상황을 직시하면서 학원의 자유와 학생 인권을 보호하는 입장을 밝히고 있다. 건의문은 시위에 참여하는 학생들의 입장과 시위참여의 이유와 동기도 밝힌다. "정보 수사기관의 지나친 간섭과 횡포, 여기에 따르는 불신풍조의 증대, 부정부패, 언론·결사·집회의 자유의 지나친 위축, 특히 김대중 국제 납치사건에 대한 의심 등등에서 오는 불신과 반발, 외국부채 상환과 특히 군국주의적 경향이 짙어가는 일본 자본에 대한 지나친 의존도에 관한 염려, 일본인 관광사업에 유린당하는 여권(女權)에 대한 울분 …… 가난한 동포들에게 대한 관심과 동정, 체포 구속 구류 또는 기소된 학우들에 대한 뜨거운 우정" 등이 학생 시위의 원인과 동기라고 밝히고, 다음과 같이 구체적인 건의를 하고 있다. (1) 현재 구속, 구류, 기소된 학생들의 조속한 석방, (2) 학생들의 요구 사항을 실천에 옮길 것, (3) 그 약속의 실천과정을 마음놓고 보고, 듣고, 말하고, 쓰고,

읽고, 해석하고, 비판하고, 건의할 수 있는 자유를 보장할 것, 학원의 자유와 학문의 자유 및 사회비판의 자유 등을 요구하고 있다.

학생시위에 호응하여, 1973년 12월 24일 시민사회 원로 30인은 함석헌, 김수환 추기경, 김재준 목사, 장준하(≪사상계≫ 편집인) 등 기독교 세력과 함께 "개헌 청원 100만인 서명운동"을 개시했다. 이에 대해 유신 당국은 대통령 담화 등을 통해서 유신철폐 운동을 저지하려 했으나 무위로 돌아가자, 다음해 초 1974년 1월 8일 대통령 긴급조치 1호와 2호를 공표했다.

긴급조치 제1호는 단호하게 일체의 개헌 논의를 금지했다. (1) 대한민국 헌법을 부정, 반대 왜곡 또는 비방하는 행동 금지, (2) 유신헌법 개정 또는 금지를 발의, 제안, 청원하는 행동 금지, (3) 유언비어 날조 유포 금지, (4) 위의 금지사항을 권유, 선동, 선전하거나 방송, 보도, 출판 기타 방법으로 타인에게 알리는 행위 금지, (5) 위반자는 영장 없이 체포, 구속, 압수 수색 등 15년 이하의 징역 혹은 자격정지. 긴급조치 2호는 긴급조치 1호를 중앙정보부에서 관리하고 위반자에 대하여는 비상군법회의에 부쳐 재판을 진행한다는 것이었다. 유신체제 반대세력에 대해 모든 것을 "비상"과 "긴급"으로 간주하고서 초헌법적이면서 반민주적인 처사를 감행한 것이다. 그러나 같은 해 1월 14일에 발표된 긴급조치 제3호는 긴급조치 1, 2호와는 그 성격이 다른 "경제안정화조치"로 불릴 정도로 서민 대중을 향한 "회유적" 경제 조치였다. 가령, (1) 저소득층의 조세부담을 줄이고 세금 부담을 경감한다, (2) 쌀값과 연탄 가격을 안정시키고, (3) 악덕기업주들을 가중처벌하며, (4) 공무원의 월급을 인상하고, (5) 사치품에 대한 조세를 인상하겠다는 것이었다.

NCCK 인권위원회의 출범

유신정권의 긴급조치 철권통치 아래서 1974년 5월 4일 한국 에큐메니컬 진영은 인권위원회를 정식으로 발동시킨다. 이로써 한국교회의 사회참여운동을 질적으로 변화시키는 계기가 만들어졌다. 박정희 군사정권이 집권한 이후 반정부운동은 한일 국교정상화 반대운동을 위시하여 3선 개헌 획책에 대한 반대운동 및 1973년 부활절 전단지 사건 등에서 기독교계의 지도자격인 김재준, 박형규 목사 등이 주동이 되어왔으나, 이제 NCCK의 이름으로 인권위원회를 조직하고 활동을 개시했다는 것은 민주화 운동이 공교회의 이름으로 전개되기 시작했다는 공적 선언이었다. 교회는 유신정권의 폭력정치의 비판세력으로, 저항세력으로서 그 기치를 분명하게 내걸고 나섰던 것이다.

인권위원회의 출범을 위해 1973년 11월 23~24일 서울 장충동에 있는 천주교 분도회관에서 "신앙과 인권"이란 주제로 인권문제협의회가 개최되었다. 여기서 서울대 문리대 학생시위사건과 이로 인한 기독학생들의 구속 등 유신체제에 대한 저항운동의 확산 속에서 일어나는 인권 침해와 유린에 대해서 논의하고 에큐메니컬 운동의 지표를 인권선교와 민주화 운동으로 설정할 것을 결의했다. 그 결과로 NCCK는 처음으로 교회의 이름으로 "인권선언"을 발표하게 되었다. 11월 24일 NCCK 인권문제협의회의 이름으로 발표된 인권선언문에서는 "지금 한국사회의 현실은 인권이 무참히 유린당하고 있는 상태이다. 정치적으로 국민은 주권을 박탈당하였으며, 민주주의는 허울뿐 모든 자유가 유보되었다"고 정치 현실을 비판했다. 그러므로 "신앙의 자유마저 빼앗겨가고 있는 이제, 교회는 종래의 소극적이고 방관적 태도를 통절히 회개하면서 인권의 확립을 자유의 쟁취에서부터 성취코자 교회의 결의를 새로이 한다"고 선언했다.[33] 인권 운동이 바로 정치적 민주화 운동으로 연결된다는 것, 인권 운동은 민주주의 확립을 향한 정치운동이라는 것을 명확히 한 것이다.

제6장

유신시대의 폭압정치와 궁정동의 총소리

전국민주청년학생총연맹 사건과 긴급조치 제4호

"민청학련" 사건이라 불린 반유신 학생 정치운동은 유신정권이 반유신 운동을 탄압, 억제하기 위해 "날조"한 반인권, 반민주적 조치로 널리 알려진 "사건"이다. 바로 전해인 1973년 10월 초 서울대 문리대에서 촉발된 반유신 시위가 전국적으로 파급되고 긴급조치 제1, 2호가 발효되면서 잠시 잦아들었던 학생시위를 보다 조직적으로 발동시키기 위해 민청학련은 1974년 4월 3일을 기하여 전국에서 동시다발적으로 그리고 조직적으로 "민중, 민족, 민주선언" 등을 발표하고 연합시위를 계획했다.[1] 그러나 사실 "민청학련"이 공식적으로 출범하기도 전에 유신정권은 3월 29일부터 학생운동 지도부를 검거하는 것을 시작으로 1024명을 수사 대상에 올렸고, 그중 253명을 군법회의로 송치했다. 민청학련 사건은 정부가 먼저 알려준 셈이다. 1974년 4월 3일 밤 10시에 대통령 긴급조치 제4호의 발동으로 이 사건을 세상에 알린 것이다.

긴급조치 제4호는 무시무시한 권력의 과시였다. 요약하면, 민청학련과 이것에 관련한 단체나 조직에 가입하는 것을 금할 뿐 아니라, 그 활동을 찬동, 고무, 동조해도 안 되고, 민청학련 관계 활동을 위해 장소, 문건, 금품 등 편의를 제공해서도 안 되며, 활동에 관한 문서, 도서, 음반 등 표현물을 출판, 제작, 소지, 배포하거나 전시, 판매하는 것도 물론 안 된다는 비상 명령이며, 이를 위반할 경우 비상군법회의에서 사형, 무기징역, 5년 이상의 징역형을 받게 된다는 위협이었다. 나아가서 학생의 출석 거부, 수업, 시험 거부, 학교 내외의 집회, 시위, 성토, 농성, 그리고 개별적 행위를 금지하고 위반학생에 대해서는 퇴학과 정학 처분을 내려야 하며, 이를 위반하는 학교는 폐교 처분을 하겠다는 것이고, 학생 시위를 진압하기 위해서는 병력을 출동시킨다는 것이었다. 이 "긴조 4호"를 경험한 세대는 "민청학련 때문에 긴조 4호가 선포된 것이라기보다는 긴조 4호가 민청학련을 날조한 것"이라고 말한다.

비상군법회의는 민청학련 관계자 253명 중 54명을 기소하기에 이른다. 그중 한국기독학생총연맹(KSCF) 회장인 서창석을 위시하여 안재웅, 정상복, 이직형, 나상기, 서경석, 황인성, 이광일, 나병식, 김경남, 신대균, 정명기, 권진관, 구창완 등 26명이 투옥되었다. 학생들만이 아니라, 민청학련 사건에 연루된 대학 교수로는 연세대의 김찬국, 김동길 교수가 포함되어 있었고, 배후 조종자라는 죄목으로 박형규 목사가 포함되어 있었다.

나는 당시 KSCF의 이사직을 맡고 있었으나, "민청학련"이란 말을 들어보지 못했다. 긴급조치 제4호가 발동되면서 기독교학생운동이 권력의 철퇴를 맞았다고 느꼈다. 이사회는 즉시 회의를 소집하고 투옥 학생들과 그 가족들에 대한 지원 조치를 결정하고, 감옥에 갇혀 있는 학생들을 위한 영치금, 성경책을 포함한 서적 등을 차입하는 "구호활동"을 전개했다. 그러나 이런 활동은 아주 미약한 미봉책에 불과했다. 거의 모든 반정부 운동은 지하로 숨었다. 학원과 거리는 숨을 죽여버렸다.

유신 정권은 학생들의 순수한 민주화 운동을 북한 공산당의 공작으로 몰고 가면서 이른바 인혁당(人革黨, 인민혁명당) 사건과 연결시키려 했다. 민청학련 배후 조종자로 혹은 지원자로 지목된 지학순 주교는 당시 가장 신랄하게 유신을 비판하고 반대한 가톨릭 지도자였다. 그는 김포공항에서 중앙정보부로 연행되어 조사를 받고 윤보선 대통령과 함께 불구속 기소된 신분으로 7월 23일 발표한 양심선언에서 "유신헌법은 민주헌정을 배신적으로 파괴하고 국민의 의도와는 아무런 관계없이 폭력과 공갈과 국민투표라는 사기극에 의해 조작한 것이기 때문에 무효이고 진리에 반대되는 것"이라고, 보통 사람들이 할 수 없는 말을 했다. 지학순 주교는 이 양심선언 때문에 다시 정보부로 연행되어 고초를 당했다.[2]

7월 9일, 비상고등군법회의의 제1심판부는 학생들에게 무더기로 사형과 무기징역 등을 구형했는데, 이철, 유인태, 김병곤, 나병식, 김지하, 이현배가 사형 구형을 받았다. 이때 인혁당 관련 피고 8명에게도 사형이 구형되었다. 4일 후인 7월 13일에는 학생들과 인혁당 피고인들에게 구형 형량대로 선고 판결이 내려졌다. 사형 언도를 내리는 재판정에서 학생들은 신념을 굽히지 않았다고 한다. 김병곤 학생은 "영광입니다"라고 말했고, 최후진술을 하는 마당에 김효순 학생은 "나는 사형을 구형받지 못해 친구들 보기가 민망합니다"라고 말했다. 재판정에서 피고인 변호인으로 출정한 강신옥 변호사는 그 살기가 등등한 군사법정에서 "유신헌법은 반민주적인 악법이다. 나 자신도 직업상 변호인석에 있지만, 그렇지 않다면 차라리 피고인들과 뜻을 같이하여 이들과 같이 피고인석에 앉아 있겠다"고 가슴 아픈 속마음을 토로했다. 즉석에서 강신옥 변호사 역시 구속되었다.[3] "악법이라도 법은 지켜야 한다"고 하면서 옥사한 소크라테스의 말과는 달랐다. 악법은 악법이고 악법에 저항해서 범죄자가 되는 것은 순교자가 하는 일이었다. 그리하여 강신옥 변호사도 옥살이를 해야만 했다.

1974년 당시 KSCF의 총무로 일하고 있던 안재웅 총무의 회고록에 다음과 같이 민청학련 사건 연루자로서의 경험이 적혀 있다.[4] 1974년 초 서울대 학생 나병식이 안재웅 총무를 찾아와, 이제 봄 학기가 되면 학생들이 유신을 반대하는 전국적인 대규모 학생운동을 전개할 터인데, 이를 위한 자금이 필요하다고 말했다. 안 총무는 자신의 교회 담임 목사인 박형규 목사님에게 자금을 지원해달라고 32만 원을 요청했고, 얼마 후 박형규 목사는 윤보선 전 대통령에게서 지원을 받아 이를 안 총무에게 전달했다. 안 총무는 그 돈을 나병식에게 전달했다.

1974년 3월 31일 새벽 동대문 경찰서 정보과 소속 형사들이 북아현동 전셋집을 덮쳤고, 나를 연행하였다. 평소 안면이 있는 정보과 형사들이었다. 나는 결혼 3개월차 신혼(박형규 목사 주례) 때였다. 놀란 아내를 위로할 겨를도 없이 집을 나섰다. 나는 종로 세운상가에 붙어 있는 '감미옥'에서 설렁탕을 얻어먹고 관할인 동대문 경찰서로 갔다. (중략)

우선 자술서부터 상세하게 쓰라고 했다. 내가 살아온 삶의 궤적 모두를 빠짐없이 쓰라고 했다. 나는 제법 두툼하게 자술서를 썼다. 또 한 차례 더 쓰라며 밤잠을 못 자게 했다. 계속 반복해서 여러 차례 자술서를 쓰라고 했다. 잠 못 자게 하는 것이 피를 말리는 고문이란 사실을 몸소 체험한 것이다.

그런데 당시 장준하 ≪사상계≫ 편집인과 백기완 선생이 추진한 "100만인 개헌서명"에 KSCF 광주 동계대회에서 서명운동에 동참한 것이 문제가 됐다. 그런데 얼마 있다가 수사관들은 서명운동이 아니라, 학생운동의 자금 출처를 조사하기 시작했다. 안재웅 총무는 박형규 목사님에게서 돈을 받아서 운동권에게 전달했다는 소리를 했다가는 박형규 목사님에게 문제가 생길 것을 우려해서 3개월 전 결혼식 때 받은 축의금의 일부라고 둘러댔다.

1974년 4월 3일, 수사관은 나를 불러냈다. 그리고 책상 위에 여러 신문을 보라고 했다. '대통령 긴급조치 4호 발동'이란 글씨가 대문짝처럼 눈에 띄었다. 신문에는 신직수 검찰총장의 사진이 크게 보이고 소위 인혁당 사건 인물들의 사주를 받은 민청학련 사건이 대대적으로 도배질되어 있었다. 인혁당 사건 관련자와 민청학련 사건 관련자의 사건 전모라면서 도표와 함께 사진이 실려 있었다. 평소 듣지도 못했던 민청학련 사건의 조직도를 살펴보니 나는 '자금책/배후조종'으로 떡 적혀 있었다.

그러나 안재웅 총무가 자금출처를 자기 결혼식 축의금이라고 거짓 자백한 것이 들통이 났다. 다시 서빙고동에 위치한 국군 보안사 지하실로 끌려가서 죽도록 고문을 당하고 난 뒤에야 끌려온 이유를 알게 되었다. 취조자였던 한 아무개 대위는 사건 자금 전달체계 도표를 보여주었다. 안재웅 총무는 "도표는 '해위 윤보선-이우정 교수-박형규 목사-안재웅-정상복-나병식' 이렇게 되어 있었으나, 나는 박 목사님만 알 뿐 해위(海葦)로부터 돈이 나와 이우정 교수를 통해 박 목사님께 전달된 사실은 금시초문이었다"라고 회고했다.

1974년 7월 9일 비상보통군법회의(재판장 박희동 중장)에서 안재웅 총무는 15년 형을 받고, 항소하지 않았다. 같은 해 9월 비상고등군법회의(재판장 이세호 대장)에서는 일부 피고인들이 감형되었으나 안재웅 총무는 15년 형이 확정되고, 상고를 포기했다. 그리고 안양교도소로 이감되었다.

하루는 교도관이 내게 짐을 싸라고 하였다. 다른 방으로 옮기라는 것이다. 가서보니 김동길 교수님과 서경석, 김병곤, 나상기, 이광일, 이원희 등 민청학련 관련자 12명을 한데 모아놓았다. 옆방에는 나병식 동지 등 비슷한 민청학련 인사들이 모여 있었다. 김동길 교수님은 시간이 나는 대로 역사, 시, 기독교와 관련한 이야기를 들려주었다. 매우 유익한 시간이었다. 김옥길 총장님(김동길 교수의 누님)이 매일 찾아와 넉넉하게 영치물을 넣어주셨고 풍족한 영치물은 옆방 나병식 동지를 비롯한 친구들에게 전달되었다. (중략)

1974년 11월, 나는 처음이자 마지막으로 한복을 예쁘게 차려 입은 아내와 면회를 하였다. 그리고 1975년 2월 15일 소위 2.15 대통령특별조치에 따라 형 집

행정지로 안양교도소에서 석방되었다.[5)]

민청학련 사건 관련자들이 군법회의에서 형을 언도받고 교도소에서 "세미나"를 하고 있는 동안, 정말 예기치 않았던 비극이 서울 복판 국립극장, 그것도 1974년 8.15 광복절 기념식을 거행하고 있던 와중에 발생했다. 기념식이 한참 진행되고 있는 와중에 한 괴한이 단상에 올라가 마구 총을 쏘아댄 것이다. 박정희 유신 대통령과 육영수 여사가 앉아 있는 자리를 향해서 경호원들이 손쓸 틈도 주지 않고 급습한 것이다. 대통령은 군인답게 그 자리에서 엎드려 난을 피했지만, 육영수 대통령 영부인은 총살을 면하지 못했다. 육영수 여사는 "청와대 안의 야당"이라는 말을 들을 정도로 민심을 대통령에게 전달하는 역할을 했다고 알려질 만큼 일반 대중의 신망을 얻고 있었다.

그럼에도 불구하고, 그리고 암살자는 일본 출신 문세광이라는 분명한 공산주의자였음에도 불구하고, 유신군사정권은 이 사건의 참뜻이 무엇인지 알려고 하지도 않았을뿐더러 오히려 살기(殺氣)에 차서, 민주주의를 열망하는 국민을 향해 보복의 칼날을 휘두르는 포악한 정권으로 그 포악성을 심화시키고 있었다.

김동길 교수가 안양교도소에서 출소하는 날, 김옥길 당시 이화여대 총장이 교도소 문 앞에서 동생을 환영하는 영상이 텔레비전에 비쳐졌다. 그날 김옥길 총장이 동생 김동길 교수를 포옹하는 광경을 보고 시청자들은 비로소 "김동길 교수가 빨갱이가 아니었다"며 한숨을 쉬었다는 이야기가 있다. 정부가 "민청학련" 사건을 "북한 공산당의 지령으로" 일어났던 사건으로 조작했다는 사실이 드러난 것이다.

민청학련 사건 관계자들은 1975년 2월 15일 전원 석방되었다. 그러나 박정희 유신정권은 유신헌법을 국민투표에 붙이겠다고 1975년 1월 22일 특별담화를 통해 발표하고 2월 12일 투표했다. 투표율 79.6%, 찬성 74.4%로 유신헌법 유지를 "확인"했다. 그리고 사흘 후 민청학련 관계 학생들과 교수, 성직자들을 석방한 셈이다. 민청학련 관계자들의 석방이 국민투표를 통한 정권의 자신감에서였을까, 아니면 석방의 "구실"을 만들기 위한 국민투표였을까? 권력의 "정치공학"을 짐작하기란 쉬운 일이 아니었다. 다만, 국민의 지지를 받지 못하는 정권을 유지하기 위해 막대한 예산을 낭비했다는 것은 분명하다.

한국 그리스도인의 신학적 성명(1974년 11월 18일)

소위 민청학련 사건에 대한 군법회의가 긴급조치 제4호 아래서 학생들에게 사형에서 무기징역에 이르는 중형을 선포하고 있는 동안, 한국의 그리스도인들은 신학적 성명을 발표한다. 이 성명은 길게 쓴 기독교 정치신학 논문 한 편이 될 정도의 수준으로, 당시의 기독교계와 신학계에 큰 충격을 주었다. 이 성명서는 한국 그리스도인들과 기독학생들의 유신정권에 대한 저항운동은 "하나님의 선교" 운동이라고 천명한다. "하나님의 선교"라고 하는 것은 여태까지의 "전도"를 통한 교회 확장 운동이 아니라 "그리스도는 제도적 교회에[만] 오신 것이 아니라 바로 이 세계, 이 역사의 한가운데 오셨다. [따라서] 하나님의 구원의 역사는 인간의 모든 것을 포괄한다는 말이[고]", 이것을 하나님의 선교라고 한다는 것이다. 그러므로 그리스도인들은 "하나님의 선교"의 입장에서 정부를 향해서 말할 수 있다는 것이다.[6]

이 성명서는 분명한 어조로 유신정권을 비판한다.

현 정권이 수립된 이후 위수령, 비상계엄, 헌법개정, 마침내 대통령 긴급조치령 등으로 권력을 절대화하는 방향으로 줄달음쳤다. (중략)

첫째로, 국가와 정부를 동일시함으로 정부의 정책을 비판하는 언론이나 행위를 국가안보라는 구실로 반국가적 죄로 다스리기에 이르렀다. 오늘날 수많은 학생, 성직자, 지성인들에게 사형에서 수십 년의 중형을 언도한 것은 정권 절대화의 소산이다.

둘째, 현 정권은 인권을 극도로 유린하고 있다. …… [정부는] 언론 통제, 학원 사찰뿐 아니라 평화적 의사표시의 한 방법인 시위를 무력으로 억제하고 있다. 정부는 북한 공산집단의 위협을 구실삼아 '자유의 유보'라는 이름 아래 통제적 총화를 강요한다. 그러나 그것은 공산주의와 대결할 명분을 흐리게 하는 일이다. (중략)

셋째로, 현 정권은 신앙과 선교의 자유권을 가속적으로 침범하고 있다.

당시 대통령 조찬 기도회에서 김종필 총리가 로마서 13장을 인용하면서 한 말에 대한 비판이 이 성명서에 나오고 있었다.

특히 최근에 국무총리가 성서를 아전인수 격으로 인용하면서 현 정부를 하나님의 권력 대행자처럼 절대화하고 그 정책을 비판하는 선교행위를 심판의 대상이라고 극언할 뿐 아니라 외국인 선교사 교인들의 선교참여를 규탄하는 중대한 발언을 하였다. 이것은 그리스도교회의 선교활동에 정면 도전하는 일이다. …… 국가는 하나님의 주권 아래서 인간의 기본권인 생명과 재산과 자유를 지킴으로써 인간으로서의 축복받은 길을 즐길 수 있게 보장하는 정치적 한 단위이다. …… '모든 권세는 하나님에게서 왔다'(로마서 13장 1절)는 말은 그것에 대한 복종을 말하기에 앞서 집권자의 한계를 규정하는 것이다. 집권자는 위와 같은 기능을 위임받은 자로서 그 한계 안에서 그 권세를 행사하여야 한다는 말이다. 인간의 기본권인 생존과 자유를 뺏은 것은 하나님의 뜻을 배반하는 것이다.[7]

이 신학적 성명이 분명하게 밝혀주는 것은 정교분리의 원칙이란 종교인이 정치와 정권의 비리와 불의에 대해서 침묵하라는 것이 아니라는 점이다. "정치와 종교 또는 국가와 교회의 분리는 본래 정치적 권력과 종교적 권위의 야합에서 오는 권력의 절대화와 그것에 따르는 횡포와 부패를 막기 위한 것임과 동시에 특정한 종교에 대한 정치권력의 차별대우를 막기 위한 것이지 종교와 정치의 대상과 영역을 분리하기 위한 것은 아니다. 구약 예언자들은 예외 없이 경제정치적 권력의 횡포와 부패에 맞서서 싸운 인물들이다"라고 강력하게 밝히고 있다.

신학적 성명은 유신정권의 경제 고도성장 드라이브에 따르는 인권 문제를 제기한다. "권력의 부당한 개입으로 또 경제구조의 병폐에 의한 물질의 편중으로 가난한 사람은 더욱 가난해져서 생존권마저 침해받는 일은 하나님께 속한 인권이 유린되는 일이다"라고 천명하고 있다.

신학적 성명은 유신정권을 향해서뿐 아니라 한국교회를 향해서 교회의 정치적 사명을 환기시키고 있다.

"때가 찼고 하나님의 나라가 가까이 왔으니 회개하고 복음을 믿으라"(막 1:15)는 말은 복음의 핵심이다. '하나님의 나라'는 역사적, 사회. 정치적 영역을 포함하고 그것을 넘어서는 것이며, 영적이라고 표현하는 어떤 부분에 국한한 개인적, 타계적(他界的) 어떤 특유의 종교영역을 말하는 것이 아니다. …… 오늘의 한국의 그리스도인들이 선교를 정치적, 사회적 행동으로 수행하는 것은 하나님의 나라가 하나님의 선물로 오는 것이지 인간의 힘으로 이루어지는 것이 아니라는 것을 모르기 때문이거나 교회의 정치적, 사회적 행동이 단번에 결정적인 이상사회를 이룩할 수 있다고 생각하기 때문도 아니다. 다만 구약의 예언자들, 신약의 사도들, 그리스도교 역사상의 증인들과 순교자들, 그리고 무엇보다도 예수 그리스도의 선교활동에서 그 삶과 행동의 표본을 보기 때문이다.

오늘의 그리스도인들의 선교적 사명은 예수 그리스도의 하나님나라 정치운동에 그 근거가 있다는 것을 확실하게 천명하고 있다.

이 신학 선언에 참여한 신학자 평신도는 모두 66명으로 되어 있었다. 이 문서를 기초한 신학자들은 서남동, 안병무, 현영학 교수 등 당대의 정치신학자들이고 한국 민중신학의 거목으로 알려진 분들이었다. 서명자의 명단을 다 밝힐 수는 없지만, 대표적인 평신도로서는 노명식 경희대 교수, 소흥렬 이화여대 교수, 윤정옥 이화여대 교수, 이문영 고려대 교수, 이우정 서울여대 교수, 이효재 이화여대 교수, 정의숙 이화여대 전 총장, 조요한 숭실대 전 총장, 한완상 서울대 교수 등이다.[8]

목요기도회, "동아 투위," 그리고 갈릴리교회

민청학련 사건을 계기로 한국 에큐메니컬 진영의 유신정권 비판 및 저항운동은 신학자들이나 지성인 집단의 운동으로부터 구속자들의 가족을 중심으로 한 "목요기도회," "갈릴리교회"라는 주기적 회동으로 확산되었다. 1974년 7월 중순, 민청학련 사건으로 구속된 학생들과 교수, 목회자들에 대한 재판 소식이 전해지면서 목회자들이 목요일 아침 10시 한국기독교교회협의회(NCCK) 회관 소회의실에서 모여 수감자들을 위한 기도회를 열기 시작한 데서 "목요기도회"라는 이름을 가지게 되었다. 목요기도회 소문이 퍼지면서 민청학련사건 구속자 가족들이 참여하게 되었다. 당시 목요기도회를 이해동 목사는 다음과 같이 회고한다.

세상에 자식을 아끼는 어머니의 가슴보다 더 뜨거운 가슴이 어디 있던가. 목요기도회의 열기는 어머니들의 뜨거운 가슴과 만나 활화산처럼 타올랐다. 마침내 가족들이 조직화되기에 이르렀고, 그래서 '구속자 가족협의회'가 탄생했다. 윤보선 전 대통령의 영부인 공덕귀 여사가 회장을 맡았고, 김학민 씨의 아버지 김윤식 전 의원이 부회장을 맡았으며, 김한림 여사가 총무로 수고했다. 이 모임이 지금의 민가협, 즉 '민주화실천가족협의회'의 모체였으며, 목요기도회는 그 산실 역할을 한 셈이다.[9]

목요기도회에 모인 목회자들과 구속자 가족들은 기도회에 앞서서 "세상 돌아가는" 이야기와 구속자들의 근황을 나누고 한국의 민주화를 위해, 구속자들의 석방을 위해, 그리고 한국교회의 회개와 유신정권의 종말을 위해서 기도했다. 유신 정권은 이를 방치할 수 없었다. 이해동 목사와 김상근 목사 등 목요기도회 주관자들을 연행하여, 목요기도회를 중단하도록 압력을 가했다. 결국 기독교회관 대강당에서 가지던 기도회를 중단하고 기도회 참가자들의 사택 등지를 돌면서 한 주도 빠지지 않고 기도회 모임을 계속했다. "지하(地下) 기도회"로 "승격한" 셈이다. 서남동 교수는 목요기도회를 "제3의 교회"라고 명명했다고 한다. "콘스탄틴 시대 이전의 초대교회를 제1의 교회라고 한다면, 그 이후의 교회가 제2의 교회라고 할 수 있고, 콘스탄틴 시대를 넘어선 새 시대의 교회를 '제3의 교회'라고 할 수 있을 터인데, 목요기도회는 바로 '제3의 교회'가 가져야 할 성격과 모습을 고스란히 지녔다고 여기신 까닭이었다."[10]

《동아일보》 기자들이 1974년 10월 23일 "자유언론실천선언"을 하고 언론 자유를 탄압하는 유신정권에 맞섰을 때, 정권은 신문 광고주들을 압박하여 광고를 싣지 못하도록 했다. 이에 대항해서 일반 시민들의 광고 참여 운동이 전개되고 있었다. 1974년 12월에 시작된 일이었다. 당시 "동아 투위"가 결성되고 《동아일보》 기자들이 목요기도회에 참석하여 시민의 자유권과 인권을 위해서 기도회에 참여할 뿐 아니라 뉴스를 공유하는 일을 도왔다. 이해동 목사는 당시 목요기도회와 동아 투위를 회고하면서 다음과 같이 쓰고 있다.

목요기도회가 활성화되는 데 크게 기여한 사람들이 몇 분 있는데, 특히 당시 《동아일보》 기자였던 서권석 씨가 주축이 된 신문기자들을 떼놓을 수가 없다. 매주 목요기도회에 여러 기자들이 참석하였고, 비록 짧은 일단기사일지라도 목요기도회에 관한 기사가 《동아일보》 한 귀퉁이에 보도되었다.[11]

나는 그 이전부터 《동아일보》의 요청으로 간간이 칼럼과 시론을 기고하고 있었다. 1972년 10월 18일 자에 실리게 되어 있던 서사여화(書舍餘話)라는 칼럼에서 나는 당시 젊은이들의 사정을 이야기했다. 그때 "우리에게는 시간은 있지만 공간이 없습니다"라는 한 학생의 하소연을 소개하면서 다음과 같이 썼다. "공간의 확장은 민족의 확장이며 국가의 발전과 병행한다. 젊은이들이 공간을 확장하려는 노력을 막는 것은 그만큼 민족발전의 힘을 꺾는 것이다. 젊은이들이 스스로의 공간을 발견하고 발전시키게 하려면 그들의 기를 꺾어서는 안 된다. 젊은이들의 긴 머리를 기를 쓰고 깎아주는 것이 행여 '삼손의 머리'를 깎아 무기력하게 만드는 것이 되지 않을까." 당시 정부는 경찰력을 동원하여 긴 머리와 짧은 치마를 단속하는 일을 하고 있던 터였다. 결국 나의 글은 검열에 걸려 신문에 실리지 못한 채 나에게 돌아왔다. 유신정권의 언론 탄압은 그 정도였다.

우리는 목요기도회를 통해서 조지 오글(George Ogle) 목사가 한국으로부터 축출된 것을 알게 되었다. 오글 목사는 미국 연합감리교회 선교사로 한국에 파송되어, 주로 인천과 영등포 지역의 도시산업선교회 창설부터 조화순, 조승혁 목사 등 감리교 목사들과 동역했다. 오글 목사는 매주 목요기도회에 참석했는데, 특히 민청학련 사건의 배후세력으로 조작되었던 인혁당 사건을 목요기도회에 소개하고 이들을 위해서 기도할 것을 요청하며, 특히 인혁당 사건으로 수감되고 사형 집행을 당한 가족들의 기도회 참여를 가능하게 한 것으로 유명하다. 그의 도시산업선교 운동과 인혁당 사건에 연루된 가족들을 위한 일들로 인해서 정부는 오글 목사에게 강제출국 조치를 취했던 것이다. 당시 목요기도회는 인혁당 문제를 기도회에 올리는 것을 주저하고 있었는데, 이해동 목사는 당시를 다음과 같이 회고했다. "한번은 내가 존경해 마지않는 스승인 서남동 목사님이 나를 따로 불러서 이 문제에 대해 언급하셨는데, 인혁당 사건을 끌어안는 데 큰 도움을 주었다. '적을 치려면 적의 가장 큰 약점을 공격해야 하는 법일세. 인혁당 사건이야말로 박정희 정권에게는 가장 큰 약점이야. 왜냐하면 이 사건은 거짓으로 조작되었기 때문이야.' 우리는 이런 과정을 거치며 인혁당 사건이 교회가 전적으로 끌어안아야 할 과제임을 확신하게 되었고, 마침내 이 사건이 조작되었다는 사실을 목요기도회에서 폭로하였다."12)

목요기도회는 개신교 공동체의 모임만이 아니라, 한국 천주교와 개신교 연합 운동의 효시이기도 하다. 처음으로 천주교 지도자들이 참여한 "에큐메니칼" 모임이었는데, 함세웅, 문정현, 안충식, 김택암 신부 등 "정의구현사제단"에 속한 분들이 참석했다. 이해동 목사의 회고록에 의하면 문정현 신부는 한 주도 거르지 않고 목요일마다 멀리 전주에서 새벽차를 타고 10시 기도회에 참석했다고 한다. 당시에 가톨릭교회에서는 "정의구현사제단"이 주관하는 민주화와 인권 회복을 위한 미사가 명동성당에서 한 달에 한 번 정도 열렸는데 그 규모가 컸다고 한다. 그래서 개신교 목사들과 평신도들이 그 미사에도 참석하면서 민주주의와 인권을 위한 선교운동에 에큐메니컬 정신으로 참여했던 것이다.13)

박정희 유신시대의 한국 기독교 유산으로 "갈릴리교회"를 빼놓을 수 없다. 1975년 7월 17일에 열게 된 "갈릴리교회"는 해직교수들과 그 가족들 20여 명이 흥사단 대성빌딩에서 NCCK의 초대 인권위원장을 지낸 이해영 목사를 당회장으로 하여 모인 것이다. 예수 당시 갈릴리 지방은 소외된 유대 민중들의 고장이었다. 그래서 한국의 소외된, 고난당하는 민중을 위한, 민중의 교회라는 뜻으로 지은 이름이다. (내가 1980년 신군부에 의해 이화여대로부터 해직되었을 당시, 합동수사본부 조사실에서 담당 형사가 갈릴리교회에 대해서 심문한 적이 있었다. 형사가 나에게 "왜 갈릴리입니까? 이가 갈려서 갈릴리인가요? 교수들은 그렇게 유신정권에 대해서 이를 갈고 있나요?" 하고 묻는 것이었다. 농담인 것 같았다. 나는 그냥 침묵하고 있었던 기억이 난다.)

대성빌딩에서 갈릴리교회 "창립예배"를 드린 뒤 문을 열어주지 않아 결국 이해동 목사가 시무하던 한빛교회로 예배 처소를 옮길 수밖에 없었다. 당국은 갈릴리교회를 허락할 수 없었던 것이다. 6개월 임대계약을 했지만, 당국의 압박 때문에 대성빌딩에서 문을 열어줄 수 없게 된 것이었다.

민청학련 구속자 교수 석방 환영예배와 한국 민중신학

한국기독교자교수협의회는 1975년 3월 1일 3.1절을 기하여 2.15 조치로 석방된 민청학련 관련 기독자 교수인 연세대의 김찬국, 김동길 교수 환영예배를 새문안교회에서 열었다. 이 환영예배에서 강연자로 나선 안병무 박사는 "민족. 민중. 교회"라는 제목의 강연을 했다. 이를 가리켜 공식적인 "한국 민중신학의 탄생"의 공표라고 말하기도 하는 중요한 강연이었다. 안병무 박사는 한국 역사, 특히 현대사에서의 민족과 민중의 관계를 밝히면서 기독교의 역할, 특히 정치적 역할을 역설했다. 그의 첫마디는 100여 명이 넘게 모인 새문안교회 교육관의 청중을 놀라게 했다. 그는 "우리 역사에서 민족은 있어도 민중은 없다. …… 민족을 형성한 민중은 계속 민족을 위한다는 이름 밑에 수탈상태에 방치되어왔다"고 일갈했다.[14]

우리 역사는 계속 외세의 침략과 위협을 받아왔기에 민족의식이 강했으며 민중은 나라 사랑을 지상의 과제로 알았기에 민족의 운명을 내세우는 정부에 무조건 충성을 보여왔으나 민중은 정부로부터 가장 푸대접받는 역사가 계속됐다. 민중이 민족을 형성하고 그것을 지킨 대권을 정부에 맡겼는데 자고로 이 민족이 개념화되어 민중을 혹사 착취하는 데 이용되는 일이 오늘날까지 계속됐다는 말이다. 이것은 결국 민족도 없고 민중도 없고 그것을 이용하는 정부만이 있다는 것이다.

한국의 현대사, 아니 그 이전의 역사를 통틀어 정치권력은 민족의 이름을 팔아 민중을 수탈하고 억압해왔다는 것, 특히 유신정권이 그렇게 민족의 이름으로 근대화니 고도 경제성장이니 새마을 운동이니 하는 것들을 내세워 민중을 억압하고 수탈하고 있다는 현실을 고발한 것이다. 이어서 민중의 분노는 홍경래 사건이나 동학혁명으로, 그리고 3.1 독립운동으로, 그리고 8.15 해방 이후 4.19 민주혁명으로 이어져 왔다고 말했다. 안병무 박사는 유신정권에 대한 비판의 소리를 높였다.

　민중의 봉기와 더불어 새롭게 민중에 의해 세워진 민주당 정권은 민중의 소리를 집약할 겨를도 없이 민중과 상관없는 군사 쿠데타에 의해 쓰러졌다. 이렇게 강권으로 정권을 잡은 현 정권이 내세운 것은 민족이었다. 민족적 민주주의니 조국의 근대화 등을 구호로 내세운 것이 그것이다. 그러나 민중은 안중에 없기 때문에 남은 것은 민족인데 그 민족도 근대화라는 명목 아래 일본 자본과 노동력을 강권으로 끌어들여 희생해 버렸다. 그때 3.1 운동, 4.19의 민중의 혼은 그 짓은 민족을 팔아먹는 것이라고 항거했다. 그러나 현 (유신)정부는 강권으로 이 민중의 소리를 짓눌러 버렸다. 그 후 10여 년 민중은 길든 짐승처럼 침묵만 계속했다. 학생들만이 민중의 소리를 간헐적으로 대변했다. 그러나 학생들은 홀로 고투하다가 곤봉에 흩어졌다 또 일어서곤 했다. 그런데 이 정부는 위수령, 비상사태 선언 등 점점 민중의 소리를 조이다가 마침내 이른바 유신체제라는 명실 공히 민중의 소리를 배제하는 체제를 만들어냈다.

　그리고 "지렁이도 디디면 꿈적한다. 하물며 동학, 3.1 운동, 4.19를 일으킨 이 민중이 그대로 죽은 척만 할 수 있는가? 학생들만이 마치 조직 없는 민중의 대변인인 것처럼 쳐다만 보던 민중의 일부가 민중의 입이 되기로 결심하고 일어섰다. 그게 김동길이고 김찬국이요, 지학순이요, 박형규의 소리였다. 그런데 저들이 200여 명들과 함께 투옥되어 반국가적 죄인으로 15년 형을 받게 된 것이다"라고 민청학련 사건에 연루된 기독교 지성인들과 목회자들을 격려하고 칭찬했다. 그러면서도 겸손하게, 지성인과 민중의 관계, 민중운동에서의 지성인, 지식인의 한계를 지적하고 넘어갔다.

　"따지고 보면 저들은 민중의 진정한 소리를 내뱉은 입이 된 이상으로 한 일이 없다. 저들은 그저 젊은 학생들의 소리에 화합했으며 치사한 기성세대의 비굴한 오명을 조금이라도 덜기 위해서 민중의 입이 되어보려고 했을 따름이다. 그런데 정부는 저들을 죄인으로 투옥했다"고 하면서 기독교 지식인들이 소리를 지르지 않았더라면, "저 거리의 돌이 소리를 질렀을 것이다"라고 일갈하고 "정부는 저들을 표창해야지. 까닭은 저들이 민중의 분노가 돌이 되지 않도록 민중의 분노의 해독 역할을 한, 정부를 위한 인사들이었으니 말이다"라고 했다. 청중은 박수갈채와 함께 큰 소리로 웃었다.

유신 치하에서의 학생들의 저항운동에는 나름대로의 해학이 있었다. 시위하던 학생들이 중무장한 기동경찰대에 끌려가면서 울며불며 발버둥치는 것을 본 적이 없다. 더군다나 살려달라고 애걸복걸하는 비루한 모습을 본 적은 더욱 없다. 유신정권을 규탄하는 학생시위가 끝난 다음이나 시작하기 전에, 학생들은 대학 광장에 모여서 한국 탈춤판을 벌였다. 탈춤판에서 민중을 대표하는 "말뚝이"는 부패한 불교 지도자 묵중의 비리와 비종교적, 비윤리적 행태를 비웃고 비판한다. 권력과 학식을 자랑하며 가렴주구하는 양반 부자(父子)들을 끌어내서 그들의 무식과 무지와 무력함을 폭로한다. 그리고 민중 자신들의 비굴함과 무력함을 드러내며 자기 자신을 비판하는 장면들이 나온다. 탈춤판을 둘러 싼 관중들은 손뼉을 치면서 함께 웃고 분노하고 소리 지른다. 종교 지도자들에 대한 비판과 분노를 해학과 웃음으로 승화시키고, 권력자들의 무지와 무능과 독선에 대한 조롱을 웃음으로 폭로한다. 무시무시한 저항을 웃음으로 승화시킨다. 한국의 민중 탈춤은 웃음과 해학의 정치철학이다. 그리고 민중의 혁명적 몸부림이었다. 계엄군이 무차별로 쏘아대는 최루탄을 맞으면서도 맨손으로 맞서서 자유와 인권, 민주주의와 유신타도를 외치며 피터지게 저항하던 학생들이 최루탄이 자욱한 운동장에서 탈춤을 공연하고 탈춤과 함께 박수치며 소리 내어 웃는 모습 속에서 희망을 노래할 수 있었던 것이다. 피 터지게 싸우는 정치 투쟁 속의 해학과 웃음이 바로 민중의 "자기초월"이었다. 이 점을 현영학 교수는 간과하지 않았다.

1975년 봄, "희망의 신학"으로 유명했던 독일 튀빙겐 대학의 위르겐 몰트만 교수가 한국을 처음으로 방문했다. 해직교수들과 학생들을 위로한다고 왔지만, 그가 나의 안내로 파고다 공원을 둘러보고 나서 한 말이 있다. "내가 요사이 하고 있는 정치신학을 한국에서 이미 1919년 3월에 실천에 옮기고 있었네요. 그 전통을 오늘도 이어가고 있고……." 안병무, 서남동, 현영학, 문익환 등 민중신학자들과의 만남에서 몰트만 교수는 한국 신학자 친구들이 엄혹한 유신정권의 탄압에 좌절하고 힘들어하고 한숨만 쉬고 있을 줄 알았는데, 만나는 사람들마다 웃는 얼굴이고 유머가 넘치고 오히려 기쁨이 넘치는 것을 보았다고 토로하기도 했다. "아, 그건 우리 한국 민족과 한국 민중의 문화이다. 해학과 춤과 노래를 좋아하는 민족이다. 우리는 결코 고난에 굴복하고 좌절하는 사람들이 아니다." 우리는 눈물을 흘리면서도 이렇게 설명했다.

1975년 3.1절 예배에서 안병무 박사는 한국교회를 성토한다. "[한국교회는] 이승만 정권이 민중을 짓밟은 것을 볼 눈이 없고 단지 그가 내세운 민족이라는 구호에 현혹되어 그 정권에 무조건 아부하고 민족이라는 구호 밑에 깔린 민중의 신음소리에 귀 기울이려고 하지 않았다. 4.19 당시의 그리스도교회의 자세는 생각하면 부끄러워 얼굴을 들 수 없다. 부정부패의 탁류에 민중은 눌린 채 냉가슴을 앓고 있을 때 한국교회는 인권이나 정의라는 용어도 모를 정도였다"면서 한국교회의 "비정치화" 내지는 정치적 무책임성과 예수의 "하나님나라" 선교로부터의 이탈을 반성했다.

그리고 그의 민중신학의 성서적 근거를 제시했다. "예수는 권력층이나 부유층을 위한 것은 물론 아니었고 모범적 시민이나 지식층을 위하지도 않았다. 그는 민중의 친구로 민중의 편에 섰다가 그 민중을 위해 쓰러졌다." 나아가서 "민중"에 해당하는 그리스어에는 "라오스"와 "오크로스"가 있는데, "라오스"는 오늘의 "국민"이라는 말과 통하며 국가나 정부의 제도권 안에서 보호받는 권리를 가진 집단을 말한다. 그러나 "오크로스"는 그 정치적 권리를 부여받지 못한 주변인(周邊人)들, 문화적 소외자들, 정치적, 사회적 권리로부터 제거된 "변방인(邊方人)"들이라는 것이다. "오크로스! 저들이 바로 수고하고 무거운

짐 진 사람들이며 기성 사회에서 죄인으로 규정된 사람들이며 잃어버린 양이며 백안시당한 탕자며 초청받지 않았던 '동네 큰 거리와 골목에서 배회하는 가난한 사람들', '불구자들', '맹인들', '절뚝발이'며 해가 질 때까지 일자리 없어 거리를 헤매는 실업자들이며, 눌린 자, 포로된 자들이며 배고프며 헐벗으며 슬퍼 통곡하며 박해를 받은 자들이다." 민중신학자 안병무 박사는 민중신학의 성서적 근거를 예수의 삶과 가르침과 그의 십자가에 두었다. 그리고 한국의 교회가 민중 예수 중심에서 이탈하고 예수와 민중과는 관계가 없는 교회로 전락하고 있다고 비판의 목소리를 높였다.

그는 "초창기의 한국의 그리스도교회에도 이러한 오크로스들이 모였고 이른바 네비어스 선교정책도 이러한 오크로스를 중심 대상으로 섬겼다. 그런데 언젠가 모르게 한국교회는 밥술이나 먹고 갈아입을 옷이나 있는 계층 이상이 모이는 곳이 됐고 예수의 친구인 오크로스들은 그 문전에 오기도 부끄러워할 체질로 바뀌었다"고 개탄했다. 그리고 앞으로 한국교회가 나아갈 길을 제시했다.

1. 교회는 정당이 아니다. …… 교회의 관심은 제도적으로나 행정상 그것이 민중을 위한 것이 되기 위해서 모든 힘을 집결해야 한다. …… 이것은 민중에 의한, 민중의, 민중을 위한 길이다.

2. …… 그리스도교의 윤리의 거점은 사랑이다. …… 그것은 가난하고 눌린 오크로스의 편에서 그들을 위해 그들과 더불어 그들의 권리를 찾아주는 일을 기점으로 이루어져야 한다. 이것은 공산주의에 뺏긴 그리스도교의 본래의 것을 도로 찾으므로 공산주의자들을 무력하게 하는 유일한 길이다.

3. 오크로스를 위한 사랑의 운동은 조직화되어야 하고 저들이 체념에서 희망에로 옮겨질 만한 청사진이 제시되어야 한다. 그 청사진은 그저 잘사는 사회가 아니라 더불어 사는 사회여야 한다. …… 네가 당하는 일이 곧 내가 당하는 일로 되는 것이어야 한다. 까닭은 저들을 억누르는 악(惡)은 구조화됐기 때문이다.

4. 그리스도교회의 어떠한 운동도 폭력을 저항하는 운동이어야 한다. 그러므로 폭력을 저항하는 운동에 폭력을 쓰는 것을 반대한다. 우리는 칼을 쓰는 자는 칼로 망한다는 예수의 말같이 역사적으로 입증된 것을 믿는다.

안병무 박사의 한국 그리스도교 정치신학은 구체적이고 현실적이었다. 유신시대에 정치적 십자가를 진 김동길 교수와 김찬국 교수를 격려하면서 다음과 같이 그의 강연을 끝맺는다. "무릎을 꿇고 사는 대신, 선 채로 끌려가겠다는 민중의 소리(를 따르고), 너희가 나를 따르려거든 네 십자가를 지고 나를 따르라는 예수의 지시다."

한국의 민중신학은 이렇게 태동했다. 민중신학은 1970년대 한국 민중, 즉 학생 민중과 노동자 민중, 교회 목회자들과 신학자들이 한국 민중의 고난과 해방을 향한 몸부림과 투쟁의 한가운데서 함께 신학을 실천한 결과이다. 한국의 민중신학은 박정희 유신 정권의 정치적 상황에서 태동한 변증법적 정치신학이며 동시에 문화신학이다. 서남동, 현영학, 안병무, 김용복, 서광선 등이 제1세대 민중신학자들로 거명되지만, 민중선교를 실천한 사람들은 보다 더 광범위하다. 김재준, 박형규, 문익환, 권호경, 그리고 KSCF의 학생기독교 운동을 전개한 젊은 지성들이 있고, 또 도시산업선교회를 만들고 노동자들과 함께 씨름한 조화순, 조승혁, 그리고 오글 선교사 등이 포함된다. 나아가 노동운동에 참여했다는 이유로 "블랙 리스트"에 올라 해고당한 어린 여성 노동자들의 절규와 몸부림에서 한국의 민중신학은 행동하는 신앙 운동으로 일어났던 것이다.[15]

NCCK의 수난: 수도권특수지역선교위원회 선교자금 사건

민청학련 관련자들을 석방한 정부는 NCCK의 선교자금을 둘러싼 "내분"을 빌미로 김관석 총무를 위시하여 박형규 목사와 권호경 목사, 그리고 한국교회 사회선교협의체 사무총장 조승혁 목사 등 3명을 연행했다. 1975년 4월 3일에 일어난 일이었다. 연행 이유는 서독의 세계급식선교회(BFW, Bread for the World)로부터 받은 원조자금 20만 마르크(당시 한국 화폐로 2700만 원)를 빈민촌의 급식과 위생시설 개선 등 원래의 목적에 사용하지 않고 목적 외에 사용하는 "횡령, 배임죄"를 범했다는 구실이었다. 빈민선교의 동지 격인 정 아무개 목사가 선교자금 분배문제에 불만을 품고 NCCK와 김관석 총무를 비방한 것을 빌미로, 정부는 유신 정권의 눈엣가시처럼 증오하던 기독교교회협의회의 민주화 운동과 인권 운동에 타격을 주기 위해 "기소"한 것이었다. 그리스도교 에큐메니컬 운동체는 일제히 일어서서 정부의 탄압에 항의하는 기도회와 성명을 발표했고, 서독의 폰 바이츠젝커(Richard Von Weizsacker) 등 세계교회협의회 대표들이 방한하여 정부에 항의했으나, 결국 6월 공판이 시작되었다. 7월 5일 3회 공판 때는 BFW의 책임자인 볼프강 슈미트(Wolfgang Schmidt) 목사가 멀리 독일에서 내한하여 재판장의 증인으로 서기도 했다. 슈미트 목사는 김관석 총무의 지원 자금 사용은 완전히 정당했고 투명했다는 증언으로 일관성 있는 증언을 했으나 소용없었다. 8월 2일 열린 공판에서 검사는 김관석 목사에게 징역 3년, 박형규 목사에게는 징역 5년, 조승혁 목사에게 징역 4년, 권호경 목사에게 징역 5년을 각각 구형했다.

　피의자 변호를 맡은 박세경 변호사는 변론에 나서 "볼프강 목사도 그들이 찬양받을 만한 일을 했다고 증언했다. 왜 마음대로 돈을 썼느냐고 하는 것이 공소사실의 요지인데, 남을 돕는 일에 쓰라고 보내준 돈을 그런 일에 썼을 뿐이다. 검사는 수도권 자체가 피해자라고 주장하나, '내가 나의 돈을 횡령했다'는 말은 성립되지 않는다"고 역설했다.[16] 9월 6일 개정된 선고공판에서 재판부는 김관석, 조승혁 목사에게 각각 징역 6개월, 권호경 목사에게는 징역 8개월, 박형규 목사에게는 10개월을 선고했다. 검찰은 형량이 너무 적다는 이유로 항소를 했고, 박형규, 조승혁, 권호경 목사도 모두 항소했지만, 김관석 총무는 재판이 무의미하다고 판단하여 항소를 포기하고 9월 17일 가석방으로 풀려났다. 그러나 12월 23일 열린 선고공판에서 만기일을 넘긴 권호경, 조승혁 목사들은 출감했지만, 박형규 목사는 남은 형기를 모두 채우고 1976년 2월 14일 만기 출소했다.[17]

그러니까 박형규 목사는 민청학련 사건으로 수감생활 10개월을 마치고 출소하자마자 다시 1975년 4월 3일부터 다음해 2월 14일까지 BFW 원조자금 사건으로 감옥생활을 한 것이다. 아무리 생각해도 1973년 남산부활절예배 전단지 사건 때부터 민청학련, 도시빈민선교 등 유신정권에 대한 저항세력으로 낙인이 찍힌 탓에 "괘씸죄"로 몰고 간 것이 아닌가? 실제로 박형규 목사는 회고록에서 "민청학련 사건이 한창 진행되고 있던 어느 날, 청와대에 목사들을 불러 모은 자리에서 박(정희)대통령이 '박형규 목사라는 사람은 어떤 사람이냐. 내가 보기에 그는 공산주의자다. 그런데 그 사람을 잡아넣으면 왜 세계의 교회들이 그렇게 시끄러운지 모르겠다'라고 말하자, 강신명 새문안교회 담임목사는 '박형규 목사는 결코 공산주의자가 아니며, 공산주의자가 될 수 없는 사람이다'라고 나를 옹호했다고 한다. 두려움의 대상인 박정희 앞에서 용기가 없으면 하기 어려운 말이다'라고 말한 바 있다.[18]

박형규 목사님이 재판장과 감옥을 왕래하고 있을 때, 나는 사모님을 어떤 모임에서 만난 적이 있다. "박 목사님 때문에 고생이 많으시죠……" 하고 "위로"의 말을 전하자 사모님은 웃는 얼굴로 내 손을 잡으면서 "너무 걱정 마세요. 박 목사가 감옥에 가 있으니까, 내가 참 편안해요. 하하하" 하시는 것이었다. 그러나 사모님의 눈에는 눈물이 고여 있었다.

박형규 목사와 김관석 NCCK 총무 등이 선교자금 "횡령"죄로 감옥에 있는 동안, 베트남 전쟁의 종전 소식이 온 세상을 시끄럽게 했다. 미군이 남쪽 베트남 수도 사이공에서 철수하는 모습, 철수하는 헬리콥터에 피란민들이 매달려 아우성치며 목숨을 구걸하는 비참한 광경은 베트남 전쟁에서 미국의 패배를 알리고 있었다. 수많은 전쟁 난민들이 쪽배를 타고 월남을 탈출하는 모습, 그리고 난민의 일부가 한국 땅에 상륙하는 뉴스와 함께 월남전에 참전했던 한국군의 철수 등이 거의 매일같이 전파를 타고 보도되고 있었다. 1975년 4월 30일부터 온 세상을 놀라게 한 사건이었다. 한국군은 1964년부터 파병되기 시작하여 맹호, 청룡, 백마 부대 등 30만 명이 월남전쟁에 투입되었다. 그런데 미라이, 빈호아, 퐁니 퐁닛 등 지역에서 무고한 양민들을 학살해 악명이 높았다. 그 상황에서 한국군은 1만 6000명의 사상자를 내고 "고엽제"라는 생화학무기의 피해를 입었다. 한국 역사상 최초의 외국 진주였다. 그리고 월남의 민주주의를 수호하기 위한다는 명분으로 참전했지만, 한국군의 잔학성과 양민학살 등으로 불명예와 악명을 얻게 된 불행한 참전이었다.

그러나 유신정권은 월남전쟁 참전과 패배와 군 철수를 호도하기 위해, 그리고 미국의 패배로 인한 불안을 불식시키려는 듯이, 1975년 5월 13일 헌정사상 가장 가혹한 긴급조치 제9호를 발령했다. 1) 유언비어 살포 금지, 2) 유신헌법을 부정, 반대, 왜곡, 혹은 개정을 주장하는 모든 언론 금지, 3) 학생들의 집회, 시위, 정치관여, 항의 등 금지, 그리고 위 금지조치(긴조 9호)를 비방하는 행위 등에 대해서 1년 이상의 징역을 부과한다는 내용이었다. 1979년 10월 26일 박정희 대통령이 그의 최측근인 중앙정보부장 김재규의 총에 쓰러진 이후 12월 7일에야 해제된 이 긴급조치 9호는 4년 동안 무려 800명을 구속하여 각종 악랄한 고문으로 인권을 유린한 악법이었다. 당시 언론은 "전 국토의 감옥화, 전 국민의 죄수화" 현상에 대해 감히 말도 못하고 침묵할 수밖에 없었다.

미국 친구들이 이런저런 통로로 그 감옥으로부터 탈출하라고 망명을 권해왔다. 나는 우스갯소리로 "망명(exile)을 할 수도 없거니와 할 생각은 더욱 없다. 나는 지금 한국의 열린 감옥에서 'inxile' 중이다"라고 답변했다.

1976년 3.1절

1975년도 저물어가는 12월의 어느 날 유신헌법에 의해 대통령을 뽑는 "평화통일국민회의"의 대의원 선거를 치르고 곧 이어 장충체육관 선거에서 100% 찬성투표를 자랑하면서 박정희 유신체제는 그 건재함을 과시했다. 헌법이야 어떻든 대한민국 제9대 대통령으로 취임한 것이었다. 국민은 모두 묵묵부답, 입을 닫은 채 유신 공화국의 겨울을 춥게 지냈다.

1976년 3월 1일, 대학의 봄 학기 개학을 앞두고 이번 학기는 휴교령 없이 학교 문을 열고 지낼 수 있을 것인가 하는 말할 수 없는 공포감에 정말 우리에게도 봄이 올 수 있을까 좌절하고 있었다. 나는 외국 여기저기에서 회의 참석을 위한 초청장을 받고 있었으나, 정부는 여권을 허락하지 않았다. 당시에는 모든 여권은 단수 여권이어서 외국 학회나 회의 초청을 받을 때마다 신원조회부터 시작해서 통과되면 단수 여권을 지급받던 시대였다.

그런데 그해 3.1절은 특별한 3.1절이었다. 정부는 국립극장에서 간단하고 형식적인 3.1절 기념식을 텔레비전을 통해서 보여주고 있었지만, 명동성당에서는 그날 저녁 700명가량의 신구교 교인들이 모여 앉아 기념 미사를 드리고 있었다. 천주교의 정의구현사제단이 주최한 신구교 합동 미사였다. 예배가 끝날 무렵, 이우정 교수가 단 위에 올라가 미리 준비한 문서를 손에 들고 그 낭랑하고 힘찬 음성으로 "민주구국선언서"를 읽어내려 갔다. 다음은 이 3.1 민주구국선언문에 서명하고 옥고를 치른 이해동 목사가 약술한 "선언서"의 내용이다.

(전략) 8.15 해방의 부푼 희망을 부수어 버린 분단의 비극은 이 민족에게 거듭되는 시련을 안겨주었지만, 이 민족은 끝내 희망을 버리지 않았다. 6.25 전쟁의 폐허를 딛고 일어섰고, 4.19 혁명으로 이승만 독재를 무너뜨려 자유민주주의에 대한 신념을 가슴에 회생시켰다.

그러나 그것도 잠깐, 이 민족은 또다시 독재정권의 쇠사슬에 매이게 되었다. 삼권분립은 허울만 남고 말았다. 국가안보라는 구실 아래 신앙과 양심의 자유는 날로 위축되어가고 언론의 자유와 학원의 자주성은 압살당하고 말았다. 우리의 비원인 민족통일을 향해서 국내외의 민주세력을 키우고 규합하여 한 걸음 한 걸음 착실히 전진해야 할 이 마당에 이 나라는 일인독재 아래 인권은 유린되고 자유는 박탈당하고 있다.

이리하여 이 민족은 목적의식과 방향 감각, 민주주의에 대한 신념을 잃고 총파국을 향해 한 걸음씩 다가서고 있다. 우리는 이를 보고만 있을 수 없어 여야의 정치적인 전략이나 이해를 넘어 이 나라의 먼 앞날을 내다보면서 민주구국선언을 선포하는 바이다.

그리고 선언문은 단도직입적으로 다음 세 가지를 주장하고 나섰다.

첫째, 민주주의는 대한민국의 국시이다. 국민의 자유를 억압하는 긴급조치를 철폐하고 의회정치의 회복과 사법권의 독립을 이루어야 한다.
둘째, 경제입국의 구상과 자세는 근본적으로 재검토되어야 한다.
셋째, 민족통일은 오늘 이 겨레가 짊어질 지상의 과업이다. 민족통일의 첩경은 국민의 민주 역량을 기르는 일이며 겨레를 위한 최선의 제도와 정책은 국민에게서 나와야 한다.[19]

선언서의 내용이나 어구 등은 참으로 부드러운 것이었다. 가령, '유신정권 물러가라'든가 '유신헌법 철폐하라'든가 하는 강력한 요구가 들어 있는 다른 반유신 성명서들과는 차별되는 선언이었다. 유신정권에 자극을 준 것은 역시 이 선언서를 발표한 장소가 명동성당이기 때문일 것이었다. 나아가서 이 선언문을 기초하고 찬동하고 서명을 한 인사들의 지명도와 무게였을 것이다. 친구이며 민주동지였던 장준하 월간 ≪사상계≫ 편집인이 중앙정보부 요원들에 의해서 살해된 이후 실의와 분노로 몸부림치고 있던 문익환 목사가 이 선언문 초안을 만들었다. 2월 19일 안병무 박사, 서남동 목사, 문동환 목사와 이우정 교수가 모여서 선언문 초안을 검토하고 거사를 논의했다고 한다.[20]

3.1절 미사가 끝나자마자 그 다음날부터 서명자들이 연행되기 시작했다. 선언문 기초자 문익환 목사를 비롯하여 김대중, 서남동, 안병무, 문동환, 윤반웅, 함세웅, 신현봉, 문정현, 이문영 박사 그리고 이해동 목사 등 11명이 "남산" 중앙정보부 제6국에서 일주일 동안 조사를 받고 구속되었다. 조사를 받은 인사들 중, 윤보선 전 대통령과 고령인 함석헌 선생, 국회의원 정일형 박사, 그리고 이태영 박사와 이우정 교수, 김승훈 신부, 장덕필 신부 등 7명은 불구속 입건되었다. 총 18명의 목사, 신부와 정치인, 그리고 저명한 해직교수 등이었다. 3.1절 명동성당 사건이 터진 후 10일 후에 서울지검의 서정각 검사장은 기자회견을 통해서 "재야인사들의 정부전복 선동사건에 참여한 관련자 20여 명을 대통령 긴급조치 제9호 위반으로 입건했다"고 발표했다.[21]

이에 대하여 NCCK는 즉각 유신정권의 횡포를 규탄하는 성명을 발표한다. 1976년 3월 25일 자로 발표한 "3.1 성직자 구속사건에 대한 우리의 입장"이라는 제목의 성명서는 "경악을 금할 수 없으며 교회와 국가의 장래에 대한 깊은 우려를 표"한다고 전제하고 이번 3.1 명동선언이 1919년 3.1 운동의 애국적, 구국적 전통을 이어받은 쾌거라고 주장했다. "이번 명동 성당에서 거행된 3.1절 기도회도 …… [그리고] 선언의 내용도 소위 정부 전복이나 내란 선동이 아니라 3.1 독립운동 당시의 민족 구원의 선언과 같이 기본적인 자유와 인권이 모든 국민에게 주어져야 한다는 3.1 정신의 계승이라고 믿는다"라고 했다. 이어, 이들 명동사건 참여자들이 북한의 조종을 받고 있고 북에 동조하고 있다고 주장하는 "무고(誣告)에 대해서 …… 정부가 정부전복이라는 상상할 수 없는 일방적인 죄목으로 이번 사건에 관련된 성직자와 신도 등을 입건함으로써 이제까지 이 나라의 반공과 민주주의와 정의구현을 위해 피 흘리고 싸워왔던 교회와 성직자들이 마치 반국가적인 것처럼 인식하게 하였다"라고 지적했다. 나아가서 교회는 "자유와 정의가 실현되고 모든 인간이 기본적인 인권을 누리고 살아야 한다는 것을 성서의 기본 개념으로 믿으며, 이의 실천을 위해 역사적으로 교회는 끊임없이 노력해왔고, 교회에 주어진 지상의 사명이라고 생각한다"고 밝히고 있다.[22] 성명서는 구속자들을 석방하라든가, 유신헌법을 철폐하라는 등 요구사항을 열거하지 않았지만, 한국 에큐메니컬 운동의 방향을 명시하면서 불의한 정권에 대한 저항과 도전을 계속할 것을 하나님의 뜻으로 확인하고 있었다.

그럼에도 불구하고, 1976년 5월 4일부터 재판이 개정되어 8월 28일 선고공판이 개최되는 날까지 16번의 공판이 평균 주 1회 정도로 진행되었다. 항소심 공판은 11월 13일부터 12월 29일까지 10번을 진행했다. 그 결과, 문익환, 김대중, 윤보선, 함석헌은 징역 5년에 자격정지 5년, 정일형, 이태영, 이우정, 이문영, 문동환, 함세웅, 신현봉, 문정현, 윤반웅은 징역 3년에 자격정지 3년, 서남동은 징역 2년 6개월에 자격정지 2년 6개월, 이해동, 안병무, 김승훈은 징역 2년에 자격정지 2년(각각 집행유예 3년), 장덕필은 징역 1년에 자격정지 1년(집행유예 2년)을 선고받았다.

집행유예 선고를 받은 이해동, 안병무, 김승훈, 장덕필 등 4인은 1976년 12월 29일 10개월 동안의 수감생활을 끝으로 석방되었고, 고령인 윤보선, 함석헌, 정일형과 여성인 이태영, 이우정에 대해서는 형집행 정지가 언도되었다. 그러나 윤반웅, 신현봉은 다음해인 1977년 7월 17일, 함세웅은 1977년 12월 17일, 문익환, 문동환, 서남동, 이문영, 문정현은 1977년 12월 31일, 그리고 김대중은 1978년 12월 27일에 이르러서야 석방되었다.

NCCK 인권위원회는 1977년 3월 24일 위원장 조남기의 이름으로 성명서를 내고 3.1 민주구국선언 사건에 대한 대법원 확정판결에 대해 "반인권적인 권력의 횡포에 대하여 다시 한 번 분노와 경악을 금치 못하는 바이다"라고 전제하고, 유신정권이 인권 유린을 중단하고 "의로운 양심범들에 대하여 조속히 석방조치를 할 것"을 촉구하면서, 전국 교회를 향하여 "전국의 교회는 3.1 사건이 비록 유죄로 판결되었으나, 하느님이 주신 양심으로 이들이 무죄임을 공동으로 고백하고, 이들을 위한 끊임없는 기도와 지원을 할 것"을 호소했다.[23]

유신정권의 노동 탄압과 노동 투쟁

압축적 경제 성장을 내세워 다국적기업의 한국 진출을 유도한 유신정권에 맞서 한국 에큐메니컬 교회는 도시산업선교회의 이름으로 노동자들을 교육하고 의식화 작업을 꾸준히 해오고 있었다. 인천과 영등포에 감리교와 장로교는 각각 노동자 의식화 센터를 세워 활동해왔고, 기독학생들은 "위장 취업" 등으로 공장 현장에서의 노동착취의 현실을 체험하고 의식화되고 있었다. 학생들은 야학운동을 전개하여 빈민촌 소년소녀들에게 공부를 가르치고 노동법 학습을 도왔다. 1970년 11월 그리스도인 청년 노동자 전태일은 한국의 60년대와 70년대 노동현장의 폭력적 착취에 항거하는 분신자살을 감행했다. 1970년대 중반에 이르러 가열된 노동운동은 1978년 2월 21일 새벽 인천에 위치한 동일방직 똥물 사건 때문에 정치적 사건으로 폭발하게 된다. 회사가 동원한 폭력배들이 노동조합 사무실을 부수고, 총회 대의원을 선출하기 위해 투표하러 모인 "여성 노동자들에게 똥을 뒤집어씌우고 얼굴에 문지르거나, 입, 귀, 가슴에 쑤셔 넣는 폭행을 했다".[24]

동일방직 사건에 분개한 여성 노동자들은 1978년 3월 10일 서울 장충체육관에서 열린 노동절 기념행사와 3월 26일 여의도광장에서 열린 부활절 연합예배에서 여성 노동자들의 현실을 고발하면서 "우리는 똥을 먹고살 수 없다. 동일방직 문제 해결하라" 등의 구호를 외쳐 한국 노동자들의 인권 문제를 폭로했다. 동일방직 노동자와 노동조합 탄압사건은 확대되어서 노동조합 간부들이 해고되었고, 노동운동에 참여했다는 이유로 해고당한 노동자들의 소위 "블랙 리스트(Black List, 일명 해고자 명단)"를 거의 모든 사업장에 배포해서 노동운동을 하다가 해고당한 노동자들은 다른 사업장에 취직하지 못하게 만들기까지 했다.

억압당하는 민중을 말하고 신학화하는 한국의 민중신학자들은 노동현장과 노동문제를 외면할 수 없었다. 당시 민중신학을 주도한 서남동, 안병무, 현영학 교수들은 노동현장에서 해고당하고 "블랙 리스트"에 올라서 다른 공장에 취직도 못하고 있는 여자 노동자들과 대화의 시간을 마련했다. 나도 그 자리에 있었다. 우리는 모두 해고 노동자들이 10대 후반, 집에서 재롱을 부리면서 학교에 다녀야 할 어린 소녀들이라는 데 놀랐다. 그러나 그들의 표정은 밝기만 했다. 그들은 씩씩하게 열악한 노동 현장을 고발하면서 자기들의 투쟁을 진솔하게 또박또박 증언하고 있었다. 눈물을 흘리고 닦으면서……. 민중신학을 한다는 어른들도 함께 눈물을 흘리면서 분노하고 있었다. 한 어린 소녀 노동자는 "예수 믿고 교회 나가고 장로라는 공장 사장이 정말 예수쟁이인가 싶을 정도로 나빠요. 장로인 공장 사장의 부인이 일요일 아침 화려한 옷을 차려입고 우리가 밤샘하며 일하고 있는 공장에 나타나서, '여러분 위해 교회 가서 기도할게요. 열심히 일하세요' 하고 나가는 모습, 정말 눈물 나게 미웠어요"라고 말했다.

당시 나는 이런저런 회사 사장의 초청으로 노동자들 앞에서 예배를 인도하고 설교를 하기도 했다. 밤잠이 모자라고 피곤한 어린 노동자들 앞에서 "열심히 일하는 것이 하나님의 뜻이라"는 식으로 설교를 했던 것을 생각하면 얼굴이 붉어진다. 나는 민중신학자로서 지금 누구 편에서 설교를 하고 있는가? 사장들과 공장 감독하는 간부들을 향해서 아무 말도 못한 나의 비굴하고 약한 모습이 부끄럽기만 하다.

그러나, 그리고 그럼에도 불구하고, NCCK의 인권위원회는 1978년 3월 10일, 인천의 동일방직 똥물 사건에 항의하면서 "1978년 노동자 인권선언"을 발표한다.

1. 노동자의 기본권을 억압하고 있는 국가보안법을 폐지하라. (중략)

1. 1일 12시간 1주 7일의 노동을 강요하는 악덕 기업주는 법과 사회양심의 심판을 받아야 한다.

1. 기업주와 노동조합으로부터 부당하게 해고 및 제명당한 노동자는 즉각 복직, 복적시켜라.

1. 소위 국민의 지팡이라는 경찰이 노동자에게 잔인한 구타 행위를 자행한 것을 사과하고 그 주모자를 처벌하라.

1. 정당한 노동운동을 하다가 구속된 모든 노동자와 이소선 여사를 즉각 석방하라. 25)

크리스챤 아카데미 사건, 그리고 YH 사건

유신 정권의 가장 악랄한 긴급조치 9호가 시퍼렇게 살아 있음에도 불구하고 고도 고속 경제성장 정책에 대한 노동계의 항의와 저항 운동이 여기저기서 터지고 있는 가운데, 한국 기독교는 예언자적인 선교활동을 더욱 강화하고 있었다. 1970년 후반, 학생과 해직교수들이 어린 여성 노동자들을 만나서 위로하고 대화하는 일이나 인권위원회가 성명서를 내고 발표하는 일을 넘어서, 노동자 의식화 운동으로 발전하고 있었다. 이때 유신정권이 그 정당성과 권위를 상실해가는 "유신 몰락의 시절"의 최후의 발악처럼 보이는 "크리스챤 아카데미 사건"이 터졌다.

1979년 3월 9일 유신정권은 크리스챤 아카데미 여성사회 간사 한명숙을 연행하고 노동자 의식화 교육을 담당했던 프로그램 간사와 관련 교수진, 그리고 교육 프로그램에 참가했던 노동자, 농민, 여성 등 50여 명을 연행하여 조사했다. 이 중 이우재, 정창렬 등 7명은 반공법 위반 혐의로 구속됐다. 한 달 뒤, 4월 16일 중앙정보부가 발표한 내용은 다음과 같다.

[크리스챤 아카데미 사건 관련자들은] 불법 비밀 용공 단체를 만들어 평양방송 등을 청취, 학습하는 한편 『현대사상연구』 등 불온 책자를 탐독하면서 농민, 근로자, 청년, 학생, 여성 등을 대상으로 이른바 민중 계층에 기반을 둔 비밀 조직을 확대해 나가면서 이들을 활성화시켜 반정부 활동을 선동함으로써 그들이 목적한 사회주의 국가 건설을 획책했다.

사건의 정식 명칭을 "크리스챤 아카데미 내 불법 용공서클 구성사건"이라고 하면서도 중앙정보부는 "이들의 활동은 크리스챤 아카데미와 직접적인 관련이 **없다**"고 했다. 앞뒤가 잘 안 맞는 사건 전모의 발표였다. 당시 크리스챤 아카데미 원장인 강원용 목사는 이 사건을 "빌라도의 재판"이라고까지 표현했다. 빌라도가 예수 사형선고에 자기는 아무 관련없다고 했듯이, 중앙정보부는 이 사건이 크리스챤 아카데미와 상관없다고 발표했지만 그건 어불성설이었다.[26] 1979년 9월 22일 1심 공판에서 크리스챤 아카데미 사건 관련자들은 반공법 위반으로 이우재 교수 7년, 신인령 간사 3년 6개월, 장상환 간사 3년, 한명숙 간사 2년 6개월, 김세균 간사 2년, 황한식 간사 2년, 정창렬 교수 1년 6개월의 징역형을 선고받았다. 유신정권 종말 한 달 전의 정치재판이었다. 인간이 한 치 앞을 보지 못하고 권력은 영원하다고 호기를 부리며 횡포를 계속하고 있었던 것이다.

이 사건은 1년 동안이나 끌다가 박정희 시대가 끝난 1980년 5월 27일에야 대법원 판결로 법적 처리가 마무리되었다. 그러나 재판장에서 인권투쟁은 계속되었고, 피의자들이 잔혹한 고문을 당했다는 사실을 폭로하여 물의를 빚었다.

정권이 크리스챤 아카데미 의식화 프로그램을 용공으로 밀어붙이고 반공법에 걸어 법정에 서게 하고 있는 동안 YH사건이 터졌다. 『한국교회 인권 운동 30년사』의 저자는 "산업선교 활동은 1979년 YH사건으로 또 다시 위기를 맞았다"고 쓰고 있지만,[27] 돌이켜보면 "위기"는 유신정권의 몰락을 가속화시키고 있었다. 『1970년대 민주화운동』 4권, 1582쪽에서는 이 사건을 "유신체제에 던진 최후의 충격파"로 평가하고 있다. YH사건은 1979년 8월 9일부터 야당인 신민당(총재 김영삼)의 당사에서 자신들의 생존권을 요구하면서 농성을 벌인 YH무역의 여성 노동자들 170명을 경찰 1천여 명이 8월 11일 새벽 2시경 폭력으로 강제해산시킨 사건이다. 이 폭력의 와중에서 노동자 김경숙이 현장에서 즉사하고, 노동자 수십 명은 물론 국회의원 및 당원 30여 명, 취재기자 12명 등이 중경상을 입었다.[28] 이 사건으로 YH노동조합 지부장, 최순영 등 여성 노동자들과 이문영 교수 등이 "배후 조종자"로 구속되었다.

이문영 고려대 해직교수만이 아니라, 문동환 목사, 인명진 목사 등을 이 사건의 배후 인물로 연행하기에 이르자, NCCK의 인권위원회는 즉시 긴급회동하여 성명서를 발표한다. 이 문서는 당시의 다국적기업의 노동 착취와 유신정권의 노동 탄압을 규탄하는 중요한 문서이다. 1979년 8월 14일 자로 발표한 성명서의 첫머리는 다국적기업의 "죄상"을 폭로한다.

(전략) 와이에이치 무역주식회사는 불과 10여 명의 공원으로 시작하여 최근에 이르기까지 수많은 여공들의 땀과 희생을 바탕으로 무역 발전에 기여해왔다. 그러나 여공들의 땀과 희생의 대가는 악질 기업주에 의해 유출되었고, 그로 인하여 회사는 도산에 직면하게 되었으며, 여공들은 일자리를 박탈당하게 되었다.

수출입국 정책과 고도성장정책에 따라 일선에서 그 주역으로 희생되어온 여공들이 100억 불 수출이 넘었다는 오늘에 와서 먹고살 길을 열어달라는 애절한 호소를 하게 되었다는 이러한 현상은 과연 누구의 책임인가. 정부의 수출정책은 일부의 기업주를 위한 것인가, 아니면 노동자와 국민을 위한 것인가. (후략)

처절한 비판이었다. 그리고 농성하는 어린 여성 노동자들을 해산시키는 과정에서 폭력을 휘둘러 김경숙 양을 죽음으로 몰고 간 폭력 경찰을 규탄하고, 다음과 같이 절규한다.

- 정부는 노동자 생존권을 위한 근본적인 대책을 밝혀라.
- 정부는 경찰의 이번 폭력행사에 대하여 구체적인 책임을 지고 최고 책임자 등을 공개할 것이며, 의법 처단하라.
- 김경숙 양의 사인을 밝히고 그 책임을 국민 앞에 밝히라.
- YH 사건 관계로 구속, 연행된 모든 인사를 즉각 석방하라.[29]

2016년에도 회사 이름만 바꾸면 오늘의 이야기로 들리는 것을 어쩔 수 없다. 농민 백남기 씨의 명복을 빌며 하는 말이다. 통탄할 일이다. 미국의 작가 윌리엄 포크너(William Faulkner)가 1950년에 했다는 말이 가슴을 찌른다. "Past is not dead and gone. It is not even past(과거는 죽지도 않고 사라져 버리지도 않는다. 과거는 과거도 아니다)". 1심에 계류 중이던 이 사건은 박정희가 죽고 유신정권의 몰락을 고한 10월 26일 이후, 재판부의 보석 결정과 함께 일금 2만~5만 원의 벌금을 지불하고 1979년 12월 17일 전원 석방되었다.[30]

"부마사태"와 서울 궁정동의 총소리

YH사건에서 김영삼 신민당 총재가 여성 노동자들이 당사에서 농성하고 대정부 투쟁을 옹호했다는 이유로 총재직을 박탈당하고 의원직까지 상실하게 됐다는 소식은 유신정권 말기를 예고하고 있었다. 유신정권에 대한 민중들의 분노는 항도 부산에까지 확산되어 나갔다. 부산대학교 학생들 500여 명이 학교 안에서 유신정권에 대한 성토대회를 열고 "유신정권 물러가라", "독재 타도" 등 구호를 외치면서 시위를 시작했다. "민주선언문"을 낭독하고, 5000명의 학생들이 교문을 나가 부산 시내로 진출했다. 1979년 10월 16일 유신 헌법 발표 7주년을 기념하는 날이었다. 부산 시내로 진출한 데모대는 부산 동아대학교 1000명의 학생들과 합류하면서 일반 시민들이 함께 참여하게 되었다.

18일에는 마산의 경남대학생 1000여 명이 가두시위를 시작했고, 19일에 이르러서는 고교생들까지 합류해서 8000여 명에 이르는 데모대가 공화당사를 부수고 경찰 파출소를 습격하고 신문사와 방송사를 파괴하고 세무서를 습격했다. 폭력시위로 격화된 것이었다. 이에 유신정권은 비상계엄령을 선포하고 대학에 휴교령을 내리고 야간 통행을 금지하는 비상조치를 취했다. 그리고 20일에는 마산 창원 지역에 위수령을 내리고 군대가 진주했고 부산지역에는 공수부대를 동원하여 데모대를 진압했다. 10월 24일까지 132명이 검거되고 25명이 구속되었다.

언론이 엄격하게 통제되어 있던 당시에 "부마사태"는 지방 대학생들의 하찮은 "소요사태" 정도로 알려졌다. 서울에서 먼 지방 도시에서 일어난 학생 데모 정도로 "무시"되고 있었던 것이다. 그러나 실제로는 4.19에 버금가는 학생민주화운동이었다. 오늘에 와서 보면, 1979년 10월의 부마항쟁은 다음 해 5월 18일 광주에서 이어진 신군부 군사독재에 항거하는 학생민주화운동에 버금가는 것이었다.

대한민국과 서울이 한창 뒤숭숭한 가운데 우리 민중신학을 하는 동지 신학자들은 외국에서 한국의 민중신학을 배우고 싶다고 들어오는 해외 신학자 동지들을 수유리 소재 크리스챤 아카데미 하우스에서 영접했다. 아시아교회협의회(CCA, Christian Conference of Asia)의 신학위원회(The Commission on Theological Concerns)와 NCCK의 신학위원회가 공동으로 주최한 신학자 모임을 1979년 10월 22일부터 24일까지 개최했다. 외국 신학자들은 주로 동남아시아 지역에서 왔는데 미국과 독일에서 온 참가자들을 포함해서 17명이 왔고, 한국 참가자들은 24명 정도였다. 당시 이 모임이 가능했던 것은 "기적"과도 같았다. 외국인들이 국내의 민주화 운동을 하는 그리스도인들, 특히 민중신학자들이 대거 참여하는 모임인데도 정부의 간섭을 받지 않고 입국할 수 있었다는 것은 상상하기 어려운 때였기 때문이다. 이 모임의 주제를 "하나님의 백성과 교회의 선교(The People of God and the Mission of the Church)"라고 한 것이

이 도움이 되었는지도 모른다.

이 모임에서는 주로 한국 민중신학자들이 발표했다. 현영학 교수가 "한국의 탈춤에 대한 신학적 성찰(A Theological Look at the Mask Dance in Korea)"을, 서남동 교수가 "'한(恨)'의 신학 모색(Towards a Theology of Han)"을, 주재용 교수가 "민중의 시각에서 본 한국기독교회 약사(略史)(A Brief Sketch of Korean Christian History from the Minjung Perspective)"를, 김용복 박사가 "민중의 메시아 운동으로서의 한국 기독교(Korean Christianity as a Messianic Movement of the People)"를, 문희석 교수가 "민중에 대한 구약성서의 이해(An Old Testament Understanding of Minjung)"를, 안병무 박사가 "마가복음에 있어서의 예수와 민중(Jesus and the Minjung in the Gospel of Mark)"을 발표했다.[31]

부마사태는 서울의 청와대 근처 궁정동 대통령 시해 사건으로 연결된다. 1979년 10월 26일 밤, 박정희 대통령은 측근 부하들과의 술자리에서 중앙정보부장 김재규의 총탄에 맞아 쓰러진다. 민중신학 연구 발표회에 왔던 외국인 참석자 일부는 이 소식에 경악을 금치 못했다. 그리고 이들은 엄청난 소식을 안고 조용히 김포 공항을 통해 한국을 빠져 나갔다.

그렇게 격동의 1970년대가 가고 있었다.

II

1980년에서 2017년까지

제7장
신군부에 대한 저항과 1980년 5월 광주 민중항쟁

박정희 대통령의 죽음과 그해 겨울

나는 박정희 대통령이 자신의 심복 중앙정보부장 김재규가 쏜 피스톨에 맞아 숨졌다는 소식을 10월 27일 새벽 4시경 미 8군 사령관 보좌관이 걸어온 전화 통화로 알게 되었다. 새벽잠에서 깨어난 나는 이 소식을 믿을 수가 없었다. 어떻게 그 막강한 박정희 유신독재정권이 이렇게 허망하게 무너질 수가 있을까? 박정희 한 사람이 총에 맞아 죽었다고 해서 그 막강한 군사정권이 무너질 수 있을까? 이것이 우리가 그토록 염원해왔고, 많은 희생을 내면서 투쟁해온 민주화 운동의 승리라고 할 수 있을까? 우리 그리스도인들의 민주화 운동이 결국 박정희를 죽인 것인가? 내 머릿속은 걷잡을 수 없이 혼란한 질문으로 가득차 있었다. 밖으로 뛰쳐나가 "민주주의 만세!"라고 소리 지르기에는 뭔가 찜찜하고 석연치 않았다. 한편으로는 유신군사독재 체제가 물러가고 민주주의 시대가 올 것 같다는 생각이 들면서도 이런 식으로 한 사람의 독재자가 총에 맞아 죽었다고 해서 하루아침에 민주주의가 살아날 것 같지도 않았다.

당시를 회고하는 박형규 목사도 나와 비슷한 생각을 했던 것 같다. 그는 회고록에 쓰기를 "오랜 세월 유신체제를 무너뜨리기 위해 수많은 사람들이 희생을 마다하지 않고 싸워왔는데, 유신체제가 무너지는 것을 반가워하지 않을 사람이 있을까? 그러나 우리는 유신체제가 이런 식으로 무너지기를 바랐던 것인가? 나는 박 대통령이 이런 식으로 죽는 것을 바라지 않았다. 그때까지 내 머릿속에 들어 있던 그림은 이승만 전 대통령처럼 국민들의 요구에 굴복하여 물러나는 것이었다"라고 했다.[1]

박형규 목사의 기대는 순진한 것이었거나 일본 군인 출신 박정희와 미국 대학에서 박사학위를 취득한, 이른바 민주주의 신봉자로 자처하는 이승만의 차이를 무시했던 것이 아닌가 하는 생각이 든다. 박정희가 이승만처럼 물러날 수 있다면, 1960년대 말 그의 3선 개헌을 반대하는 민주화 세력에 손을 들고 대통령 임기를 명예롭게 끝내고 물러났을 것이다. 역사에 "만약(if)"이라는 것은 없다지만, 박정희가 그렇게 권좌에서 물러났더라면 유신독재정권을 유지하느라고 그 수많은 비상조치도 필요 없었을 테고 그 많은 인권유린도, 정치범도, 조작된 사법살인도 없었을 것 아닌가. 그리고 무엇보다도 그는 "한강의 기적"을 이룬 대통령으로, "민주화의 길을 연 군인대통령"으로 추앙되고 자신의 머슴 같은 신복의 총에 맞아 죽는 비극은 피할 수 있었지 않았겠는가 하는 생각이 당시의 많은 사람들의 머리를 복잡하게 만들었다.

독재자 박정희가 사라진 다음 날부터 앞으로의 한국정치에 대한 전망이 거의 명확하게 두 갈래로 나뉘었다. 한편은 낙관론이라고 할 수 있는 여론인데, 이들은 이제 한국정치가 민주화되는 "서울의 봄"이 왔다는 것이었다. 박정희가 10년 가까이 철권으로 통치한 유신체제가 무너지고, 대통령을 장충단 실내체육관에서 통일주체국민회의라는 사이비 대통령 선거인단이 구십 몇 프로의 절대적인 득표율로 선발하는 유신헌법이 철폐되고 명실 공히 민주주의 헌법으로 개헌되고, 대통령을 직선제로 선출하도록 개헌이 되리라는 것이다. 이렇게 이제 민주화 운동세력의 승리를 확보할 수 있다는 희망찬 전망을 하는 이들이 있었다. 그러나 다른 한편, 박정희가 길러낸 군부세력이 자기들이 쌓아올린 권력을 그렇게 쉽게 호락호락 내어놓지 않을 것이라는 의견도 있었다. 박정희 장군이 길러낸 군인들은 박정희 군사 쿠데타 이후 정치에 물들었고, 박정희 장군이 시작한 월남전 참전을 통해서 미국의 후원으로 막강한 세력으로 성장했다는 것을 망각해서는 안 된다는 것이었다. 박정희 체제를 그대로 유지하는 것이 자신들의 정치적 입지를 유지하고 강화하는 것이라고 그들이 확신에 차 있음을 인지한 여론은 박정희의 죽음이 민주화를 자동적으로 가져올 것이라는 낙관론을 비판하고 경계하는 비관론을 펴고 있었다. 1979년 겨울은 유신의 연장으로 더욱 추웠던 것 같기도 하고, 다른 한편 "서울의 봄"을 노래하면서 추운 줄도 모르고 지냈던 것 같다.

서울 YWCA 위장결혼식 사건

박정희 추종자들은 때를 놓치지 않고 10월 27일, 당시의 총리 최규하를 대통령 권한대행으로 추대했다. 이어서 최규하 대행의 명의로 11월 6일 담화를 발표하고, 차기 대통령을 유신헌법에 따라 3개월 이내에 장충동 실내 체육관에서 선출할 것이며 새로 선출된 새 대통령이 개헌을 추진할 것이라고 선언했다. 올 것이 왔다고 경악한 재야세력은 "민주주의와 민족통일을 위한 국민연대"를 결성하고 3개월 안에 민주헌법을 제정할 것을 요구하고 나섰다(11월 12일). 이어서 동아자유언론투쟁위원회와 조선자유언론수호투쟁위원회 등 언론인들이 이에 가세했고(11월 13일), 11월 22일에는 서울대 학생들이 거리로 몰려 나와 조기 개헌과 조기 총선을 요구했다.

결국 시국의 낙관론자들은 박정희 잔당의 유신체제 지속 음모를 돌파하기 위한 투쟁을 개시했다. 이것이 바로 이른바 "서울 YWCA 위장결혼식 사건"이었다. 11월 24일 저녁 서울 YWCA 강당에서 홍성엽 신랑과 윤정민 신부의 결혼식을 거행한다는 것이었다. 유신체제 지속을 막아야 한다고 생각한 민주화 세력은 계엄령 아래서 모든 집회가 금지되었지만 결혼식, 장례식 혹은 종교의 식 등은 할 수 있다는 점을 착안하여 "결혼식"을 빌미로 민주화 추진세력을 규합했던 것이다. 그러나 "신랑"이 입장할 때 계엄군이 쳐들어와서 결혼식장을 아수라장으로 만들었다. 아수라장의 한가운데서 참석자들은 유신헌법 폐지, 양심수 석방, 문민정부 수립을 촉구하는 구호를 외쳤다. 결국 140여 명이 계엄군에 의해 체포되었고, 이들은 용산에 위치한 보안사에 연행되어 갖은 비인간적 고문을 당했다.

위장결혼식을 준비한 위원 중 한 사람이었던 김병걸 교수와 백기완 백범사상연구소장 등이 당한 참혹한 고문과 구타는 오랫동안 그들을 불구자로 만들었다. 박형규 목사의 자서전에 의하면, 체포된 140여 명 중 주동자는 18명이었고 그중에서 14명이 구속되었는데, 박 목사의 장남 "종렬이는 수도경비사령부 계엄군법회의를 거쳐 대법원에서 징역 1년 6개월의 확정 판결을 받았다"고 한다.[2]

이 사건은 유신철폐 민주화 운동세력이 유신체제를 지속계승하려고 하는 군부세력의 "유도" 획책에 넘어가고 결과적으로 이용당한 것이라는 후일담들이 있었다. 박형규 목사의 회고록에 따르면, 군부가 민주화 운동에 협력하리라는 소리를 들었다는 윤보선 전 대통령의 말을 그대로 믿고서 위장결혼식을 거사했는데 그건 순진하고 어리석은 일이었다는 것이다.[3] 박형규 목사도 이와 비슷한 이야기를 듣기는 했지만, "그 이야기가 당시 군을 장악하고 있던 보안사령부의 음모와 마타도어(僞計) 거짓 계략으로 들렸다"고 기술하고 있다.[4] 무엇보다도, 항의할 일이 있으면 정정당당하게 할 일이지 "위장결혼식"이라는 형식은 마음에 들지 않았고, "그래서 이 계획에 찬성하지 않았다"고 술회하고 있다.[5]

1968년 4월부터 1980년 2월까지, 박정희 대통령의 3선 개헌에 이어 유신정권 시대를 거치는 동안 이와 맞서 한국교회의 인권 운동과 민주화 운동을 전개하며 온갖 고초를 당하고 투옥까지 당하면서 12년 동안 NCCK 총무를 역임한 김관석 목사 역시 박정희 피살 이후의 정세에 대해 회의적이었다. 김관석 목사의 평전 『자유를 위한 투쟁』에 기록된 바로는 박정희 대통령 피살 이후 윤보선 전 대통령이 "민주 회복을 위한" 정치 활동을 개시했다고 한다.[6] 김관석 목사가 기독교 지도자들을 포함한 인사들과 함께 윤보선 대통령과 회합한 적이 있었는데, 김 목사에 따르면 그 자리에서 교회협의회는 정치활동에 직접 참여하지 않겠다고 표명했다는 것이다.

김관석 목사가 NCCK의 총무로서 유신철폐, 민주화 운동이라 하더라도 정치 운동에 직접 참여하는 것을 꺼렸던 것은 "기독교 인권 운동"을 정권 쟁취 운동과 구별하려는 의지였을 것이라고 추측하지만, 한편으로는 현실적인 정세판단에서 온 것이라고 생각된다. 그럼에도 불구하고 11월 24일 위장결혼식 거사에 다수의 기독교 지도자들과 기독교 학생 운동가들이 참여했음은 분명한 사실이었다. 가령, 결혼식 주례는 함석헌 선생으로 밝혀졌고, 한국기독학생총연맹(KSCF)의 간사인 박종렬 씨가 주동한 것을 보아서도 알 수 있다. 민중신학자 김용복 박사 역시 이 위장결혼식에 참여하여 체포 연행되어 갖은 고문을 당했다고 그의 입으로 진술했다.

한마디로, 기독교 지도자들의 회의론도 한편으로는 있었으나, 10여 년 동안 박정희 군사 독재 유신체제에 항거하여 인권과 민주화 운동에 투신해온 에큐메니컬 기독교 집단지성은 박정희의 종말을 개인의 종말일 뿐 아니라 독재 정권의 종말로 규정하고, 지난(至難)했던 민주화 운동의 결실로서 유신헌법을 철폐하고 군부독재를 청산하여 새로운 민주주의 헌법으로 새 시대를 열어야겠다는 결의와 열정을 포기할 수 없었던 것이다.

12.12 군사반란에서 5.18 광주 무력진압까지

박정희 대통령 궁정동 총격 사건에 이어 국장(國葬)으로 치러진 장례식, 최규하 총리의 대통령 대행 등 어지러운 정치적 혼란과 각종 유언비어와 소문이 떠도는 가운데, 나는 이화여대의 문리대학장직을 수행하고 있었다. 한치 앞을 내다볼 수 없고 정치 판도가 어디로 어떻게 변할지 알 수 없어 불안만이 엄습하고 있는 판국을 "안개 정국"이란 말로 신문들은 대서특필하고 있었다. 그러나 그동안 박정희 정권을 비판하고 대항해오던 대학가는 "안개 정국"을 타개하고 "서울의 봄"을 만들어야 하겠다는 의지로 술렁거리고 있었다.

이러한 와중에도 대학의 학사일정은 진행되고 있었다. 1979년 11월 이 정치적 혼란 속에서도 대학의 강의실은 학생들로 가득차 있었다. 나는 학장으로서 학사 일정을 순조롭게 진행하고 있었고, 강의실에서 기다리고 있는 학생들 앞에서 플라톤과 아리스토텔레스 등 고대서양철학사 강의를 게을리하지 않았다. 그리고 1979년 크리스마스 시즌이 다가오면서 다음해 봄에 졸업할 학생들이 교수들을 초청하는 조촐한 "사은회"에도 참석하여 석별의 정을 나누며 졸업예정 학생들을 격려하고 있었다. 우리 문리대학 안의 기독교학과 졸업예정자들과 함께 이별의 정을 나누던 바로 그날 밤에 장충동 안에서는 총알이 날아다니고 고함소리와 비명이 터지고 있었다. 그날이 바로 1979년 12월 12일, 유신군사독재를 보존하고 유지하려는 정치군인들이 당시의 참모총장 정승화 장군의 공관을 습격하여 체포 감금하는 군사 쿠데타를 일으킨 날이었다. 전두환 보안사령관의 거사였다. 정승화 참모총장은 10월 26일 궁정동에서 김재규 중앙정보부장이 박정희 대통령에게 총탄을 퍼붓고 있을 때 옆 건물에 있었다는 이유로 김재규와 공범자라는 죄명이 씌워졌던 것이다. 궁정동 사건 이후, 정승화 참모총장이 전두환을 동부 전선에 전보발령을 내릴 것이라는 제보를 접하여 이에 불복하기 위해 거사했다는 것이 후문이다. 전두환이 이끄는 "하나회" 정치군인들은 정승화가 정권 찬탈의 걸림돌이라고 판단하여 그 반대자를 제거하는 폭거를 감행했던 것이다. 12.12 쿠데타는 병력 5천여 명과 전차 35대가 동원된 군사작전이었다. 이 작전은 한미연합사령부의 사전 동의 없이 진행된 불법적인 거사였기에 한미상호방위조약을 위반한 것이었다. 그럼에도 불구하고 전두환은 다음날 국방부 금고에서 탈취한 공금으로 군사작전에 참여한 부대들에게 5천만 원씩 격려금조로 지급했다고 한다.[7]

12.12 쿠데타에 성공한 유신체제 수구(守舊) 기득권 군부세력이 권력 찬탈의 야욕을 착착 진행시키고 있었던 1979년 크리스마스를 기다리며, "평화의 왕"으로 탄생한 예수를 환영하는 한국의 그리스도인들은 유신체제의 억압과 공포의 어두운 밤이 물러가고 민주주의와 인권, 그리고 평화의 새날이 오기를 간절히 기도하고 있었다. 크리스마스를 고대하는 그리스도인들에게 전해진 소식은 12월 6일 서울 장충동 실내체육관에서 최규하 대통령 권한대행이 대한민국 11대 대통령으로 당선되었다는 것이다. 장충단 실내체육관에서 선거인단의 96.7%의 찬성표(2465표)를 얻었다. 그리고 그 다음날 박정희 유신정권의 최후 악법인 긴급조치 제9호를 해제했고, 12월 21일 대통령 취임식을 거행하면서 긴급조치 관련자 561명을 특사 석방하고 1330명의 제적학생 중 759명을 복학시켰다. 그리고 해직교수 19명을 대학으로 복귀하도록 했다.

겨울 방학에 들어가고 있는 와중에 발표된 일련의 "석방 조치"는 대학가를 술렁이게 하지 못했다. 다만 이화여대의 학생들과 교직원은 최규하 대통령이 취임하면서 이화여대를 18년 동안 이끌어온 거인 김옥길 명예총장을 문교부 장관으로 임명한 것에 놀랐다. 김옥길 총장은 18년 동안의 총장 임기 동안 박정희 군사독재 정권하에서 학생들의 반정부 민주화 운동을 음으로 양으로 지원한 "민주인사"로 추앙받아온 터여서 그의 문교부 장관 임명은 뜻있는 많은 사람들에게 격려가 되었고 민주화에 대한 희망의 상징이 되었다. 특히 그가 제창한 학원자율화는 각계각층의 환영을 받았고, 그중에 중고등학생들의 교복자율화는 일반 국민을 놀라게 했다. 이에 대한 찬반양론이 있었으나, 학생들은 대환영이었다. 그러나 김옥길 장관의 학원자율화 시대는 6개월을 넘기지 못했다. "서울의 봄"에 갈아입은 자유 복장을 다시 겨울 복장으로 갈아입어야 했기 때문이다. 그렇게 "서울의 봄"은 가고 있었다.

1980년 5월 민중항쟁 "전야 일지"

1980년 새해가 왔으나 새해 새 세상이 올 것이라는 희망과 함께 정국의 불투명한 안개는 더욱 깊어만 가는 것 같았다. 유신체제의 악몽에서 깨어나 민주주의 사회를 새로 일구어 나가자는 민주화 운동세력이 김대중, 김영삼 등 양 진영으로 분산되어 대립하고, 개헌을 내각중심제로 할 것이냐 대통령 중심제로 하면서 국회를 상하 양원제로 할 것이냐 등의 탁상공론으로 세월을 허비하고 있는 동안, 전두환을 중심으로 하는 유신 군부세력은 정권 장악을 향한 수순을 착실히 밟기 시작했다.[8]

1. 1980년 2월에 이르러 전두환은 **"언론대책반"**을 보안사 정보처 아래 설치하고 언론 통제에 들어갔다. 언론 공작 요원을 동원하여 회유와 협박을 통해 언론이 군부에 협조하도록 강요했다. 회유와 협박에 응하지 않는 기자들은 폭행과 협박을 감내해야 했다.
2. 1980년 2월 18일 **"충정훈련"**이라고 하는 시위진압 훈련을 개시했다. 이 공세적 진압훈련에 공수부대가 적격이라는 판단은 강력하고 포악한 진압으로 시위대를 조기 강공하는 데 효과적이라는 생각에서였다고 한다. 이러한 판단은 1979년 10월 박정희를 몰락하게 한 부마항쟁을 조기에 강경진압하지 못한 데서 얻은 교훈에서 왔다고 한다.
3. 1980년 4월 14일 보안사령관 전두환은 박정희를 총살한 김재규에 이어 **중앙정보부장 서리**에 취임했다.

이러한 유신 잔당 군부세력의 정권 장악 작전이 진행되는 가운데 1980년 3월 대학가가 새 학년 봄 학기의 문을 열면서 민주화 운동의 열기는 자못 "서울의 봄"을 끌어안는 듯했다.

1. 새 학기에 시작한 총학생회 조직은 **3월 28일 서울대 총학생회 출범**을 시작으로 전국 대학에서 최근에 출옥하거나 복학한 운동권 학생들로 조직되었다. 이들을 중심으로 한 민주화 운동이 유신 군부세력과 대항하게 될 터였다.

2. 1980년 들어 노동운동은 박정희 총살 이전에 못 다한 한을 풀어야 했다. "서울의 봄"은 노사분규 폭발의 시기였다. **전국적으로 719건의 노사분규**가 발생했는데 1979년 한 해 동안의 노사분규 총 건수 105건의 7배에 가까운 건수였다. 60~70년대 고도 경제성장 드라이브에 착취당해온 노동자들은 노동3권 보장을 요구하고 국가보안법 폐지 등 민주화 요구에도 나섰다.

3. 노사분규 중 가장 치열한 투쟁은 이른바 **"사북사태"**였다. 1980년 4월 21일 강원도 사북에 위치한 동원 탄좌 사북광업소에서 어용노조 위원장 사퇴를 촉구하는 노조원 3500명과 가족 2500여 명 등이 4일 동안 벌인 노동쟁의이다. 군부가 공수여단을 투입하기 직전, 사태가 진정이 되어 충돌을 막을 수 있었다.

4. 장기간 정치활동 금지로 묶여 있던 김대중, 김영삼 등 재야 대권 주자들은 경쟁자로 격돌하면서도 학생들의 민주화 운동은 자제해야 한다고 나서고 있었고, **주한 미국 대사 글라이스틴**(William H. Gleysteen Jr.)은 "점진적인 민주화" 카드를 제시하면서 군부와의 충돌을 자제하고 있는 것 같았다. 유신 잔당의 군부독재를 기어코 유지하려는 군부세력은 재야 대권주자들을 "추악한 권력 투쟁"으로 비방하는 여론몰이를 하고 있었다. 북한이 호시탐탐 남한의 정치적 혼란을 노리고 있다는 유언비어를 퍼뜨리면서 "사회 안정"을 새삼 외치고 있었다.

5. 한국교회 에큐메니컬 진영의 지도자들은 윤보선, 김대중, 김영삼 등 재

야 정치지도자들과 은밀한 회동을 계속했으나, 정치적 발언은 삼가고 있는 형편이었다. 재야 민주화 정치세력의 단합을 강조하면서도 직접적인 정치 참여를 주저하고 있었다. 이들은 군부세력의 실세와 음모를 음으로 양으로 파악하고 있었던 것 같다. 그럼에도 불구하고, 월간 잡지인 ≪기독교사상≫의 특집을 1979년 12월부터 1980년 5월에 이르기까지 훑어보면, "서울의 봄"을 재촉하고 있었다. 가령, 1980년 3월호의 특집 제목은 "새 세상, 새 일꾼"으로 유신체제의 낡은 세상을 바꾸고 새 세상을 만드는 새 일꾼을 찾고 있었다. 김찬국 교수는 「더 이상의 과도기는 있을 수 없다」는 글을 통해서 박정희 이후의 과도기를 염려했다. 그러나 박형규 목사는 그의 글 「하나님나라와 교회의 역할」 서두에 "지금은 정말 자유롭게 글을 쓸 수 있는 때인지 모르겠다"라고 할 정도로 "서울의 봄"을 낙관하지만은 않았다. 이문영 교수는 "60년대의 문제를 90년대에는 해결해야 한다"는 낙관론을 펴고 있었다. 그런가 하면, 1970년대 유신 법정에서 정치범들과 양심수를 변호해온 한승헌 변호사는 "유신헌법도 지키지 않는 유신체제"를 통렬히 비판하면서 "국민의 기본권을 보장하고 권력의 억제를 기약하는" 새 헌정질서를 요구하고 나서기도 했다. 4월호에서는 새 헌법의 내용과 제정 방향을 주문하는 글들이 보이지만, 마경일 목사 등 필자들은 "독재자의 출현을 막는 헌법", "하나님이 주신 인권을 보장하는 헌법", "통일 기반을 닦는 헌법", "노동 기본권을 보장하는 헌법", "민주복지 국가를 지향하는 헌법", "중앙집권적 권력구조를 지양하고 지방 분산화를 위한 헌법"을 요구하고 있었다. 그런데 1980년 6월호에서 광주 민중항쟁 소식을 접하면서 내어놓은 논조는 "우리는 패배자도 아니요, 개선장군도 아니다"(권두언), "참회와 복종으로 낮을 기다리자", "아직은 밤이 아닌가?"라는 아리송한 비탄의 소리였다.

1980년 대학가의 봄 학기

그럼에도 불구하고, 학원가는 3월 초 개학 이후 2개월 동안 민주화 운동의 전열을 가다듬고 있었다. 5월이 되면서 도저히 더 이상 참을 수 없다는 듯이 서울대생들은 2일에 "민주화 대총회"를 열었는데 1만여 명의 학생들이 참가했다. 이에 호응하여 전국 대학생들은 행동통일을 위해 "민주화 대행진" 기간을 선포하고 행동에 나섰다. 그리고 재야인사들로 구성된 "민주주의와 민족통일을 위한 국민연합"은 윤보선, 함석헌, 김대중 3명의 공동의장 이름으로 민주화 촉진 국민선언문을 발표했다. 이들은 계엄해제를 요구했고, 전국 23개 대학 학생 대표들은 "총학생회장단 회의"로 모여 유신잔당 퇴진과 비상계엄 즉각 해제, 전두환 군부세력의 퇴진 등을 요구하며 압박했다. 5월 10일 고려대 총학생회장단은 계엄해제 등을 요구하는 성명서를 발표했다.

황석영은 1980년 5월 초순의 상황을 다음과 같이 극적으로 표현하고 있다. "민주화라는 시대적 과제를 앞두고 거대한 물결을 이룬 민주화운동 진영은 학생운동을 선봉으로 하여, 신군부세력과의 피할 수 없는 정면충돌을 예고했다."9) 총칼과 장갑차를 앞세운 유신잔재 군부세력과 맨주먹으로 민주화를 외치는 학생들이 서로 마주보고 정면으로 달려드는 형국이었다. 수구반동보수세력과 민주진보혁명세력이 맞선 것이었다. 역사철학자 헤겔의 말이 맞는다면, 결국 민주화세력이 최후의 승리를 차지할 것이 아니었던가? 그러나 헤겔은 한반도의 분단체제와 일제 강점기에 형성된 친일 기득권세력과, 미군과 함께 월남전에서 피를 본 군부세력이 진보와 민주 혁명의 길을 철통같이 막고 있다는 현실을 알 길이 없었을 터이다.

대학생들이 맨주먹으로 민주화를 외치며 서울 거리를 행진하고 있는 동안, 전두환 일당은 **"시국 수습방안"**이라는 미명하에 1) 비상계엄 전국 확대, 2) 국회 해산, 3) 비상기구 설치 등을 획책하고 있었다. 전두환 보안사령관 및 중앙정보부장 서리의 이름으로 이루어진 이 일련의 일들은 이른바 "신군부 주식

회사의 대주주들"의 책동이었다. 10) 이들 군부 "대주주들"은 일일 작전계획을 확정지었다. 5월 7~10일에는 문교부 담화 발표 및 군 투입 준비, 5월 11~13일 포고령 발표, 5월 14~15일 학교 휴교, 5월 17일 계엄군 투입 등이었다.

군부세력이 만반의 준비를 완료하고 미국의 "재가"를 얻어내고 북한 개입 이라는 구실을 퍼뜨리고 있는 가운데 서울과 지방의 학생시위, 특히 광주의 학생시위는 가열되고 있었다. 그것은 군부가 바라던 대로였다. "법과 질서 유 지를 위하여" 시위진압을 위한 군대동원을 미국 정부가 반대하지 않는다는 공식 언질을 받아낸 다음에는 학생들의 가두시위가 과격할수록 군대동원 구 실에 도움이 되었다.

마침내 학생들은 **5월 14일** 전국적인 가두시위에 나섰다. 14일 정오, 서울 시내 대학생 7만여 명이 일시에 교문을 뛰쳐나왔다. 전국 37개 대학의 학생들 은 "비상계엄 해제하라!", "전두환 물러가라!", "유신잔당 타도하라!"를 한목소 리로 외치면서 봇물 터지듯이 거리로 달려나왔다. 주로 서울역 광장에 집결 하여 남대문을 지나 서울시청으로 "진군"하려 했으나, 경찰과 계엄군에 저지 당하고 있었다. 몽둥이와 최루탄 세례를 받으면서 모였다 흩어졌다 반복하면 서 밤늦도록 "싸움"이 계속되었다. 광주에서도 전남대와 조선대 학생들과 고 등학교 학생들까지도 시내로 쏟아져 나왔다. 14일 오후 2시였다. 전남 도청 앞에는 1만 명의 시위대가 "민주화성회" 의식을 진행하면서 비상계엄 철폐, 노동3권 보장, 그리고 정치일정 단축 등을 외쳤다.

15일 도청 앞에서 다시 열린 시위에는 전남대 교수들도 동참했다. 학생 6명 이 대형 태극기를 넓게 펴들고 행진하는 뒤를 따라 50여 명의 교수들이 행진 했고 뒤이어서 학생들이 열을 지어 걸어나갔다. 같은 시간에 서울에서는 서 울역 광장에 35개 대학 10만여 명이 집결하여 대대적인 시위를 벌였다. 시위 대는 경찰과 충돌하면서 격렬해졌고 도심 전체가 마비될 정도가 되었다. 시 위대에 의해 경찰차가 불타는 등 밤늦게까지 가열되었다. 부산, 대구, 인천 등 의 24개 대학에서도 격렬한 가두시위가 있었다. 15일 밤, 서울지역 총학생회 대표들은 고려대에 긴급회의로 모여 그동안의 가두시위를 점검 평가하면서 일단 학생들의 의사표시가 충분히 되었으니 잠정적으로 중단하고 학교로 복귀하자는 결론을 내렸다. 이른바 **"서울역 회군"**을 결정한 것이었다. 이러한 결정은 부산, 대구, 전주 등 대부분의 지방대학에 전달되어 가두시위를 중단하기로 했다.

그럼에도 불구하고 광주에서는 **16일 금요일**, 제3회 민주화대성회를 전남도청 앞에서 3만 명의 학생들과 시민들이 운집한 가운데 진행했다. 특별히 이 집회가 뜨거웠던 것은 "횃불집회"로 진행했기 때문이었다. 5월 16일, 박정희 쿠데타 18주년이 되는 날, 군사독재시대의 어두운 밤을 민주화 운동의 횃불로 밝히겠다는 의지가 담긴 눈물겨운 집회였다.

17일 토요일 낮까지 서울의 각 대학 학생회 대표들이 이화여대 학생식당에 모여 차후 행동계획을 논의하는 가운데 계엄군이 들이닥쳤다. 학생들은 혼비백산 흩어졌고 일부는 체포되었고 일부 학생들은 도망쳤다. 이때 이화여대 학생회 간부들은 총장 공관에 피신하기도 했고, 근처 교수 댁으로 도망치기도 했다. 이화여대 근처에 위치한 우리집에도 몇 명의 학생들이 숨었다.

결국 그날 밤, 전두환 군부는 신현확 국무총리로 하여금 **임시국무회의**를 열게 했다. 당시 김옥길 문교부장관 비서관으로 이화여대 비서실에서 파견 나가 있던 함선영 교수, 나의 아내는 밤늦게 호출을 받고 김옥길 장관을 수행하여 중앙청으로 등청했다. 중앙청 안에 들어서자마자 중무장한 건장한 군인들이 1~2미터 간격으로 도열하여 경계태세를 갖추고 있었다고 한다. '아니, 장관들이 국무회의를 하려고 등청하는데 웬 군인들의 경계를 받아야 할까?' 하면서 떨리는 가슴을 안고 회의장 밖에서 대기하고 있었다고 했다. 기록에 의하면, 그날 중앙청 회의장 안과 밖에는 계엄군 595명이 중무장하고 대기하면서 국무회의의 분위기를 위협적으로 만들었다. 저녁 7시 35분부터는 중앙청 외곽에 장갑차 4대를 배치할 정도였다. 이러한 강압적인 분위기에서 열린 국무회의에서 주영복 국방장관은 북한의 동태를 가지고 위협하면서 군부가 기확한 "시급수습방안"의 시나리오대로 계엄 확대를 선포하고, 정치활동 중지, 집회와 시위 금지, 대학 휴교령, 언론보도 사전검열, 파업 및 유언비어 유포금지 등을 의결했다. 국회 해산은 대통령이 반대한 사항이므로 "계엄포고령"을 이용하여 정치인 강제연행, 국회점거 등을 통해 국회해산과 다름없는 비상사태를 통과시켰다. 12.12 전두환 쿠데타에 이어, 유신잔당의 군부세력이 국가권력을 찬탈하려는 음모가 표면으로 노출되는 순간이었다. 국무회의는 8분 만에 질의도 토론도 없이 무겁고 침통한 침묵 속에 폐회되었다. 김옥길 문교부 장관을 수행한 아내의 말에 의하면, 중앙청에서 나와 신촌 댁으로 모시는 동안 승용차 안에서 "선생님은 아무 말씀도 안 하셨다".

군부 쿠데타의 시나리오에 따라 17일 날 밤 국무회의가 끝나자마자, 밤 10시를 기해 이른바 "소요 배후 조종자들"과 "권력형 부정축재자들"을 일제히 검거했다. **검거 대상자들**은 김대중 국민연합 공동대표, 김동길 연세대 교수, 이문영 고려대 교수 등으로, 이들은 학생시위 배후 조종자로 검거되었다. 내가 들은 바로는 서남동 연세대 교수는 제주도 강연차 여행 중에 현지에서 검거되어 서울로 호송되었다. 그리고 김종필 공화당 총재, 이후락 전 중앙정보부장, 박종규 전 대통령 경호실장, 김치열 법무부 장관 등이 "권력형 부정축재자"로 구속되었다. 기록에 의하면 전국적으로 진행된 예비검속에서 총 2699명이 검거되었고, 그중 404명이 기소되었다.[11]

광주 5.18 민중민주항쟁 진압을 위해 투입된 군 병력은 4727명에서 1만 5590명으로 집계되어 있다.[12] 민간인 사상자의 수는 2017년 현재 정확한 통계가 나오지 않고 있다. 2000여 명의 사상자가 희생되었다고 하나 정확한 숫자는 아니다. 광주 망월동에 위치한 5.18 묘역에는 137기의 항쟁 피살자의 묘지가 있다. 정부가 발표한 희생자 수는 민간인 사망자 144명, 군인 22명, 경찰 4명으로 되어 있고, 부상자는 민간인 127명, 군인 109명, 경찰 144명으로 되어 있으나, 다른 정부 추산은 사망자 832명으로 되어 있다. 그러나 아직 공식적인 5.18 진상 조사가 이루어지지 않은 상태에서 군부가 은폐해온 민간인 희생자 수는 정확히 알 수 없다.

5.18 광주 민중민주항쟁 이후

광주 5.18 학생들과 시민들의 시위는 유신 잔당 군부세력의 정권 찬탈 음모에 대한 항의이며 민주주의 회복을 요구한 것이다. 민중의 민주주의 회복에 대한 시대적 요구에 응하여 유신헌법을 철폐하고 비상계엄을 해제하고 새 헌법을 제정, 국민투표에 부쳐 새로운 정부와 정치체제를 구축하라는 요구였다. 그러나 유신정권을 불법적으로 군사력을 동원하여 지속시키려는 전두환 일당의 폭거로 인해 광주의 저항은 무장 항쟁이 될 수밖에 없었다. 위의 일지를 훑어보기만 해도, 광주의 민중은 대한민국의 국민들을 대신하여 유신 잔당 군부에 대항해서 거의 맨주먹으로 일어섰다. 그러나 막강하게 훈련된 최강의 공수부대에 의해 총칼로 무참히 짓밟혔다. 이 글을 쓰고 있는 2017년 10월에 이르기까지, 5.18의 진상은 완전히 밝혀지지 않고 있다. 누가 발포 명령을 내렸는지 밝혀진 바가 없다. 전두환의 최근 회고록에 의하면 자신은 모른다고 하고 현장 군인들이 폭도들의 폭력에 "자위권"을 발동하여 발포했을 거라는 모호한 답변으로 책임을 회피하고 있다. 우리는 아직도 몇 명의 희생자가 발생했는지도 정확히 모르고 있다. 나아가서 지난 30여 년 동안 왜 광주 민주항쟁 기념식에서 「임을 위한 행진곡」을 제창하지 못하게 했는지도 알고 싶다. 광주의 1980년 5월의 역사는 왜곡되어왔고 망각을 강요당해왔다.

전두환은 광주시민의 항거를 "진압"하고 언론을 통제하여 국민들의 눈과 귀를 막아버리는 데 성공했다고 판단한 후, 착착 권력 찬탈의 수순을 밟아가고 있었다. 5월 24일 몇 달 동안의 재판 끝에 김재규는 사형되어 영원히 역사의 뒤안길로 사라졌다. 그리고 아직도 남아 있는 반대세력을 일망타진하기 위해 전두환은 5월 27일 국가보위비상대책위원회를 만들고, 5월 31일에는 그

상임위원회 위원장직에 올랐다. 소위 그 "국보위"는 안보태세 강화, 경제 난국 타개, 사회 안정, 사회악 일소를 통해 국가 기강을 쇄신하겠다고 공포하고, 부패 공직자 숙청, 대학교육 쇄신의 일환으로 졸업정원제 폐지, 과외 금지, 출판 및 인쇄물 제한을 시행했다. 그리고 불량배 소탕작전의 일환으로서 "삼청교육대" 신설을 내세웠다. 나아가서 정국 안정을 위해 "김대중 내란 음모 사건"을 날조하여 이에 연루되었다는 혐의로 정치인, 교수, 목사, 언론인, 학생 329명을 지명 수배했다. 같은 날 잡지 ≪창작과 비평≫의 등록이 취소되었고, 일본 신문인 ≪아사히≫, ≪산케이≫ 지국장들이 추방되었다.

나는 이화여대 문리대학 학장의 책임을 맡고 있었고, 김옥길 문교부 장관의 학원자율화 정책이 성공할 것을 희망하고 있었다. 나는 문리대학의 발전을 위해서는 인문과학분야의 학과들과 자연과학 계열의 학과들을 분리해서 각각 독립된 대학으로 발전하도록 하자는 교수들의 제안에 따라 이를 추진하기로 했다. 마침 문교부 차관으로 임명된 김형기 차관과 나의 포부를 개진할 기회가 생겼다. 김 차관은 이 계획에 찬동하고, 우선 자연과학대학의 단독 건물을 건설하기 위해 독일의 EZE 재단에 재정 지원을 요청하기로 했다. 군부의 계엄령하에서 대학의 휴교 조치로 조용하고 쓸쓸한 대학 캠퍼스에 숨을 죽이고 나와서 나는 자연과학계열 학과장과 매일같이 회의를 열고 자연과학대학 독립 계획과 자연과학관 건설 계획을 진행시키는 데 바빴다. 1970년대 치열한 유신 반대 민주화 운동을 취재하러 온, 일본 도쿄 주재 미국 신문사 기자들을 통해서 광주 민주화 항쟁 소식을 듣고 있었지만, 지독한 언론 통제 때문에 그 전모를 정확하게 파악할 수 없었다. 그들이 광주에 직접 잠입해서 취재할 수 없는 형편이어서 오히려 나를 통해서 광주의 사정을 알고 싶어 했으나, 나 역시 유언비어 이외에는 신뢰할 만한 정보를 제공할 수 없었다.

1980년, 그해 여름은 유난히 무덥고 짜증나도록 더웠고, 지루하게 길었다. 온 세상이 정지된 듯했고, 모두가 입을 닫고 귀를 막고 숨을 죽이고 있는 것 같았다. 그냥 불길하게 조용했다. 7월 4일에 계엄사령부 이름으로 발표된 내용은 김대중 내란 음모 사건 재판에서 김대중 씨는 사형, 문익환 목사는 징역 15년을 언도받았다는 것이었다. 김대중 추종세력으로 37명이 엄벌에 처해졌는데, 이호철, 한완상, 이해찬, 심재철 등이 포함되어 있었다. 아무도 내놓고 왈가왈부하고 논평하지 않았다. 전두환과 그 추종자들이 하는 짓거리가 너무도 뻔했기 때문이었던 것 같다. 그리고 무엇보다 모두 공포에 떨고 있었다. 그렇게 숨을 죽이고 목숨을 부지하고 있었다.

"국보위" 합동수사본부 조사실에서

7월 10일이었던 것 같다. 오후 점심시간이 지난 후 자연과학계열 학과 과장들과 회의를 재개하고 있었다. 회의 도중, 학장실에 걸려온 전화의 목소리는 "합동수사본부"에서 나온 형사라고 자신을 밝혔다. 나는 올 것이 왔구나 싶었지만, 침착하게 지금 회의 중이니 30분 후에 다시 전화하라고 부탁 아닌 부탁을 했다. 다시 회의를 속개하는데, 학과장들이 내 전화에 대해서 묻고 염려하기 시작하는 바람에 회의가 진행되지 않았다. 합동수사본부 형사들이 기다려 줄 리가 없었다. 10분도 안 되어, 당장 학교 앞 "빠리 다방"에 나오라는 "명령"을 정중하게 하느라고 애쓰는 목소리가 들려왔다. 나는 학과장들에게 양해를 구하고 일어나 이화교(梨花橋)를 건너 다방으로 들어갔다.

건장하고 우락부락한 인상의 두 남자가 다방 한가운데서 일어서고 있었다. 적당히 악수를 나누고 자리에 앉았다. 주머니에서 종이를 꺼내 보여주는데, "김대중 내란음모 사건……"까지 눈에 띄어 더 읽지 않고 그냥 넘겨주었다. "참고인으로 모시겠습니다." 그리고 다방에서 나와서 이화여대 정문 앞에서 택시를 잡아탔다. 이대 후문을 지나 금화터널을 넘어 서대문 경찰서 앞에서 내렸다. 나는 경찰서 2층에 안내를 받아 올라가서 헌병들이 서 있는 것을 보고 사태가 심상치 않다는 것을 짐작했다. 형사들은 나를 독방으로 들어가게 했다. 방에는 쇠창살이 달린 창문이 있고 그 앞에 철제 책상과 두 개의 쇠의자가 양쪽에 마주 놓여 있었다. 7, 8평 되는 넓은 방구석에 침구가 가지런히 놓여 있었다.

형사는 나를 의자에 앉게 하고는 내 소지품을 주머니에서 다 꺼내 놓으라고 했다. 돈지갑을 열어보고는 "학장님, 사모님이 용돈을 잘 안 주시나요?" 하면서 빈정거렸다. 지갑을 돌려받는 나에게 형사는 바지 허리춤 벨트를 풀라고 했다. "아니, 잠깐이면 된다고 하더니만, 나를 죄수 취급하는 거요?" 하고 되물었다. "학장님, 사람들이 여기 들어오면, 덮어 놓고 목매 죽을 궁리들만 해서요. 규칙입니다." 말끝마다 "학장님, 학장님" 하는 소리가 듣기 싫어졌다. 그러나 나를 어떻게 호칭하기를 원해야 하는지, 어떻게 불러달라고 해야 할지 결정을 못하면서 기분만 편치가 않았다.

잠시 착잡한 마음으로 앉아 있는데 형사들이 다시 방으로 들어오더니 일어나서 나가자는 것이었다. 형사들이 잡아탄 택시는 이대와 연대 뒤 봉원동에 있는 우리집으로 가고 있었다. 현관문을 열어준 아내는 놀란 표정으로 나와 낯선 형사들을 번갈아 보면서 말을 하지 않고 서서 어쩔 줄을 몰라 했다. 형사들은 합동수사본부에서 나왔다고 자기소개를 하고는 "안방이 어딥니까?" 하고 아내의 안내로 안방으로 쳐들어갔다. 형사들은 다짜고짜 붙박이 장문을 열고 옷장 서랍을 뒤지기 시작했다. 뭘 찾느냐는 질문에 대답도 않고 서랍 속의 아내 속옷을 하나씩 끄집어내고 방바닥에 내동댕이치고 있었다. "뭐 일기장 같은 것도 없어요?" 일기장은 무슨 일기장? 속에서 분노의 불길이 솟아오르는 것을 참고 아무 말도 안 하고 서 있었다.

집에서 나온 형사들은 이화여대 문리대학 학장실로 안내하라고 요구했다. 학장실로 들어와서는 내 서가를 뒤지기 시작했다. 한 사람은 내 서가를 뒤지고, 다른 한 사람은 내 책상 옆에 철제 서류함을 뒤졌다. 내 서가에서는 붉은색 표지가 있는 책들을 준비해온 주머니에 집어넣고 있었고, 내 철제 서류함에서는 서류 파일들을 무작위로 꺼내 들고 있었다. 형사들의 얼굴은 회심의 웃음으로 가득차 있었고 이유를 알 수 없는 적개심이 보이는 무서운 표정을 하고 있었다. 무슨 전리품이나 찾았다는 듯이 구는 형사들과 함께 학교 문을 나와서 택시로 다시 서대문 경찰서 내 방으로 돌아왔다.

대표 형사인가, 둘 중 몸무게가 나가는 육중한 형사가 들어와서 손에 든 편전지와 볼펜을 철제 책상 위에 던지다시피 내려놓으면서, "학장님, 이제부터 학장님 자서전을 쓰는 겁니다. 할머니, 할아버지 이야기부터 시작해서 부모님 이야기, 형제자매 이야기, 소학교 적부터 다닌 학교 선생님들 이야기, 대학에서 오늘날까지 존경한 선생님들과 교수들 이야기, 독서 중 가장 영향을 받은 책 이름 등등…… 미주알고주알 자세하게 하나도 빠짐없이 써내려 가야 합니다. 특히 왜 이대생들을 반정부 시위를 하도록 가르치고 선동했는지, 그 목적이 무엇이었는지. 어떻게 멀쩡한 대학 교수가 빨갱이짓을 했는지, 왜 박정희 유신정권을 반대했는지 미주알고주알 하나도 남김없이 써야 합니다." 나는 아, 이게 그 학생들이 데모하다가 잡혀가면 경찰이나 군인들 앞에서 써야하는 "자술서"구나 하고 참담한 마음으로 듣고만 있었다.

나이 오십이 되기 전에 내 자서전을 쓰게 되었구나. 어거스틴도 자기 고백의 형식으로 죽기 전에 자서전을 썼고, 철학자 루소도 저 유명한 고백록을 썼고, 독일의 신학자 본회퍼는 히틀러 암살 사건으로 옥중에서 편지를 썼는데……. 아! 그리고 최근에는 소련의 젊은 작가 에프츠센코(Yevgeny Yevtushenko)인가가 40대 초반에 『미숙한 자서전(A Precocious Autobiography)』(1962)인가 하는 책을 통해 공산치하에서 작가로 산다는 것이 무엇인지 감동적으로 쓴 것을 읽은 기억이 새로운데, 이 얼마나 좋은 기회인가? 일도 없고, 찾아오는 사람도 전화도 걸려오지 않는 곳에서 "공짜" 밥 얻어먹으며 독방에 앉아 "걸작"을 써야겠다는 생각을 가다듬고 볼펜을 들었다. 나는 나의 자랑스러운 의병 대장 할아버지 이야기부터 쓰기 시작했다. 한 시간마다 나의 집필 속도와 내용을 점검하는 형사는 내 할아버지 이야기에 제법 감동을 받은 모양이었다. 나는 신나게 써내려갔다. 정말 시간 가는 줄도 모르고…….

화장실에 갔더니 내 옆방에 잡혀 와 있던, 이화여대 교무처장 정용재 박사가 내 옆에 다가와 서서 인사를 하는 것이었다. "학생들이 이화교 앞에서 전두환 망하라고 무슨 제를 드린다고 했잖아요. …… 총장더러 나와서 돼지머리 앞에 절하라는 거였어요. 어떻게 기독교 학교 총장이 돼지머리에 절을 할 수 있겠어요. 그래서 내가 총장 대신 했단 말이야. 그렇다고 날 잡아온 거야. …… 서 선생은 죄가 많잖아. 경찰과 정보원을 항상 달고 다녔으니…… 후우……." 그렇게 우리는 가끔 화장실에서 만나 소식과 소문과 하소연을 나누었다. 정용재 교무처장은 내 왼쪽 방에, 그리고 내 오른쪽 방에는 숭실대학교의 조요한 박사가 있었다. 화장실에서 만나게 되면, 그는 아무 말도 하지 않았다. 내가 담배 살 돈이 필요하다고 하니까 만 원짜리 몇 장을 건네주기도 했다. 그리고 37년이 지났고 조 박사도 세상을 떴는데, 나는 아직 그 빌린 돈을 갚지 못하고 살아왔다. 한번은 화장실에서 이화여대 영문과 유종호 교수를 만났다. 안부를 묻는 나에게 그는 어이없다는 듯이 푸념을 늘어놓고 있었다. "아니 글쎄, 서 박사, 나더러 고향 이야기를 쓰라고 해서 '나의 살던 고향은 꽃 피는 산골……' 하고 쓰기 시작했잖아요 그랬더니 형사가 소리를 지르는 거야. '교수님, 지금 장난치자는 거요?' 난 한 대 맞는 줄 알았지 뭡니까." 우리는 그 화장실에서 소리 높여 「고향의 봄」을 부르고 싶었지만, 서로 두 눈에 끓어오르는 눈물을 감추고 있었다.

방으로 돌아와서 나를 기다리고 있는 형사에게 돈을 주면서 담배 한 갑 사다달라고 했다. 형사가 나를 불쌍하다는 듯한 눈으로 쳐다보면서, "학장님, 건강을 생각해서라도…… 훌륭하신 분이 담배는 삼가서야죠" 하는 것이었다. 나는 미국의 신학교에서 신학교 동기들과 파이프도 피우고 궐련도 피우면서 "신학자연(然)"해왔던 것이다. 담배 맛을 제대로 알지도 못하면서, 그리고 절대 금연 금주하시던 순교자 목사 아버지에게 미안한 마음에도 불구하고. 형사의 말에 나는 말하기 어려운 모멸감을 느꼈다. 그 자리에서 담배를 끊기로 했다. "감사합니다. 담배 안 사다줘도 됩니다." 내가 합동수사본부에서 풀려나 집으로 돌아왔을 때 식탁에 둘러앉아 이 이야기를 했다. 다음날 외출에서 집에 돌아와 보니 내 서재 책상 위에 있던 모든 담배가 깔끔하게 없어졌다. 함께 사시던 어머니 하시는 말씀은, "감옥에서 담배 끊기로 했다는 소리 어제 듣고, 얼마나 기뻤는지 몰라. '할렐루야' 소리 지르면서 신나게 모두 불태워 버렸다. 감사하다"였다. 아내와 아이들은 할머니가 눈물을 글썽이며 하시는 말씀에 모두 손뼉을 치며 좋아했다.

형사는 다음날 아침 일찍이 내 감방으로 들어오면서 내 대학교 학장실 서류함에서 빼내온 서류철 하나를 꺼내들어 보여주면서, "여기 이 서류철에 'fired professors'라고 표시가 되어 있는데, 이게 무슨 소립니까? 교수는 알겠는데, 어떻게 됐단 말입니까?" 하고 물었다. "fired"란 단어가 "해직"이란 걸 몰랐던 것이다. "불이 붙었다"는 정도로 생각했다면 무슨 소린지 알 수가 없었을 터이다. 한국기독자교수협의회 회장 일을 보면서, 1970년대 초 민주화 운동을 한다고 유신 당국으로부터 해직을 당한 기독자 교수들의 어려운 생계와 연구 목적의 해외여행을 위해 미국과 독일 등 유럽의 교회와 기독교재단에 재정적 지원을 요청하고자 교환한 편지들과 전보 통신 등 서류를 보관하고 있던 것이다. "용공 불순 교수들 재정지원까지 했군요?" 형사는 자못 못마땅한 표정을 지으면서 방문을 박차고 나갔다.

나는 "강제 집필 자서전"을 써내려가느라 정신이 없었다. 전화니 방문객이니 아무 방해도 없이 글을 쓰고 있는 동안이 가장 평화롭고 행복했다. 옛날 사도 바울이 예수의 복음을 전도하다가 로마 당국에 잡혀 감옥살이를 하면서 무한한 자유를 느꼈다는 심정이 무엇인지 알 것만 같았다. 형사는 내 "자서전"의 진도를 점검하느라 내 방에 자주 들락거렸다. 나의 조부모 이야기에서 목사 아버지 이야기가 항일 신사참배 반대에 이어 6.25 때 평양에서 인민군에게 총살당한 반공 목사라는 데 이르러서는 이 형사가 소리를 지르는 것이었다. "아니 반공 목사, 순교자 목사 아들이란 사람이 왜, 어째서, 빨갱이 교수 소리를 듣게 됐나 말입니까? 배신자 아닙니까?" 소리를 지르고 있었다.

나는 아무 말도 안 하고 계속해서 써내려갔다. 나는 계속해서 순교자 아버지를 평양 남쪽에 위치한 교회 뒷산에 묻고 부산으로 내려와 대한민국 해군에 자원입대해서 5년이나 복무하는 동안 미국 해군에서 특수 훈련을 받고 다시 미국 대학에 유학하게 된 사연, 명예 제대한 사연을 쓰고 있었다. 이 대목을 읽은 형사는 내 "범죄 자술서" 종이를 흔들어대면서 방으로 쳐들어오더니, "아니, 이런 분이 왜 이런 데 와 있습니까, 학장님? 미국 유학 가서 석박사하고 온 학장님 또래는 청와대다 정보부 같은 데서 떵떵거리며 잘살고 있는데, 학장님은 무슨 생각에 이런 데 와 있는 겁니까? 알고도 모를 일입니다. 도대체 미국 가서 무슨 공부를 어떤 식으로 했길래 이렇게 되신 겁니까?" 하고 소리를 질렀다. 형사는 진심으로 나를 불쌍히 여기고 있는 것 같았다.

형사의 질문이 당연한 것으로 느껴졌다. 나도 나 자신이 어떻게 이렇게 되었는가 반추하고 싶었다. 1950년대 미국의 서부 시골 아주 작은 기독교대학에서 철학과 기독교학을 공부하고 우등생으로 졸업한 후 중부 주립대학교 대학원에서 철학으로 석사학위를 받고서는 뉴욕의 명문 신학대학원에 진학했을 때가 젊은 케네디 대통령이 멋진 정치를 펼치고 있던 때였다. 케네디 대통령이 극우 괴한에게 암살당했다는 소식을 듣고 나는 신학교 동기들을 붙잡고 얼마나 울었는지 모른다. 나는 동료 신학생들과 함께 마틴 루터 킹 목사가 이끄는 흑인 해방운동에 가담했다. 그리고 요원의 불길같이 퍼지는 대학 해방운동에 가담했다. 미국 전역에서 학생들이 월남전에 반대하고 군 입대를 거부하는 운동을 찬양했다. 공산당과 공산주의를 이기는 방법은 반공주의나 총칼로 핵무기로 인간의 목숨을 살상하는 것이 아니라 평화를 만들고 민주주의를 제대로 하고 정의롭고 인권을 존중하는 평등한 사회를 만드는 것이라는 신념이 굳어졌던 것이다.

내가 쓴 대목을 읽고 형사는 내 방으로 들어오면서 대학 노트를 손에 들고 흔들어대면서, "이건 학장님 강의를 들은 학생의 노트입니다. 학장님이 철학을 강의했더군요? 뭐 플라톤인가 한 철학자의 말을 받아 적었는데요. …… 박정희 대통령은 플라톤이 주장한 군 출신 철학 왕이라고 쓰여 있는데, 학장님, 정말 그렇게 가르쳤나요? '철학 왕'이라. 박정희 대통령님이 살아서 이 이야기를 들었더라면 굉장히 좋아하셨을텐데……. 쯧쯧" 하고 혀를 찼다. 나는 사실 플라톤의 국가론을 강의하면서 그가 말한 군 출신의 "철학 왕"은 독재자가 되고 민주주의를 우민주의로 비하하는 전체주의자이므로 위험한 생각이라고 강의했던 것이다. 나치시대 영국으로 망명해서 강의하면서 『열린 사회와 그 적들』을 쓴 칼 포퍼 교수를 소개하면서 한 말이었다. 나는 박정희 유신정권이야말로 "열린 사회의 적"이라는 말을 하고 있었는데, 이 학생 노트 때문에 박정희를 "철학 왕"의 한 사람으로 찬양한 것이 되어버렸다. 아니 "그런 게 아니라……" 하고 내 진의를 말해봤자 별 도움이 될 것 같지 않아, 나는 그 형사의 웃는 얼굴에 대고 쓴웃음을 짓고 있었다.

내가 서대문경찰서 독방을 차지하게 된 지 한 주가 지나가고 있었다. 나는 경찰서 동네 한식집에서 날라다 주는 밥을 잘 먹고 잠도 잘 잤다. 하루에도 몇 번씩 화장실에 가서는 옆방 교수들과 안부를 교환하고, 취조하는 형사들 흉이나 보고 밥맛이 어땠느냐 등으로 잡담하는 걸 "즐겼다". 취조하는 형사들에게 매를 맞거나 고문을 당했다는 소리는 듣지 못했다. "범죄자술서"를 쓰게 할 때는 대개 밤에 잠을 안 재운다는 소리를 들었는데, 저녁식사 후에는 글을 써도 좋고 안 써도 좋다는 식이었다. 그래서 나는 정말 오랫만에 방바닥에 침구를 깔고 깊은 잠을 "즐기고" 있었다.

그러나 밤마다 나는 순교자 아버지와 대화를 하고 있었다. 내가 아버지의 대를 이어 목사가 될 생각으로 어렵사리 미국의 명문 신학대학원에서 신학 공부와 목사 공부를 했는데, 목사는 안 되고 대학에서 너무도 평안하게 경제적으로도 넉넉하게 생활하면서 교수라고, 민주인사라고 존경까지 받으며 교만하게 살아왔다고 이렇게 내게 인생을 다시 생각하는 쓰라린 경험을 주시는 것이 아닌가? 하는 생각이 들었다. 거의 매일 밤 잠자리에 들기 전, 오래간만에 순교자 아버지와 내가 믿는다고 생각하는 하나님과 내가 가르치고 있는 기독교 신학과 내 인생을 돌이켜보고 있었다. 그러다가 내 가족을 생각하고 어린 우리 아이들을 생각하고 학교 동료 교수님들과 학생들을 생각하면서 왜 눈물이 나는지 알 수도 없는 눈물을 한없이 흘렸다. 때로는 흐느끼면서……. 그리고 이곳을 나가는 동시에 목사 안수 받는 수순을 밟으리라 결심했다.

내 자술서 쓰기가 거의 끝나갈 무렵, 형사가 헐레벌떡 내 방으로 뛰어들어오는 것이었다. 손에는 학장실에서 압수해온 내 일기장을 들고 있었다. 1980년 4월 어느 날, 내가 목포에 가 있었고, 김대중이란 사람과 점심 약속이 되어 있는 것을 보여주는 업무용 일기장이었다. 왜, 무슨 일로, 목포에 가서 1박 2일을 했냐는 것이었다. 당시 나는 한국 아메리카학회의 회장으로 서울에 있는 미 대사관 미문화원과 긴밀한 관계를 가지고 미국을 공부하고 연구하는 학회를 이끌고 있었다. 지금 기억으로는 당시 목포에 있는 미문화원에서 개최한 "미국 민주주의의 역사와 정신" 비슷한 강연회에 강사로 갔던 것 같다. 그런데 그 김대중이란 이름은 재야 정치인 김대중이 아니라, 당시 ≪조선일보≫ 기자로 주미 특파원으로 오래 근무하다가 귀국한 "미국통" 기자였다. 서울의 아메리카학회에서 미국 민주주의에 대한 강연회 연사로 그를 초청하기 위해서 만나게 되어 있었던 것이다. 내가 국보위의 합동 수사본부에 끌려 와서 조사받는 것은 "김대중 내란음모사건"의 참고인으로인데, 몇 달 전 4월엔가 그 거물급 김대중과 점심까지 같이 했다는 기록은 대단한 것이었다. 결국 내 말이 진실인지 확인하느라고 며칠 더 그 방 신세를 지고 있어야 했다.

7월 17일이 "제헌절" 공휴일이었던가. 서대문 경찰서에 끌려간 지도 두 주가 넘어가는 것 같았다. 나는 날짜를 세거나 내 자술서에 날짜를 적어놓지 않았기 때문에 시간 가는 줄 모르고 방심하고 있었다. 찬란한 여름 아침 햇살이 쇠창살을 뚫고 내 어두운 방을 환하게 비추고 있는 날, 형사는 어울리지 않는 웃는 얼굴을 하고 들어왔다. "모두 다 확인이 됐습니다. 그 김대중이 아니라 조선일보 김대중 기자더군요. 휴, 한숨 놨습니다. 이제 나가시게 됐습니다. 여기 이 종이에 사직서를 쓰셔야 합니다." 나는 '올 것이 왔구나' 하면서 "누구

앞으로 쓰란 말입니까? 전두환 장군에게요?" 내 이 질문에 형사는 참을 수 없다는 듯이 소리를 지르는 것이었다. "학장님, 학장님 상관은 이대 총장입니다. 왜 이러세요? 네?" 하며 종이를 다시 한 번 내밀었다. 나는 "무슨 사유로요?" 하고 침착한 목소리로 반문했다. "일신의 사정으로라고 쓰세요." 형사의 목소리도 들리지 않을 정도로 낮아졌다. "구제불능"으로 멍청하게도 자기 신세가 어떻게 될 줄도 모르고 쓸데없는 실랑이나 벌이고 있다고 생각하는 것 같았다. 나는 결국 형사가 불러주는 대로 사직서를 썼다. 어느 날짜였는지 기억이 안 난다.

"도장은 어떻게 하지요?" 내 질문에 형사는 주머니에서 나무 도장을 꺼내주면서 인주를 내밀었다. "내 도장을 어디서 구했지요?" 하고 묻기도 전에, "어제 저녁, 사모님이 여기까지 가지고 오셨었어요" 하고 형사가 말했다. 나는 아무 말도 않고 도장을 받아 내 것인지 확인을 하고 찍었다. 합동수사본부에서 나온 뒤 아내가 하는 말이, 형사가 도장을 가지고 서대문 경찰서까지 나오라고 해서 갔는데 면회시킬 생각도 않고 도장만 빼앗듯이 받고 그냥 가라고 했다는 것이다. 그렇게 도장까지 찍고 다 됐다고 생각하고 있는데 형사가 누런 봉투를 내밀었다. 이화대학 주소를 쓰고 총장 이름을 쓰라는 것이었다. 봉투 앞면에 세로로 쓰라는 대로 쓰고 뒷면을 뒤집으면서 "여기 주소가 뭐지요?" 했다. 형사의 얼굴이 갑자기 일그러지면서 나를 때리고 싶은 것을 참는다는 듯이 손을 올렸다 내렸다 하더니, "학장님, 나하고 놀자는 겁니까?" 씩씩거리면서 "집 주소를 쓰란 말이에요!" 하고 고함을 질렀다. 나는 서대문구 대신동…… 하고 우리집 주소를 적고, 내 사직서를 접어서 봉투 안에 쑤셔 넣고서는 형사의 얼굴을 쳐다봤다. "그동안 수고가 많으셨습니다. 여러 가지로 감사합니다. 이제 나가도 되는 거죠?" 일어나 걸어 나가려고 하는데 형사는 나를 다른 방으로 안내했다. 작은 방에는 담당 형사라는 중년 신사가 앉아 있었다. 그리고 그동안 이곳에 끌려와 며칠 동안 나처럼 때 이른 자서전/회고록을 집필하고 이제 사직서를 쓰고 떠나게 된 모모한 저명 대학 교수들도 천장을 처다보고 앉아 있었다. 검사라는 사람이 무어라고 하는지 요령부득한 "교훈"을 하는 모양인데 알아들을 수 없는 그 작은 소리를 모두들 눈감고 듣는 둥 마는 둥 하고 일어서서 나오고 말았다. 우리는 서로 안면이 있는 사이였는데도 아는 체도 안 하고 잘 가라는 인사도 않고 묵묵히 경찰서 대문을 나섰다.

무더운 여름 하늘이 수줍은 듯 얼굴을 붉히면서 저물어가고 있었다. 집 대문을 열고 들어서는 데 아내가 소리를 지르면서 현관문을 박차고 뛰쳐나오고 있었다.

제8장

1980년대 신군부 독재와 해직교수 시절

대학 캠퍼스를 뒤로 하고

서대문 경찰서에서 나와 집에서 며칠 쉬고 난 뒤, 이화여대 총장실에 내가 서대문 경찰서에서 쓴 교수 사직서를 받았는지 확인도 하고 작별인사도 드릴 겸 찾아갔다. 총장은 정의숙 교수였는데, 내가 1964년 뉴욕 유니언 신학대학원 2학년을 마치고 김활란 박사의 초청으로 귀국하여 이화여대 교목실과 기독교학과에서 인턴 수련생으로 1년 연수하고 있을 때부터 가까이에서 모신분이다. 1979년 김옥길 총장이 자리에서 물러나 정의숙 교수에게 총장직을 맡겼다. 정의숙 총장에게 내가 서대문 경찰서에서 사직서를 써서 형사에게 맡기고 나왔는데 받으셨는지 확인도 하고 인사 겸 보고를 드렸다. 정의숙 총장은 내 이야기를 들으면서 흐르는 눈물을 감추지 않고 계속 울고만 계셨다. 거의 한마디 말씀도 없이 울기만 하시는 바람에 나는 더 이상 앉아 있을 수도 없어서 총장실을 나와버렸다.

들려오는 소문에는 대학마다 그런 식으로 해직당한 교수들이 100명 이상

된다는 것이었다. 우선 이화여대에서만도 현영학 및 서광선(기독교학과), 이효재(사회학과), 김치수(불문학과), 백명희(교육학과), 백재봉(법학과) 6명으로, 대학들 가운데 제일 많은 수의 교수들이 전두환의 국보위 지령으로 해직되었다. 1980년 여름에 나와 같은 방법으로 해직당한 기독자 교수들은 대학별로 다음과 같다. 연세대: 김동길, 김찬국, 서남동(3명), 고려대: 김용준, 이문영(2명), 서울대: 이명현, 한완상(2명), 서울여대: 이우정(1명), 숙명여대: 이만열(1명), 숭실대: 조요한(1명), 한신대: 문동환, 안병무(2명), 전북대: 이석영, 남정길, 변홍규(3명), 전남대: 명노근, 노희찬, 이광우(3명), 조선대: 임영천(1명) 등 총 23명이었다(1970년대에 1차적으로 해직된 기독자 교수는 15명으로 이중 80년에도 또 해직당한 교수는 12명이다).[1]

목사 안수: 떠밀려서

나의 해직 소식을 듣자마자 찾아온 두 사람은 연대 신과대학 출신의 안문자와 최만자 선생이었다. 이 두 사람은 내가 1964년 이화여대 인턴으로 잠시 귀국했을 때, YMCA 대학생 하령회에서 내 특강을 듣고 알게 된 신학생들이었다. 나를 찾아온 이유는 자기들이 출석하고 있는 압구정동 교회의 설교자로 나와달라는 것이었다. 안문자 선생은 내가 평양에서 평양신학교를 다닐 때 동기생이면서 아동 설교자로 유명했던 안성진 목사의 둘째 여식이었다. 안성진 목사가 대학에서 쫓겨난 서광선 교수를 초청해서 궐석 중인 압구정동 현대교회의 설교자로 모셔오는 것이 좋겠다고 제안하여 찾아왔다는 것이었다. 나는 합동수사본부에서 목사 안수받는 일에 대해서 고민했던 차라 이 부름이 하나님의 뜻이라고 믿었다.

현대교회의 초청에 응하고 나서 목사 안수의 길을 찾기 위해 나섰다. 70년대 유신정권 밑에서 민주화 운동과 인권 운동에 헌신하고 있던 한국교회협의회 총무 김관석 목사를 찾아갔다. 그는 기독교장로회 소속 목사였다. 내가 뉴욕 유니언 신학대학에서 3학년 과정을 밟고 있을 때, 김관석 목사와 문익환 목사는 유니언의 제3세계 교회 지도자 양성 과정에 공동생활과 연구생활을 위해 왔고, 그래서 함께 신학대학원 생활을 했던 "동창"들이었다. 김관석 목사는 과묵한 지도자였고, 사태 분석과 대응에 능한 분으로 교회 안과 밖에서 존경을 받고 있었다. 그분은 내 합동수사본부 이야기와 해직 경위를 경청하면서 안타까운 눈물과 한숨을 나누었다. 나는 목사 안수를 고려하고 있다는 말을 조심스럽게 했다. 나는 우리 순교자 아버지가 속했던 예수교 장로회(통합) 교단에서 안수받기보다는, 신학적으로 진보적인, 김재준 목사님이 이단으로 몰려 시작한, 기독교장로회 목사로 안수받는 것이 쉬울 것 같고 자연스러울 것 같아서 기장 목사인 김관석 목사를 찾아갔던 것이다. "기장에서 목사 안수를 받지 그래" 하실 줄 믿었는데, 그게 아니었다. 목사님은 내 말에 대꾸를 피하고 회전의자를 돌리고 나에게 등을 보이는 것이었다. 그러면서 하시는 말씀이 "순교자 아버님이 요새 같으면 고신파 아니면 장로교 합동 측 목사님이 아니었던가?"

나는 이 말을 듣는 순간 아무 말도 못하고 일어서서 인사를 던지다시피 하고 총무실을 나왔다. 그리고 나는 광나루에 위치한 장로회 신학대학의 이종성 학장에게 달려갔다. 이종성 학장은 내가 신학생일 때 프린스턴 신대원에 연수차 와 계신 동안에 뉴욕에서 박형규 목사와 함께 식사대접도 받으며 친분이 있는 사이였다. 내 해직 이야기와 현대교회 이야기를 경청하고 나서 이종성 학장은 나를 장신대 학생으로 환영했다. 나는 1980년 가을 학기부터 장신대 특별학생으로 3과목을 등록했다. 이종성 학장은 자신의 목회학 강의 시간에 필수적으로 출석할 것을 권고했으나, 다른 학과 교수들은 청강한 것으로 할 터이니 출석하지 말라고 해서 그대로 복종했다. 나는 이종성 학장의 강의를 성실하게 경청했고, 젊은 신학생들과 친해지기도 했다. 그리고 목사 안수 시험에 1차로 합격했다.

예수교 장로회(통합) 규칙에 따르면, 외국에서 신학으로 학위를 받은 자가 목사 안수를 받으려면 장로회 직영 신학교에서 1년간 강의를 청강하고 목사 안수 시험에 합격해야 했기 때문에 미국의 신학대학원 학위인 신학석사(M.Div)와 신학 전공의 철학박사(Ph.D) 학위가 있어도 이 규칙에 따라야 했다. 나는 성실하게 이 과정을 마치고 교단 소속 동남노회에서 현대교회 목사 파송 허락을 받고 목사 안수를 받게 되었다. 1982년 11월 9일 목사 안수식에서 소망교회 곽선희 목사가 설교하고 안수식을 마감하면서 내가 목사 안수받은 기념으로 축도를 했다. 나는 감격으로 흐르는 눈물을 간신히 참았다. 안수식에 참석한 아내는 안수식 내내 눈물을 흘렸다고 했다. 나는 그렇게 목사가 되었다. 전두환에게, 그리고 하나님에게 떠밀려서.

전두환의 정권 찬탈

계엄령을 전국으로 확대하고 국회를 해산하고 대학에 휴교령을 내리고 반유신 민주화 운동에 헌신해온 종교인들과 대학 교수들을 검거하고 해직시키고 난 전두환 군부세력은 8월이 되자 유신정권 존속과 권력 찬탈의 야욕을 노골적으로 드러내고 있었다. 제일 먼저 사회 안전을 내세워, 전국의 불량배들을 거리에서 소탕한다는 명목으로 6만여 명을 마구잡이로 영장 없이 체포하기 시작했다. 소위 "불량배 소탕 계획"(삼청개혁 5호령)의 이름으로 실시한 군부의 폭거였다. 거리에서 마구잡이로 체포된 6만여 명 중 3만 9천여 명이 이른바 삼청교육대로 강제 연행되어 소위 "순화교육"을 받았다. 이 만행은 1980년 8월 4일 계엄포고 제13호 발표로 불법 체포한 거리의 청, 장년들을 군부대로 실어날라, 고된 육체 훈련에 시시때때로 이유 없는 구타와 얼차려를 실시하면서 사람들을 심신 양면으로 괴롭혔다. 나아가서 근로봉사의 명목으로 전술도로를 보수하게 하고 진지 보수와 구축 등 강제 노동을 강요하고 통신선

매설, 자재 운반 등 노역에 내몰았다. 삼청교육대 실시 기간이었던 6년 동안 54명의 사망자가 발생할 정도로 삼청교육은 가혹한 인권 침해였다.

한국교회는 NCC를 포함하여 유신 잔당의 기습적 정권 찬탈 만행에 탈진한 상태로 침묵만 지키고 있었다. 그럼에도 불구하고 보수 교회 지도자들은 8월 6일 "나라와 교회 그리고 국군장병을 위한 특별기도회"로 모이기로 하고 전두환 국보위 상임위원장이 참석한 가운데 광주 "살인마"를 축복하고 격려하는 기도를 올렸다.

8월 16일, 최규하 대통령은 하야를 선포했다. 전두환 장군은 즉시 예편했고, 8월 27일 장충실내체육관에서 통일주체국민회의 대의원의 투표로 제11대 대통령으로 당선되었다. 9월 1일에는 취임식을 열었다. 보수 기독교교회 지도자들은 때를 놓치지 않고 "제11대 대통령취임축하 조찬기도회"를 열었다. 그러나 전두환은 유신헌법으로 권좌에 오른 것으로는 권력욕을 충족시키지 못했던 것인지, 이어 대통령 임기 7년 단임제로 개헌하고 여야 3개 정당을 창당하고 제5공화국 헌법을 국민투표에 부쳤고, 80년 10월 27일 개정헌법을 공포했다.

1981년 1월 23일, 김대중 등 24명의 민주인사들이 군법회의에서 국가보안법 위반으로 재판을 받고 김대중은 사형을 선고받았으나 종신형으로 감형되어 수감되었다. 미국의 레이건 대통령은 전두환을 워싱턴으로 초치(招致)해서 김대중 구명을 설득했다. 귀국한 직후 간접선거를 통해서 전두환은 7년 임기의 제12대 대통령으로 당선되었고 3월 3일 취임식을 올렸다. 그야말로 7개월 만에 전두환은 대한민국 제11, 12대 대통령으로 두 번 취임한 것이다.

전두환 대통령으로 취임하자마자 언론통폐합이란 명목으로 신문사와 통신사 그리고 방송사 등 언론을 통폐합시켰다. 당시 보안사 정보처 언론반을 주도한 허문도는 전국 언론사 사주들을 연행하여 ≪신아일보≫를 ≪경향신문≫에 통합하고, ≪서울경제≫를 ≪한국일보≫로, 합동통신과 동양통신을 연합통신으로, 동아와 동양TV를 KBS와 MBC에 각각 통합했고, 지방지는 1도

(道) 1지(紙)로 제한했다. 그리고 모든 언론사에 "보도 지침"을 하달하여 모든 기사를 검열했다. 그 여파로 유일한 기독교 방송인 CBS 역시 큰 피해를 입었다. 뉴스 방송을 금지하고 광고 방송 역시 금지하게 함으로써 재정난에 빠지게 했던 것이다. 기독교 방송 사장이 유신정권이 그렇게 억압해왔던 NCCK의 김관석 총무였기 때문이다.

국내 언론 탄압에 저항하여

군부독재 시대에서의 정권과 언론의 관계는 민주주의 헌법이 보장하는 언론의 자유와는 거리가 멀었다. 우리는 1970년대부터 미국의 ≪뉴욕타임스(New York Times)≫나 ≪워싱턴포스트(Washington Post)≫ 등 주요 신문이나 ≪타임(Time)≫이나 ≪뉴스위크(Newsweek)≫ 같은 주간지를 제대로 읽을 수도 없었다. 한국 관계 기사들, 특히 유신정권을 비판하거나 학생들의 민주화 운동 시위를 취재한 기사는 모두 잘린 채 배달되었다. 원본대로 보고 싶을 때에는 미국 문화원 도서실로 찾아가서 주위를 살펴가면서 몰래 탐독하고 내용을 친구들에게 알리기도 했다. 1970년대 초부터 유신정권의 긴급조치로 이른바 유언비어 살포 금지령을 내렸을 때, 도쿄에 지사를 둔 미국 언론사 특파원들이 나를 찾아왔다. 이들은 도청이 되어 있는 호텔방 전화로 나와의 인터뷰를 청하지 않고, 공중전화를 찾아 길거리에서 통화했다고 했다. 나는 우리집 전화가 도청되어 있으므로 그래 봐야 소용이 없다고 하면서 함께 쓴웃음을 지었던 기억이 새롭다. 미국 신문 기자들은 한국 재야인사들과 특히 교회 지도자들의 유신반대 운동에 대해서 민감하게 취재하고 움직였다.

1980년대를 살아온 우리 대한민국 국민들은 외신을 통해서 간신히 우리나라 안의 사정을 듣고 있었다. 특별히 기억나는 것은 일본의 이와나미(岩波書店)라고 하는 유서 깊은 출판사의 월간지 ≪세카이(世界)≫에 'TK 생'이라는 필명으로 실렸던 "한국으로부터의 통신"이란 기고문이다. 일본에 망명해 있었던 지명관 교수가 TK 생이라는 가명으로 집필한 한국 통신이었다. 지명관 교수는 ≪세카이≫의 야스에 료스케(安江良介) 편집장과 친분이 생기면서 한국의 소식을 집필해서 그 월간지에 게재했다. 야스에 료스케 편집장으로 말할 것 같으면 평양에 가서 김일성과 3번이나 인터뷰한 사람이고, 김대중이 일본에서부터 납치되기 전까지 2번에 걸쳐 인터뷰한 기자였다고 한다.[2]

당시 일본 도쿄에서 아시아교회협의회의 '도시농촌선교(Urban Rural Mission, URM)' 간사로 활동하고 있던 오재식이 미국 선교사 하비(Pharis J. Harvey) 목사와 독일교회 선교사 슈나이스(Paul Schneiss)와 그의 일본인 아내를 통해서 한국으로부터의 자료들을 "밀수"한 덕분에 지명관 교수는 "한국으로부터의 통신"을 1973년 5월부터 1988년까지 16년간 한 달도 빠지지 않고 게재할 수 있었다. 이 통신 글은 외국, 특히 일본 독자들에게 한국의 정치상황과 민주주의 저항세력의 활동을 알리고 세계 여론을 환기시키는 역할을 했을 뿐 아니라, 한국 안에서의 반독재 유신잔당의 만행을 고발하고 이에 저항하는 민주화 운동세력에 활력을 부어넣었다. 박정희 대통령이 TK 생의 "통신"이 반유신 민주화 운동세력의 활동을 소상하게 알리고 있는 것을 알고 뒷조사를 명령했으나 허사였다는 후일담을 오재식은 그의 회고록에서 밝히고 있다.[3]

1980년 5.18 광주 민중민주항쟁 바로 직전에 세계교회협의회(WCC)의 각종 회의에 참석하기 위해서 출국했던 개신교 진보계열 지도자들은 해외에서 각종 통로를 통해서 광주 소식을 듣게 되었다. 김관석 NCCK 총무는 해외에서의 만류를 무릅쓰고 귀국했고, 박형규 목사는 신병 치료를 빙자하여 일본에 얼마동안 머물다 귀국했다. 그러나 전두환 정권은 박형규 목사를 공항에서 검거하고 중앙정보부에 끌고 가 20일 동안 "광주 민중항쟁 선동죄"로 조사하고 돌려보냈다. 그러나 문동환 교수는 WCC가 주최하는 회의 참석차 유럽을 들러 로마를 여행하던 중 5.18 항의 시위와 학살의 소식을 한국에 있는 미국인 아내에게 듣고, 도쿄의 미국 영사관에 미국행 비자를 신청했으나 거절당하고 "정치적 망명자"로 특별 입국 허가를 받아 먼저 미국으로 와 있던 가족들과 만날 수 있었다고 한다. 이는 미국의 패리스 하비 목사의 도움으로 가능했다. 하비 목사는 미국교회의 지원으로 구성된 '한국 인권운동을 위한 북미주 연합 (North American Coalition for Human Rights in Korea)'의 간사로 워싱턴에서 로비활동을 하는 동지였다.[4] 문동환 목사는 워싱턴의 하비 목사와 함께 미국 국회의원들을 만나 한국 군부세력이 민주주의를 갈망하는 민중의 요구를 억압하고 있으며, 유신 체제 존속과 부당한 권력 야욕이 미국의 지지하에 이루어지고 있음을 설명하고 다녔다. 뉴욕에 자리를 잡고 보스턴의 홍근수 목사가 시무하는 교회와 캐나다의 김재준 목사와 이상철 목사가 시무하는 교회들을 방문하여 한국 사태를 설명하고 한국의 민중신학에 대해서도 강연을 하는 등, 해외 교포사회에 한국 민중의 계속된 민주화 운동에 대한 기도와 지원을 요청했다. 로스앤젤레스에 이민 온 김상돈 장로의 교회에서도 전두환 정권은 미국의 지지로 가능했다는 점을 강조하고 재미 한국기독교인들의 정치 인식을 도왔다.

특히 뉴욕의 컬럼비아 대학교 근처에 위치한 뉴욕 한인교회에서는 목요기도회가 성황이었다. 뉴욕 한인교회는 1921년 미국에서는 처음으로 재미 한인들과 뉴욕 지역의 유학생들을 중심으로 설립된 유서 깊은 교회이다. 1920년대에는 컬럼비아 유학생으로 김활란 박사 등이 참석했다. 내가 미국 해군에서 훈련받는 동안 보스턴 대학에 유학 중이던 박대선 박사의 안내로 주일 예배에 참석했던 것이 1953년의 일이다. 그리고 내가 뉴욕 유니언 신학대학원 학생으로 컬럼비아 대학교 교목실에서 인턴으로 일할 때 뉴욕 한인교회 전도사로 봉사한 한인교회이다. 이 교회는 유신정권 시대부터 한국의 민주화운동을 위해서 기도하고 재정적 지원을 아끼지 않은 교회가 되었다. 전두환 정권이 들어선 이후에도 목요기도회는 더욱 열심히 집회를 열고 문동환 박사 등 연사들을 모시고 한국교회와 정치 사정을 듣고 함께 기도하는 모임을 열었다. 1975년 구성된 북미주 연합의 지도자들인 이승만, 박상증, 손명걸, 김병서, 안

중식, 유태영, 박성모 목사들이 뉴욕 한인교회의 목요기도회를 이끌어나갔다. 뉴욕 한인교회의 목요기도회는 한국 NCC의 목요기도회와 영적, 물적 연대를 강화해나가고 있었다.[5]

유신잔당의 우민정책과 대학생 반미 운동

전두환이 이끄는 유신잔당 제5공화국 정권은 군복을 벗고 어색한 민간 복장으로 갈아입고 국민들 앞에 새 얼굴을 보이며 회유정책과 우민정책으로 국민을 달래보려고 안간힘을 다하고 있는 것 같았다. 전두환은 대통령 취임사를 통해 "국정 4대 지표"를 제시하면서 "전통문화의 계승 발전과 민족문화의 창달"을 약속했다. 민주주의를 부르짖고 일어난 광주 5.18 민중을 총칼로 무차별 학살한 군인에게 어울리지 않는 한복을 걸쳐 입고 "문화정부"의 가면을 쓰고 나선 것이다. 전두환 정권을 이끄는 보안사 출신의 민간 전문가들, 가령 허문도 같은 인물은 군부의 이른바 "문화정책"을 입안하고 밀어붙이고 있었다. 1981년 5월 28일부터 6월 1일까지 5일 동안 여의도 섬을 떠들썩하게 한 "국풍(國風) 81"은 5.18 광주 민중항쟁 1주년을 맞아 항쟁의 열기를 다른 데로 돌리기 위한 작전이었다. 정부는 1000만 명을 동원했으나 "모조(摸造)민속"이라는 비판을 받았다. "국풍 81"이라고 기획한 대규모 문화행사는 민속제, 전통예술제, 가요제와 씨름판을 여의도 광장에서 벌렸다. 그야말로 억지춘향으로 국민들을 신나게 하려고 애썼으나 허사였다. "문화의 탈"을 쓴 잔인무도한 군인들의 행사에 억지 춤을 추고 있는 셈이었다. 1970년대 대학가에서 탈춤과 같은 민중극을 통해서 군사 독재를 야유하고 항거하던 것을, 이제 군부가 문화의 탈을 쓰고 춤을 추며 민중을 비웃은 것이다. 그러나 국민은 그 기만성에 호락호락 넘어가지 않았다. 막대한 예산을 낭비한 '국풍 81'은 원래 매년 계속할 계획이었으나, 81년 한 번으로 끝났다.

전두환의 제5공화국은 젊은이들을 회유할 요량으로 그동안 중, 고등학생들의 긴 머리를 아무데서나 아무렇게나 강제로 자르던 것을 그만두고 머리카락 길이를 "자율화"한다고 발표했다. 아울러 최규하 대통령 시대 김옥길 문교부 장관이 시행한 교복 자율화를 이어받아 시행했다. 나아가서 1982년 1월 5일을 기해서 야간 통행금지령을 해제했다. 그리고 소위 3S 정책을 폈다. 3S는 스포츠(Sports), 섹스(Sex), 스크린(Screen)을 말한다. 뜻밖의 경제 호황을 빌미로 소비문화를 퍼뜨리고, 고도 경제성장 드라이브로 팽배해진 한국적 천민자본주의는 사회를 퇴폐문화로 타락시키기 시작했다. "돈 벌어서 잘산다는 게 프로 야구, 프로 축구 구경 다니고, 통금 없는 야밤에는 홍등가 술집에서 향락을 누리고, 집에서는 야한 막장 드라마로 시간을 보내는 것이 통금 없는 '자유 대한'이었다." 전두환식 "문화생활"이 온 사회를 모조와 퇴폐로 그리고 조작과 비리로 부패시키고 있었다. 박정희의 "새마을 운동"이 지향하는 금욕과 근면, 새마을을 위해서 열심히 일하고 깨끗하게 내 마을을 가꾸는 국민교육과 운동은 사라지고, 오히려 "새마을"은 향락과 타락으로 부패하고 있었다.

　공교육 정책으로 내세운 것은 사교육 금지라고 하는 과외 금지법으로 과외 학원을 단속하고 과외교사들을 관청에 등록하게 하고 소득세를 물렸다. 그러나 과외가 근절되기는커녕 오히려 과외비는 상승하기만 했다. 대학의 "소요"를 막는다고 내세운 것이 소위 "녹색사업"이었다. 빨갱이 학생들의 빨간 물을 빼고 푸른 물로 순화하겠다는 요지의 "사업"은 대학을 사찰하는 정보원들이 작성한 "블랙리스트" 학생들을 강제로 군대에 입대시켜 특별 관리를 하게 한 것이었다. 학생들은 "녹색사업"으로 "순화"되기보다 오히려 민주주의를 갈망하고 민주화에의 의지가 "강화"되고 더욱 견고해져서 학원으로 복귀하는 반대효과가 발생했다.

강남 압구정동 현대교회

한강 남쪽 강남지역은 1970대 초부터 부동산 투자로 도시화되면서 고급 아파트촌이 형성되었다. 잠실 쪽에서부터 시작한 아파트 건설은 반포 지역으로 넓혀졌고, 압구정 지역은 1970년대 말 후기에 개발되었다. 강남 지역의 아파트촌이 들어서고 부동산 투자가 과열되면서, 거의 동시에 장로교의 소망교회, 감리교의 광림교회 등 대형 교회가 들어서기 시작했다. 내가 1980년 이화여대에서 해직되자 나를 설교자로 초청한 교회는 압구정동 현대 아파트촌의 한가운데 위치한 상가 2층을 빌려서 만든 예배 처소로, 주일마다 50명이 안 되는 적은 수의 교인들이 모이고 있었다. 교회 이름은 현대 아파트촌에 있다는 이유로 "현대교회"로 명명했다는 설명이었다. 나를 설교자로 초청한 연세대 신과대학 출신의 안문자와 최만자 집사들의 환영을 받으며 주일마다 설교를 시작했다. 압구정동 현대 아파트에 입주할 정도의 교인들은 중산층에 속하고, 지도급에 있는 중장년 교인들은 건실한 직장의 요직을 맡고 있는 지식층이었다.

나는 정성을 다해서 주일 설교를 준비했다. 이 교회 교인들은 일요일 11시 예배 한 번만 교회에 나오는 것을 원했다. 주일 저녁 예배도 없었고, 수요일 저녁 예배는 물론 새벽 기도회는 말도 꺼내지 않았다. 주위에서는 "아니 그런 날라리 교회가 다 있어?! 정말 '현대' 교회구나……."하며 해직교수 목사가 목회하기 너무 어울리는 교회라고 반농담으로 나를 "위로"하기도 했다. 나는 미국 신학대학원에서 배운 대로 사회와 정치, 시대적 상황에 대한 응답으로서의 설교, 오늘의 상황의 한가운데서 읽는 성경 말씀, 하나님의 말씀이 오늘의 우리의 상황에 대해서 과연 무엇을 말해주나라는 질문을 가지고 매주일 씨름했다. 친구들이 내가 설교를 어떻게 하나 호기심을 가지고 심심치 않게 교회를 방문했다. "오늘 신학 세미나 좋았어요", "그게 설교요? 신학 강의 들은 것 같아. 아무튼 색다른 설교였어!" 이런 코멘트는 양호한 편이었다. "와, 오늘 설교는 정치 강연이었어! 시원했어", 아니면 "서 박사, 아직 정신을 못 차렸구먼, 교인들을 그렇게 선동해도 돼?" 하는 식이었다. 그러나 나는 많은 시간을 설교 준비에 썼다. 한 주일에 한 번 30분 미만의 설교를 하고 나면, 다음 주일 설교를 준비해야 하는 목사들, 설교자들에 대해서 존경하지 않을 수 없었다. 대학에서 강의하는 일보다 몇 배나 더 어려운 일이고 조심스러운 일이라는 것을 알게 되고, 기도생활을 게을리할 수 없다는 것을 깨닫게 되었다. 감사한 것은 현대교회 교인 수가 1년을 좀 넘으면서 증가하기 시작했다는 것이다. 4년 뒤 대학으로 복직하고 교회를 떠날 때에는 주일 교인 출석 수가 150명을 넘었다.

교인 수가 조금씩 늘어나면서 교인들의 요구로 성서연구반을 열고 수요일 아침 시간에 모이기 시작했다. 주로 가정부인들로 10명 미만의 적은 수의 "열성분자"들이 모여서 성경을 읽고 서로 토론하는 시간이 즐거웠다. 성경연구반이라기보다는 친교 시간이었고, 공동의 관심사를 마음놓고 나누는 편한 모임이 되었다. 내가 목사로서 성경을 가르쳤다기보다는 오히려 참석자들과 격의 없이 대화하면서 더 많은 것을 배우는 귀한 시간이었다. 그리고 교인들의 결혼식과 장례식을 주례하고 설교하면서 교인들과 가까워지고, 그들의 기쁨과 슬픔과 아픔에 동참하면서 "제사장" 혹은 "사제(司祭)"의 역할의 중요성과 어려움을 실감하고 있었다.

나의 해외활동이 빈번해지면서 부산 YMCA 간사 등 활동을 하다가 신학공부를 시작한 차선각 선생을 나의 목회 조력자로서 현대교회 전도사로 모셨다. 차선각 전도사는 외부 활동이 많은 목사를 대신해서 교인들 가정 방문 등 목회에 헌신했다. 교인들은 농담 반 진담 반으로 "서광선 교수님, 차선각 목사님"이라고 부르면서 우리 교회 진짜 목사는 차선각 전도사라고 할 정도였다. 나는 설교자의 역할과 관혼상제 등 교회 행사와 동남노회 정회원의 역할을 담당하고, 해외 학회와 에큐메니컬 협의회와 YMCA 일로 부득이 교회를 비우게 되는 일이 많았기 때문에 차선각 전도사의 도움이 컸다. 그는 훌륭한, 그리고 충성스러운 목회 동역자였다.

창살 없는 감옥에서 풀려나

나의 해직 소식은 세계 교회에 퍼져 나갔다. 세계에 퍼져 있는 신학자들, 한국의 정치적 실정을 대중 매체를 통해서 인지하고 관심을 가지고 있는 해외 지인들과 친구들의 안부와 격려의 편지가 쇄도했다. 그러면서 해외에서 개최하는 각종 학술 모임과 강연과 설교 모임, 그리고 협의회에 초청을 받았다. 1970년대 박정희 시대에는 해외로 나가기 위한 여권 발급이 되지 않았다. 여권 발급을 받기 위해서는 경찰의 신원조회가 필요한데, 번번이 해외여행 불가(不可)였다. 외국 친구들이 나의 딱한 사정을 알고 나서 나는 해외에 망명 (exile)도 할 수 없는 신세가 되었으니 지붕 없는 감옥, 담장 없는 감옥 아닌 열린 감옥에 갇혀 있다고 영어로 "inxile", 즉 망명정부가 되어 있다고 우스갯소리를 하기도 했다. 그렇게 나는 10년 동안 외국여행을 금지당하고 있었다. 1970년대 박정희 시대에는 나만이 아니라 수없이 많은 사람들이 그렇게 감옥 아닌 감옥에서 죄수 노릇을 하는 "수인(囚人)"들이었다.[6]

그런데 이게 웬일인가? 전두환 정권의 "회유정책"의 일환인가? 1981년 초, 인도에서 열리는 '아시아신학자회'의 발제자로 초청을 받고 여권 신청을 했는데 신원조회가 떨어졌다. 오래간만에 대한민국 여권을 받아들고 공항으로 향했다. 출국 수속을 마치고 이민국 검사대에 가서 여권을 내밀었더니, 내 여권을 받아 든 공무원이 어디엔가 전화를 하고 나서 기다리라는 것이었다. 출국할 수 없다는 것이었다. 나는 그동안 아메리카학회에서 미국 유학파 친구들과 친분이 있었는데, 그중 한 명이 한국 중앙정보부 고위 관리에게 전화를 걸어주었다. 이동복 선생은 내 사정을 전화로 듣고서는 연락이 아직 안 돼서 그렇게 된 것이니 곧 풀릴 것이다, 잘 다녀오라는 인사를 건넸다. 전화를 끊고, 다시 출국 심사대로 갔다. 심사대 공무원은 몇 번씩 90도 경례를 하면서 출국을 허가해주는 것이었다.

인도를 찾아가서

내 기억에 남는 첫 번째 해외여행은 인도 남부의 방갈로우에서 열린 아시아 신학자협의회였다. 아시아교회협의회(CCA, Christian Conference of Asia)의 신학교육국장이며 스리랑카 태생으로 옥스퍼드와 프린스턴에서 신학을 공부한 프리먼 나일즈(Preman Niles) 박사가 주관한 모임인데, 인도와 필리핀, 일본 그리고 한국 신학자들이 모였다. 홍콩을 거쳐서 거의 15시간의 비행 끝에 인도 남동부 항구도시인 마드라스 공항에 도착했다. 인도, 부처님의 나라, 동양문명과 인도철학과 종교의 발상지인 신비의 나라에 난생 처음 발을 딛게 된 감동은 비행장에서 내리자마자 시멘트 바닥이지만 엎드려 그 땅을 어루만지고 싶을 정도였다. 비행기에서 내리자 공항 청사까지 걸어 들어가야 했다. 나는 뜨거운 태양 아래 인도의 형이상학적 냄새가 나는 것 같은 공기를 마시며 천천히 걸어 들어갔다. 거지들로 가득한 공항 로비에 들어서자마자 알몸으로 소리 지르는 아이들이 내 짐을 맡아 날라주겠다고 달려들었다. 그냥 맡기는 것이 피해서 도망하는 것보다 편하고 쉬울 것 같기도 하고 뺏긴다 해도 별로 아쉬울 것도 없어서 그냥 맡겼다. 나를 기다리는 회의를 주관하는 인도 교회 직원이 나를 자동차로 안내해서 차에 탈 때까지 나의 "짐꾼" 아이는 우리 뒤를 열심히 따라왔다. 나는 "수고비" 팁을 후하게 주고 짐을 받아 차에 실었다. 그 아이의 행복해하는 얼굴과 몇 번이고 절하는 뒷모습에 나도 행복했다.

그 아시아 신학자들 모임에서 내가 대학에서 강제로 해직하게 된 경위를 이야기하고 1970년대부터 한국의 군사독재정권에 저항한 노동자와 대학생들의 인권과 민주화 운동, 고도 경제성장 드라이브에 노동력을 착취당하는 노동자들과 도시산업선교를 하면서 경험한 것들을 성서를 중심으로 해석하는 가운데서 성찰해온 '민중신학'을 설명했다. 그렇게 이야기하면서 한국 민족의 역사와 한국 기독교의 역사를 말했고, 일본과 중국과의 관계, 2차 대전 이후 일제로부터 해방되자 동시에 미국과 소련에 의해 분단된 역사와 6.25 전쟁 이야기를 털어놓지 않을 수 없었다. 우리 민족의 "한(恨)" 이야기, 성서의 이스라엘 민족이 당한 고난의 역사를 말하고 있었다. 그 자리에서 일본에서 온 신학자 가지와라(梶原 壽) 교수와는 아주 가까운 친구가 되었다. 그리고 필리핀에서 온 가톨릭 수녀와는 평생 동지가 되었다.

나를 인도로 초청한 나일즈 박사는 나를 방갈로우 시내 관광을 시켜준다고 거리로 나섰다. 시내 중심가는 사람들로 복잡했다. 길 한가운데를 걸어가는데 맞은편에서 어떤 사람이 방울소리를 내면서 내 쪽으로 다가오는 것이었다. 나는 그 방울소리가 어디에서 나는가 보고 싶어서 그 사람 앞으로 다가갔다. 그 찰나 나의 친구 나일즈 박사가 내 팔을 잡아당겼다. 나는 그가 하는 대로, 그가 가자는 대로 따라가면서 "왜 그러지?" 짜증 섞인 말투로 항의했다. 내 친구 말이, "친구야, 저 사람은 '불가촉천민(不可觸賤民, untouchable)'이야. 그 사람 몸에 닿으면 안 돼!" 하는 것이었다. "방울은 뭐야?" 내 질문에 그는 친절하게 대답했다. "박사님이 그 사람 몸에 접촉하게 되면, 죽어서 그와 함께 지옥에 가게 된다는 거야." 나는 인도의 민중은 이 사람들이라고 직감했다. 우리가 말하는 한국의 민중은 이들에 비하면 민중도 아니지 않은가. 민중신학은 인도에 필요한 것이 아닌가? 죽어서 인도의 불가촉민과 지옥에 갈 뻔했던 나를 건져준 스리랑카 귀족 신학자에게 감사하는 마음보다는 설명하기 힘든 괴리감을 느꼈다.

나의 첫 번째 인도 여행에서 얻은 교훈은 대학의 강의실에서 저명한 신학자들과의 대화와 학문적 접촉보다는 길거리에서 접촉할 뻔했던 불가촉천민[힌디어로는 달리트(Dalit)라고 한다]이나 가난하고 불학무식한 문맹여성들과의 만남에서였다. 나의 신학자 친구 나일즈 박사는 나를 빈민촌 사회복지관으로 안내했다. 중년으로 보이는 인도 여성 대여섯 명이 냄새나는 작은 방에 둘러앉아 있었다. 이들은 영어를 모르기 때문에 내가 영어로 말하면 내 친구가 인도말로 통역해가면서 소통을 했다. 이 여성들은 이 동네 초가집에서 살면서 그 복지관에 나와 재봉틀을 배우고 재봉일을 하면서 가계를 돕는다고 했다.

그러나 아라비아 숫자도 읽을 줄 몰라서 시내버스 타는 것도 도움을 얻어야할 정도로 무식한 문맹이라고 했다. 그러나 이들은 어제 시내 중심에 있는 시청에 몰려가 데모를 하고 왔다고 자랑하고 있었다. 자기 동네의 주택문제를 해결해달라는 요구를 하고 왔다는 것이다. 내 친구가 나를 마치 대단한 한국의 민주화 운동 용사처럼 치켜세우며 소개했다. 인도 여성들은 너도나도 질문이 많았다. 한국의 여성들은 독재자의 경제성장 드라이브로 아주 잘살게 되었다는데 정말 그러하냐, 그런데 왜 당신은 대학에서 쫓겨나서 인도에까지 오게 됐냐는 등 아주 날카로운 질문들을 던졌다.

부인들의 질문이 끝나자 내가 질문을 던졌다. '당신들은 가난하지만, 시청에 달려가서 데모하는 자유를 원하나? 아니면 잘살고 잘 먹기만 하면 민주주의고 자유고 뭐고 아무 말 안 하면서 조용히 사는 것을 원하나?'는 요지의 질문을 던졌다. 부인들은 고개를 갸우뚱거리더니, 자기네들끼리 토론을 하고 답할 테니 기다려달라고 돌아앉아서 열띤 토론을 했다. 10분 정도가 지나서 대표 한 사람이 손을 들고 말하는 것이었다. '우리는 배불리 먹는 것보다 민주주의를 원한다'는 대답이었다. 나는 나도 모르게 손뼉을 치면서 좋아했다. 눈물이 나오는 것을 참으면서.

신학자 친구와 숙소로 돌아오는 길에 친구에게 내 이야기를 나누었다. "영국의 철학자가 그랬던가? 배부른 돼지가 되고 싶으냐? 아니면 배고픈 시인이 되고 싶으냐? 내가 강의실에서 우리 학생들에게 이 질문을 던졌더니 돌아온 대답이 '배부른 시인이요'였어." 그리고 우리 둘은 아무 말 없이 쓴웃음으로 침묵했다.

홍콩에서 루스 장학생들을 만나다

내가 학교에서 쫓겨났다는 소식은 서울 소재 미 문화원과 풀브라이트 한국

위원회 등 재한 미국 문화교육기관에 퍼졌다. 아시아재단 한국 책임자는 미국인 친구인데 부인은 이화여대 졸업생이어서 가족끼리 왕래하는 사이였다. 그가 미국 뉴욕에 있는 '루스 재단(Luce Foundation)'에서 유능한 미국 대학 졸업생을 선발해서 아시아 지역에 있는 나라로 1년 동안 파견하여 각종 기관에서 교육과 실습을 받게 하는 프로그램이 있다고 나에게 소개하면서, 그 장학생들이 아시아 각국으로 보내지기 전에 홍콩에서 오리엔테이션을 하는데 나에게 가서 하루나 이틀 아시아와 한국의 역사와 문화 등을 소개하는 강의를 해달라는 것이었다. 강의실을 잃은 마당에 젊은 엘리트 미국 대학 졸업생들, 특히 아시아에 관심을 가지고 있는 선택된 남녀 젊은 학자들 앞에서 나의 모든 것을 쏟아부었다. 동남아시아, 동북아시아, 여러 나라들의 식민지 노예생활의 역사를 털어놓을 때면, 우리 민족의 한을 풀어놓듯 강의에 집중했다. 대학에서 추방되었으니 할 수 있는 일이라고 생각하니 내 처지가 의미 있게 느껴졌고 감사하게 생각되었다. 1981년과 1982년 여름, 두 번에 걸친 홍콩 강연 여행은 고된 일이었으나 많은 것을 배우는 보람이 있었다.

루스 장학생 프로그램이란 미국의 유명 주간지인 《타임(Time)》과 《라이프(Life)》를 발행하는 루스 재단이 아시아를 이해하고 아시아를 위해서 일할 수 있는 미국의 젊은 지도자들을 교육 양성할 목적으로 시작한 프로그램이다. 루스 재단의 회장 헨리 루스(Henry Luce)는 중국 선교사로 봉사한 자신의 부모를 기념하여 재단을 설립했다. 그는 1936년 시사 주간지 《타임》을 발간하기 시작했고, 제2차 세계대전 중 사진 주간지인 《라이프》를 발간하여 일약 언론출판 재벌이 되었다. 그는 사업으로 얻은 거의 전 재산을 루스 재단 설립에 기증했다. 이 재단은 아시아 지역의 기독교 고등교육을 지원하고 있고, 한국에서는 유일하게 이화여대를 중심으로 전 세계에서 참여하는 여성 과학자 양성 프로그램을 운영 지원하고 있다.

일본의 교회 지도자들과 대학생들

나는 인도에서 만난 일본 나고야 대학의 가지와라 교수의 초청으로 일본 대학을 순방하는 귀한 경험을 얻을 수 있었다. 1931년 일본제국주의가 만주를 침략해서 만주국을 세운 그해에 태어나서 일제 강점기의 한국 소학교에서 억지로 배운 일본말, 목사 아버지가 신사참배 강요를 거부하고 만주로 망명가서 내가 일본인 중학교를 다니면서 배운 일본말로, 임진왜란에서부터 시작해서 청일전쟁과 러일전쟁을 거쳐 태평양 전쟁에 이르는 일본제국주의의 아시아 지배 야욕을, 그리고 그 제국주의 야욕으로 한국 민중은 물론 중국과 아시아의 민중들이 겪은 고통의 역사를 조용조용히 말하면서 태평양 전쟁으로 인해 남과 북으로 갈라진 한국 민중의 한을 풀어놓기도 했다.

일본의 여러 대학에 초청을 받아 젊은 학생들과 대화와 토론을 전개할 수 있었던 것은 말 못하는 우리 한국 식민지 민중의 한을 푸는 것으로 생각했다. 그러면서 한국과 일본의 화해와 용서를 위해 일본인들과 일본 정부의 진실한 사과와 과거사 청산을 촉구하는 간절한 부탁을 잊지 않았다. 일본의 뜻있는 대학 교수들과 일본 기독교 에큐메니컬 지도자들이 기회가 있을 때마다 일본과 한국에서 만나 한일관계와 일본의 평화헌법에 대해서, 아시아의 평화를 위해서 깊이 있는 대화를 할 수 있는 계기가 생겼던 것이다. 이뿐 아니라 나의 해직 기간은 한국 YMCA와 일본 YMCA의 교류 사업에 초청받아 한일 기독교 청년 평화운동에 참여하는 귀한 경험을 할 수 있는 시간을 나에게 주었다.

미국 뉴욕 스토니 브룩 소재 주립대학교와 아스펜 연구소

내가 한국의 신군부에 의해 대학에서 해직됐다는 소식을 듣고 나의 박사학위 지도교수였던 레이 하트(Ray Hart) 박사의 알선으로 뉴욕 시 외곽에 위치한 롱아일랜드 스토니 브룩(Stony Brook)에 소재한 뉴욕 주립대학교의 초청을 받아 한 학기 연구교수로 가게 되었다. 1982년 봄이었다. 이 대학교에는 1960년, 내가 철학과 신학을 공부하고 있을 때, 세계의 신학계를 놀라게 했던 "사신(死神)주의 신학"의 주창자 토머스 올타이저(Thomas Altizer) 교수가 종교학을 강의하고 있었고 로버트 네빌(Robert Neville) 교수가 인문대학 학장직을 맡고 있었다.

올타이저 교수는 1970년대 중반, 내가 이화여대 국제하기대학 지도교수로 일하고 있을 때 아시아 종교학 강의교수로 초청했고, 그래서 미국 학생들과 재미 교포학생들과 함께 한국의 유명 사찰을 견학하고 주지 스님들과 대화하는 프로그램에 참여하기도 했던 분이다. 나는 학장이 제공하는 교수 연구실에 나의 책가방과 원고 뭉치를 내려놓았다. 내가 쓰기 시작한 나의 자전적 신학 여정의 기록을 완성할 계획이었다.

내가 뉴욕주립대학에 있는 동안, 서부 콜로라도 주에 위치한 바카(Baca)라는 곳에서 아스펜 연구소(Aspen Institute)가 주최한 "세계 종교 간 대화" 프로그램에 한국 개신교 신학자를 대표하여 초청을 받았다. 한국 불교를 대표해서는 동국대학교의 이기영 박사가 참가했다. 아내가 한국에서 날아와 함께 2주간의 대화 모임에 참여했다. 프로그램이 끝난 후 그 종교대화 모임에 참가했던 아스펜 시에 사는 미국 부부의 초청으로 그 집에 머물면서 아스펜 연구소의 본부와 아스펜 음악 수련회를 구경하며 즐겁고 유익한 시간을 보냈다. 아스펜 연구소는 1950년 창설되어 워싱턴에 본부를 둔 인문학 연구소이며, 미국의 유수한 기업의 재정지원으로 기업가, 정치가, 법률가, 인문학자, 교육자 등 미국의 젊은 지도급 인사들의 인성교육과 지도자 양성 교육을 하는 인문학 연구교육기관이다. 한국의 정부 요직에서 활약하고 있는 미국 유학파 친구들의 주선으로 아스펜 연구소에서 유익한 시간을 보내고 많은 것을 배웠다. 한국에도 아스펜 연구소와 휴양소 같은 것을 만들어 젊은 지도자들을 위시해서 유능한 중견 지도자 인문교육을 통한 인성교육을 할 수 있었으면 하는 막연한 포부도 함께 지니게 되었다.

학교에서 물러난 뒤 이화여대 기독교학과의 선배 신학자 박순경 교수의 주선으로 뉴욕 북쪽에 위치한 가톨릭 메리놀 수도원의 출판부 오르비스(Orbis)에서 웰시-프라이스(Welsh-Price) 연구자로 선정되어 거액의 저작 연구비를 지급받아 영어책을 쓸 수 있는 기회가 생겼다. 덕분에 뉴욕주립대학에 연구교수로 초빙되어 있는 동안, 올타이저 교수 댁에서 숙식을 제공받으면서 저술작업에 열을 올렸다. 이 저술 장학금은 직장을 잃고 집안 살림을 아내의 월급으로 지탱하게 된 상황에서 대단한 도움이 되었다. 내 영문 원고를 당시 한국의 미국대사관 정치과장으로 일하던 데이비드 블레이크모어(David Blakemore)가 자청해서, 한국의 기독교 신학과 역사도 배울 겸 편집해주었다. 블레이크모어 과장은 독실한 루터교 교인이며, 1980년대 한국 정치변동에 대해 깊은 관심을 가지고 미국 선교사들과 한국교회 지도자들과 긴밀한 접촉을 하면서 한국교회 민주화 운동을 음으로 양으로 지원한 믿음의 친구였다.

이 책은 1991년에 『그리스도 안에 있는 한국 민중(The Korean Minjung in Christ)』[7]이라는 제목으로 아시아교회협의회(CCA)에서 출판되었다. 이렇게 내가 미국 가톨릭 메리놀 수도회와 관계를 갖게 되자 다시 박순경 교수의 필리핀 수녀 친구인 버지니아 파벨라(Virginia Fabella)의 주선으로 신, 구교의 제3세계 해방신학자들의 세계적인 신학회인 '제3세계 신학자 에큐메니컬 협의회(Ecumenical Association of Third World Theologians, EATWOT)'에 가입하게 되었다. 한국 신학자를 대표하여 이 세계적인 해방신학자들 집회에 참석하면서 필리핀과 아프리카의 나이로비, 멕시코와 미국 뉴욕의 모임에서 저명한 제3세계 해방신학자들과 친교를 맺고 신학적인 교류에 참여할 수 있었다.

한번은 재한 미국 대사관의 참사관이라는 사람이 나를 찾아와서 멕시코에서 개최 예정인 제3세계 신학자대회에 참석하겠느냐는 질문을 던지는 것이었다. 이런저런 사정으로 참석할 수 없다고 하자 이 정보원 같은 외교관이 안심했다는 듯이 한숨을 쉬면서 악수를 하고 헤어진 일도 있었다. 미국 정부는

EATWOT를 남미의 해방신학자들의 반미 집단으로 판단한 모양이었다. 나의 참여를 염려해서였는지, 아니면 참여를 막아보려는 의도였는지 그의 방문 의도는 알 수 없었다.

장로회 신학대학에서 만난 제3세계 학생들

유신 시대 말기 일본에서 오재식 선생을 도와 해외 민주화 운동에 참여했던 김용복 박사는 귀국하여 광나루 장로회 신학대학의 구약학자 문희석 교수가 개설한 '제3세계 선교교육원'을 돕고 있었다. 매년 아시아와 아프리카 지역의 젊은 교회 지도자들에게 신학교육을 하고 석사학위를 수여하는 프로그램을 시작한 것이다. 나는 해직되자마자 1981년부터 이 프로그램의 강사로 초청되어 외국인 학생들을 지도하게 되었다. 나는 한국의 민중신학을 문화신학의 각도에서 강의하면서 한국 민속종교인 무속신앙으로부터 시작하여 유교와 불교를 가르치며 기독교가 한국의 민중 속에 토착화한 과정을 설명하면서 한국 기독교의 역사와 문화를 소개하는 강의를 했다. 여기에서 수학한 학생들 가운데는 장신대 유학 도중 결혼하여 부부가 된 사람도 있고, 장신대를 거쳐 미국에서 박사학위를 취득하여 대학 교수가 된 사람들도 있으며, 동남아 지역에서 선교 활동을 계속하는 에큐메니컬 지도자가 된 사람들도 있다.

1975년, 유신정권이 조작한 "민청학련사건"으로 수많은 기독학생들을 포함한 대학생들이 계엄령에 버금가는 악랄한 비상조치법에 의해 옥살이를 하고 있는 와중에 독일의 정치신학자 몰트만 박사가 내한한 일이 있었다. 나는 1972년 겨울 태국 방콕에서 열린 WCC 선교대회에서 만난 적이 있기에 그와는 구면이었다. 나는 그의 한국 방문을 환영하여 그의 강연을 통역했고, 그의 서울 시내 관광을 도우면서 종로에 위치한 파고다 공원을 함께 돌 때 1919년 3.1 독립운동에서의 한국 기독교 지도자들의 지도력을 소개했다. 그는 3.1 독립운동을 주도한 33인들의 사진과 만세를 부르짖는 조선 민중들의 모습을 보면서, "내가 정치신학을 말하기 이전에 여기 한국 기독교인들은 정치신학을 실천하고 있었네요"라고 말했다. 감동적인 말이었다.

그 몰트만 박사가 우리 해직된 교수들을 위로한다고 다시 한국에 날아왔던 것이다. 나는 더욱 그가 반가웠다. 그가 이렇게 두 번째로 내한하기 몇 달 전, 나는 스위스 제네바에 있는 세계교회협의회(WCC)에서 일하고 있는 박경서 박사의 초청으로 WCC 회의에 참석했다가 귀국하는 길에 몰트만을 찾아갔던 일이 있었다. 그가 신학을 강의하는 튀빙겐 대학에서 그의 지도로 박사학위 공부를 하고 있는 한국인 유학생 박종화 등 한국 학생들도 반갑게 만나 그들의 안내로 튀빙겐 대학을 구경하기도 했다. 몰트만은 내가 숙박하고 있는 호텔 방까지 올라와서 바로 호텔 건물 아래 위치한 대학 기숙사를 보여주면서 옛날 그 기숙사에서 철학자 헤겔이 공부했다고 설명해주기도 했다. 다음날 시내 관광을 나서서 튀빙겐 시내 중심을 흐르는 강의 다리를 건너면서 "저기 저 나무들이 서 있는 강 한가운데 모래밭에서 헤겔과 그의 학우들이 프랑스 1789년 혁명 소식을 듣고 모여서 시위를 했어" 하며 자랑하기도 했다.

몰트만은 우리 장로회 신학대학의 제3세계 신학부 학생들을 만나 강연도 하고 친교를 가질 수 있었다. 마침 내가 우리 외국인 학생들을 인솔해서 불국사 수학여행을 가게 됐는데, 몰트만이 동행하고 싶다고 했다. 나는 불국사와 석굴암, 경주 박물관과 첨성대, 그리고 신라시대 왕들의 무덤을 찾아 한국의 불교와 신라시대와 3국 시대를 설명하는 데 성의를 다했다. 학생들의 질문과 몰트만의 질문으로 우리는 서로 많은 것을 배우고 느끼고 돌아왔다. 몰트만은 한국에 올 때마다 대중 강연으로 바쁘고 피곤했는데, 1981년 경주여행을 오늘까지도 잊을 수 없다고 회고한다. 그는 내가 이 글을 쓰고 있는 2017년 봄에도 자신의 전집 출판을 기념하는 모임을 위해 방한했다. 나는 출판기념회에서 축사를 했고.

클레어몬트 신학대학의 여름

1983년 여름에는 미국 LA 북쪽에 위치한 클레어몬트(Claremont)라는 작은 소도시에 위치한 신학대학의 초청으로 여름 학기 동안 한국의 민중신학을 소개하는 강의를 하게 되어 온 가족과 함께 가게 되었다. 클레어몬트 신학대학의 저명한 존 캅(John Cobb) 교수의 초청이었다. 캅 교수는 독실한 감리교 신앙인이며, 미국의 과정신학(Process Theology)의 창시자로 유명하고, 생태신학과 아시아 종교와 종교 간 대화를 주창한 종교학자이며 종교철학자이다. 감리교 선교사 집안에 일본에서 태어나 일본에서 소년기를 지냈다. 1980년대 말엔가 내가 이화여대 교목실장으로 봉직하고 있을 때 이대의 초청으로 대강당의 채플에서 설교한 적이 있다. 그는 12살 무렵에 선교사 부모를 따라 중국에 가는 길에 기차로 서울에 들른 일이 있었다고 하면서, 그때와는 전혀 다른 한국을 보게 되어 자랑스럽다는 말을 하기도 했다. 그는 1982년에 출간한『대화를 넘어서: 기독교와 불교, 서로의 변화를 위하여(Beyond Dialogue: Toward a Mutual Transformation of Christianity and Buddhism)』[8]라는 유명한 책을 통해 종교 간의 대화만이 아니라 다른 종교들이 서로 변화할 수 있어야 하고 변화하도록 도와야 한다는 주장을 편 종교다원주의자이면서도, 종교 간의 전도와 교육을 통해서 "개종"할 수도 있다는 입장을 설파하는 기독교 신학자였다.

나는 6주간 동안 매일 강의를 하면서 한국 유학생들과 미국 학생들에게 한국의 개신교 역사와 신학을 소개하고 한국의 정치적 상황을 나누고 한국의 신학의 방향을 제시하는 일을 했다. 내 강의를 들은 학생 중에는 이화여대 기독교학과 출신으로 이 학교에서 신학석사 과정을 마치고 뉴욕의 나의 모교인 유니언 신학대학원에서 박사학위를 취득한 정현경 현 유니언 신학대학원 교수가 있었다. 우리 가족은 클레어몬트 대학이 마련해준 숙소에서 행복한 미국 생활을 보냈다. 초등학교 3학년인 작은 아들은 시에서 운영하는 여름 캠프를 즐겼고, 중학교 2학년 큰 아들은 어머니와 함께 동네 컴퓨터 학원에 등록해서 공부하는 데 열을 올리고 있었다. 교포 친척이 마련해준 스포츠카를 몰고 고속도로를 달려 태평양의 풍취와 샌디에이고 동물원과 돌고래 해양관 관광을 마음껏 즐길 수 있었다.

그해 여름 우리가 클레어몬트 여름학교 강의를 끝내고 귀국할 무렵 캐나다의 밴쿠버에서는 WCC 6차 총회가 열렸다. 7월 24일부터 8월 10일까지 열린 세계 에큐메니컬 총회였다. 이 총회가 특별히 주목을 받은 것은 이 총회의 주제 강사로 한국의 민주화 운동가 박형규 목사가 초대되었기 때문이다. 그해 봄, 오재식 선생은 자못 흥분된 얼굴로 나를 찾아와 박형규 목사가 WCC 6차 총회에 주제 강사로 초대되었는데, 그의 강연 초안을 영어로 작성해달라는 것이었다. 박형규 목사가 적어 보낸 내용을 기초로 해서 한국교회와 한국교회의 민주화 운동이 하나님나라 운동이라는 것을 멋지게 강조하기로 했다. 그 당시 박 목사는 몸을 던져 한국의 지성들과 기독 학생들과 함께 이 하나님나라 정치운동을 이끌면서 그리스도의 십자가의 고난을 당하고 있었다. 정부의 조종을 받은 교회 장로들에게 폭행을 당하고 교회에서 쫓겨나는 고난을 당하면서도 부활의 희망을 버리지 않고 거리에 나가 길바닥에서 주일마다 설교를 하면서 하나님의 선교를 펼치고 있었다. 세계 교회에 박 목사와 우리 모두의 처절한 투쟁을 알려야 했다. 총회의 주제는 "예수 그리스도, 세상의 생명"이었는데, "예수 그리스도, 우리의 생명이며 희망"이라는 내용으로 연설문 초안을 만들었던 기억이 새롭다.

박형규 목사는 자신의 회고록에서 그 유명한 연설문의 일부를 소개했다.

우리는 감옥에서 죽어가고 있었지만, 죽고 있었던 것이 아니다. 바로, 우리는 살아 있다. 우리는 군사법정에서 함께 고난당하는 기독교인들의 얼굴에서 민주주의의 생명이 힘차게 살아 있는 것을 보면서 옥중에서도 살아 있다는 것과 행복을 함께 느꼈다. (중략)

예루살렘 속의 죽음과 대면하며 예수는 나귀를 타고 예루살렘으로 들어갔다.

몇 안 되는 제자들과의 예루살렘 행진은 실패였다. 그것은 단지 십자가의 죽음 뿐이었다. 그러나 십자가에서의 그리스도의 죽음은 결정적으로 죽음의 세력을 극복한 것이다. 그것은 부활절 예수의 부활이었다. 십자가에서의 그리스도의 죽음은 생명을 나누어주는 죽음이었다. (중략)

영원한 생명은 죽음을 통해 온다. 축복은 가난을 통해 오고 부활은 죽음에서 부터 온다. 힘없는 사람만이 죽음의 세력을 극복한다. 죽음을 통해서만 죽음의 세력을 극복한다. 이것이 생명의 역설이다.[9]

박 목사는 자랑스럽게 "참가자들은 기립박수로 (나의 연설을) 받아주었다" 고 회고했다.[10]

1983년과 1984년 가을의 충격

캐나다 밴쿠버에서 WCC 총회 일정을 마치고 박형규 목사 등 한국교회 지도자들이 귀국했고, 나는 이들보다 먼저 로스앤젤레스 클레어몬트 신학대학원 여름학교 강의를 마치고 가족과 함께 무사히 귀국하여 현대교회 강단에 다시 서게 되었다. 그리고 한 달도 못 되어 비보(悲報)가 날아들었다. 1983년 9월 1일 대한항공 여객기가 알래스카 앵커리지 공항을 출발하여 소련 영공 사할린 반도 상공을 비행하던 중, 소련 공군 전투기가 발사한 공대공 미사일 2발에 격추되어 승객 240명, 승무원 29명, 도합 269명이 희생당했다는 소식이 들려왔다. 소련 측은 한국의 항공기가 여객기로 가장하고 소련의 군사시설을 정찰하고 있다고 오판하고 격추했다는 것이었다.

이런 참극이 발생하고 온 국민이 불안에 떨고 있는데도 불구하고, 전두환 대통령은 KAL기 참변이 있고 겨우 한 달이 지난 10월 9일, 함병춘 비서실장, 이범석 외무장관, 김재익 경제수석 등 엘리트 교수 출신 각료 20여 명을 대동하고 동남아시아와 오세아니아 6개국 순방길에 올랐다. 참변은 순방 첫 번째 나라 버마(지금의 미얀마) 수도 양군에서 일어났다. 전두환 일행은 미얀마 애국투사 아웅산 장군의 묘소 참배를 위해 아웅산 국립묘지로 향했다. 전두환 대통령을 기다리기 위해 수행자들이 아웅산 묘지 청사 안으로 들어서 도열하자마자 천장에서 폭탄이 터져 이들을 덮쳤다. 수행자 17명이 즉사했고 15명이 중경상을 입었고 미얀마인 4명 역시 희생당했다. 전두환 대통령은 4분 정도 뒤늦게 현장에 도착하는 바람에 목숨을 부지할 수 있었다. 폭탄 테러는 북한 공작원 3명의 소행으로 밝혀지고 테러범들은 국외도주 직전 체포되었다. 미얀마 정부는 북한과 국교를 단절했다. 한국정부 사절단은 발길을 돌려 장례 행렬과 함께 귀국했다. 동남아시아 순방은 없던 것으로 종료되었고 망각의 강요로 다시 입에 오르내리지 않았다. 북한에 대한 혐오와 복수심이 고조되었고 반공이데올로기는 힘을 얻었다.

이 테러사건으로 희생된 함병춘 박사는 미국의 하버드와 시카고의 노스웨스턴 대학에서 법학을 공부하고 연세대학에서 교편을 잡으며 한국기독자교수협의회의 창립 멤버로 인권과 민주화 운동에 가담한 지성인의 한 사람이었다. 유신정권 초기의 입장을 버리고 청와대 정치교수로 입성하고 나서, 한번은 이화여대 학생들 앞에서 한 강연에서 "민주화는 경제발전이 되어 우리가 좀 잘살게 되면 자연히 이루어질 테니 너무 조급하게 생각하지 말아달라"고 말하는 것을 직접 들었던 기억이 난다. 진심으로 민주화를 원했던 사람인 그가 죽은 지 34년이 지난 2017년 오늘도 그의 "예언"이 완전히 이루어지지 않았다는 것은 안타까운 일이 아닐 수 없다. 그의 연세대 제자들과 나를 포함한 동료 기독자 교수들이 그에 대한 기대가 컸던 만큼 실망도 컸었지만, 그의 미얀마 아웅산 국립묘지에서의 희생에 대해서는 진심으로 애도했다.

1983년은 그야말로 격동의 한 해였다. 전두환 대통령이 미얀마 아웅산 국립묘지에서 그의 최측근 각료들을 잃고 돌아온 다음달 11월 13일에는 미국의 레이건 대통령이 청와대를 방문하게 되어 있었다. 전두환의 집권을 허락하고 김대중 야당 사형기결수 석방을 협상한 레이건을 전두환이 답례로 초청한 것이었다. 레이건 대통령 내외는 화려한 모습으로 환영 리셉션에 나타났다. 나역시 미국 대사관의 "호의"로 초대되어 레이건 대통령 내외의 손을 잡을 수 있었지만, 재야, 유신반대 지식인에게 보내는 외교적 의례 정도로 받아들였다. 레이건 대통령을 수행한 백악관의 안보실장이 미국 대사 공관에서 소위 교회계통의 민주인사들과 함께 하는 조찬 모임에도 초대되었다. 안보실장은 미국대사관의 미국 중앙정보국 파견 국장으로 박정희 시대 김대중 선생이 일본에서 납치된 것을 감지하고 구명운동에 성공했던 도널드 그레그(Donald Gregg)였다. 그는 유신시대에도 대사관 직원들 앞에서 자작 무언극을 만들어 무대에 올리고 우리 내외를 초빙한 적도 있는 유능한 예술가 정보원이었고, 그의테니스 실력은 준선수급이었다. 그가 그 조찬 모임에서 내 안부를 묻길래, 전두환 집권과 함께 강제 해직되었다는 소식을 전했다. 그는 '소식을 들어서 알고 있는데 부득이한 일 아니겠느냐, 정국의 안정을 위해서'라고 말꼬리를 흐렸다.

그 후 내가 이화여대에서 정년퇴임한 1996년 뉴욕의 모교에 방문교수로 갔을 때 그레그 대사 부부의 초청으로 그들의 미국 집을 방문할 수 있었다. "옛정"을 생각한 초대였다. 그는 뉴욕으로 돌아가 공직에서 은퇴하고 뉴욕 소재 "한국학회(Korea Society)"의 회장이 되어 있었다. 그는 회장직을 맡은 후 남북한 관계에 깊은 관심을 가지게 되었는데, 한국 외교계에서의 뒷소문은, "그레그는 '한국학회'를 하는 게 아니라, '북한학회(North Korea Society)'를 하고 있어!"라는 불평이었다. 미국 관리들은 겉으로는 인권을 강조하고 민주화를 말하지만, 결국 솔직한 말로는 "미국의 국익이 먼저야"가 진실에 가까운 것 같았다. 우리도 마찬가지가 아닌가? 나라의 이익을 위해서는 불의도 눈감아야 하는가? 참된 국익은 정의와 인권이고 자유이며 민주주의가 아닌가? 그리고 참된 국익은 보편적 가치에 의해서 평가되어야 하는 것 아닌가?

1983년의 아웅산 테러사건으로 인한 북한 혐오와 반공심리는 1년도 못 가서 옛날이야기가 되어버린다. 1984년 여름, 남한 전 지역에 발생한 대홍수는 190명이 사망하고 1300억 원에 이르는 수해 손실을 가져다준 천재(天災)였다. 예상치도 못하게 북한은 쌀 5만 석과 시멘트 10만 톤, 의약품 등 대량의 수재 구호품을 적십자사를 통해서 남한의 수재민에게 지원했다.

북한에서의 지원 의사가 우리 정부에 전달되었을 때, 미국 대사관 친구들과 고위급 인사가 나에게 의견을 물어왔다. "북한 구호품을 받아도 되는가?"였다. 남한과 미국의 자존심 문제로 생각했던 모양이었다. 나는 물론 찬동한다고 했고, 이 일을 통해 남북관계가 호전될 수도 있다는 의견을 제시했다. 내 생각이 적중했는지 이 일이 있고 나서 남북적십자회담이 성사되었고 1985년에는 6.25 전쟁 이후 처음으로 이산가족 상봉과 고향 방문이 성사되었다. 나아가서 예술 공연단의 교환방문도 이루어졌다.

대학생들의 반미 행동

전두환이 이끄는 유신잔당의 제5공화국 통치에 국내에서는 저항이 증가하고 있었다. 무엇보다도 12.12 쿠데타와 5.18 광주학살로 정권을 찬탈한 제5공화국의 정통성에 대한 도전이 시작되었다. 민주화 세력과 대학생들은 먼저 미국 당국이 5.18 민중민주화 운동을 무력으로 탄압하고 양민을 학살한 군사행동을 허용했다는 데 대해 분노를 분출했다. 저항의 불씨는 광주에서 5.18이 일어난 해 12월 9일에 일어났다. 전남대 3학년 학생 임종수 등 5명이 금남로 도청 근처에 위치한 미국 문화원에 불을 질렀다. 이어서 1982년 3월 18일에는 고려신학대학 휴학생인 문부식이 부산의 미국문화원을 점거하다가 방화한 사건이 발생했는데, "광주항쟁의 진실을 밝히라는 것"이 미국에 대한 요구였다. 이 사건은 미국의 《뉴욕타임스》에 크게 보도되었다. 1985년에는 반미 행동이 격렬해지면서 5월 7일 전국대학생 4만여 명이 거리에 나섰다. 학생들은 역시 광주항쟁-학살의 진상을 조사하라는 요구를 제시하고 연일 시위를 계속했다. 5월 23일에는 전국대학생 대표 73명이 서울 시내 복판에 위치한 미국 문화원을 점거하고 시위를 계속했다.

학생들은 전두환 정권의 아킬레스건을 건드린 것이다.

부산 미국 문화원 방화사건의 주동자들이 원주 가톨릭 교육원에서 교육을 받고 반미행동의 사주를 받았다는 혐의를 받으면서 이 사건은 종교탄압의 문제로 비화했다. 개신교의 한국교회사회선교협의회는 성명서를 내고 5.18 학살을 규탄하고 배후의 미국을 비난했다. 이로 인해 보수 교회 지도자들은 에큐메니컬 진영이 반미 행동을 한다고 비난하면서 규탄하기도 했다. 이때부터 기독교 안에서는 소위 "친미보수"파와 "반미진보"파로 갈라지고, 이념적, 신학적 갈등이 격화되었다.

"민중신학을 부탁해요"

나는 1984년 여름 홍수와 물난리가 터지기 전, 샌프란시스코에 위치한 신학대학의 목회학 박사 과정에 지망한 한국교회 목사들을 위한 여름학교에 강사로 초청받아 서울을 떠나게 되었다. 그때는 이미 대학에서 해직된 지 만 4년이 되어가는 때였고, 예상 밖으로 복직 소식을 듣고 있었다. 그 와중에 연세대학교 신학대학에서 해직당한 민중신학의 창시자이며 대선배인 서남동 목사가 세브란스 병원에 입원해 있었다. 서남동 교수는 오랫만에 남미와 미국 등지를 순방하고 캐나다의 모교인 토론토 빅토리아 대학교의 임마누엘 신학대학에서 명예신학 박사학위를 받고 귀국하는 길에 과로로 인한 병을 얻어 귀국 즉시 세브란스 병원에 입원하게 되었던 것이다. 나는 병문안 겸 서남동 목사님을 뵙고 출국인사를 드렸다. 그리고 우리가 복직된다는 소식도 나누었다. 서 목사님은 병상에서 일어나시지 못한 채 내 두 손을 꼭 잡고, "서 박사, 민중신학 잘 부탁해요"라고 하셨다. 우리는 그렇게 헤어졌다. 미국에서 목사님의 부음을 들었다. 7월 17일이 그의 기일이다. 1918년생이었으니 1984년 66세의 "젊은" 나이로 가신 것이다. 2018년은 서남동 박사님의 탄생 100주년이 되는 해이다. 제2, 3세대 민중신학자들이 그의 탄생 100주년을 기념하는 각종 행사와 축제를 준비 중에 있다.

나는 만 4년 동안 봉직한 압구정동의 현대교회를 떠나게 되었다. 마침 서울대학교에서 해직당한 저명한 민중사회학자 한완상 교수가 자신의 복직 소식을 듣고 나의 모교 뉴욕 유니언 신학대학원에서의 신학 공부를 중단하고 급히 귀국했다. 현대교회는 한완상 박사를 교회 설교자로 초빙하기로 했다. 나는 이화여대로 돌아가기로 결심하고, 분에 넘치는 송별회를 받았다. 교인들은 복직을 축하하면서도 많이 서운해하면서 나를 떠나보냈다. 목회를 계속하는 것도 생각해 보았으나, 역시 학교의 교단에 서는 것이 내 천직이라고 믿고 이화여대에 첫발을 들여놓았던 60년대를 기억하면서 학교로 돌아가기로 결심했다. 해직 기간에 많은 유혹이 있었으나, 고사한 이유가 나의 천직은 교단에서 후학들을 가르치고 학문을 하는 것이라는 초심을 포기하지 않았기 때문이다.

초등학교 5학년, 열한 살 된 우리 둘째 아들은 내가 목회하고 설교하는 것을 좋아하고 자랑스럽게 여겼던 것 같다. 학교로 복직하는 날, 나에게 "왜 교회를 그만 두셨어요? 대학 교수 하는 것이 그렇게 좋으세요? 민중신학을 하신다면서요?" 나는 아직도 어린 아들의 그날 그 한 마디를 잊을 수가 없다.

제9장

에큐메니컬 평화통일 운동
그리고 1987년 6월 항쟁에 이르기까지

남북통일을 위한 일본 도잔소 국제회의

1982년 오재식 선생이 일본으로부터 귀국했다. 오재식 선생, 한국 YMCA 전국연맹을 활성화시킨 강문규 총무, WCC 청년부 간사로 해외 민주화 운동을 지휘한 박상증 목사, 이 세 사람은 경동교회 강원용 목사를 추종하고 강 목사의 신학과 운동에 동지로 가담해온 "에큐메니칼 3총사"로 불렸다. 오재식 선생은 1970년부터 일본에 근거지를 둔 아시아 교회협의회의 '도시농촌 선교부' 간사로 활약했다. 일본에 있으면서 박정희 유신시대 10년 동안 한국의 민주화 운동을 지원하는 국제 포럼인 '한국 민주화를 위한 세계협의회(World Council for Democracy in Korea)를 이끌었다. 이 포럼은 1975년 나이로비 WCC 총회에 참석했던 해외파 한국교회 지도자들로 구성된 것이었다. 오재식 선생은 1973년 일본에 체류 중이던 김용복 박사와 지명관 교수와 함께 박정희 유신 정권을 규탄하고 민주화를 촉구하는 "한국기독교인 선언: 기독교 신앙은 독재를 거부한다"라는 제하의 선언문을 비밀리에 한국에 뿌린 일을 위시하여,

"한국으로부터의 통신: TK 생"을 일본 진보계열 월간지 ≪세카이≫에 게재하는 언론 운동을 은밀하게 펼치기도 했다. 그는 일본에서 아시아 교회협의회 일을 보면서 유신 군부독재의 국내외 언론 통제에 맞서 국내의 기독학생들을 포함한 학생들과 노동자들, 기독자 교수들의 민주화 운동의 실상을 해외에 알리는 정보통로 역할을 해왔다. 나는 그의 활동을 "CIA" 활동이라고 했는데, 미국이나 한국의 중앙정보국(Central Intelligence Agency)이 아니라 기독교정보국(Christian Intelligence Agency)이란 별명 아닌 별명으로 그의 활동을 평가한 것이었다.[1] 오재식 선생은 1981년 일본에서의 CCA 국제국 일을 마치고 귀국하기 전 하버드 신학대학원에서 한 학기 강의실을 오가며 귀국 후의 일감을 구상하다가 귀국했다.

오재식 선생은 김관석 한국교회협의회 총무가 임기를 마치고 기독교방송국(CBS) 사장으로 옮겨가는 시기에 입국하여, 그가 개설했던 선교교육원의 책임을 교회협의회 신임 총무 김소영 목사와 함께 맡게 되었다. 그는 귀국하여 전두환 정권의 소행을 지켜보면서, 5.18 민중민중항쟁은 결국 한반도의 "분단체제"가 만든 비극이라는 결론을 내렸다. 분단체제를 극복하기 이전에는 한반도에 민주주의가 옳게 피어날 수도 없고 정착하기도 어렵다는 것을 깨달았다. 1970년대의 한국 기독교 에큐메니컬 운동은 그 우선순위가 군부독재 유신체제를 해체하고 민주주의 공화국을 회복하는 것이라고 주장했으나, 5.18의 비극을 경험한 80년 세대는 "통일 없이, 분단체제의 극복 없이, 한국의 민주화는 이상과 환상에 불과하다"는 결론에 도달했다. 그리하여 오재식 선생은 한국교회협의회의 선교훈련원 원장 일을 하면서 통일위원회 책임을 겸하게 되었다.

각 지역에 선교훈련원의 거점을 만들고 각종 교육 프로그램을 진행하면서, 오재식 원장은 크고 작은 '통일협의회' 모임을 준비했다. 그러나 정부는 이런 모임 직전에 방해를 놓기도 하고 차단하기도 하면서 방해를 놓았다. 통일 논의는 정부가 하는 일이고, 민간인은 개입해서는 안 된다는 것이 정부의 입장이었다. 오재식은 여러 번 통일부와 협상을 시도했으나 포기하고 말았다. 국내에서 통일을 논할 수 없다고 포기할 수도 없었다. 그는 그동안의 해외 네트워크를 통해서 통일 논의를 국제화하는 계획을 세웠다. WCC의 국제위원회(Christian Council of International Affairs, CCIA)와 접촉을 해서 WCC의 주최로 아시아와 한반도 평화와 통일 문제를 부각시키고 협의하는 모임을 만드는 데 합의했다. WCC가 주관하는 모임에 남과 북의 교회 지도자들이 한반도의 평화와 통일문제를 협의하기 위해 초청받는 형식을 취해보자는 것이었다. 1983년의 일이었다.

오재식 원장은 고민 끝에 나를 찾아와, 정부를 설득해서 이러한 WCC 모임에 남한 교회 지도자들이 참석할 수 있도록 정부의 허락을 받는 방법을 찾아봐 달라고 했다. 특히 북한의 그리스도교도연맹의 목사들을 초청해야 이 모임의 참 목적을 달성할 수 있다고 했다. 결국 이것은 "북한주민 접촉 승인"을 받아낼 수 있겠는가 하는 문제였다. 이 일은 지금도 그렇지만 당시에는 상상도 할 수 없는 일이었다. 나는 중앙정보부의 현홍주 차장이 생각났다. 현 차장 부인은 내 아내와 함께 김옥길 이화여대 총장 비서실에서 근무한 유능한 후배 동료였다. 나는 아내에게 우리 의도를 설명하고 문영혜 선생을 통해서 현홍주 차장과 통화하는 데 성공했다. 현홍주 차장은 가끔 가족 모임으로 식사를 같이한 적도 있고, 1960년대 말 현홍주 선생이 뉴욕의 컬럼비아 대학교 법과대학원에 수학할 때 대학교 근처 아파트를 방문한 일도 있어서 쉽게 모임을 성사시킬 수 있었다. WCC 국제위원회 대표로 내한한 캐나다 친구 에릭 웨인가트너(Erich Weingartner)와 대만 출신 미국인 빅터 슈(Victor Hsu)를 대동하고 오재식 원장과 나는 현홍주 차장이 안가(安家)로 사용하고 있는 서울 시청 맞은편에 위치한 플라자 호텔 22층으로 찾아갔다.

현홍주 차장은 시청 앞 광장에서 학생들이 외치는 반정부 시위의 시끄러운 함성을 들으면서도 유연하게 WCC가 주최하는 일본에서의 남북 교회지도자 회의에 협조할 것을 약속했다. 다음해인 1984년 10월 일본의 후지산(富士山)

동남쪽에 위치한 일본 도잔소(東山莊) YMCA 수련관에서 그 유명한 "도잔소 회의"가 열렸다. 이 회의는 남한의 교회지도자 10여 명과 일본, 홍콩, 대만, 필리핀 교회 지도자들이 참석하는 동북아시아회의의 성격을 띠고 있었다. 이 대회의 주제는 "동북아시아의 평화와 교회의 역할"이라고 하여 직접적으로 한반도 남북문제에 관한 회의라는 인상을 피했다. 그러나 한반도의 평화와 분단 극복이야말로 동북아시아를 포함한 아시아 전체의 평화와 연결된다는 집단의식이 표현된 것이었다. 이 회의 주제 강연은 이 도잔소 회의 직전에 한국기독교교회협의회 60주년을 축하하기 위해 내한한 WCC 총무 필립 포터(Philip Potter) 박사가 했고, 미국 시카고대학의 저명한 지한파 정치학자이며 역사학자인 브루스 커밍스(Bruce Cummings) 교수가 발제강연을 맡았다. 북한의 그리스도교도연맹 교회지도자들의 참여를 위해 회의장소를 제3국인 일본으로 정하고 초청했는데 아쉽게도 북한 대표는 올 수가 없었다. 그러나 조총련을 통해서 북한 교회는 축전을 보내왔다.

나는 이 역사적인 도잔소 회의 개최를 성공시키는 데 작은 역할을 했지만 갈 수가 없었다. 만 4년 동안의 해직 생활을 청산하고 이화여대 교단으로 돌아온 지 며칠 안 되어 휴강한다는 것은 나 스스로도 용납할 수 없었다. 또한 같은 시기에, 아메리카학회나 미국 풀브라이트 한미 교육재단 일 등으로 친해진 미국 유학파 친구의 한 사람인 김세진 박사가 오랜 투병 끝에 세상을 떴다. 그가 전두환 정권의 뉴욕 총영사직을 수행하고 있을 때 그의 뉴욕 외곽 시골 관사를 방문하기도 했는데, 나하고 단 둘이 이동하는 차 안에서 한숨지으며 털어놓는 말이 "서 형, 전두환 정권에게 '광주사태'는 큰 짐입니다"였다. 그의 신병이 단순한 몸의 병이 아니었던 것 같다고 생각했다. 왜 전두환 정권의 고급 외교관이 "해직교수"에게 그런 말을 했을까? 그의 양심의 소리를 터놓은 것으로 들려 그의 말은 나의 가슴을 찔렀다. 군사독재시대를 살아야 하는 양심적인 지성인의 한숨이었던가 싶다.

"선 민주, 후 통일"이라는 1970년대 한국 에큐메니컬 사회선교와 정치신학

운동의 패러다임이 5.18 광주 민중민주화 항쟁 이후의 "선 통일, 후 민주"로 요약할 수 있는 패러다임으로 전환되는 데는 1979년에 창설한 '한국기독교사회문제 연구원'의 역할이 컸다. "기사연"이라는 약칭으로 알려진 이 연구소는 독일교회를 위시한 유럽 교회 재단의 재정적 지원으로 개설된 에큐메니컬 싱크탱크(think tank)의 역할과 기능을 담당했다. 연구원의 행정과 정책수립과 연구 진행을 위해 도시산업 운동권을 지휘해온 감리교의 조승혁 목사와 일본으로부터 귀국한 김용복 박사, 이 두 사람을 원장으로 세우고, 김관석 전 NCC 총무를 이사장으로 추대하고, 강문규 등 교계 지도자들을 이사진으로 구성하고, 젊은 대학원 재학생이거나 석, 박사 학위를 소지한 연구원들로 연구원을 가동한 것이다. 기사연의 연구팀으로는 당시 해직교수들과 ≪동아일보≫에서 추방당한 해직기자들도 가담했는데, 나는 연구팀과 이사진에 들어가 맡은 역할을 수행했다. 가히 한국교회 에큐메니컬 운동의 "두뇌 집단"이라고 할 만한 집단지성의 모임이었다.

남북통일 문제 연구의 일환으로 기사연은 대한민국 각급 학교 교과서의 통일교육 실태를 조사 연구하는 일에 착수했다. 학교 교육에서부터 북한을 적대시하고 왜곡된 북한 인식을 주입하는 교과서의 내용과 교육방법을 개선해서 올바른 통일교육의 방향을 제시하고자 하는 의도에서 시작되었던 것이다. 연구의 목적은 기사연 정기이사회 1983년 2월 29일 회의록에 기재된 보고서 「민족의 통일을 위한 학교 교육 연구: 교과서 분석을 중심으로」에 기록된 대로, "성장하는 세대가 분단 상황을 어떻게 인식하여 통일된 조국의 미래상에 대해서 어떠한 교육을 받고 있는가 하는 것"을 연구 조사하기 위한 것이었다.[2]

위와 같은 동기와 목적으로 유상덕 선생 등 초·중·고등학교 현직 교사 9명과 함께 1983년 4월부터 연구에 착수했다. 기사연이 위탁한 자문역으로는 고려대 강만길 교수와 이영희 교수가 있었다. 한편, 예기치 않던 사건이 터졌는데, 연구 교사 중 한 사람이 야학 운동 관련 조사를 받던 중 교과서 연구 문건이 치안본부에 발각되어 정보당국의 주목을 받게 된 것이다. 기사연의 "정체"

에 대해 신경을 곤두세우고 있던 당국은 1983년 12월 15일 유상덕 선생을 위시한 연구 교사 전원을 연행하여 조사를 진행했고, 12월 30일에는 리영희, 강만길 교수를 연행했다. 기사연 조승혁 원장은 이미 12월 1일부터 조사를 받기 시작한 상태였다. 1984년 정월 초하루에는 기사연의 연구 간사가 연행되어 조사를 받기 시작했다.

이에 대하여 NCC의 인권위원회를 비롯하여 감리교 교회와 사회위원회 등이 공동대책위원회를 구성하고 정부에 항의성명을 내고, 1970년대 유신정권의 인권 탄압 정책에 반대하며 그때까지도 수감되어 있던 구속자 가족들의 모임인 "목요 기도회"에서 대책을 논의하기에 이르렀다. 1984년 1월 17일에는 한국천주교 정의평화위원회와 인권위원회가 공동대책위원회를 열고 1월 25일 "공동성명"을 발표했다. 이 사건은 민족통일에 관한 논의에 대한 국민의 권리를 침해하고 탄압하는 권력 남용이며, 교회의 선교사명을 탄압하는 것이라고 규탄하고 즉각적인 석방을 촉구했다. 강력한 항의에 대한 응답으로 구속자들은 1984년 2월 14일 구속된 지 45일 만에 석방되었다. 석방의 이유는 본인들이 과오를 "깊이 뉘우쳤다"는 것이었다. 그러나 사실인즉, 이러한 정부의 처사는 기독교계의 통일논의를 더욱 고조시킨 결과를 가져왔다. 나는 리영희 교수와 강만길 교수가 구속되어 있는 동안 자택을 방문하여 크리스마스 선물로 쌀 한 가마니씩을 전달했다. 한국기독자교수협의회의 이름으로.

1984년: 한국 개신교 선교 100주년

1984년은 한국에서 개신교 선교가 시작된 지 100년을 기념하는 해였다. 1882년 고종의 조선이 미국과 수호통상조약을 체결한 지 2년 뒤인 1884년 부활절 아침, 미국 감리교 선교사 아펜젤러(Henry G. Appenzeller)와 미국 장로교 선교사 언더우드(Horace G. Underwood)가 손에 손을 잡고 제물포(인천)항에 발을 들여놓은 역사적 사건을 기점으로 해서 한국 땅에 개신교 선교가 시작되었던 것이다. 이보다 앞서 1866년 스코틀랜드 선교사 토머스 목사가 영국 선박 제너럴셔먼호를 타고 평양 대동강 하류까지 올라왔다가 대원군의 불화살에 맞아 배가 타고 선원들이 익사하는 가운데 가지고 온 중국어 성경을 강가에 뿌린 선교 순교사건이 있은 지 실로 18년 만이었다.

1984년에는 한국 선교 100주년을 기념하는 여러 가지 교회행사가 있었다. 그중에 한국 개신교 100주년을 반추하는 신학 모임으로는, 특히 예장 통합이 주최한 "한국교회 100주년 신학 심포지엄"이 있었고(6월 27~29일), 9월 20일에서 22일까지 한국기독교 100주년 기념 사업협의회가 주최한 "한국기독교 선교 2세기를 향한 선교신학 협의회"가 있었다. 10월 10일부터 13일까지는 서울에서 "역사와 신학"을 주제로 한 한국기독교 100주년 기념 신학자대회가 있었다. 이 신학자대회는 한신대 교회사학 교수인 주재용 교수가 회장이었던 전국신학대학 협의회와 내가 회장으로 일한 한국기독교학회의 공동 주최였다.

이 신학자대회는 한국 기독교 신학과 신학교육의 과거와 미래를 심층적으로 논의하고 토론하는 데 집중했다. 나아가서 제3세계 신학의 역사와 관심의 시각에서 한국 기독교 신학의 문제와 그 100년의 역사와 미래의 비전을 논의하자는 것이었다. 제3세계 신학자로는 아르헨티나에서 신학대학 교수로 남미 해방신학을 가르치고 실천하는 저명한 신학자 미구에즈 보니노(Miguez Bonino) 교수가 강사로 초청되었고, 스리랑카 출생이면서 영국 옥스퍼드 대학과 미국 프린스턴 신학대학원에서 신학을 연구한, 아시아교회협의회 신학담당 부총무 프리먼 나일즈가 오게 되었다. 보니노 교수는 한국 방문이 처음이었으나, 나일즈 박사는 한국의 민중 신학자들과 교류를 위해서 몇 번 내한했었고, 1979년 민중신학 모임을 공동으로 주최한 김용복 박사와는 프린스턴 신학대학원 동창이다.

이 신학자대회를 성공적으로 마치면서 참가자 일동의 이름으로 "한국 신학자 성명: 한국기독교 100주년에 즈음하여"라는 성명서를 발표했다. 이 성명서는 내가 주필 역할을 맡아 초안을 작성했다. 그 성명서는 다음과 같다.

(1) "한 세기를 돌이켜 보며"라는 소제목 아래, "한국 개신교회는 지난 한 세기 동안 한국 민족의 고난의 역사 속에서도, 희생과 순교의 피를 흘리면서 예수 그리스도의 복음을 과감히 증거함으로써 놀라운 성장을 거듭하여왔다. …… 한국의 민중이 외세의 경제적, 정치적, 이념적 이해에 의하여 남북분단의 민족적 고난을 경험하고, 억압적인 정권 밑에서 신음하고 있을 때, 우리는 예수 그리스도의 살아 있는 말씀 속에서 해방의 말씀을 발견하였고 …… 정의와 인권을 위한 투쟁을 통하여 예언자적 신앙을 지켜왔다"고 평가했다.

동시에 지난날의 한국 신학의 과오에 대해서도 반성하고 회개했다. 첫째, 교파주의와 개교회(個敎會)주의에 빠져 교회연합을 회피하고 교회분열을 방치한 잘못, 둘째로 세상과 역사로부터 도피하는 타계적(他界的) 신앙과 현실도피적 신앙과 생활을 가르친 과오, 셋째로 "한국 민족의 역사적 전통과 종교문화의 발전에 기여하지 못한" 배타적이고 독선적인 신앙과 신학을 반성했다. 그리고 넷째로 "현대 지성사회와의 학문적 대화를 게을리하여 한국 신학과 신학교육을 단편화시켰으며, 학문세계로부터 고립시킴으로써, 지적 신빙성을 약화시켜온 것" 등 통렬한 자기비판을 제시했다. 한국 개신교 100주년에 즈음하여 통렬하게 제시한 이러한 비판과 문제들은 그로부터 33년이 지난 오늘에도 한국교회의 신앙 형태와 신학은 변화가 없을 뿐 아니라 오히려 악화일로에 있다고 다시 통회해야 할 형편이다.

(2) 또 한 세기를 내다보며 한국 개신교 100년을 기념하는 신학자들은 자기들의 신학적 사명을 확인하면서 현재와 미래의 비전을 제시했다. 그 비전의 첫째는 예수가 전파한 하나님나라의 비전이었다. "하나님나라의 백성은 민중이다"라고 천명하면서 "민중이 역사의 주체"라는 한국 민중신학의 역사인식과 민중이해를 천명하고 "우리 신학자들과 신학 교육자들은 오늘날 민중의 고난과 고통에 참여하고, 그 고통의 진상과 구조적 모순을 밝히며, 그 고난의 경험을 신학적으로 성찰함으로써, 민중과 자유와 자결, 인권과 사회의 궁극적

민주화를 위한 학문적 운동에 참여하여야 한다"라고 했다.

이 신학적 성명의 특이한 점은 북한 공산주의 체제에 대한 비판이다. "민중의 해방을 표명하면서 민중을 도구화하고 노예화하는 사회주의 공산체제를 비판하고, 인간의 존엄성을 거부하고, 물질주의로 환원시켜 비인간화하는 사회구조를 거부한다. 우리는 한편으로 공산체제 이데올로기를 반대하면서, 다른 한편으로는 인권을 유린하고 경제적 수탈과 정치적 지배와 문화적 소외현상을 정당화시키는 전체주의적 독재정권이 표방하는 이데올로기도 비판하며, 이에 저항할 것이다"라고 했다.

결론적으로, 한국의 신학자들은 다음과 같이 결연한 각오를 천명했던 것이다. "제2세기를 향한 한국 신학자들의 나아갈 길은 십자가의 길이다(막 16:24). 그것은 신학교수의 사회적 지위가 주는 정치적 안전과 경제적 안정 속에 안주하는 바리새파적이며 율법학자적인 자리를 떠나 한국 사회와 역사에 참여하여 예수 그리스도의 고난의 길을 따라가는 것이 참된 제자의 도리인 줄로 믿기 때문이다. …… 우리는 예수 그리스도의 복음에 충성하여 흔들리지 않을 것이며, 가난과 고통을 외면하거나 지나쳐 버리거나, 피해가지 않도록 기도할 것이다."[3]

폭력으로 몰락해가는 전두환 정권

한국교회의 보수진영은 전두환의 폭정에도 불구하고 "나라를 위한" 조찬기도회를 계속 개최했다. 1980년 8월 6일 5.18 광주 민중민주항거를 총칼로 진압하고 민주시위 학생들과 시민을 무차별 학살한 "살인마" 전두환 국보위 상임위원장을 위한 특별기도회를 서울 복판의 호텔에서 개최한 것이다. 1982년 5월 4일에도 "국가조찬기도회"를 열어 전두환 정권의 성공을 기원했다. 1983년 버마 아웅산 테러사태 직후에도 "나라를 위한 기도주일"을 제정한 데 이어, 1984년에도 5월 광주항쟁에 대한 "반동적"인 반응으로 5월 29일 다시 국가조찬기도회를 개최했다.

이에 반하여 에큐메니컬 민주화 운동세력은 전두환 정권의 폭력적인 탄압을 계속 받았다. 민주화 운동을 이끌어온 에큐메니컬 진영의 지도자들을 회유하려고 노력했으나 끝내 순화하지 않은 인물, 가령 박형규 목사 같은 교회 지도자를 회유하는 일에 실패한 정보당국은 박형규 목사를 그의 근거지인 서울 제일교회로부터 폭력으로 축출하는 음모를 자행했다. 1983년 8월 28일, 그동안 박 목사의 민주화 운동과 전두환 정권을 비판하는 설교 등에 반대해오던 장로 한 사람이 예배 후 교회 안에서 박 목사를 구타한 일로 박 목사 축출이 시작되었다. 장로라는 사람이 박 목사의 멱살을 잡고 안면을 구타하여 어금니 한 개를 부러뜨리는 폭행을 감행했던 것이다. 1984년 한국 개신교 선교 100주년이 되는 해에 새해 벽두부터 시작하여 제일교회 예배를 방해하는 행위는 계속되었다. 제일교회 당회의 대응조치에 불복한 폭력배들은 가을까지 폭력 행위를 지속했다. 1984년 9월 23일 오후 2시 박형규 목사가 교회 평화를 위한 기도회를 마치고 교회 계단을 내려오는 찰나, 폭력배들이 박 목사를 구타하고 넘어지게 한 다음 복부를 무참하게 발로 차고 짓밟기 시작했다. 저지하는 교인들까지도 폭력배의 구타를 당하는 참사가 발생했다.

박형규 목사는 교인들에게 업혀 명동성당 옆에 위치한 가톨릭 성모병원에 입원했다. 췌장이 붓고 장이 파열될 우려가 있다는 진단을 받았다. 김수환 추기경이 직접 병문안을 했고 박 목사와 한국의 정치 상황에 대한 간절한 기도를 했다고 한다. 박 목사는 병원 입원실에서 기자회견을 자청했다. 미국의 NBC, 일본의 교토 통신 등 4개의 외국 언론사가 참석한 가운데, 사건의 경위를 밝혔다.[4]

나는 박형규 목사가 입원해 있는 병실로 문병을 갔다. 박 목사는 상처의 고통을 이겨내고 있었다. 폭행당한 이야기를 늘어놓는 것이 아니라, 우리가 1960년대 초 뉴욕의 유니언 신학대학원에서 함께 공부하고 한국 정치와 교회를 논하며 함께 손잡고 일해야 할 일감을 이야기하던 학생시절을 회고하면서 울고 웃었다. 박형규 목사는 병상에 누워서도 줄곧 뉴욕에서 함께 읽던 독일의 반나치 순교자 본회퍼의 이야기와 흑인 민권운동가 마틴 루터 킹 목사, 그리고 그 운동에 가담해서 뉴욕 브로드웨이 거리를 시위하던 유니언 학생들 이야기로 이야기꽃을 피웠다. 그는 어디까지나 "즐거운 혁명가", "크라운 목사"였다. 누가 그의 예언자적 힘찬 목소리를 막고 그의 정의를 위한 몸부림을 꺾으랴? 나는 오히려 위로와 격려를 받고 그의 병실을 나섰다.

박형규 목사는 끝내 제일교회 예배당으로 돌아가서 주일설교를 할 수 없었다. 결국 길거리에 쫓겨나 가두예배를 드릴 수밖에 없었다. 그러나 가두예배까지 방해를 받자, 치안본부의 "허가"를 받아 중부경찰서 앞뜰에서 노상예배를 드리기로 했다. 그 예배는 1984년 가을부터 6년간, 박형규 목사의 표현대로 "세계에서 제일 큰 교회"로 명성이 높아만 갔다. 5)

해외에서의 남북 기독교 지도자 회동

일본 도잔소 회의를 아쉬운 대로 성공시킨 오재식 원장은 그의 회고록에 다음과 같이 말한다.

"도잔소 회의는 통일이라는 말조차 금기시할 정도로 암울한 군부독재시대에 NCCK 통일위원회에서 기획하고 WCC의 협조를 얻어 국제회의를 개최하여 통일운동의 물꼬를 텄다는 점에서 역사적 의의를 갖는다."6)

1984년 일본에서 열린 도잔소 회의는 북한교회 대표가 참석하지 못한 "반쪽"의 성공이었으나, 에큐메니컬 교회 지도자들의 국제적 통일논의는 가속되었다. 도잔소 회의로 용기를 얻은 WCC는 북한과 끈질긴 접촉을 통해서 북한방문의 길을 텄다. 북한의 그리스도교연맹은 WCC 관련자들을 정식으로 초청했다. WCC의 대표로 서울에 와서 오재식 원장과 함께 도잔소 회의 안건을 가지고 현홍주 중앙정보부 차장과 회동했던 에릭 와인가트너(Erich Weingartner)와 WCC의 CCIA 나이난 코쉬(Ninan Koshy) 국제국장이 평양을 방문했다. 도잔소 회의 다음해인 1985년의 일이었다. 이 일과는 별도로 미국 교포로서 에큐메니컬 운동의 지도자격인 이승만, 손명걸, 김인식 목사 등이 북한 교회를 방문하여 남북교회 대화의 길을 열었다.

1986년 새해 벽두에 오재식 원장과 나는 하와이로 날아갔다. 통일운동 전개를 위한 한미 교회 협의회에서 북미 교회에 한반도의 분단 문제와 이로 인한 고통을 호소하기 위한 모임이었다. 한미 교회 협의회는 한독 교회 협의회와 한일 교회 협의회 등과 함께 국제적 연대를 확장하고 강화하기 위한 모임들로 한국 NCC가 주관해왔던 모임들이었다. 나는 이 모임에서 주제 강연을 했는데, "분단의 신학"이라는 말로 분단체제의 극복은 정치신학적 과제임을 천명하면서 분단이야말로 한반도를 둘로 갈라놓은 미국을 포함한 열강들의 정치적 "원죄"라는 점을 강조했다. 한국을 지배해온 일본은 물론 미국 등 열강들은 그런 죄책고백과 더불어 한국 그리스도인들과 연대하여 한반도에 평화를 정착시키고 통일을 앞당겨야 함을 역설했다.

이 한미 교회 협의회에는 유니언 신학대학원의 도널드 슈라이버(Donald Shriver) 총장이 미국교회 대표단을 이끌고 참석했다. 슈라이버 총장은 1979년 격동의 시절에 서울을 방문한 일이 있었다. 그때 나는 유니언 동창을 대표해서 슈라이버 총장 내외를 안내하면서 한국의 정치 상황과 분단문제를 논의하기도 했다. 그와 부인은 서울에서 머무는 동안 가는 데마다 정보원이 노골적으로 감시하고 따라다니는 것을 경험하면서, 유신반대 반정부 민주화 운동에 참여하는 에큐메니컬 운동가들과 동조하고 연대를 약속했던 적이 있었다. 이 협의회를 기획했던 오재식 원장은 크게 만족했다. 그의 유고가 된 회고록에서, "그때의 한·북미 교회협의회의 결의문이 참 좋았다. 나도 기초위원회에 들어가 있었는데……"라고 만족해했다.[7] 나는 그때부터 오재식 원장이 이끄는 한국교회 평화통일운동에 동지로 가담했다.

한미 교회협의회의 열매로서 1986년 미국 NCC는 한국의 민주화 운동과 통일 운동에 관한 성명서를 발표했다. 이 문서에서 미국이 제2차 세계대전 이후 한반도를 분단시켜 6.25 전쟁을 발발하게 한 책임, 그리고 이로 인한 남북한 민중의 고통에 대해서 언급했다. 그러나 그 역사적 책임에 대해서는 단 한 마디, "미안하다(We are sorry)"가 전부였다.

WCC 방문단은 북한의 기독교 지도자들을 스위스 제네바에 위치한 WCC 본부로 초대했다. 북한 교회는 이를 수락했고, 다음해인 1986년 9월 4명의 북한교회 대표들이 스위스 땅을 밟았다. 1986년 9월 5일, 스위스 글리온에서 분단 이후 처음으로 역사적인 남북 기독교 지도자 협의회가 WCC의 주관으로 열렸다. 이른바 제1차 글리온 회의에는 북한 교회 대표로 고기준 조선 그리스도교도 연맹 서기장 목사와 김운봉 목사, 김혜숙 통역관과 김남혁 지도원이 참석했다. 김혜숙 통역관과 김남혁 지도원은 그리스도인이 아닌 북한 정부요원이었다고 한다.

오재식 원장은 당시 통일부 장관이던 이홍구 박사를 만나, 글리온 회의의 성격을 설명하고 남한 교회 대표들이 북한 교회 대표들을 만날 수 있도록 허가해달라고 요청했다. 흔쾌히 허락을 받았으나, 한국교회 대표들이 서로 가겠다고 하는 바람에 이 회의를 기획하고 준비한 오재식 원장 자신은 가지 않았다.[8] 김소영 NCC 총무가 한국대표단의 리더로 참석했고, 강문규 한국 YMCA 연맹 총무와 중앙위원이던 김준영 감리교 목사 등 10명이 글리온 회의에 참석했다. 이 회의 끝에 남북한 목사들이 손을 잡고 세계 각국에서 온 WCC 대표들과 성찬식을 올리는 역사가 이루어졌다. 성찬식에 참여한 사람들은 그리스도 예수의 고난을 상징하는 떡과 포도주를 받아먹고 마시면서 그리스도 안에서 하나되는 감동적인 체험을 했다고 한다. 감동을 받은 공산당원 통역관인 김혜숙 선생은 귀국 후, 봉수교회에서 세례를 받고 성가대원으로 봉사하는 집사직을 맡기도 했다고 한다.

나는 제1차 글리온 회의에 참가하라는 권유를 받았으나, 대학의 학기 초여서 강의실을 비울 수 없다는 이유로 사양했다. 그러나 1988년 제2차 글리온 회의에는 당시 WCC 국장으로 제네바에 가 있던 오재식 국장의 권유로 참여했다. 강문규 대표와 권호경 대표와 함께 한 기억이 난다. 제2차 글리온 회의에도 북한 통역관으로 김혜숙 선생이 참석했다. 통역관이라고 하지만, 영어가 짧아서 북한 대표 목사가 발표하는 우리말 연설을 겨우 영어로 옮기는 정도였다. 연설이 끝나고 질의응답 시간에는 쇄도하는 외국 대표들의 영어를 자유롭게 옮기지 못했다. 김혜숙 통역관이 나를 쳐다보고 애원하듯이 "서 박사님, 좀 도와주세요" 하는 바람에 회의가 끝날 때까지 북한 대표들의 임시통역을 맡았다. 영어를 우리말로, 북한 사람들의 우리말을 영어로 옮기는 "동시통역" 일은 고된 노동이었다. 그러나 북한 동포 목사들을 이렇게 도울 수 있는 것에 감사하며 봉사했다. 회의가 끝나고 북한 대표단과 함께 제네바 시내 한국 음식점에서 작별 오찬을 했다. 그 자리에서 김혜숙 선생은 작별인사를 하면서 "서 박사님, 이번에 저를 많이 도와주셔서 감사합니다"라고 말하는 끝에 "제 소원은 서 박사님이 교수 하시는 이화여자대학교에 가서 영어 공부를 하는 것입니다. 꼭 갈 수 있도록 도와주세요"라고 했다. 나도 모르게 눈물이 나며 꼭 그렇게 하도록 하겠다고 약속했다. 모두들 박수를 쳤다. 그렇게 우리는 헤어졌다.

제2차 글리온 회의의 결과로 다음해인 1989년부터 8.15 직전 주일을 남북 교회가 함께 "통일을 위한 기도주일"로 정하고 남과 북이 합의한 "공동기도문"을 가지고 기도회를 열자는 합의를 본 것은 큰 성과라고 할 수 있다. 그로부터 28년이 지난 2017년 8.15 기념예배에서도 남북이 합의한 공동기도문으로 예배를 드렸다. 제2차 글리온 회의에서 이 합의서를 작성하는 데 도잔소일본 회의 협의차 1983년 내한하여 현홍주 중앙정보부 차장과 협상한 캐나다 친구 와인가트너와 대만의 빅터 슈(Victor Hsu), 그리고 나, 이렇게 세 사람이 합의문을 영문과 한글로 작성하느라 애쓴 기억이 새롭다. 북한 교회 대표들이 우리가 만든 초안을 면밀히 검토한 끝에 "믿고 맡겼는데, 참 잘 됐습네다"

라며 한마디로 합의했던 기억과 함께.

6월 항쟁과 1987년 체제

　"1987년은 이 땅의 민주화 역사와 인권사에 있어 실로 커다란 한 획을 긋는 시기이다. 박종철 군 고문치사 사건 및 축소은폐조작 사건, 직격최루탄에 의한 이한열 군과 이석규 씨의 사망 사건 등 군사통치, 독재 정치로 인해 너무나 엄청난 '폭압적' 인권유린 사건이 유달리 집중적으로 발생한 한 해이기 때문이며, 그에 대한 국민적 저항의 기운 역시 그 어느 때보다 높게 분출되어, 바야흐로 군정 종식과 민주화를 향한 국민적 대세가 형성되었기 때문이다."

　"이 민족의 울부짖음을 들으신 하나님께서는 김근태, 권인숙, 이한열, 박종철, 이석규 등을 통해 이 땅의 인권 유린의 원흉인 군사독재의 종식과 국민 스스로에 의한 인권 수호의 결의를 그 어느 때보다 고조시켰다. 이제 '보아라, 내가 모든 것을 새롭게 만든다'라는 하나님의 말씀대로 이 땅의 민주인권의 새로운 장이 펼쳐지기 시작한 것이다."[9]

　위의 글은 1987년 남한의 시대정신을 정확하게 표현한 글이다. 1980년 5.18 광주 민주항쟁을 총칼로 잔인무도하게 진압하고 민의를 거역하며 정권을 강제로 이어온 전두환에 대한 비판과 저항이 절정에 달하여, 대학가에서 항의운동이 전개된 역사를 기록한 것이다. 한국의 대학생들은 조선조 시대부터 내려오는 "선비"정신을 이어받았다. 권력이 부패하고 비리에 물들어 민중을 억압하고 착취할 때, 분연히 일어나 양심적 비판세력으로 그리고 개혁세력으로 "배운 자"의 역할을 다해온 역사가 있다. 1919년 3.1 독립운동에도 학생들이 참여했고, 그 이전 2.8 운동 역시 일본의 조선유학생들이 분연히 일어서서 애국적 자주독립을 외친 운동이었다. 4.19 혁명은 한국의 집단지성이, 분단체제를 남용하여 민주주의를 거역하는 이승만 권력집단에 항거한 혁명이었다.

박정희 유신독재체제에 항거하여 우리 대학생들은 스스로를 조직하여 그 엄혹한 "비상조치"에도 불구하고 민주화 운동을 계속했다.

대학생들은 거리에 나가서 가두시위를 못하게 되면, 밤에는 빈민촌 골목으로 들어가서 가난 때문에 학교를 가지 못하는 아이들을 가르쳤다. 아이들 엄마와 아빠들, 그리고 어린 노동자들에게 한글을 깨우치게 하면서 동시에 노동법을 가르치고 노동운동을 독려했다. 낮에는 대학생 신분을 감추고 대기업 중소기업 가리지 않고 "위장" 취업해서 같은 또래 노동자들과 노동의 고된 생활을 공유했고, 기업주와 감독들의 착취와 억압을 함께 견디어냈다. 전두환 군사독재 시대의 암흑 속에서도 해방과 자유와 인권, 그리고 민주화를 향한 열기와 불씨는 살아 있었던 것이다. 1987년은 그 열기가 터진 해였다.

군사독재정권에 대한 저항의 불씨는 5.18 민중민주항쟁에서 값비싼 피로 피어났다. 그토록 은폐하려고 갖은 통제수단을 다 썼는데도 불구하고 광주 5.18 학살의 진상이 조금씩 알려지면서 미국의 묵인에 대한 항의운동이 미국 문화원 방화 항쟁과 점거농성 사건으로 번지는 등 전두환 정권의 정통성 문제가 공공연히 제기되기 시작했던 것이다. 결국 1987년 4월 13일 전두환 대통령의 4.13 특별담화는 반항과 저항 운동의 불을 붙이고 말았다. 전두환의 특별담화라는 것은 민주화를 요구하는 민중의 소리와 시대정신을 배반하는 것이었다. 신군부를 이끌어온 전두환은 유신헌법을 계속 유지하고 "호헌(護憲)"하겠다는 의지를 밝히고 다음해(1988년)에는 다시 장충동 체육관 간접선거를 통해서 그의 후계자를 선출하고 정권을 이양하겠다고 선언했다. 1988년 여름 올림픽을 자신이 유치했으니, 별일 없이 올림픽을 무사히 치러야겠다는 것이 그 구실이었다.

개신교와 가톨릭을 망라하여 한국의 기독교계와 기독교 학생 운동권은 민주주의 정통성이 없는 부패한 불의의 독재정권에 저항해온 역사가 있다. 1970년대 초부터 한반도에 상륙한 남미의 해방신학과 그리스도인 노동자 전태일의 치열한 노동운동과 분신자살 사건에 충격을 입고 일어난 한국 민중신학은 기독학생들은 물론 일반 대학생들과 노동자들을 의식화하는 데 큰 역할을 했다. 기독학생들과 연대하는 대학생들은 이념 독서 서클을 통해서 미국의 사울 알린스키의 도시 빈민 조직화 운동을 배우고 실천에 옮긴 경험이 있었다. 박정희 시대의 고도 경제성장 드라이브로 도시 중심에 위치한 공장에 취업한 공장노동자들을 의식화하고, 농촌에서 일자리를 찾아 도시로 몰려와 도시빈민촌을 형성한 지역에 들어가 주민을 조직하여 생활환경을 개선하는 등 주민운동을 활성화하기도 했다. 공동체 조직화(Community Organization, CO)를 주도하면서 민주화 운동을 몸으로 터득했다. 나아가서 빈민촌 야학운동에서 브라질 출신의 교육철학자 파울로 프레이리(Paulo Freire)의 책 『억압받는 자를 위한 교육학(Pedagogy of the Oppressed)』(1968)[10]은 빈민 문맹퇴치를 위한 교본인 동시에 빈민촌 주민 조직을 위한 의식화교육 교과서 역할을 했다. 그의 교육정치 혹은 정치교육 이론은 민중의 의식화를 강조한 이론이었다. 그의 민중교육, 의식화 이론은 한마디로 인간이 가진 자유의지로 정치 현실을 비판적으로 성찰하게 하고, 문제와 모순으로 가득찬 세상을 변화시키는 운동에 가담하게 하는 것이 교육의 정치적 목적이라고 강조했다. 독재정권이 군국주의와 국수주의를 주입하는 국민교육을 강요하는 것 역시 교육의 정치화라고 할 수 있지만, 프레이리의 이론은 그러한 교육 정치를 비판하고 이에 반하여 "인간 해방을 위한 교육의 정치화"를 강조한 것이다.

5.3 항쟁과 권인숙 성고문 사건

1980년 5.18 민중민주항쟁의 불꽃은 그로부터 7년 동안 의식화 교육과 행동으로 불붙었다. 그리고 그 결국은 1987년 6월 항쟁이었다. 1987년 6월 항쟁의 도화선이 된 사건은 1986년 부천경찰서에서 자행한 권인숙 서울대생 성고문 사건이었다. 권인숙 학생은 서울대 의류직물학과 3학년 학생으로 당시 부천시의 한 공장에 위장 취업하고 있던 참이었다. 권인숙은 다른 여성 노동자들과 함께 인천 시민회관 앞에서 일어난 1986년 5월 3일 반정부 시위에 참여했다가 체포 구금되어 조사를 받고 있었다. 부천경찰서 문귀동 경장은 여성 시위자들을 가혹하게 고문하면서 5.3 주동자들을 색출하는 일을 자행하고 있었다. 권인숙은 위장 취업하기 위해 가명으로 된 주민등록증을 만들었는데, 문귀동 경장은 그것만 가지고 취조한 것이 아니라 인천 5.3 시위 주동자 색출을 위해 여기에 기록하기도 수치스러울 만큼 가증스러운 행동으로 가혹한 고문을 자행했다.

권인숙은 이 추행을 만천하에 알려야 하는지 고민 끝에 사건 발생 10일 후 수치심을 억누르고, 다른 여성에게도 같은 식의 성고문이 있어서는 안 되겠다는 생각으로 동료 여자 재소자들에게 이 사실을 알렸다. 재소자들은 남녀 할 것 없이 모두 항의단식에 돌입했다. 조영래, 박원순 등 인권 변호사들과의 접견이 성사되어 7월 3일 강제추행 혐의로 문귀동 경장을 고소했다. 그러나 고문 경찰은 자신이 기독교인이라는 것을 내세워서 명예훼손이라고 맞고소했다. 12월 1일에 이르러 인천지법의 재판정에서 가해자가 아니라 피해자인 권인숙은 징역 1년 6개월 형을 선고받고, 가해자 문귀동은 불기소 처분되었다. 이에 166명으로 구성된 변호인단의 항소로 1989년 4월 9일 문귀동은 징역 5년 형을 받았다. 권인숙은 6월 항쟁 이후 복학하여 대학 졸업 후 미국 유학을 떠나 여성학 박사학위를 받아 명지대학 교수로 재직 중이다.

당시의 각종 언론은 문공부 보도지침에 따라 적반하장으로 성고문 사건을 밝힌 권인숙이 "급진 좌파에 성적불량 학생 가출자로 성을 혁명의 도구로 악용하는 여자"라며 혐오, 비하 보도를 내고 있었다. 1986년 9월 6일 '동아투위' 출신들이 간행하는 월간지 ≪말≫이 권인숙 성고문 사건을 폭로했는데, 이 기사로 인해 신홍범 등 동아일보 해직기자들이 구속되기도 했다. 이 사건이 계기가 되어 ≪한겨레≫가 창간되었다는 말이 있을 정도였다. 권인숙 성폭행 고문사건을 은폐하고 왜곡 보도하라는 지시는 전두환의 것이었다는 후문이 있다.

　권인숙 성고문 사건이 만천하에 정치사회 문제로 부상할 수 있었던 배경에는 1970년대부터 시작된 여성인권 의식화 공론과 여성해방 운동이 있다고도 할 수 있다. 그리고 이 사건이 박정희 군사독재 시대의 경제 성장 드라이브의 선진기지로서 공장지대가 된 인천, 부천 지역에서 일어났다는 사실도 주목할 만하다. 인천 지역의 공장지대에는 농촌에서 올라온 젊은 여성 노동자들이 밀집해 있었다. 감리교 여자목사 조화순 등이 노동자 의식화 작업과 더불어 여성 노동자들의 인권을 위하여 투쟁했던, 기독교 도시산업선교회 운동의 중심지도 바로 이 인천지역이었다. 내가 이화여대 기독교학과 과장 책임을 맡고 있을 때 현영학 교수가 지도하는 학생들이 인천지역 공장에 위장 취업하여 여성 의식화 작업과 연대 학습을 진행한 것은 그 시작의 일부였다 하겠다.

대학생들 고문으로 죽고, 최루탄에 쓰러지고

　1987년 6월 항쟁은 전두환 정권이 정당성이 없는 정권을 유지하기 위해서 포악한 억압정책을 강행하는 바람에 자초한 것이고, 그로 인해 그 정권은 결국 자멸할 수밖에 없었다. 1980년 5.18 학살의 "원죄"의 죄과를 어찌할 수 없었던 것이다. 대학생들의 미국 문화원 방화 공격 등으로 시작된 학생 시위는 80년대 후반부터 더욱 가열되었고, 이에 전두환의 경찰과 정보기관은 젊은 노동자들 및 이들과 연대하는 대학생들을 무차별로 강제 연행하여 고문을 자행하고 있었다.

　1987년 새해 벽두에 박종철 고문치사 사건이 일어났다. 1월 13일 치안본부의 남영동 대공분실에 23세의 서울대 언어학과 3학년 학생 박종철을 불법 연행하여 그의 선배 되는 박종은의 소재를 추궁하면서 완강히 거부하는 그에게 구타와 전기 고문 그리고 물고문을 계속했다. 결국 박종철 군은 질식사로 고

문실에서 처참한 최후를 맞이했다. 당국자는 "책상을 탁 치니까, '억' 하고 쓰러졌다"고 발표했으나, 아무도 믿지 않았다.

이 사건이 알려지자 2월 7일부터는 전국 주요 도시에서 박종철 추도식이 열리고 도심에서 격렬한 반정부 시위가 전개되었다. 격렬해지는 반정부 가두 시위에 대해서 4월 13일 전두환은 특별담화를 통해 오히려 개헌논의를 금지하고, 88올림픽과 아시안 게임을 성공적으로 치러야 하겠다고 했다. 국민과 학생들, 그리고 기독교 재야세력은 이해할 수도 없고 수긍할 수도 없었다. 김수환 추기경은 들끓는 국민의 여론을 대표해서 4월 14일 반대성명을 발표했다. 종교계와 재야 민주 세력의 원군을 얻은 학생들이 5월 18일에 명동 성당에서 개최한 광주항쟁 7주년 기념미사에서 천주교정의구현사제단의 김승훈 신부는 박종철 고문치사사건의 전모를 폭로했다. 이어서 5월 27일에는 '민주헌법 쟁취 국민운동본부(국본)' 발기인 대회가 명동성당 입구 기독교장로회 향린교회에서 열리고 발족되어 재야 지도자 2200명이 참여하고 행동에 들어갔다.

박종철 고문치사사건이 대학가에 알려지면서 1987년 봄 학기는 거의 매일 학교 안과 밖에서 '전두환 물러가라, 유신헌법 철폐하고 직선제 대통령 선출하라, 민주헌법으로 개헌하라'는 요구가 외쳐졌다. 이 와중에 6월 9일 연세대학교 교정까지 밀고 들어온 경찰이 무차별 최루탄 공격을 하여, 이한열 학생이 그 직격탄에 맞아 쓰러졌다. 그리고 한 달을 넘기지 못하고 7월 6일 사망했다.

6월 10일 서울 도심에 위치한 성공회 대성당에서 '국본' 주최로 박종철 고문치사 (만행)사건을 규탄하고 호헌 철폐를 요구하는 종교집회가 열렸다. 같은 날 오후 6시를 기해서 성공회 대성당 종각에서 49번의 타종이 울려 퍼지는 가운데 거리에서는 자동차를 정차시키고 경적을 울리고 흰 손수건을 흔들어 보이는 가두시위가 벌어졌다. 역사적인 1987년 6월 항쟁의 시작이었다. 이날 성공회 대성당에서 대회를 마친 뒤 '국본' 간부들이 박종철 군의 영정을 들고 성당 옆문으로 빠져 나오다가 13여 명이 경찰에 연행되었다. 사흘 뒤에는 전원 구속영장이 떨어져 서대문 구치소에 수감되었다. 박형규 목사는 회고하기를 6번째 감옥행이라고 했다.[11] 선언문을 낭독한 지선 스님과 진관 스님도 서대문 구치소행이었다고 한다. 박정희 시대의 서대문 구치소와는 달리 간수들의 "융숭한" 대접을 받고, 노태우의 6.29 선언 때는 간수들이 신문까지 들고 와 보여주어서 감옥 바깥소식을 알고 있었다고 할 정도였으며, 6월 항쟁 승리를 위한 조촐한 잔치도 벌였다고 한다.[12]

6월 11일부터는 대학생 600여 명이 명동성당에 들어가 농성 시위를 벌였고 16일에는 전국 57개 대학 4만 명이 서울을 비롯한 부산, 대구, 진주 지역에서 유신 잔당의 퇴진과 개헌을 촉구하는 격렬한 시위를 했다. 일설에는 전두환이 경찰력으로 시위를 통제할 수 없다고 판단하고 군 투입 준비를 하고 있었으나, 미국의 반대로 단념했다고 한다. 5.18을 재연할 수 없다는 것은 군부 자체가 통감했어야 했던 일이었다.

서대문 구치소에서 25일을 지낸 박형규 목사와 6월 항쟁 시국사범들은 이한열 군의 장례식 전날인 7월 8일 석방되었는데, 총 367명이었다고 한다.[13] 7월 9일 이한열 군의 장례식은 '민주국민장'으로 서울시청 앞에서 치러졌다. 이 군의 장례식 바로 전날 석방된 민통련 의장 문익환 목사가 조사로 역사에 남는 비통한 열변을 토했다. 앞서간 애국 민주 열사들의 이름을 한 사람씩 호명했다. 전태일로부터 시작해서 한 사람 한 사람 이름을 불러내고 나서 마지막으로 "이한열 열사여……" 하고 소리 높여 외쳤다. 연세대를 출발한 노제는 신촌 로터리에서는 30만 명으로 늘어났고, 시청 앞 광장에 다다랐을 때는 100만명이 거리를 메웠다. 한 젊은 대학생의 희생을 아파하고 슬퍼하는 노제만이 아니었다. 민주주의를 위해 투쟁한 용사들의 승리를 구가하는 노제였다. 민주열사 이한열 군은 광주 5.18 동지들과 함께 망월동 묘지에 묻혔다.

1987년 6월의 숨 가쁜 어느 날, NCC 선교교육원 원장이 나를 불러냈다. 새문안교회에서 범교단 목사들이 반정부 집회를 열고 예배를 드릴 터이니 와서 설교를 하라는 것이었다. 시국 집회 예배자들도 마구 잡아가는 판에 설교자는 물론 각오를 해야 했다. 아내와 아이들에게 각오를 하게 하고 새문안교회를 향했다. 천 명에 가까운 젊은 목사들이 모여들었다. 나는 차분한 목소리로 전두환 정권의 폭력과 5.18 학살, 그리고 정당한 시위를 하는 대학생들을 무차별 고문하고 죽이는 정부는 하나님이 인정하지 않을 것이다, 우리는 하나님의 정의를 지키기 위해서 나서야 한다고 말했다. 그리고 나는 전두환이 호헌 의지를 철회할 것을 요구하고 조속한 시일에 민주헌법으로 개헌하고 새 정부를 수립하도록 해야 한다고 역설했다. 하나님의 정치신학을 역설하는 설교를 했다. 설교가 끝나자 우레와 같은 박수가 터졌다. 나는 난생 처음으로 설교 끝에 함성 소리와 함께 박수를 받아 보았다. 예배 끝에 축도를 하면서 나는 감격의 눈물을 흘리며 떨리는 목소리로 이 나라와 민족을 위해 간절한 기도를 올렸다. 오재식 원장은 경찰이 달려와 잡아갈지도 모른다고, 나를 교회 뒷문으로 빼내어 택시에 태워 집으로 보냈다. 그날 밤 새문안교회에 모여 함께 예배 드린 목사들은 모두 근처 광화문 네거리까지 최루탄 세례를 받으며 행진했다.

6월 26일에 이르러서는 전국 37개 도시에서 "국민 평화 대행진"을 감행했다. 이 시가 행진에서 경찰은 3467명을 대거 연행했는데 100만 명이 넘는 학생들의 대열에 회사원 등 넥타이부대가 참여하는 시민항쟁으로 비화했다. 결국 전두환의 정당인 민정당의 노태우가 전두환을 설득해서 대통령 직선제 개헌을 단행하고 새 헌법으로 대통령을 뽑을 것이며 김대중 등 민주인사들을 사면 복권하겠다는 약속을 담은 8개 항의 "6.29 선언"을 발표하기에 이르렀다. 이것이 바로 이른바 1987년 체제의 시작이었다. 그날이 1987년 6월 29일이었다.

그렇게 전두환이 그토록 무리하게 불법으로 계승했던 박정희의 유신체제는 시민의 힘으로 힘을 잃고 잠시 역사의 뒤안길에 잠적하게 되었다. 포악무도한 전두환의 반민족적, 반민주적, 반인권적 정치집단을 민중의 힘으로 몰아냈던 것이다. "민중은 역사의 주체"라고 민중신학자들은 외치지만, 민중의 회생 없이 역사는 이루어지지 않는다는 것을 잊을 수가 없다.

개헌, 대통령 직접선거 노태우 당선

노태우 대표의 6. 29 선언이 있은 후 정치 일정은 숨 가쁘게 진행되었다. 9월 18일에는 국회에서 여야 공동으로 헌법개정안을 발의했다. 7월 31일부터 9월 16일까지 48일 동안 급조한 새 헌법은 (1) 헌법 전문을 수정했고, (2) 헌법재판소를 새로 설치하고, (3) 대통령 직선제를 부활시켰으며, (4) 대통령 임기를 5년 단임으로 하고 그 권한을 축소했고, (5) 국회의 권한을 강화하는 내용들을 담았다. 10월 12일에는 개헌안이 국회에서 통과되었고, 10월 29일에는 개정 헌법을 공포하기에 이르렀다. 그리고 10월 27일 새 헌법이 국민투표에 부쳐졌고, 통과되었다. 1972년 박정희의 유신헌법에 의한 간접선거로 대통령을 장충실내체육관에서 뽑기 시작한 지 그야말로 15년 만에 국민은 대통령을 직접 뽑는 권리를 탈환한 것이었다.

암울한 유신시대를 평화적으로 그리고 합법적으로 청산하는 희망찬 계절에 뜻밖의 비보가 날아왔다. 1987년 11월 29일 중동 이라크의 바그다드 공항을 출발한 KAL858 여객기가 버마 상공에서 폭발하여 승객 95명에 승무원 20명, 도합 115명이 전원 몰살된 사건이 터진 것이다. 그야말로 6월 민주항쟁에 찬물을 끼얹는 북한 공산당 공작의 만행이었다. 폭파범은 김현희라는 이름의 북한 공작원이었다. 김현희는 대통령 선거 하루 전, 서울로 압송되었고 사형이 확정되었으나 판결 16일 만에 사면되었다. 10월 29일 새 헌법이 국민투표로 통과된 날로부터 한 달 사이에 일어난 북한의 만행이었으니, 북한의 저의가 무엇이었는가 하는 의혹이 팽배했다. 그러나 이 사건은 군부 출신 대통령 후보를 음으로 양으로 지원한 격이 되었다. 이로 인해 이 사건이 과연 북한의 공작인가, 아니면 대통령 후보를 지지하는 군부세력의 선거 공작이었는가, 갑론을박 유언비어가 횡행했다. 새 헌법으로 새 대통령을 탄생시키는 희망찬 새날을 기다리는 한국 민중에게 무서운 시련이었다.

1987년 12월 16일 대통령 선거에서 김대중과 김영삼 두 민주화 투사는 교회 지도자들과 재야 원로들의 간절한 소망을 마다하고 후보 단일화에 실패함으로써, 노태우 군부 출신 후보가 36,6%의 보잘것없는 찬성표로 당선되었다. 그렇게 1987년은 크리스마스 종소리와 함께 그런 대로 아쉽지만 국민이 쟁취한 새 헌법으로 탄생한 "1987년 체제"에 대한 희망을 품고 역사의 높은 파도 속에 저물어가고 있었다.

제10장

"우리의 소원은 통일"

88선언

유신헌법으로 지탱해오던 전두환 정권이 물러가고 새 헌법으로 새 정부가 들어서게 될 것이란 희망을 안고, 한국기독교교회협의회(NCCK) 통일위원회는 1986년 12월, 인천 송도의 비치 호텔에서 '평화통일 협의회'를 전 교회적으로 개최했다. 그동안에는 국내에서 통일에 관한 말이나 협의회를 공개적으로 할 수 없었다. 그래서 정부의 허락을 얻어 세계교회협의회(WCC) 주최로 일본, 도잔소 YMCA 회의장까지 가서 남북교회 평화통일 협의회를 열고, 1986년에는 스위스 제네바 근처의 글리온에까지 가서 북한의 '그리스도교도 연맹' 대표들과 만나야 했지만, 이제 국내에서 평화와 통일을 논하게 된 것이다. 물론 남한교회 대표들끼리였지만. "1987년 체제"와 "민주화의 봄"을 재촉하는 일이기도 했다.

송도에서의 협의회에 앞서, NCCK의 선교교육원장과 통일위원회 실무를 담당하고 있던 오재식 원장은 한국교회의 통일정책을 천명하는 백서(白書)의 필요성을 절감하고, 백서 초안 작성 작업에 돌입했다. 인천 송도회의는 이 백서 출간을 위한 준비 모임으로, 교회 대표들의 여론 수집을 위한 것이었다. 오재식 원장은 백서 초안 작성에 참여할 기초위원회를 구성했다. 신학자를 비롯한 성서학자, 정치학자, 법률가, 사회운동가 출신 등 오재식 원장 자신을 포함하여 9인 위원회를 구성했다. 강문규, 김용복, 김창락, 노정선, 민영진, 서광선, 오재식, 이삼열, 홍근수(가나다 순)가 그들이다.

9인 위원회는 송도 협의회부터 시작하여 회의참석자들의 의견을 수렴하면서 "백서" 기초문안을 작성하기 시작했다. 그 이후 크고 작은 통일 협의회나 대화 모임에 참석하여 무작위로 평화통일 정책수립의 방향을 타진하는 일을 진행했다. 1년 2개월 동안 꾸준히 모여서 "백서" 기초에 정성을 다했다. 아직도 1987년 체제로 전환되기 전이고, 전두환 정권의 감시가 심한 시기여서 9인 위원회는 비밀리에 모였다. 그 시대에 정보원들의 눈을 피해 "비밀리"에 모인다는 것은 불가능하다는 것을 잘 알면서도, 적어도 "비공개적"으로 "역적모의"를 하는 것처럼 조심스럽게 모였다. 1박 2일 일정으로 9인 위원회가 모일 때면 기초위원장의 책임을 맡은 나는 1박할 짐을 꾸려가지고 집을 나서면서 아내에게 혹시 이틀이 지나도 소식이 없거나 내가 집에 돌아오지 않으면, 정보부에 전화해서 알아보거나 친구에게 전화하면 우리집 전화가 도청되어 있으니 답이 올 것이라는 농담 아닌 농담을 하기도 했다.

9인 위원회는 초안을 세 부분 또는 3장으로 구성하기로 했다. 제1장은 한국교회의 선교적 사명이 무엇이었나? 어떤 선교적 전통을 이어왔나 하는 신학적 성찰과 함께, 분단체제와 이로 인한 한국전쟁을 반추하면서 남북의 기독교회가 상호 증오와 적대감으로 살아온 죄책고백을 명시하기로 했다. 제2장은 한국교회의 평화통일원직을 제시하고, 분단체제와 상호 적대관계를 해소하기 위한 민간 차원의 화해와 교류의 활성화를 제시하면서, 남북 정부에 대한 구체적인 평화정착의 "길 안내(road map)"를 제시하기로 했다. 그리고 제3장에서는 한국교회의 평화통일 선교운동의 과제를 제시하기로 했다. 제1장을 위해서는 서광선, 제2장을 위해서는 이삼열, 제3장을 위해서는 김용복을 각기 분과 위원장으로 하여, 분과별로 그 내용을 채우도록 했다. 분과별로 논의된 사항들을 전체 회의에 보고하고, 그 내용에 대해서 토론을 전개하는 형식을 취했다.

1988년 2월 29일 "민족의 통일과 평화에 대한 한국기독교회 선언"

1988년 2월 29일, 그해는 윤년이었다. 바로 4일 전 2월 25일 전두환의 오른팔로 군부 정권을 이끌어온 노태우 장군이 대통령 취임식을 하던 바로 그 시간에 서울 연지동 소재 연동교회에서는 NCCK 총회가 열리고 있었다. 이 총회에서 한국 에큐메니컬 운동의 선교정책으로 우리 9인 위원회가 준비한 "통일 백서"를 상정했다. "통일 백서"의 정식 명칭은 "민족의 통일과 평화에 대한 한국교회 선언"이라고 붙였다. 이른바 "88선언"이다. 나는 기초위원회 위원장이었지만, 대학 강의 일정으로 참석할 수 없었다. 다음 인용은 이 선언서를 발표하는 날 현장에 참석한 오재식 원장의 회고담이다.

> 그해 2월 29일 NCCK 총회가 연동교회에서 열렸다. '88선언'은 만장일치로 가결되었다. 그때는 이미 김소영 총무가 대한기독교서회로 옮겨간 후이므로 총무 없이 내가 총무 대행을 하고 있을 때였다. NCCK 의장이던 성공회 김성수 주교 옆에 나는 총무대행 자격으로 앉았고, 김형태 목사가 통일위원회 위원장으로서 선언서를 낭독했다. 김형태 목사는 흘러내리는 눈물을 감추며 선언서를 읽어갔다. 읽어내려가는 동안 여기저기서 탄식과 울음소리가 흘러나왔다. 한쪽에서는 통곡에 가까운 울음소리도 들려왔다. 낭독이 끝난 뒤 사람들은 기립박수를 쳤고, '88선언'은 만장일치로 통과되었다.[1]

이토록 감동과 감격의 눈물로 통과된 '88선언'이 총회에 상정되기까지는 우여곡절이 있었다. 오재식 원장은 문화부 종교담당관에 불려가 고초를 당했다. '88선언'의 초고를 가지고 나타난 담당관은 우리가 작성한 원고를 들고 와서 오재식 원장에게 12군데에 밑줄 친 것을 가리키면서 그 부분을 모두 삭제하라고 지시했다고 한다. "여기 있는 12개는 다 빼거나 고치시오. 그렇지 않으면 당신은 물론이고, 김소영 총무나 김형태 목사도 문제가 있을 겁니다. 기초위원 9명도 다 무사하지 못할 거고요", "내 말 단단히 들으시오. 내가 담당실장입니다" 하고 호통까지 치고 갔다는 것이다.[2] 그러나 오재식 원장은 9인위원회를 다시 소집하지 않고, 배짱 좋게 2월 29일 예정했던 대로 '88선언'을 원안대로 상정했다. 오재식 원장은 기초위원장이었던 나에게 그 문공부 관리가 밑줄 친 부분들을 보여주지 않았다. 평화를 말하고 민족의 분단을 극복하려는 노력과 행동은 이처럼 죽음을 각오하는 "순교자"의 헌신에서 나왔다.

'88선언'의 내용은 다음과 같다.

1. 한국 기독교의 선교적 사명과 "죄책고백"

'88선언' 첫머리는 한국교회 에큐메니컬 운동의 선교적 사명이 평화를 위하여 일하는 것이었음을 천명한다. 그것이 바로 예수 그리스도의 길을 따르는 것이라고 밝히고 있다.

> 예수 그리스도는 '평화의 종'(엡 2:13~19)으로 이 땅에 오셨으며, 분단과 갈등과 억압의 역사 속에서 평화와 화해와 해방의 하나님나라를 선포하셨다(눅 4:18, 요 14:27). …… 이제 우리 한국교회는 그리스도인들 모두가 평화를 위하여 일하는 사도로 부름을 받았음(골 3:15)을 믿으며, 같은 피를 나눈 한 겨레가 남북으로 갈라져 서로 대립하고 있는 오늘의 이 현실을 극복하여 **통일과 평화를 이루는 일이 한국교회에 내리는 하나님의 명령이며 우리가 감당해야 할 선교적 사명(마 5:23~24)임을 믿는다.**[3]

'88선언'은 지난 100여 년의 한국교회의 선교적 전통을 다음과 같이 반추하고 있다.

이 땅에 예수 그리스도의 복음이 전파된 지 100여 년이 지나는 동안 공교회가 저지른 민족사에 대한 많은 허물에도 불구하고 한국 그리스도인들은 하나님 나라를 선포함으로써 이 땅에 살고 있는 백성들의 참 소망이었던 해방과 독립을 실현하려고 애써왔다. (중략)

1919년 3.1 독립운동에 한국의 그리스도인들은 앞장서서 참여하였으며, 일본 제국주의의 민족말살 정책에 저항하였고, 국가주의를 종교화한 일제의 신사참배 강요에 항거하여 순교의 피를 흘렸다. (중략)

분단이 고착화되면서 나타난 군사독재정권은 안보를 구실로 인권을 유린하고 경제성장 논리로써 노동자와 농민을 억압했으며 한국교회는 이에 대항하여 정의와 평화를 위한 신앙으로 저항하여왔다. 1970년대와 80년대 한국교회의 인권 및 민주화 운동은 바로 이러한 정의와 평화를 위한 선교운동의 전통을 이어받은 것이다.[4]

이와 같은 선교신학의 토대 위에서 민족분단의 현실을 처절하게 분석하고 서술했다. 1945년 8월 15일 일본제국주의가 이른바 태평양 전쟁에서 패망하면서 한반도가 남과 북이 갈라지게 된 민족적 비극은 우리 민족 누구도 원하지 않았던 것이며, 우리 스스로가 결정한 것이 아닌, 열강들의 자의적 결정에서 비롯된 것이었음을 밝히고 있다. "일본제국주의 침략군대의 무장을 해제시킨다는 명목하에 설정된 남북 분단선(북위 38도선)은 소련과 미국의 냉전체제에 의하여 고착화되었다"는 역사적 사실을 지적했다. 그러나 남과 북의 정치 지도자들이 정치적으로나 외교적으로 잘못하여 전후(戰後) 처리문제를 자주적으로 해결하지 못했고, 그래서 자주통일 국가로 다시 태어나게 하지 못했다. 결국 남북한에는 각각 서로 다른 정부가 수립되어 한반도에서는 지난 40여 년간 군사적, 정치적, 이념적 갈등과 분쟁이 심화되어왔다"고 탄식하고 있다. 그리하여 해방된 지 5년도 못 된 1950년 6.25 한국전쟁이 터졌던 것이다.

그 전쟁의 비극은 이루 말할 수 없는 것이었다. 38선 분단선을 넘어 남으로 쳐들어온 북한 군대는 삽시간에 서울을 점령하고 한강을 넘어 낙동강에 이르러 남도 부산의 점령을 코앞에 둘 정도로 파죽지세(破竹之勢)로 밀고 내려왔다. 유엔의 결의로 미국을 포함한 15개국이 유엔군으로 한반도에 파병되어 북한군과 대항하는 전투를 벌였다. 결국 전쟁이 터진 지 3개월 만에 유엔군 사령관인 미국의 맥아더(Douglas MacArthur) 장군이 인천상륙작전으로 북한군의 허를 찔러 서울을 탈환하고, 여세를 몰아 38선을 넘어 북진하여 그해 10월에는 북한의 수도 평양을 탈환했다(나는 당시 평양에 있었고 징집 연령이었으나 우연히 지병으로 인한 신체검사 불합격으로 병역을 면제받고 있었다. 맥아더 장군과 이승만 대통령의 평양 입성을 환영하고, 순교자 목사 아버지의 시체를 대동강 하류에서 발견하여 장례를 치른 일은 이미 서술한 바이다). 미군과 국군이 이끄는 군대는 평양을 탈환한 여세를 몰고 계속 북진하여 압록강까지 진출하여 그야말로 이승만 대통령이 원했던 것처럼 "북진통일"을 완수하려 했으나, 1948년 중국을 공산주의로 통일하는 데 성공한 모택동의 "해방지원군"이 압록강을 넘어 "인해전술"로 쳐 내려오기 시작했다. 유엔군과 미군은 국군과 함께 퇴각하여 38선 이남으로 내려와 다시 분단선에 복귀할 수밖에 없었다. 남과 북으로 밀고 당기는 전투에서 패잔병으로 남은 북한 인민군은 남한에서 포로가 되거나 산으로 피신했다가 소탕되어 비참한 최후를 맞을 수밖에 없었다. 그렇게 승자도 없고 패자도 없는 그야말로 "어정쩡한" 내전은 1953년 7월 휴전을 고하게 된다. 미국과 중국과 북한 군대 대표들이 휴전협정에 조인했으나 남한의 이승만 대통령은 이를 거부했다.

전쟁의 피해는 끔찍했다. '88선언'은 그 피해를 간략하게 통계숫자로 표현했으나, 전사자와 병사자를 포함한 군대 희생자는 250만이라고 한다. 그리고 북한 300만, 남한 50만에 달하는 민간인 사망자를 산정하고 있다. 이에 더하여 피난민이 300만, 그리고 1000만의 이산가족이 발생했다는 기록이 있다.

'88선언'은 한국전쟁 중 우리 땅에 투하된 폭탄이 제2차 세계대전 중 유럽 전역에 투하된 폭탄보다 더 많은 양이었음을 명기하면서 민족분단과 동족상잔의 현실을 부분적으로나마 명기했다.[5]

분단체제와 전쟁의 피해와 살상은 가혹했다. '88선언'은 다음과 같이 그 참상을 기술한다.

6.25를 전후하여 북한 공산정권과 대립했던 북한의 그리스도인들은 수난과 죽음을 겪어야 했으며, 수십만의 북한 그리스도인들이 고향과 교회를 버리고 남한으로 내려와 피난생활을 감내해야 했다. 한국전쟁 동안 적지 않은 남한의 그리스도인들이 북한군에 의해 납치되었고 참혹하게 처형되기도 했다. 한편, 공산주의 동조자들은 이념전쟁의 제물이 되었고, '부역자'라는 명목으로 사회에서 매장을 당하지 않으면 안 되었다.[6]

'88선언'은 분단체제에 얽매여 사는 현실을 처절하게 비판한다.

1953년 휴전 이후 일시적일 것으로 여겨졌던 '휴전선'이 영구불변의 '분단선' 처럼 되면서 남북분단의 벽은 높아져 갔고, 남북한의 두 체제는 단절과 대결 속에서 적대적이고 공격적인 관계를 지속해왔다. (중략)

민족의 분단이 장기화되면서 양 체제에서 모두 안보와 이데올로기의 이름 아래 인권은 유린되어왔으며, 언론과 출판, 집회와 결사의 자유는 억압되어왔다. 그리고 서신 왕래도 방문도 통신도 두절된 양쪽은 한 땅덩어리 위에서 가장 멀고 이질적인 나라가 되었다. 남북한의 교육과 선전은 상호비방 일색이며, 상대방을 상호 체제경쟁을 통해 약화시키고 없애야 할 철천지원수로 인식하게 하고 있다. …… 양 체제는 같은 피를 나눈 동족을 가장 무서운 원수로 인식하게 하고 있는 것이다.[7]

이에 '88선언'은 "분단과 증오에 대한 죄책"을 만천하에 고백한다.

> 한국의 그리스도인들은 평화와 통일에 관한 선언을 선포하면서 분단체제 안
> 에서 상대방에 대하여 깊고 오랜 증오와 적개심을 품어왔던 일이 우리의 죄임을
> 하나님과 민족 앞에서 고백한다.[8]

이 선언을 기초하던 당시 기초위원들 가운데에는 "원죄"라는 표현이 맞다
고 하는 강력한 주장이 있었다. 격렬한 토론 끝에 "원죄"라는 말 대신, "구조
악(構造惡)"이란 말이 적절하다는 결론을 내렸다. "원죄"라고 하면 한국민족은
태어나면서부터, 그야말로 우리 DNA에 동족을 증오하고 혐오하는 "본성"이
있다는 말인가? 하는 반론이 제기되면서, 이것은 정치적, 사회적 그리고 역사
적 인과관계에서 발생한 것이므로 "구조악"이라고 해야 옳다는 생각에 합의
했다. 그리하여 '88선언'은 다음과 같이 분단을 구조악으로 정의한다.

> (1) 한국민족의 분단은 세계 초강대국들의 동서 냉전체제의 대립이 빚은 **구
> 조적 죄악**의 결과이며, 남북한 사회 내부의 **구조악**의 원인이 되어왔다. 분단으로
> 인하여 우리는 '네 이웃을 네 몸과 같이 사랑하라'는 하나님의 계명(마
> 22:37~40)을 어기는 죄를 범해왔다. (중략)
> 우리는 갈라진 조국 때문에 같은 피를 나눈 동족을 미워하고 속이고 살인하
> 고, 그 죄악을 정치와 이념의 이름으로 오히려 정당화하는 이중의 죄를 범하여
> 왔다. (중략)
> 이러한 과정에서 한반도는 군사적으로뿐만 아니라 정치 경제 각 분야에서 외
> 세에 의존하게 되었고, 동서 냉전체제에 편입되고 예속되게 되었다. 우리 그리
> 스도인들은 이러한 민족 예속화 과정에서 민족적 자존심을 포기하고 자주독립
> 정신을 상실하는 반민족적 죄악(롬 9:3)을 범하여온 죄책을 고백한다. (중략)
> (2) 남북한의 그리스도인들은 각각의 체제가 강요하는 이념을 절대적인 것으

로 우상화하여왔다. 이것은 하나님의 절대적 주권에 대한 반역죄(출 20:3~5)이며, 하나님의 뜻을 지켜야 하는 교회가 정권의 뜻에 따른 죄(행 4:19)이다. (중략)

특히 남한의 그리스도인들은 반공 이데올로기를 종교적인 신념처럼 우상화하여 북한 공산정권을 적대시한 나머지 북한 동포들과 우리와 이념을 달리하는 동포들을 저주하기까지 하는 죄(요 13:14~15; 4:20~21)를 범했음을 고백한다.[9]

'88선언'의 기초위원들은 이 죄책고백 부분을 토의할 때 처절한 신앙고백을 하는 심정과 아픔을 감출 수 없었다. 이 부분을 기초하면서, 나는 북한 공산당에게 미움을 사 6.25 전쟁 중에 인민군에게 납치되어 총살당한 아버지의 모습을 떠올리지 않을 수 없었다. 아버지를 총살한 인민군, 살인자들을 증오하고 원수를 갚겠다는 다짐을 해온 나 자신을 돌아보고 회개하고 분노와 증오와 복수로 굳어진 나 자신을 하나님 앞에 죄인으로 고백하는 일이 쉬운 일은 아니었다. 그러나 이 죄책고백 없이, 원수를 미워하면서 이는 이로 갚아야겠다는 복수심을 극복하고 용서와 화해의 손길을 내밀지 않고서는 우리 가운데 평화를 말하고 통일을 위해 일하는 것이 불가능하고, 그렇지 않으면 바리새파적이고 위선적인 것이 되고 말 것이었다. 결국 나는 눈물을 머금고 죄책고백을 써 내려갔다.

9인 위원회를 주관해온 오재식 원장은 그의 회고록에서 이 죄책고백 부분에 대해서 "그 회개는 성경구절과 함께 구체적으로 명시했는데, 이렇게 쓸 것이라고 상상하지 못할 정도로 기가 막힌 죄책고백의 내용을 가진다"라고 말했다.[10]

그러나 이 선언이 공포되었을 때 일부 남한의 신앙인들과 신학자들마저 전쟁 책임은 북한이 져야 하고 죄책고백은 북한 그리스도인들이 져야 하는데, 왜 전쟁 "피해자"인 남한의 그리스도인들이 전쟁과 증오의 죄책을 고백해야 하느냐는 비판을 했다. 얼핏 들으면 완전히 틀린 말은 아닌 것 같다. 그러나 서로 손가락질하고 상대를 가해자라고 따지고 있는 한, 용서와 화해는 이루어질 수 없는 것이다. "정의"와 "사랑"의 갈등과 고뇌를 안고 전쟁과 평화를 논한다는 것은 인간사회에서 가장 어려운 일이자 역사의 모호성(ambiguity)일 수밖에 없는 것이다. 그럼에도 불구하고, 평화를 위해서 평화를 말해야 하고 화해의 손길을 내밀어야 하는 것이 증오를 극복하고 정의로운 평화와 화해를 이룩하는 길이라는 것을 깨닫는 "평화에의 각성과 다짐"이야말로 "인식론적인 전환" 혹은 "회개"인 것이다. 이 깨달음과 다짐과 패러다임의 전환이 없었다면 '88선언'은 불가능했을 것이다.

한국교회의 '88선언'은 북한을 적대시하고 증오하는 적극적 반공 이데올로기를 극복하기 위한 것이었다. "안보" 이데올로기를 내세워 적대관계에 있는 양측이 서로 적의 공격에 대응한다는 명목으로 군비를 강화하고 막힌 담을 더 높이 쌓아야 한다고 소리지른다. 무서운 적이 더 무서워진다는 악선전으로 국민을 전쟁공포에 시달리게 하고, 안전을 보장하기 위한 명목으로 군대를 징집하고 훈련하고 직업군인을 양산하고 무기를 사들이고 "방위산업"에 막대한 재정을 지출한다. 이런 상황은 적이 있어야 군부가 권력을 장악하고 독재할 수 있기 때문에 만들어진다. 이른바 "적대적 공생관계"가 반공 이데올로기로 인해 생성된 것이다. 평화적 공생이나 공존이 아니라, 적대적 관계를 유지해야만 살아남는 공생이나 공존은 거짓 공생이며 공존이다. 적대적 공생관계는 결국 전쟁의 위기를 조성하고 전쟁으로 공멸하게 된다는 숙명을 궁극적으로 피할 수 없다는 것을 명심해야 한다. 증오와 전쟁에 대한 "죄책고백" 없이 화해와 용서와 평화의 길을 열 수 없다는 것이 '88선언'의 깨달음이었다. 원수를 미워했던 반세기가 넘는 세월 동안의 갈등과 적개심과 복수심을 회개하고 죄책을 고백한다는 것은 남북의 새로운 관계, 사랑과 용서와 화해와 평화의 관계로 전환하겠다는 의지와 결단이었다.

2. 민족 통일을 위한 기본원칙과 정책 과제

정치철학자 이삼열 박사는 제2분과의 토의결과를 다음과 같이 제시했다.

"한국기독교교회협의회는 1984년 (도잔소 협의회) 이래 수차에 걸친 협의 모임을 통하여 민족통일을 향한 한국교회의 기본적인 원칙을 다음과 같이 설정하였다"라고 하면서 먼저 1972년 남북 간에 최초로 합의한 7.4 공동성명을 기본골자로, 기본적인 통일 원칙으로 수용했다. 즉 **자주, 평화**, 사상과 이념과 제도를 초월한 **민족 대단결의 3대 정신**을 교회의 평화통일 운동의 기본원칙으로 수용한다고 밝혔다. 그리고 다음과 같이 2가지 원칙을 더하여 한국교회 평화통일 운동의 5대 기본원칙을 제시한다.

1. 통일은 민족이나 국가의 공동선과 이익을 실현하는 것일 뿐 아니라 인간의 자유와 존엄성을 최대한 보장하는 것이어야 한다. 국가나 민족도 인간의 자유와 복지를 보장하기 위해서 있는 것이며, 이념과 체제도 인간을 위해 존재하는 것이기 때문에 인도주의적인 배려와 조치의 시행은 최우선적으로 고려되어야 하며 다른 어떠한 이유로도 인도주의적 조치의 시행이 보류되어서는 안 된다. (중략)

2. 통일을 위한 방안을 만드는 모든 논의 과정에는 민족 구성원 전체의 민주적인 참여가 보장되어야 한다. 특별히 분단체제하에서 가장 고통을 받고 있을 뿐 아니라 민족 구성원 다수를 차지하고 있으면서도 의사결정 과정에서 늘 소외되어온 민중의 참여는 우선적으로 보장되어야 한다.[11]

한국교회의 평화통일 운동의 기본원칙을 규정한 다음 남북한 정부에 다음과 같은 구체적인 제안을 했다.

1. 분단으로 인한 상처의 치유를 위하여
　　가. 이산가족의 상봉, 주거지의 자유로운 결정
　　나. (추석이나 명절에) 자유로운 친척과 고향 방문 허용
　　다. "부역자" 제도 파기

2. 분단극복을 위한 국민의 참여증진을 위하여

　가. 통일 논의와 연구 및 정책수립을 위한 국민의 자유로운 참여 허용

　나. 세계인권 선언과 유엔 인권협정 준수

3. 사상, 이념, 제도를 초월한 민족적 대단결을 위하여

　가. 상호비방과 욕설, 배타주의의 제거

　나. 상호교류, 방문, 통신의 개방

　다. 남과 북의 언어, 역사, 지리, 생물, 자연자원 등에 관한 학술분야의
　　　교류 및 협동연구의 추진과 아울러 문화, 예술, 종교, 스포츠 분야의
　　　교류

　라. 남북 간의 경제 교류

4. 남북한 긴장 완화와 평화증진을 위하여

　가. 평화협정의 체결: "이를 위하여 남북한 당국과 미국, 중국 등 참전국
　　　들이 휴전협정을 평화협정으로 전환시키고 불가침조약을 여기에 포
　　　함시키는 협상을 조속히 열어야 한다."

　나. 주한미군 철수 및 주한 유엔군 사령부 해체: "평화협정이 체결되고,
　　　남북한 상호간의 신뢰회복이 확인되며 한반도 전역에 걸친 평화와 안
　　　정이 국제적으로 보장되었을 때"

　다. 군사력 감축 및 군비축소

　라. 한반도 비핵화: "핵무기는 어떠한 경우에도 사용되어서는 안 되며, 남
　　　북한 양측은 한반도에서 핵무기의 사용가능성 자체를 원천적으로 막
　　　아야 한다. 따라서 한반도에 배치되었거나 한반도를 겨냥하고 있는
　　　모든 핵무기는 철거되어야 한다."

5. 민족 자주성의 실현을 위하여

　가. "남북한 간의 협상이나 회담, 국제적인 협약에 있어서는 주변 강대국
　　　이나 외세의 간섭에 의존하는 일이 없어야 하며 민족의 자주성과 주
　　　체성을 지켜 나가야 한다."

나. "남북한 양측은 민족의 삶과 이익을 우선으로 하지 않고 오히려 이것에 배치되는 내용으로 체결된 모든 외교적 협상이나 조약을 수정하거나 폐기하여야 하며, 국제연합이나 동맹국들과의 관계수립이나 협약에 있어서도 남북한 상호 간의 합의와 공동의 이익을 우선적으로 고려하여 반영시켜야 한다."[12]

'88선언'이 눈물과 기립박수로 채택된 이후, 남북 정부에 제안한 정책들이 실제로 시행된 것이 과연 있는가? 그 뒤로 30년이 지난 오늘 2017년, 침통한 심정을 감출 수가 없는 형편이다. 에큐메니컬 교회 공동체가 제시한 평화통일의 5개 기본원칙의 하나인 평화의 원칙은 지켜지고 있다고는 하나, 북한의 계속되는 핵실험과 미사일 실험발사 등으로 일본과 미국을 비롯한 온 세계가 한반도에서의 핵전쟁 위기에 주의하고 있는 실정이다. 남북관계가 경색되어 있어도, 북한의 핵실험과 전쟁 위협 속에서도, 북한에 대한 남한의 의약품 제공 등은 인도주의적 지원의 일환으로 간신히 진행형인 것으로 알고 있다. '88선언'이 발표된 30년 전에 비하면, 통일 논의가 전 국민적 관심사로 확장되어 국민의 관심과 통일을 향한 열기는 그 어느 때보다도 뜨거워지고 있다고 할 수 있을 듯하다.

1985년 처음으로 남북의 이산가족 상봉이 간신히 시작되었고, 금강산이 북한의 관광지로 개방된 이후 수많은 남한의 관광객이 북한 땅을 밟고 꿈에도 그리던 금강산을 감상할 수 있었으나 이명박 대통령 재임 초기인 2008년에 남한 관광객 총기 피살 사건으로 인하여 (2003년 시작되었던) 금강산 관광은 중단되었다. 그뿐 아니라 2010년 3월 군함 천안함이 북한의 어뢰 공격으로 침몰당했고, 같은 해 11월에는 서해 연평도에 북한의 연안 포대에서 발사한 포격에 의해 군 시설과 민간 지역이 피해를 입은 사건이 발생했다. 북한의 인권 유린 문제는 세계적 이슈로 여전히 비난의 대상이 되어 있고, 이로 인한 탈북민의 수는 증가하고 있는 형편이다. 남북한의 문화, 학술 교류는 김대중 대통령의 "햇볕정책"에 힘입어 한동안 움직임이 있었으나, 그 이후 정권에서는 중단된 상태이다. 어렵사리 개설된 "개성공단"은 우여곡절 끝에 박근혜 정권이 북측의 핵개발 문제를 빌미로 하여 2016년 갑자기 폐쇄한 이후 2017년 현재까지 재가동의 기미가 보이지 않고 있다.

'88선언'이 남북 당국에 제안한 중요한 4가지 정책, 즉 평화협정 체결, 미군 철수, 군축 및 비핵화 문제에 대해서는 북한 김정은 정권이 미국을 상대로 한 미사일 개발과 핵무기 개발을 강행하면서 안타깝게도 한 발자국도 진전이 없고 지금은 오히려 후퇴일로를 달리고 있는 비참하고 위험한 상태이다. 선언 이후 30년이 지나서 아직도 그 제안이 받아들여지기를 기다려야 하는 상황에 분노, 좌절감, 비통한 마음을 금할 수 없다. 한반도 남쪽에서도 동해와 서해 그리고 휴전선 근처에서 한미 합동군사훈련이 꾸준히 진행되고 있는 것도 마찬가지다. 이에 더하여 한국 기독교 보수를 자처하는 교인들이 강단과 거리에서 북한을 악마시하고, 북진통일, 무력정복, 흡수통일을 외치면서 '88선언'을 "용공, 좌파 세력"들이 조작한 문서로 규탄하고 있는 형편이다. 옛날 유대 선지자 예레미야가 "평화, 평화, 평화가 도대체 어디 있느냐?"(렘 6:14)라고 소리지르며 피눈물을 쏟아내던 모습이 머리를 때린다.

3. 평화와 통일을 위한 한국교회의 과제: 희년 선포

한국기독교교회협의회는 1995년을 '평화와 통일의 희년'으로 선포한다.[13] 1995년은 한국이 일본제국주의 식민지 지배로부터 해방된 지 50년이 되는 해였다. "희년(Jubilee)"이란 안식년(7년)이 일곱 번 되풀이되어 49년이 끝나고 50년째 되는 해를 말한다(레 25:8~10). 희년이 되면 자기 몸을 종으로 팔았던 사람들이 풀려나 자기 집으로 돌아가고, 가난해서 자기 땅을 팔 수밖에 없었던 사람들도 그 땅을 돌려받는다. 그래서 희년은 "해방의 해"이다. 한국교회는 '희년을 향한 대행진' 속에서 다음과 같은 일들을 하겠다고 다짐했다.

(1) 평화와 통일을 위한 교회갱신 운동을 활발히 전개

　　가. 개교회주의와 교권주의 극복과 교회일치를 위한 선교적 협력 강화

　　나. 평신도의 교회 선교 참여: 여성과 청년을 포함하는 평신도의 선교사

　　　역 참여촉진

　　다. 사회의 경제적, 사회적 정의 실현을 위한 예언자적 역할 수행

(2) 평화교육과 통일교육 실시

　　가. 평화에 관한 성서연구와 신학연구

　　나. 분단체제에 대한 역사교육과 통일교육

　　다. 이데올로기에 대한 학문적 연구와 이해

(3) 평화와 통일을 선포하는 희년축제와 예전(禮典) 개발

　　가. "평화와 통일 기도주일" 설정

　　나. 남북한 교회의 "평화와 통일 기도주일" 설정과 "공동기도문" 작성

　　다. 이산가족의 생사 확인, 서신 거래, 친구, 교우, 친척 찾기 운동 전개

(4) 평화통일을 위한 연대운동 전개

　　가. 평화통일 운동의 에큐메니컬 확산

　　나. 남북한 교회의 상호교류 확대

　　다. 아시아와 세계 교회와의 연대 운동으로의 확산

　　라. 타 종교, 타 평화 운동권과의 연대활동 전개[14]

　'88선언'이 한국기독교교회협의회 제37회 총회에서 총대들의 기립박수로 만장일치로 채택된 이후 중앙정보부에서 '미군 철수 운운하다니 너희들 다 잡아넣겠다'면서 압력을 가해왔다고 오재식 원장은 회고했다.[15] 오재식 원장은 그렇게 압력을 가하는 정보부 요원에게, 선언문에 미군 철수에 관한 한 전제조건들을 명기했는데 다시 검토하라고 응대하고 그를 돌려보냈다고 한다. 정보부에서는 면밀한 검토를 한 요원들이 정보부장에게 "정말 대단한 내용입니다. 완벽해요. 우리가 손댈 부분이 없습니다"라고 말했다고 한다.

1988년 여름 오재식 원장이 세계교회협의회 개발국장으로 출국했다. 얼마 되지 않아 북한 공작원이 비밀리에 접근하여 오재식 국장 사무실에서 '88선언'에 대해 언급했다고 한다. 서툰 일본말로 전화를 통해 면회를 청한 사람이 여성 한 명을 대동하고 오재식 국장 사무실에 나타났다는 것이다. 그 남자는 주머니에서 '88선언'이 적힌 조그만 책자를 꺼내 보이면서 "제가 사실은 북에서 왔수다. 내가 이것을 선생께 보여드리는 것은 수령님께서 이것을 보고서 아주 좋아하십니다"라고 하면서 "희년 사상에 대해서 아주 감동하고 계십니다. 미군 철수에 대해서 절대 지지를 하십니다. 그런데 어떻게 그렇게 포장을 잘했습니까? 회개하는 부분, 우리도 동감입니다"라고 했다고 한다. 이러한 접촉을 통해서 북의 공작원은 오재식 국장을 스웨덴으로 초청했으나 거절했다고 한다.16)

'88선언' 이후

1988년은 한국교회의 평화통일 에큐메니컬 운동의 해라고 말해도 될 것 같다. 2월 29일 '88선언'의 감격적인 발표 후, 4월에는 인천 송도에서 한국의 평화와 통일을 위한 국제회의가 개최되었다. 오재식 원장이 꾸민 일이었다. 이 국제회의는 1984년의 일본 도잔소 국제회의의 연속으로 세계 에큐메니컬 교회 대표들이 한국 에큐메니컬 운동 동지들과 회합하는 자리였다. 오재식 원장의 의도는 정부가 '88선언'을 문제삼아 9인 위원들과 NCC 간부들과 실무자들을 불법 연행하거나 감금 수사하는 일이 생기면 국제문제로 비화하도록 하겠다는 것이었다. 그래서 인천에서 국제회의를 열고 WCC의 총무 에밀리오 카스트로(Emilio Castro) 박사와 그 직전 총무인 필립 포터(Philip Porter) 박사 등 거물급 에큐메니컬 운동가들을 초대했던 것이다. 그 국제회의 이전에 9인 기초위원들을 잡아넣으면 국제문제가 될 수 있으므로 회의가 끝나는 대로 조치하겠다는 것이 정보부의 속셈이었다고 한다. 오재식 원장은 당시의 숨가쁜 사정을 다음과 같이 회고한다. "하지만 인천국제회의 기간에는 국회의원 선거가 있었다. 선거 발표가 나왔는데 당시 야당인 평민당이 이겨버렸다. 야당이 이기고 나나까 우리를 대하는 태도가 완전히 바뀌었다. 중앙정보부에서도 손을 댈 수 없었다."[17]

나는 이 국제회의에서 발제강연을 했다. 1988년 부활절은 4월 3일이었고, 한식(寒食)은 5일이었다. 나는 외국 에큐메니컬 동지들에게 한식의 뜻을 설명하고 순교자 목사 우리 아버지 이야기를 소개하면서, 평양에 묻혀 있는 아버지 산소를 찾아뵙지 못하는 개인의 한 맺힌 사정과 우리 민족의 분단상황을 호소했다. 우리 분단의 역사는 한국 민족이 지난 반세기 넘게 걸어온 십자가의 고난의 길이라고 하면서 분단의 고통과 전쟁의 고난을 민족의 십자가로 표현했다. 그리고 그 두 달 전에 한국기독교교회협의회가 총회에서 만장일치로 채택한 '88선언'을 소개하면서, 민족의 평화와 통일은 우리 민족의 부활 사건이며 희망이고 우리의 평화통일은 정치적, 사회적 의미만이 아니라 종교적, 그리스도교적 의미가 있음을 천명했다. 이 강연문은 영문으로 된 나의 책『그리스도 안의 한국 민중(The Korean Minjung in Christ)』에 실려 있다.[18] 인천 국제회의는 한국교회의 평화통일 운동에 대해서 진지한 성원을 약속했다. 그 이후 제네바 세계교회협의회 국장으로 진출한 오재식 박사는 세계적인 차원에서 한국 에큐메니컬 평화통일 운동을 지원하고 추진하는 데 크게 공헌했다.

1988년 2월 29일 연동교회에서 김형태 NCC의 통일위원장이 '88선언'을 눈물로 읽어내려가기 며칠 전인 2월 25일에 노태우는 대한민국 제17대 대통령으로 취임했다. 그해 여름에는 세계 올림픽대회가 서울에서 열리게 되어 있었다. 1987년 체제가 개막되는 해였다. 군부 출신 정치가에 대한 기대는 반신반의(半信半疑), 두고 보자는 관망상태였다. 새로 출범한 내각에는 미국 유학파 정치학 석학인 이홍구 박사가 통일원 장관으로 발탁되었다. 아메리카학회와 강원용 목사가 이끄는 '크리스챤 아카데미' 대화모임에서 친분이 두터워진 터여서 개인적으로 많은 기대를 가지고 있었다. 그런데 하루는 그에게서 전화가 걸려왔다. 통일원에 와서 '88선언'을 설명해달라는 부탁이었다. 나는 흔쾌히 초청을 수락했다. 삼청동 어느 건물이었던 것 같다. 이홍구 장관의 안내로 들어선 방에는 20여 명의 고위 공직자들이 가득 있었다. 나는 성심성의껏 '88선언'의 배경과 내용, 그리고 필요성, 특히 통일정책 제안에 역점을 두어 설명과 호소를 섞어서 "열강"을 했다. 질의응답 시간이 있어서 통일부 간부들과 진지하고 유익한 대화를 할 수 있었다. 특히 질의하는 간부들의 질의 내용이나 태도는 진지했고, 민간인인 나를 공격하거나 비난하는 것이 아니었다. 2시간 이상의 "세미나"였던 것으로 기억한다. 나는 한국교회의 입장을 정확하게 전달하는 데 성공했다는 생각으로 이홍구 장관에게 감사의 인사를 하고 장관 집무실을 나왔다. 이홍구 장관은 흡족해하는 태도였다.

그리고 얼마나 지났을까. 노태우 대통령이 1988년 7월 7일 대북정책을 발표했다. 놀랍게도 북한과의 적대적 관계를 지양하고 "동반자" 관계로 전환한다는 메시지였다. 그 내용은 놀라울 정도로 '88선언'의 정신을 반영한 것이었다. 노태우 대통령의 이른바 '민족자존과 통일번영을 위한 7.7 특별선언'의 내용은 다음과 같다.

1. 남북동포 간의 상호교류와 민간인의 자유로운 남북왕래
2. 이산가족 상봉, 가족 간의 서신왕래, 상호 방문주선, 추진
3. 남북 간 교역의 문호개방
4. 남북 간의 소모적인 경쟁, 대결외교의 종결, 국제무대에서의 외교적 협력
5. 북한과 일본, 미국과의 관계 개선과 남한의 중국, 소련과의 관계 개선 추구

지금의 시각에서 보자면, 가히 김대중 대통령의 "햇볕정책"의 밑그림으로 보일 정도이다. 실제적으로 노태우 정권은 집권 시기 안에 북방정책에 성공했고, 남한과 북한의 유엔 동시가입에 성공한 실적이 있다. 한국교회의 '88선

언'을 통한 평화통일 의지가 반영된 것으로 평가하는 것은 지나친 자화자찬일까? 한국교회 일각에서 민간인 통일 논의와 통일 운동에 물꼬를 텄다는 자긍심을 보이기 시작한 것은 사실이었다.

제네바의 오재식 국장은 1988년 11월 22일부터 25일까지의 일정으로 제2차 글리온 회의를 개최했다. 나는 학교 강의 관계로 1984년 역사적인 일본의 도잔소 회의와 1986년의 제1차 스위스 글리온 회의에도 참석할 수 없었으나, 1988년 11월에 개최되는 제2차 글리온 회의에는 학기말 시험을 앞당겨 시행하고 10여 명의 동료 남한교회 대표들과 제네바로 날아갔다. 북한에서는 그리스도교도 연맹의 서기장(총무 격)인 고기준 목사가 이끄는 7명의 대표단이 왔다. 남한에서는 권호경 NCCK 총무를 위시한 가맹 교단장과 총무와 국제위원, 통일위원 등 총 11명이 자리를 같이했다. 여기에 WCC 회원국 교회 대표들과 CCIA 국제위원회 실무자 등 20여 명이 동석했다.

남과 북에서 왔다고는 하지만, 누가 북에서 왔는지, 누가 남쪽에서 왔는지 외양으로는 분간할 수 없다고 느꼈다. 해방되고 남과 북으로 분단된 지 40년하고도 3년이 지나도록 왕래도 없었고 서로 만날 수도 없었지만, 같은 얼굴을 하고 같은 나라 말을 하는 남과 북의 교회 대표들은 그야말로 인간적인 마음과 마음의 교류를 할 수 있었다. 외교적 겉치레보다는 헤어졌던 친척이나 친구를 만난 것처럼 스스럼없이 소통하고 이야기를 나누고 식사를 함께 할 수 있었다. 공식회의가 끝나면, 밤참이라고 하면서 권호경 총무가 여행가방에 넣어 가지고 온 라면을 북한 대표 목사 방으로 들고 가 더운 물을 부어 함께 나누어 먹는 "라면 잔치"를 즐기기도 했다. 무엇보다도 남과 북의 목사들과 대표들이 얼굴을 맞대고 만나서 이야기를 나누고 있다는 사실에 감동과 감격의 시간을 보냈다. "북에도 사람이 살고 있다"는 평범한 사실을 확인하고 있었던 것이다.

제2차 글리온 남북 교회대표 회의는 성과가 있었다. 제2차 글리온 회의 벽두에 이번 회의에서는 남북 교회 공동합의문을 작성하자는 데 동의하고 그 합의문을 영어로 초안을 만들어 세계 교회에 공포하기로 했다. 1984년 일본 도잔소 회의 성사를 위해서 방한했던 WCC, CCIA의 간사인 캐나다의 에릭 와인가트너와 미국 NCC의 빅터 슈, 그리고 나를 기초위원으로 위촉했다. 북한 대표 중에서도 한 사람을 지명해줄 것을 요청했으나 영어가 안 통한다는 이유로, 그리고 나를 전적으로 믿는다고 하면서 위임했다. 우리 셋은 회의 진행 중 밤늦게까지 모여 앉아서 남북 공동 합의문 작성에 나섰다. 회의를 시작하자마자 기초위원들은 1984년 도잔소 회의의 정신과 '88선언'의 내용을 반영하자는 데 합의했다. 그 합의문에는 다음과 같은 8개 조항이 들어갔다.

1. **1995년을 통일희년으로 선포한다. 그리고 1989년부터 8.15 직전 주일을 "평화 통일을 기원**하는 공동기도주일"로 지킨다.
2. 1972년 7.4 공동성명의 자주, 평화, 민족 대단결의 3대 원칙을 재확인한다.
3. **앞으로의 통일과정에 있어서 모든 외세는 배제하고, 남북한 민족 구성원 전체의 민주적인 참여로 이루어져야 한다. 즉, '88선언'이 밝힌 통일 논의에서의 민의 참여를 강조했다.**
4. **남북 분단체제의 고착화를 배격한다.**
5. **남북 간의 적대감을 극복하고 이념적인 편견을 정리하고 화해 분위기를 형성한다.**
6. **휴전협정을 평화협정으로 전환, 남북의 군비축소를 제안한다.**
7. **남북 간 민간교류의 확대를 제안한다.**
8. **남북 민간교류의 창구를 NCCK로 한다.** (1988년 11월 23일, 스위스 글리온)

이 공동선언문은 예레미야 29장 11~14절을 인용했다. "너희는 나에게 쫓겨 세계만방에 포로로 끌려갔지만, 나는 너희를 거기에서 모아들여 이곳으로 되돌아오게 하리라. 이것은 내 말이다. 어김이 없다." 남과 북의 교회 대표들과 세계 교회 대표들은 박수로 이 합의문을 통과시켰다.

우리는 귀국하자마자 북한 교회대표들이 위임한 8.15 직전 주일에 드리는 "공동기도문" 작성에 착수했다. 이 일은 나에게 맡겨졌다. 다음은 그 기도문의 마지막 부분이다.

(전략) 하나님의 나라가 임하시기를 기원합니다.
온 세상과 한반도에 평화와 일치를 위한
당신의 거룩한 뜻이 이루어지기를 바라옵니다.

주여!
우리는 마음속 깊은 데서부터 주님께 호소합니다.
남한과 북한의 형제자매들과 함께
온 세계에 있는 믿음의 식구들이 연합하여
예수 그리스도의 이름으로 기도하옵나이다. 아멘.[19]

'88선언'의 메아리

한국기독교교회협의회가 발표한 '88선언'과 노태우 대통령의 7.7 특별선언은 북한 정부를 움직이게 한 것 같다. 그렇지 않고서야 1989년 새해 벽두에 북의 김일성 주석이, 라디오를 통해서이기는 하지만, 4당 총재와 김수환 추기경, 문익환 목사, 백기완 씨 등을 평양으로 초청했을 리가 없지 않은가 하는 추측을 하게 된다. 이어서 조선평화통일위원회 위원장 허담의 이름으로 남한의 통일원을 통해서 실제로 초청장을 보내오기도 했던 것이다. 이 초청에 응한 사람은 문익환 목사뿐이었다.

문익환 목사의 친동생인 문동환 박사의 회고록에 의하면, 1989년 새해 부모님 댁에 세배 드리러 갔을 때 형제는 미담을 나누었다고 한다. 형인 문익환 목사는 두 장이나 되는 긴 시를 보여주었다. 시의 제목은 "잠꼬대 아닌 잠꼬대"였다고 하면서, 동생은 형의 시 가운데 중요한 구절을 옮기고 있다.

난 올해 안으로 평양으로 갈 거야
기어코 가고야 말거야, 이건
잠꼬대가 아니라고 농담이 아니라고,
이것은 진담이라고.

난 걸어서라도 갈 테니까
임진강을 헤엄쳐서라도 갈 테니까
그러다가 총에 맞아서 죽는 날이면
그야 하는 수 없지
구름처럼 바람처럼 넋으로 가는 거지.

동생 문동환 박사는 "선 민주, 후 통일"을 주장하는 사람이었다. 지금 군부 출신인 노태우가 대통령으로 있는 마당에 5.18 광주 민중항쟁을 통한 민주화도 완전히 이루지 못한 상태에서 통일을 논하고 행동한다는 것은 시기상조라는 생각이었다.[20] 동생은 기어코 평양으로 달려가는 형을 "순수한 이상주의자요 시인이었다"라고 말하면서 형의 평양행을 막지는 않았다.[21]

나는 1964년 뉴욕의 유니언 신학대학생으로서 이화여대에서 1년간 인턴 실습생으로 교목실과 기독교학과에서 일하고 강의하고 있을 때 문익환 목사를 처음 만났다. 그는 독일의 신학자이며 반나치 운동을 하다가 제2차 세계대전이 끝나기 직전 교수대에서 순교한 디트리히 본회퍼를 숭배하다시피 하는 이상주의자이며 행동주의자이면서도, 유려한 시를 쓰는 시인이었다. 나와 내 아내가 1965년 다시 유니언 신학대학으로 돌아가 공부하고 있을 때 문익환 목사와 김관석 목사가 1년간 제3세계 교회 지도자 훈련 프로그램에 초빙학자로 와서 공부하는 기회가 있었다. 두 분은 거의 매 주말 내가 신혼생활을 하는 학생 아파트에 와서 한국 소식도 나누고 한국교회의 미래를 걱정하면서 신학 공부 이야기를 밤이 새도록 나누곤 했다. 그 기억이 새롭다. 그때마다 문익환 목사님은 부인과 나눈 편지를 읽으면서 눈물을 흘리기도 했다. 그분은 정말 다정다감한 시인이며 어린아이와 같은 상상으로 가득찬, 그야말로 "못 말리는" 이상주의자라는 인상을 받았다.

문익환 목사는 도쿄에 있는 옛날 친구 정경모와 함께 북경을 거쳐 평양으로 갔다. 3월 20일 서울을 떠난 문익환 목사는 25일 평양에 도착했다. 26일 봉수교회에서 예배를 드리는 가운데 인사말을 통해서 "통일은 민족의 부활"이라고 역설했다. 27일에는 김일성 주석의 오찬에 초대받아 대화를 나누었는데, 4월 1일에는 김일성 주석이 직접 문익환 목사의 숙소로 찾아와 8시간에 걸쳐서 통일 방안과 정치 군사 문제 해결, 남북 철도 연결, 금강산 공동개발, 정부와 민간 교류의 확대 등을 논의했다고 한다. 그리고 다음날인 4월 2일에는 조국평화통일위원회 허담 위원장과 대화하고, 그 결과물을 정리하여 7개 항에 달하는 공동성명서를 작성했다. 문익환 목사가 찬성한 그 '4.2 공동성명'에서는 제일 먼저 7.4 남북공동성명에서 천명한 3대 원칙을 확인하고, 정치군사회담을 추진시켜 북남 사이의 정치적, 군사적 대결 상태를 해소하는 동시에 이산가족 문제와 다방면에 걸친 교류와 접촉을 실현하도록 하는 데 합의하고 있었다. 7개 항 중에 가장 주목되는 것은 "누가 누구를 먹거나 누구에게 먹히지 않고, 압도하거나 압도당하지 않는 공존의 원칙에서 연방제 방식으로 통일을 하는 것이 필연적이고 합리적이며, 그 구체적인 실현방안도 한꺼번에 할 수도 있고 점차적으로 할 수도 있다"(제4항)는 것이다. 문익환 목사는 '점차적' 연방제 통일방안을 강조했다고 한다(제6항). 그리고 "쌍방은 우리 민족이 굳게 단결해야 할 필요성과 그 절박성을 통감하면서 돈 있는 사람은 돈을 내고 힘 있는 사람은 힘을 내며 지식 있는 사람은 지식을 내어 나라의 통일위업 실현에 적극 이바지하는 데 대한 공동의 염원을 표시하였다"(제7항)고 한다.[22]

4월 13일 문익환 목사가 탄 비행기가 김포공항에 도착하자마자 그는 기내에서 체포되었다. 수감생활을 마치고 1993년 풀려나 1년도 채 안 된 1994년 1월 18일, 시인이며 구약성서학자이자 평화통일 운동가인 문익환 목사는 분단된 조국을 뒤로 하고 이 세상을 하직했다.

제11장

1990년대 기독교의 한반도 통일운동

북한의 주체사상과 박순경 교수 재판

1991년 가을과 겨울에는 기독교 통일신학이 서울의 교도소와 형사 재판소의 법정 투쟁에서 전개되었다. 이화여대 인문과학대학 기독교학과의 조직신학 교수로 정년퇴임한 박순경 박사가 북한의 주체사상과 김일성 수령을 찬양했다는 이유로 국가보안법 위반 피의자 자격으로 서울 구치소와 교도소 생활을 하고 법정에 서게 된 것이다.

박순경 교수는 1991년 5월 28~30일 미국 소재 북미주 기독학자회의 초청으로 뉴욕 롱아일랜드에서 개최한 연례세미나에 참석했다. 남한에서는 박순경 교수를 포함한 6명의 교수들이 참석했고 북한에서도 학자들과 여성 통역관을 포함한 목사 등 9명이 참석했다고 한다. 그중 박순경 박사의 주목을 받은 사람은 북한의 사회과학 연구원 주체사상연구소 소장 박승덕 박사였다. 박순경 교수는 2016년 10월 신학지 ≪신학과 교회≫ 6호 인터뷰에서 박승덕 박사에 대해서 다음과 같이 회상한다.

신학적으로나 사상적으로 날 휘어잡을 수 있었던 사람이 박승덕 박사예요. 그때 나는 그를 몰랐는데 그이는 나를 이미 다 알고 있었어요. …… 나는 이제 박승덕 박사가 기독교에 있어서는 초보생이겠거니 생각했는데, 그 행사가 끝나고 뉴욕에 있는 한국 서점에 갔어요. 그 서점에서 내가 신약입문 같은 책을 골라서 '이것 어떠세요?' 하고 물었더니 입문 같은 것은 그만두라는 겁니다. 그래서 내가 아이고 잘못 봤구나 싶었어요. 그리고 내가 칼빈의『기독교강요』우리말 번역본과 다른 전문 신학서적들 세 권을 사 드렸어요. …… 그랬더니 박승덕 박사가 '칼빈의 신학이 깊더군요'라고 하잖아요.[1]

박순경 교수가 주체사상을 연구하고 이를 신학에 접목하게 된 동기는 미국에서 박승덕 교수를 만나 그의 주체사상 강연을 듣고 대화를 하는 과정에서 생긴 것이었다.

사상적으로 '주체'라는 개념을 다루어야 신학을 이야기할 수 있다고 생각했어요. 주체라는 개념에서 절대 주체는 인간이 될 수 없다는 게 내 입장인데, 북한에서는 김일성 주석이 한국전쟁 때 그 초토화된 북녘 땅에서 인민의 생존권을 일으켜 세웠으니 그가 사상의 주체가 될 수 있겠다고 생각했어요.[2]

1991년 7월 9~12일, 박순경 교수는 미국 회의에서 북한의 박승덕 교수의 주체사상 강연을 듣고 귀국한 지 두 달도 못 되어 일본의 대한 기독교회가 주최한 제2차 "평화통일과 선교"에 관한 도쿄회의에 초청되어 "기독교와 민족통일의 전망"이란 주제 강연을 했다. 박순경 교수의 머릿속은 온통 북한의 주체사상과 기독교 신학의 만남으로 가득차 있었던 것이다. 박순경 교수의 의도는 평화통일을 위한 기독교 선교를 위해서는 북한의 주체사상을 알아야 하고 신학적, 철학적 대화를 통해서 유신론과 무신론의 차이점과 갈등을 해소해보자는 것이었다. 그렇지 않고서는 기독교신앙과 선교가 겉돌 수밖에 없고 이념적, 사상적 통합이나 통일이 불가능하다는 것이었다. 박순경 교수는 어디까지나 한 사람의 신학자로서 유신론적 기독교 신학과 무신론적 주체사상과 대화를 시도하지 않고서는 남북의 통일은 사상누각, 정치적 게임으로 끝없는 갈등으로 가게 될 수밖에 없다는 소신을 가졌다. 박순경 교수는 "우리 남한 국민은 싫든 좋든 민족의 자주성을 대변하는 주체사상을 고려할 수밖에 없다. 주체사상은 마르크스주의 공산주의와는 달리 민족사의 차원을 내포하고 있다"는 발언을 했는데, 그것이 주체사상 찬양으로 고소된 것이었다.[3]

박순경 교수가 1991년 10월 24일 재판장 앞에서 한 모두(冒頭)발언은 더 간절한 것이었다.

그러므로 기독교신앙과 신학이 주체사상에 접근함으로써, 주체사상은 상대화되고 가변적인 성격을 가지게 되고 기독교신앙에 대하여 열려지게 된다. 주체사상 대변가가 기독교와 신학에 접근해온다는 사실이 이미 그 가변성과 개방성을 암시한다는 사실을 기독교 선교신학은 포착해야 하지 않겠는가. 그 가변성이란 구체적으로 무엇인가? 우선 주체사상의 무신론이 하나님 앞에서 하나님에게 열려질 수 있는, 수정될 수 있는 가능성을 생각해보라. 주체사상이 어떻게 전개될 것인지 누가 예측할 수 있겠는가. 어떤 새로운 변화의 가능성을 상상하면서 나는 주체사상에 대하여 선교신학적 시도를 감행한 것이다.[4]

고소장에서 크게 문제가 된 것은 박순경 교수의 김일성 "수령찬양론"이었다. 그러나 박순경 교수의 대답은 투명하다.

수령은 무조건적으로 우상이라고 교정되어 버려서는 안 된다는 것을 말하기 위해서 나는 교황과 수령을 (도쿄회의에서) 비교했던 것이다. 하나님을 대변하는 교황(Pope, Papa, Pater), 어버이와 인민을 대변하는 어버이 수령은 언어적으로 유사하다는 내 말에, 동경회의 참석자 반공 목사들은 심히 놀랐을 것이고

수령찬양이라고 마음속으로 외쳤을 것 같다. (중략)

어째서 기독교인들이 하나님을 대변하는 어버이는 우상이라고 생각하지 않고 인민을 대변하는 어버이는 무조건 우상이라고 생각하느냐 하는 문제제기가 고려되기 바란 것이다.[5]

박순경 교수는 1980년대를 통하여 NCCK 통일위원회 등에서 남북분단 극복과 통일문제를 논의하는 동안 거의 일관되게 남북통일의 '신학적 근거'를 요구했고, 북한의 정치체제와 이념, 사상문제에 대한 논의와 신학적, 철학적 대화가 필요하다는 것을 강조해왔다. 나아가서 "어떤 형태의 통일방안"을 논의하지 않는 것에 대해서 비판적이었다. 박순경 교수는 재판정에서 자신의 통일방안을 논의한다. 그는 이른바 흡수통일 논의를 비판한다. 동경 강연에서 박순경 교수는 "흡수통일론을 분석 비판하고 통일의 전망을 연방제 방향에로 전개할 결정을 내렸던 것이다"라고 밝히면서 다음과 같이 말했다.

내 연방제론 주장은 정부에 대한 한 조언이기도 하고 또한 교회선교가 통일방안을 생각해야 한다는 것을 기독교 목사들에게 말하기 위한 것이다. NCC 통일위원회와 신학자들('88선언' 기초위원들을 지칭)을 비롯해서 교회의 통일운동과 선교는 대체로 통일방안을 말하지 않으려는 주저와 보류를 표명해왔는데, 통일을 외치면서 통일과 통일방안은 별개의 것이라는 식의 그러한 생각을 수정하기 위해서 나는 동경 강연에서 연방제론을 거론하기로 했던 것이다.[6]

그러나 또한 그는 1988년 2월 29일 NCCK 총회가 만장일치로 채택한 "민족의 통일과 평화에 대한 한국기독교회 선언"(88선언)을 수용하고, 여기에서 채택한 7.4 공동성명의 정신을 받아들이면서 "연방제는 남북의 두 체제들을 상호인정하고 체제와 이념의 차이를 넘어서서 민족을 주축으로 하는 평화통일 방안으로서 가장 적합한 방안이라고 생각한다"고 밝힌다. 나아가서 '88선언'

이 제시하는 휴전협정의 평화협정으로의 전환, 평화정착을 위해 군사, 핵문제를 타결해야 한다는 점을 그의 모두진술에서 제시하고 있다.[7]

박순경 교수는 1990년 벽두부터 일어나고 있는 소련의 해체 조짐을 공산주의의 완전 몰락으로 보지 않았다. 그에 의하면 신문지상이나 논문 등에서 논하고 있는 동유럽과 동독의 변화들, 소련의 실패를 위시한 전문가들의 상황분석에 의하면 사회주의, 공산주의는 사라지지 않고 있다는 것이다. 그것은 세계의 수많은 사람들로 하여금 자본주의세계의 문제들을 볼 수 있게 하는 계기가 된 것이기에 자본주의의 세계를 필요로 하고 자본주의 세계와의 상대적 관계에서 자체를 재검토해야 할 것이라고 했다.[8]

결론적으로 박순경 교수는 제3의 새로운 사회, 새로운 세계의 비전을 제시한다. 많은 유럽의 신학자들이 주장하는 대로 "자본주의 세계는 그 병폐를 넘어서기 위해서 사회주의, 공산주의의 비판을 필요로 한다"고 하면서 "양자는 담벽을 허물고 상호교류하면서 양자에서부터 제3의 새로운 사회, 세계를 산출하게 하리라고 생각된다"고 역설한다.[9]

106일 동안의 옥고를 치르고 12월 22일, 크리스마스 직전에 1년 6개월 형을 받고 자격정지 2년, 집행유예 2년으로 풀려났을 때 박순경 교수의 나이 68세였다. 그러나 그는 홀로 재판장에서 한 사람의 기독교 신학자로서 북한의 주체사상을 당당하게 말하고 김일성 수령에 대해서 제한적이나마 적극적인 평가를 하면서 기독교는 북한과의 이념적, 사상적 대화를 해야 한다고 과감한 제안을 했으며, 남북분단을 극복하는 제3의 길과 연방제 통일방안을 제시했다. 이리하여 한국교회의 남북분단의 극복과 평화통일을 향한 신학적 담론과 정치운동을 그가 확장시킨 것이다.

1990년대 기독교 통일운동의 확산

　1987년 6월 항쟁 이후, 그리고 1988년 노태우 대통령의 7.7 선언 이후, 북한 주민에 대한 한국교회의 관심이 확산되기 시작했다. 88선언의 이른바 평화통일 5대 원칙의 하나인 "인도주의 원칙"에 따라, 1990년대에 들어서면서 북한이 거의 몇 년 동안 수해와 농작물 피해를 입고 그에 따른 기근과 식량문제를 대처하도록 인도주의적 지원운동이 시작되었다. 1990년 8월에 제정된「남북 교류협력에 관한 법률」과 1992년 2월에 통과된「남북 사이의 화해와 불가침 및 교류협력에 관한 합의서」등에 힘입어 남한 기독교 시민단체들이 형성되었고 북한 주민들을 위한 인도주의적 교류 사업을 추진하는 데 도움이 되었다. 가령 '사랑의 쌀 나누기 운동'은 1990년에 시작되었고, 1991년부터는 사랑의 의약품 보내기 운동을 전개했다. 놀랍게도 88선언을 비판하고 반대해오던 보수 성향의 한국기독교총연합회(한기총)는 '사랑의 쌀 나누기 운동'에 앞장섰다. 1993년 4월에는 평화와 통일을 위한 '남북나눔운동'이라는 단체가 정동교회에서 창립대회를 가지고 북한에 대한 인도적 지원에 나서기로 했다.

　소위 진보성향의 NCCK가 88선언을 통해서 통일정책 제시와 희년운동에 주력했다면, 보수성향 교회 지도자들인 홍정길, 곽선희 목사 등은 북한 주민들의 경제적 빈곤과 기아의 문제에 집중적으로 관심을 가지고 인도주의 원칙에 따라 북한 주민 "구호활동"에 주력했다고 말할 수 있겠다. 1995년 여름 북한의 대규모 수해로 인한 피해에 대해 북한 주민의 생존 문제를 제기하여 지대한 관심을 환기시키고 구호활동에 나섰던 것이다. 8월 14일에는 소망교회 곽선희 목사가 북한의 조선기독교도연맹의 초청으로 황해도 장녕군과 북한 의료시설과 교회를 방문했고, 11월 25일에는 북미기독의료선교회와 남북나눔운동 등의 지원으로 평양 제3병원을 개원했다. 이에 앞서 9월 6일에는 한기총 및 천주교, 불교 인사들의 명의로 북한 이재민을 돕기 위한 공동성명을 발표했고, 10월 8일에는 한국교회 북한수해돕기 운동본부를 발족했다. 이에 따라 각종 인도주의적 기독교 구호단체들이 탄생하여 활발한 활동을 하게 된 것이다. 남북나눔운동, 한민족복지재단, 굿네이버스, 월드비전(기독교 선명회), 그리고 의료구호재단으로서는 유진 벨 등이 인도주의적 구호활동에 나섰다. 결국 1996년 8월에 이르러서는 범(凡)교단 북한수해돕기 교계지도자 모임에서 '한국기독교 북한동포 후원연합회'라는 협의체를 구성하기로 합의하고, 1997년에는 15개 교단이 모여 북한에 대한 인도적 지원사업을 통해 교회연합과 연대를 모색하고 지원의 효율을 위해 공동으로 활동하기로 했다. 이 협의체에 가입한 교단은 장로교(개혁, 고신, 대신, 통합, 합동, 합신, 기장), 감리교, 구세군, 성결교, 침례교, 루터교, 복음교회, 성공회, 하나님의성회 등이고, 기독교 단체로는 YMCA, 월드비전, 남북나눔운동, 사랑의 쌀 나누기 운동, 한국국제기아대책기구, 한국복음주의협의회, 한국이웃사랑회, NCCK, 한국기독교 평화통일추진협의회 등이 참여했다.

이에 대해 교회 역사가들은, "[한국] 교회와 북한 관련 기독교 시민단체들의 활발한 활동은 남북분단 상황과 관련하여 기독교인들이 지고 있는 역사적 부채를 갚는 일이었다. 아울러 그것은 이념을 초월하여 화해와 인간의 존엄성을 위해 일하는 것이야말로 기독교가 할 수 있고 해야 할 사명임을 보여주었다. 통일과 평화적 공존은 한민족 교회가 감당해야 할 시대적 사명으로 여전히 남아 있다"고 평가했다.[10]

1994년 북한 핵개발 문제와 카터의 방북 그리고 김일성 사망

NCCK가 88선언에서 1995년, 해방 50주년이 되는 해를 "희년"으로 선포하고 한반도 평화통일 희년의 해를 준비하는 가운데, 북한 핵개발 문제가 터졌다. 국제원자력기구(IAEA)가 북한 영변 근처의 핵 시설을 사찰하겠다는 압력을 북한이 거부한 것이 발단이 되었다. 미국의 클린턴 대통령은 6월 15일 백악관 회의에서 북한에 대한 선제공격을 논의하고 있었다. 북한의 핵 시설을 타격하기 위해서는 한국군 49만 명과 미군 5만 2천 명을 희생해야만 한다는 계산이 나왔다. 여기서 북한군 희생자는 계산에 넣지도 않았다. 6월 6일 러시아 방문에서 귀국한 김영삼 대통령은 국가안전이사회를 소집하여 긴급대책을 강구했으나, 북한은 끝내 IAEA의 사찰을 거부하고 전원철수 강제조치를 취했다. 이에 한국의 기독교인들은 전쟁의 위기를 극복하고 평화를 지키기 위한 기도회를 소집했는데 70만 명이 6월 25일 한국전쟁 40주기의 날을 기해서 여의도 광장에 집결하여 쏟아지는 빗속에서 4시간 동안 눈물의 기도로 평화를 호소했다.

미국 신학자 라인홀드 니버 유니언 신학대학 교수를 정치 윤리의 멘토로 존경했던 미국의 전직 인권 대통령 지미 카터(Jimmy Carter)가 한반도의 전쟁 위기를 해소하기 위해 북한의 김일성을 만나기로 결정한다. 클린턴 대통령과 통화를 하고 국무성 차관인 로버트 갈루치(Robert L.Gallucci)를 만나 한반도의 위급상황에 대한 브리핑을 받은 카터 전 대통령은 "상황이 심각하다는 것과, 또 하나의 한국전쟁을 피하고 그 위기를 완화시키는 결정을 내릴 수 있는 단 한 명의 유일한 사람, 북한 최고 수령과 의사소통할 수 있는 방법이 외견상 전혀 없다는 것에 대해 깊은 안타까움을 느꼈다"고 술회한다.[11]

카터 부부는 미국과 북한 당국의 방문승인을 얻어 두 명의 보좌관과 한 명의 통역관을 대동하고 6월 12일 애틀랜타를 출발, 다음날 서울에 도착해서 김영삼 대통령을 위시한 정부 공직자들과 주한미군 사령관을 만나 북한행에 대한 이야기를 나눈다. 김영삼 대통령과 그의 참모들은 카터 대통령의 방북에 대해서 "어느 정도 곤란함"을 표시했다고 한다. 그러나 주한미군 사령관은 "한국전쟁의 결과에 대해 깊이 염려했다. 앞으로의 전쟁의 대가는 1950년대의 그것을 훨씬 능가할 것이라고 추정했다"는 것이다.[12]

그럼에도 불구하고, 아니, 그렇기에 카터는 6월 15일 평양에 도착한다. 카터가 김일성을 만나 회담을 한 지 며칠이 지나지 않아 놀라운 일이 일어났다.

IAEA의 북핵 시설 사찰을 북한이 허용했던 것이다. 이에 응하여 미국 역시 북한에 대한 국제적 제재조치를 하지 않겠다는 의사를 표명했다. 카터와 김일성은 북핵 문제를 해결하기 위한 3자 회담 개최를 약속했다. 무엇보다도 카터와 김일성의 회담의 성과로는 남북 정상회담을 약속한 것이었다. 1994년 6월 20일에 카터가 서울에 다시 와서 회담 결과를 전달하자, 남한 정부는 남북 정상회담 제안을 즉각 받아들이고 이영덕 총리는 정상회담을 위한 실무접촉을 진행하여 7월 25일부터 27일까지 역사적인 남북 정상회담 개최를 합의했다.

그러나 김일성이 7월 8일 사망했다. 정상회담 17일을 앞두고 82세의 파란만장한 일생, 북한 공산독재와 한국전쟁으로 수많은 생명을 앗아간 전쟁범죄자는 죽었다. 1991년 죽음을 3년 앞두고 아들 김정일에게 1당 독재의 자리를 미리 세습하고서 죽었다. 공산주의 종주국 소련에도 중국 공산당에도 없는 처사였다.

미국의 클린턴 대통령을 비롯한 각국의 정상들이 애도의 메시지를 전했으나 김영삼 대통령은 정상회담을 약속했었음에도 불구하고 조문외교를 통한 애도와 화해의 기회를 물리쳤다. 오히려 남한 정부는 김일성 사망에 대한 조의금 송부나 애도의 표현을 금지했다. 독실한 기독교 신자로 알려졌고 교회의 장로 직분을 가진 김영삼 대통령의 태도와 정치적 결정은 이해하기 어려웠다. 북한을 증오하고 악마시하는 한국 기독교의 반공정서를 반영한 것이었다하겠다.[13]

1994년 제네바 합의

김일성 사망을 계기로, 혹은 김일성 사망에도 불구하고, 북한 당국과 미국 당국자 간의 핵 협상이 진행되다가 1994년 8월 5일에서 12일까지 스위스 제네바에서 북한의 강석주와 미국 국무부 차관 로버트 갈루치가 만났다. 회담 마지막날 발표한 합의 내용은 다음과 같다.

1. 조선민주주의 인민공화국은 흑연 원자로와 관련시설들을 경수로 발전소
   로 대체할 것을 준비한다. 그리고 미국은 2000메가와트와 200메가와트의
   경수로 공급을 위해 협정할 것을 준비한다. 그리고 재처리를 중단하고 방
   사화학 실험실을 봉인하여 IAEA에 의해 감시되도록 한다.
2. 미국과 조선민주주의인민공화국은 정치적, 경제적 관계의 완전한 정상화
   를 위한 사전조치로서 무역과 투자의 장벽을 감소시키고 상대국 수도에 **대
   표부를 설치할** 준비를 한다.
3. 비핵 한반도의 평화와 안전을 성취하기 위하여 미국은 조선민주주의인민
   공화국에게 미국에 의한 **핵무기 위협과 사용의 금지**를 보장한다. 그리고 조
   선민주주의인민공화국은 한반도의 비핵화에 대한 남북공동선언문이 계속
   실행되도록 준비한다.
4. 조선민주주의인민공화국은 핵무기의 비확산조약을 유지하기 위해 준비하
   며 그 조약상의 안전조치들이 실천될 수 있도록 준비한다.[14]

위의 합의사항들은 실천에 옮겨졌다. 미국정부 대표들은 평양을 방문하여
두 국가의 연락사무소 설치를 위한 방법들을 논의했다. 그리고 9월 23일에서
10월 17일까지 열린 회담에서는 (1) 북한이 핵 활동을 즉각 중단할 것이며 관
련 시설을 제거하고 제3세계로 핵연료를 이동시킬 것이며, (2) 3개월 이내에
전자통신 서비스와 금융거래를 포함한 교역과 투자 등에 대한 제한을 축소한
다, (3) 양측 관심사에 대한 진전이 이루어질 때 미국과 북한은 대사급으로 양
측의 관계를 향상시킨다는 등의 합의에 서명했다.[15]
한국의 그리스도인들, 특히 88선언을 통해 남북의 비핵화를 위해 기도하
고 남북 정부에 권고해온 에큐메니컬 진영은 대환영의 환성을 올렸다. 특히
1995년, 해방 50주년을 맞이하여 희년을 선포한 한국교회는 모두 거리로 뛰

처나와 독립문 앞에서부터 휴전선 임진각까지 인간 띠잇기 행사를 통해서 열광적으로 제네바 합의를 환영하며, 평화와 핵무기 없는 통일한국을 노래했다.

1994년 제네바 북미 기본 합의 시행은 오래가지 못했다. 미국이 남한과의 공동사업으로 시작한 북한 경수로 건설은 지지부진하다가, 결국 2002년 아들 부시가 대통령이 되자 북한을 이란, 이라크와 함께 "악의 축"으로 규탄하면서 흐지부지되어 버렸다. 그리고 부시가 시작한 이라크 전쟁통에 미국은 북핵 문제에 대해서 이렇다 할 정책을 펼 수 없게 되었다. 6자회담을 통해서 북핵 문제를 해결해보려는 노력은 결국 중단되었고, 미국 최초의 흑인 대통령 오바마가 취임하고서부터는 북한에 대한 "인내"와 "기다림"으로 정책 아닌 정책을 표방했으나, 2017년 지금 크리스마스를 앞둔 시점에서는 김일성의 손자 김정은이 태평양을 향해서 ICBM을 쏘아올리고 북한을 "핵보유국"으로 인정하라고 소리치고 있는 형편이다. 2017년이 며칠 남지 않은 지금 이 시각에도 트럼프 미국 대통령은 한반도에서 북한 정권 박멸을 위한 호전적 막말로 한반도와 동북아시아의 평화를 위협하고 있다.

YMCA와 세계무대

YMCA와 나와의 인연은 1964년으로부터 시작되었다. 미국 뉴욕의 유니언 신학대학원 학생 인턴의 신분으로 이화여자대학교 교정을 밟고, 그해 6월 중강당에서 함선영과 결혼식을 올리면서 주례목사로는 한국 YMCA 총무 김치묵 목사를 모셨다. 김치묵 목사는 순교하신 내 아버지의 평양신학교 동창이었다. 내가 미국 유학을 위해서 대한민국 해군에서 명예제대를 하고 유학 준비를 하기 위해 서울에 잠시 와 있는 동안, YMCA 총무실로 김치묵 목사님에게 출국인사를 드리러 찾아뵈었다. 그 자리에서 김 목사님은 나에게 미국에서 오는 기독교 합창단 음악회 행사 준비를 도와달라고 부탁하셨다. 그래서 당시 대학생부 간사로 일하던 강문규 선생 소개를 받고 그와 함께 음악회 준비를 하게 되었다. 그때 나는 난생 처음으로 이화여대 교정의 땅을 밟았다. 미국 기독교 합창단 음악회가 1956년 완공된 이화여대 대강당에서 열리게 되었던 것이다. 거의 이대 대강당 개관축하 음악회가 된 셈이었다. 그 일이 계기가 되어 1961년엔가 내가 미국 시카고 근처의 일리노이 주립대학교에서 철학 석사학위를 밟고 있을 때, 강문규 선생은 미국 뉴욕의 유니언 신학교에서 에큐메니컬 지도자 연수를 마치고 귀국길에 오르면서 미국의 대학 YMCA를 시찰하기 위해 내가 다니던 대학을 방문했다. 내가 소식통을 통해서 그가 내가 다니는 학교 YMCA를 시찰 방문한다는 소식을 듣고 그를 초청해서 저녁식사를 같이 하게 된 것이 평생 YMCA 운동 동지로, 친구로 지내게 된 계기가 되었다.

강문규 선생은 내가 미국 유학을 마치고 1969년 이화대학으로 돌아왔을 때는 일본과 스위스 제네바 등에서 에큐메니컬 운동에 투신하고 있었다. 그런데 1972년, 그는 돌연 한국 YMCA 전국연맹의 총무로 귀국했다. 나는 그의 내한 이후 그의 초청으로 한국 YMCA 사업에 참여하게 되었다. 그가 귀국하기 전에도 이미 서울 YMCA '시민논단' 등 공개강연에 초청되어 활동을 하고 있던 참이었다.

전국연맹에서 강 총무와 함께 한 일이 여러 가지였다. 그중에 기억에 남는 것은 강 총무가 시작한 '지도력 개발'이었다. YMCA를 이끌어갈 청년 지도력 양성을 위해서 그는 간사학교를 시작했다. YMCA의 기독교적 정체성 확립을 위한 신학교육을 위시하여 역사교육을 실시했다. 나는 간사학교의 신학담당 강사로 참여하면서 의식 있고 청년 운동에 헌신하는 젊은 지도자 양성에 정성을 다했다. 강문규 총무는 이와 함께 한국 YMCA 운동이 처한 시대상황과 시대정신에 부응하기 위해, 한국 Y운동의 브레인 집단을 만들고 '목적과 사업위원회'라는 이름으로 정기적 회합을 만들었다. 여기서 했던 첫 번째 작업은 '한국 YMCA 목적문'을 기초하는 것이었다. 강문규 선생이 총무로 취임한 때가 박정희 유신 초기였다. 민청학련 사건 등으로 민주화를 위한 대학생과 기독교청년 운동이 위축될 대로 위축된 상황에서 한국 기독교 청년회를 회생시키려는 의도였다. 나는 이에 호응했고 이 움직임에 동참했다. 3년 동안 모임을 거듭하면서 작성한 한국 YMCA 목적문은 1976년 4월 연맹 전국대회에서 채택되었다.

기독교청년회는 젊은이들이 그리스도의 뒤를 따라 함께 배우고, 훈련하며, 역사적 책임의식을 개발하고, 사랑과 정의의 실현을 위하여 일하며 민중의 복지 향상과 새 문화 창조에 이바지함으로써 이 땅에 하느님나라를 이룩하려는 것을 목적으로 한다.

이 목적문을 기초하는 데 참여한 사람들은 연세대 신학대학 교수이며 민중신학자인 서남동 목사, 그리고 같은 학교의 유동식 기독교 토착화 신학자, 이화여대에서 나의 선배 교수인 민중신학자 현영학 교수, YMCA를 대표한 광주 YMCA의 김천배 총무, 그리고 나였다. 나는 거의 모두 나의 10년 선배인 분들 틈에 끼어서 이 목적문 기초에 참여했다.

이 목적문에 나오는 문구 "민중의 복지 향상"이란 대목에서 YMCA 지도자 중 반공 보수 기독교 지도자들의 반박이 격렬하게 있었다. 그러나 1919년 3.1 운동을 이끌어낸 민족 청년 기독교 단체로서의 젊은 정신을 이기지 못했다. 결국 한국 YMCA는 세계 YMCA 운동의 기본 사명, "하나님나라를 이 땅에 이룩하겠다"는 정치신학을 명시하고 온 세상에 선포한 것이다. 이는 세계 YMCA 가 1855년 천명한 '파리 기준'에서 밝힌 바, YMCA 운동은 하나님나라 운동이라는 기본 정체성을 한국의 상황에서 분명하게 표명한 것이었다. 한국 YMCA 는 1970대 한국 기독교 민주화 운동을 하나님나라 운동으로 해석하고 적극 참여해왔다.

나는 1980년 이화여대 교수직으로부터 정치적인 이유로 해직된 이후 목회를 하면서도 계속 YMCA 지도력 개발 운동에 참여해왔다. 한국 YMCA 이사로서 활동하면서 홍콩에 위치한 아시아 YMCA 연맹에서 실시하는 아시아 지역 YMCA 지도력 개발과 훈련을 위한 간사학교의 강사로 초청되어 YMCA 이념과 신학 그리고 운동사를 강의하는 일에 열중했다. 당시 한국 YMCA 지도자 이수민 선생이 홍콩 주재 아시아 YMCA의 총무로 활약하고 있던 때였다. 그는 1985년 스위스 제네바 소재 세계 YMCA 연맹의 사무총장으로 취임하면서 한국 YMCA를 세계무대에 부각시키기 위해 그의 취임총회가 열리는 덴마크 총회에 나를 주제 강사로 불렀다. 나는 한국 YMCA 운동사를 소개하면서 일제하 민족의 자주독립 운동과 계몽 운동, 그리고 농촌진흥 운동 등 한국 기독교청년운동의 사회적 공헌을 부각시키면서, 세계 YMCA 운동이야말로 이 땅에 하나님나라를 이룩하는 하나님의 인간화 정치운동에 참여하는 것이라고 역설했다. 나와 나의 아내는 세계 YMCA 가족의 환영을 받으며 그 일원으로 편입되는 것을 실감했다. YMCA의 세계적인 위치를 실감한 모임이었다.

　이수민 총무는 우리 한국 YMCA의 지도력을 소개하고 그 힘을 과시하기 위해, 그가 총무직에서 퇴임하는 세계총회를 1991년 한국 서울에서 개최했다. 온 세계에서 모여든 회원과 지도자들이 서울에 운집한 가운데, 나는 개회예배에서 설교를 하게 되었다. 당시 나는 이화여대 대학원장 일을 보고 있었고, 그 해는 나의 회갑 잔치를 제자들의 선물로 받은 특별한 해였다. 서울에서 개최한 YMCA 총회의 중요한 합의사항은 세계 YMCA 목적문을 다시 쓰는 일이었다. 이 새로운 목적문 작성을 위해 위원회를 구성했는데 내가 그 위원장으로 추대되었다. 나는 학교 일로 바쁜 와중에도 스위스 제네바에 위치한 세계 YMCA 연맹 본부에 1년에 두 번 정도 드나들면서 목적문 기초위원회를 이끌었다. 세계 5대양 6대주에서 선발된 기초위원들의 뜻을 모으는 것은 쉬운 일이 아니었다. 나라마다 각기 다른 역사와 문화가 있는 데다가 다양한 신학적 배경을 가진 지도자들이 가지각색의 제안을 내어놓고 토론하면서 합의점에 이르는 일이 그리 쉬운 일은 아니었다. 그러나 이 작업은 아주 귀한 경험이었다.

　이런 경험을 배경으로 하여 이수민 총무와 강문규 총무는 나를 세계 YMCA

연맹 회장으로 추대하여 1994년 영국에서 개최하는 총회에서 취임하게 했다. 영국 런던에서 세계 최초로 YMCA 운동을 전개한 150년의 역사를 기념하는 자리였다. 1844년 런던에서 최초로 YMCA가 시작된 지 150년 되는 1994년, 런던 시내 중심에 위치한 웨스트민스터 성당에서 열린 150주년 기념예배에서 나는 YMCA 세계회장의 자격으로 영국 엘리자베스 여왕 옆자리에 앉아 예배를 드렸다. 특별히 인상적이었던 것은 예배 마지막 순서로 영국 국가 제창이 있었는데, 참석자 모두 기립하는 순서에 대영국제국의 식민지였던 아프리카와 인도 그리고 동남아시아 지역에서 총회와 기념식에 참석한 YMCA 지도자들이 일어서지 않고 그대로 앉아 있는 것이었다. 세계 YMCA 지도자들의 역사의식과 민족의식을 피부로 느끼는 감동의 순간이었다. 나는 나의 일제 강점기의 소년 시절을 떠올리고 민족적 아픔과 긍지를 동시에 느끼면서 우리 YMCA 식구들과 함께 눈물을 흘렸다.

영국 런던 YMCA 150주년 기념예배가 끝나고 야외에서 엘리자베스 여왕이 베푸는 환영 다과회에 전직 세계 YMCA 회장 내외와 우리 부부가 초대되었다. 엘리자베스 여왕은 악수를 청하면서 세계회장이 되어 온 세계 YMCA를 방문하기 위해 여행하느라 집을 많이 비우게 될 텐데, 하면서 내 옆에 서 있는 아내를 쳐다보았다. 나를 축하하는 건지, 내 아내를 위로하는 건지 아리송한 인사였다. 내 아내는 우리를 위해 마련한 다과회 텐트 안에서 여왕을 독점하다시피 하며 담소를 나누고 있었다. 오래전부터 아는 사이인 것처럼 화기애애한 분위기였다.

세계 YMCA 연맹 회장이 하는 일은 1년에 한두 번 개최하는 연맹 이사회를 주재하고 세계 기독교청년운동의 동향과 방향에 대해서 보고를 받으며 앞으로의 운동방향과 정책을 결정하는 일이었다. "다양성의 일치"라는 말은 이러한 세계적인 모임에서 필요한 말이었다. 5대양 6대주에 퍼져 있는 5천만 명의 회원을 가진 YMCA는 나라마다 지역마다 각기 처한 역사적 상황에서 일어나는 정치적, 경제적, 사회적, 문화적 문제에 대응하는 기독교청년운동을 선교

사명으로 인식하고 행동하기에 그 지도자들에게서 배울 것이 많았다. 나는 강의가 없는 방학 기간에 되도록 많은 나라의 YMCA 운동을 시찰하며 다녔다. 아프리카의 나라들, 동남아 여러 나라들, 미국의 뉴욕을 비롯한 여러 지방 도시들과 캐나다, 남미의 페루와 아르헨티나, 우루과이, 베네수엘라, 그리고 멕시코, 유럽의 독일과 프랑스와 이탈리아, 노르웨이, 스웨덴, 러시아, 체코와 네덜란드, 일본과 중국 상해와 북경 등에 회의와 시찰과 강연으로 온 세계의 YMCA 식구들과 함께 했다. YMCA의 기독교 정체성과 역사를 이야기하고, 나라마다의 청년운동 과제에 대해서 토론하고, 세계적인 문제들에 대해서 또 청년들의 고민과 희망을 이야기하면서 나는 세상을 배웠고, 젊은이들의 좌절과 정열과 희망과 꿈을 읽을 수 있었다. 나는 YMCA의 젊은 지도자들과 대화하고 씨름하면서 내 나이를 잊어버리고 점점 더 젊어지고 꿈과 희망이 더 커지는 것을 느꼈다.

1996년 정년퇴임 이후

1996년 나는 정년퇴임의 나이가 되어 이화여대에서 은퇴했다. 제자들과 동료 후배 교수들의 융숭한 환송을 받으며 이화여대 강의실을 떠났다. 1980년 전두환 신군부에 의해 해직당해 강의실에서 추방당할 때와는 완전히 다른 이별이었다. 그리고 나의 신학대학 모교인 뉴욕 유니언 신학대학원에서 '헨리 루스 세계 기독교사 초빙교수(Henry Luce Visiting Professor of World Christianity)'로 부름받아 강의실을 옮기게 되었다. 그 자리는 유니언 신학대학원에서 세계 각국의 저명 교수들을 초빙하여 한 학기 혹은 1년 동안 자신의 전공과 연구 분야를 한두 과목씩 강의하게 하는 신학자 초빙 프로그램이다. 중국 선교사 아들로 미국의 저명한 주간지 ≪타임≫과 ≪라이프≫ 발행인인 헨리 루스가 제정한 초빙교수 자금으로 시작한 오래된 프로그램이다. 한국에서는 최초로 이화여대 선배교수인 현영학 교수가 나와 함께 해직되면서 이 초빙교수로 그의 모교이기도 한 유니언에서 강의한 일이 있었는데, 내가 한국에서는 두 번째 초빙교수로 강의하게 된 것이었다. 나는 아시아 신학의 동향과 한국에서 1970년대에 태동한 민중신학을 소개하고 발전시키는 강의에 몰두했다. 주로 한국과 아시아 기독교의 선교역사와 토착화의 과정을 이야기하면서, 20세기 제국주의 시대에 피압박민족의 기독교 수용의 역사가 정치적이었다는 것을 강조하고, 한국과 아시아 신학의 정치신학을 서구 신학과 비교하는 강의를 했다. 남미에 태동하고 있는 해방신학과 유럽 특히 독일의 본회퍼나 몰트만이 말하고 행동하는 정치신학과 비교하면서 아시아와 한국의 기독교 신학의 역사의식과 신학적 특징을 비교 연구하는 시간을 가질 수 있었다.

유니언에서의 임기가 끝나기도 전에 강 건너 뉴저지 주의 작은 대학 마을에 위치한 감리교 대학인 드류 대학교 신학대학의 초청으로 강의실을 옮겨가서 3년 동안 초빙교수로 역시 아시아 신학과 한국 민중신학을 강의했다. 이 학교에는 한국 신학생들이 많이 와서 공부하고 있었는데, 내가 유니언에 도착하자마자 드류에서 비보가 왔다. 교포 한인 교수인 이정용 교수가 오랜 지병을 앓다가 그해 1996년 가을학기가 시작되자 세상을 떠났다는 것이었다. 이정용 교수는 이민신학을 창의적으로 연구하고 저술한 학문적 업적이 많은 진지한 신학자로 학생들과 동료 교수들의 존경과 사랑을 받던 교수이며 지도자였다. 나는 그의 장례식에 초청되어 조사(弔辭)를 전했다. 그 인연으로 내가 유니언에서의 임기를 마치자마자 1998년 드류 신학대학원의 초청으로 다시 강의를 하기 시작했던 것이다.

드류 신학대학은 미국 감리교 선교사로 내한하여 일생을 바친 박대인, 미국 이름으로는 에드 포이트라스(Ed Poitras) 교수가 공부한 학교이고, 130여 년 전 감리교 선교사로 내한한 아펜젤러 목사의 출신학교이다. 그리고 한국의 여자 신학자로 최초의 신학 박사학위를 취득한 이화여대 박순경 교수의 모교이며, 서울 감리교 신학대학의 변선환 교수와 김용옥 교수 등이 박사학위를 취득한 저명한 학교이다. 그리고 그 이전에 1930년대 사회학으로 박사학위를 취득한 정일형 박사도 이 학교 출신이다.

나는 드류에서 강의하는 동안, 대학 총장에게 이희호 여사에게 명예박사 학위를 수여하도록 추천했다. 마침 김대중 대통령이 UN 총회 참석차 이희호 영부인과 함께 뉴욕에 오는 기회에 명예박사 학위를 수여하기로 했다. 대통령 내외분의 초대로 뉴욕의 호텔에서 뵙고 담소를 나누었다. 아쉽게도 대통령은 일정 때문에 영부인의 학위수여식에는 참석할 수 없었다. 그러나 수많은 교포들과 미국의 지인들이 원근 각처에서 왕래하여 영부인을 환영하고 축하했다. 미국 하객들 가운데 특히 1994년 북핵 위협과 전쟁 위기 속에서 미국 행정부와 북한과의 대화를 이끌어낸, 주한 미국대사 짐 레이니(Jim Laney) 박사 내외가 멀리 애틀랜타에서부터 와서 이 학위수여식에 참석했다.

한국의 민주화의 상징이며 투사인 김대중 대통령을 기독교 신앙과 민주주의를 사랑하는 애국심과 일편단심 기도로 내조한 부인으로서, 그리고 한국의 민주화 운동의 여성 리더이며 YWCA를 중심으로 한 여성해방운동의 리더로서, 이희호 여사의 정치적, 사회적 공헌에 감사하는 명예박사 학위수여식이었다. 1999년 20세기의 마지막 해의 일이었다.

YMCA 세계회장의 임기를 마치고

나의 YMCA 세계회장으로서의 임기는 1998년 독일 총회에서 종료되었다. 이 총회의 가장 중요한 안건은 내가 7년 동안 이끌어온 세계 YMCA 목적문을 통과시키는 것이었다. 여기 그 목적문 전문을 우리말 번역으로 소개하고 싶다.

세 번째 천년을 맞이하는 지금,
우리는 1855년에 채택한 파리 기준이 YMCA 사명의 근간임을 확인하면서,

YMCA가 청년들의 진정한 참여를 강조하는, 여성과 남성 모두를 아우르는 기독교운동이며, 에큐메니컬 정신에 기초한 자발적인 운동임을 선언한다. 또한 YMCA는 모든 피조물이 충만한 삶을 영위할 수 있도록, 정의에 기초한 사랑과 평화 그리고 화해의 인간 공동체를 건설하려는 기독교적 이상을 나누기 위해 애쓸 것이다.

그러므로 각각의 YMCA는 각자가 처한 고유한 사회적 맥락 속에서 우선적으로 제기되는 도전들에 초점을 맞출 것을 요청받는다. 1973년에 채택한 캄팔라 원칙을 발전적으로 계승한 이러한 도전들은 다음의 내용을 포함한다.

1. 예수 그리스도의 복음을 나누며, 개인의 영(靈), 지(智), 체(體)적 안녕과 건강한 공동체 형성을 위해 일한다.

2. 모든 사람들, 특별히 청년과 여성들이 더 큰 책임을 맡고 모든 영역에서 지도력을 발휘할 수 있도록 이들의 역량을 키우고 형평성 있는 사회를 위해 일한다.

3. 여성의 권리를 옹호하고 북돋우며, 아동의 권리를 증진시킨다.

4. 신념과 이념이 다른 사람들 간에 대화와 파트너십을 증진시키고, 문화적 정체성을 인정하며, 아울러 문화적 갱신을 촉진한다.

5. 가난하고 착취당하며, 삶의 터전을 잃은 사람들과 인종적, 종교적, 민족적으로 억압받는 소수자들과 함께 연대하여 일한다.

6. 분쟁이 있는 곳에서 중재자와 화해자의 역할을 추구하며, 모든 이들이 자기 결정력을 갖기 위해 의미 있는 참여와 진보를 할 수 있도록 일한다.

7. 하나님의 창조물을 파괴하려는 모든 것으로부터 피조물을 보호하며, 미래 세대를 위해 지구의 자원을 보존하고 보호한다.

YMCA 세계총회는 이 새로 채택한 목적문에 '도전(Challenge) 21'이란 이름을 붙였다. 21세기를 맞이하는 세계 YMCA가 집단적으로 제시하는 도전들과 이에 맞서 하나님나라 건설을 향해 힘차게 일하려는 의지와 다짐을 담은 것이었다. 21세기를 맞이하는 YMCA에 도전장을 던진 것이었다. 전 세계의 YMCA 운동권은 모임이 있을 때마다, 이 21세기 목적문을 한목소리로 낭독하면서 기독교청년운동의 선교적 사명을 다짐하고 있다. 늙은이들이 "우리 마음은 아직 젊었다고 생각하고, 다시 젊어지고 싶어서 젊은이 Y(Young) 운동에 가담하고 있습니다"라고 하면서 젊은 그리스도인들과 함께 하나님나라 운동에 참여하고 있다.

아시아 기독교고등교육 연합재단

2000년 새해, 새 세기 새 천년을 미국 시골 대학 캠퍼스에서 맞이하면서 내 나이 일흔 고개를 넘고 있었다. 세계 YMCA의 21세기 도전을 제시하고 박수 갈채로 채택됐지만, 내 앞에도 21세기의 도전이 기다리고 있었다. 초빙교수인 나를 드류 대학교 신학대학원의 학장으로 초빙하겠다는 것이었다. 그러나 감리교 목사가 아니라는 이유로 초빙위원회는 초빙을 결국 철회했다. 그러면서 나를 종신 교수로 모시겠다고 했다. 나와 내 아내는 미국 생활을 정리하고 서울로 귀국하여 손자들과 함께 말년을 보내려는 계획을 하고 있었기에 의외의 간곡한 초빙에 고민하고 있었다. 다른 한편, 아시아 기독교고등교육 연합재단(United Board for Christian Higher Education in Asia)에 이사로도 초빙되어 벌써 2년 동안 뉴욕과 일본 도쿄를 오가며 아시아 기독교대학교를 재정적으로나 학문적으로 지원하는 일에 참여하고 있었다. 그런데 거의 한 세기 동안 미국 뉴욕에 사무실을 두고 아시아의 기독교 교육을 돕던 이 재단이 이제 그 사무실을 아시아로 옮겨서 현지에서 현장의 소리를 들으며 현장 대학 총장과 교수들과 어울려 함께 일해야겠다는 결의를 하게 되었다. 그리고 나더러 홍콩에 그 사무실을 열고 거기서 일해달라는 것이었다.

"아, 나는 미국 대학에서 평안히 미국 학생들과 한국 유학생들을 가르치는 일이 좋았는데, 오랜만에 편하게 살고, 학생들과 테니스 치면서 잘살고 있는데, 왜 나더러 홍콩으로 가서 다시 새로운 일을 개척하라고 하느냐?" 하며 볼멘 소리를 했다. 나와 기숙사방을 같이 썼던 유니언 신학대학원 동기 동창인 막역한 친구 팀 라이트가 당시 이 재단의 이사장이었는데 "홍콩은 미국보다 한국에 더 가깝지 않아? 애들도 다 한국에 있고, 손주도 한국에 있는데, 한국 가까이 있는 홍콩에 가서 여생을 아시아의 기독교대학들을 위해서 일하는 것, 의미 있고 보람이 있을 것 같은데"라고 말해주었다. 나의 아내는 이 친구의 말을 전해 들으면서 홍콩으로 나가는 것이 좋을 것 같다고 했다. 아내는 나보다 더 적극적으로 홍콩행을 환영했다.

우리는 얼마 안 되는 이삿짐을 싸서 배편으로 부쳤다. 그리고 나는 뉴욕의 재단 본부로 출근하면서 홍콩 사무실을 열고 거기서 일할 것들에 대한 안내와 교육을 받았다. 재단 직원들과 이야기하는 중 책임자 한 사람이 나에게 말했다. "우리 재단 이사들이 너무 열렬히 홍콩 아시아 사무실을 두고 거기서 활동하자고 해서 마지못해 사무실을 두기로 했고, 미국 대학에서 잘 가르치고 있는 서 박사를 외지인 홍콩으로 가게 해서 미안해요. 그렇지만 거기 얼마나 오래 있겠어요? 거기 사무실을 두고 일하는 것은 오래 못 갈 겁니다. 한 가지 실험입니다. 한 3년 고생하실 생각하시고 나가시면 됩니다." 아주 친절을 베푸는 것 같은 말이었지만, 나는 당장 반발했다. "아니 내가 실험용 돼지(guinea pig)란 말이요? 그리고 겨우 3년 안에 다시 아시아 사무실을 폐쇄하겠다는 계획인가요? 그런 생각이라면 나는 홍콩에 안 나갈 겁니다. 그렇지만 난 나가겠습니다." 아시아 사람들은 스스로 아시아의 일을 할 수 없다는 생각은 다분히 아시아 지성을 무시하는 인종차별주의에서 오는 백인들의 잘못된 생각, 이른바 오리엔탈리즘(Orientalism)이라는 것을 보여주기 위해서라도 나는 이 중책을 맡고 홍콩으로 나가야겠다고 결심을 했다. 그리고 태평양을 건너 홍콩으로 이사했다.

2001년 여름이었다. 홍콩의 여름은 숨이 막힐 정도로 습하고 더웠다. 홍콩

침례회 대학교의 총장은 전부터 홍콩을 오가며 만난 다니엘 체(Daniel Tse)라는 홍콩과 마카오 지역의 지도적인 유지였다. 그는 대학 교실 하나를 우리 재단의 새 사무실로 제공하고 내가 원하는 대로 내부 수리를 하고 책상, 의자 등 집기를 마련해주었다. 그리고 간사 격으로 사무직원 채용에도 협조해주는 등 많은 편의를 제공했다. 대단한 환영이었고, 뉴욕의 재단 이사장과 회장을 뉴욕으로부터 불러서 사무실 개소식과 환영식을 열어주었다. 그리고 대학의 교수 아파트에 우리 내외가 들어가 살게 하는 호의도 베풀었다.

우리가 아파트에 겨우 자리를 잡고 사무실 일을 시작하는데, 어느 날 저녁 텔레비전 뉴스를 켜자마자 화면에 비행기 한 대가 미국 뉴욕 트레이드 센터(Trade Center) 고층건물을 향해 돌진하는 모습이 보이더니 건물이 화염에 휩싸이는 것이 아닌가. 우리는 뉴스를 보고 있는 줄 알았는데 이게 무슨 드라마인가 하며 채널을 돌리려는데, 진짜로 비행기, 그것도 여객기가 그 고층 건물에 부딪쳤다는 뉴스 해설이 나왔다. 미국 시간으로 9월 11일 아침 8시경이었다.

21세기는 이슬람과 중동 문제로 종말론적 세기, "말세"가 되는 건가. 세기의 비극이 시작되는 것인가? 하는 걱정이 들면서 뉴욕에 사는 친구들의 안부를 물었지만, 거의 모두 비극을 피했다고들 했다. 그 9.11의 트라우마는 오래가는 것 같았다. 친구 한 사람은 그 건물 근처 아파트에 살고 있었는데, 그 건물이 폭파되면서 자기 아파트 창문이 모두 깨지고 집 전체가 무너지는 듯한 충격을 받고 정신과 치료를 받았으나, 끝내 치매 증상이 나타나고 대학 강의도 중단하고 조기 은퇴했다는 놀라운 소식이 있었다. 그런 비극과 충격과 트라우마를 경험하고도 북한의 핵 개발에 대해서 선제공격이니 김정은 참수 작전이니 하고 한국 군인과 민간인 수백만의 희생을 치르더라도 전쟁을 해야겠다는 미국 정부 당국 사람들의 막말을 듣고 있노라면, "9.11을 기억하라"고 외치고 싶어진다.

"아시아 기독교대학은 아시아 대학이 만든다"는 생각으로 나는 일을 시작했다. 먼저 아시아의 기독교대학들, 우리 재단과 관계해온 100여 개가 넘는

아시아 기독교대학의 교수들이 한자리에 모여서 아시아 대학은 아시아 지성
인이 만들어나가야 된다는 뜻으로 이 프로그램을 만들었다. 일본에서 중국,
그리고 남쪽으로는 인도에 이르는 넓은 지역의 교수들이 모여서 '아시아 기독
자교수협의회'를 만들었다. 태국에서 만나고, 인도에서 2년마다 한 번씩 만나
는 협의회를 구성했다. 모임에서 만난 교수들은 서로 이웃나라 기독교대학에
대해서 너무도 무식했다는 것을 자각하게 되었다. 식민지시대, 제국주의자들
이 "분열해서 지배하는(divide and rule)" 정책으로 아시아 사람들을 갈라놓고
서로 무시하고 무식하게 만드는 오리엔탈리즘에 대한 자각과 반성을 하게 되
었다. 그리고 1956년 인도네시아 반둥에서 열린 아시아 아프리카 회의의 슬
로건 "아시아는 아시아 사람이(Asia for Asians)"를 되새기는 기회를 만들었다.

아시아의 한 신학자는 아시아의 특징을 "다양한 종교와 빈곤"이라고 했지
만, 이에 더하여 거의 모든 아시아 나라가 서구 제국주의의 식민지였다는 것
을 상기하면서, 기독교대학의 사명으로서 다종교 사회에서의 기독교대학의
정체성과 아시아 종교문화와의 관계, 그리고 빈곤의 극복, 나아가서 아시아
국가들의 정체성과 자주성, 지적·학문적 독립 등을 논하는 아시아 집단지성
의 장을 만드는 노력을 시작했다. 아시아 대학 교수들의 호응은 거의 열광적
이었다. 그러나 아시아 대학 총장들은 이러한 시도에 대해서 회의적이고 소
극적이고 일부는 반대하고 나섰다. 아시아의 지도적 지성인들이 아시아 비하
역사에 얼마나 오염되었는가를 실감하는 순간이었다. 결국 이 아시아 기독교
대학 교수협의회는 오래가지 못하고 예산을 이유로 중단하게 되었다.

그러나 우리 재단은 아시아 기독교대학의 젊은 교수들을 여름 방학 동안
에 6주간 홍콩 중문대학에 와서 휴식도 취하고 자기 분야의 연구를 하면서 논
문도 집필하고 매일 두 시간 동안 한자리에 모여 앉아 연구 과제를 발표하면
서 학문적 교류를 하게 했다. 2003년 6월부터 시작한 이 프로그램의 이름을
'아시아 문화와 신학 연구원(Institute for Asian Studies in Cultures and Theologies,
IASACT)'이라고 붙였다. 매년 여름 실시되는 이 프로그램의 인지도는 높아갔

고, 지원하는 교수의 수가 증가했다. 이 프로그램을 통해 아시아 교수들은 아시아의 정치, 사회, 문화에 대한 깊은 인식을 가지게 되었다. 10년이 넘게 계속되는 이 프로그램에 대해서도 미국 재단 측과 아시아 대학 총장들은 아직도 회의와 경계심을 가지고 있다고 한다. 나아가서, 1년에 한 번씩 한 주 동안 아시아 지역 기독교대학의 총장들과 학장 등 행정가들을 홍콩에 초청하여 아시아 지역의 교육환경을 논하고 아시아에서 기독교대학을 운영하는 의미와 기독교대학의 정체성 등에 대한 심도 있는 토론을 하는 장을 만들기도 했다. 이 모임 역시 대학 행정가들로 하여금 자신들이 하고 있는 일에 대한 성찰과 함께 새로운 비전을 교환하고 토론하게 하는 장으로 인식되고 있다.

나는 이 재단의 부회장(Vice President for Program)이라는 직책으로 아시아의 거의 모든 나라 기독교대학을 방문했다. 일본에서부터 한국, 대만, 필리핀, 중국, 캄보디아, 태국, 말레이시아, 인도네시아, 미얀마, 그리고 인도 등 기독교대학을 시찰 방문하면서 강연도 하고 각종 세미나에 참석하여 아시아에 대해서, 기독교 교육신학에 대해서, 그리고 대학에 대해서 열띤 논의를 하면서 지적이고 영적인 교류를 시도했다. 그리고 5년 임기를 마치고 2006년 이별을 아쉬워하는 홍콩 대학의 친구들과 우리 사무실 직원들, 동고동락한 동료들과 작별을 했다. 융숭한 송별 잔치를 받으며, 지난 5년 동안의 홍콩 생활과 일의 보람을 뒤로 했다.

홍콩 사무실은 '3년 실험'으로 시작되었던 것인데, 그동안 우여곡절은 있었지만 2017년 현재까지 장장 16년 동안 건재하고, 직원 한 사람으로 시작했는데 지금은 전문 직원 5명에 비서진이 6명이 넘는 재단 사무실로 성장하여 각종 프로그램이 진행되고 있다.

제12장
"햇볕정책", 북핵, 그리고 봉쇄

새 천년, 21세기를 열며

1994년 북핵 문제가 터졌을 때 미국의 카터 전 대통령이 김일성과 만나서 일촉즉발의 전쟁위기를 극복하고 남북정상회담의 가능성이 보이기 시작했으나, 김일성 주석의 갑작스런 사망으로 모든 것이 중단되었다. 김영삼 대통령의 김일성 조문거부에 대한 논란이 거세지면서 남한 정부의 대북정책은 강경일변도로 변해버렸다. 내가 미국에서 초빙교수로 편안하게 미국 신학대학원 학생들에게 한국을 논하고 있는 동안, 김영삼 정부는 외환위기에 처했고 결국 대한민국이 '국제통화기금(IMF)' 체제하에 들어가면서 경제파탄에 직면하고 있다는 안타까운 소식을 듣고 있었다. 이러한 경제적 난국을 이어받은 김대중 대통령이 1998년 2월 25일 취임했고 "금 모으기 운동" 등 국민들의 희생적이고 헌신적인 호응으로 위기를 벗어나게 되었다는 희망적인 소식 역시 들려왔다.

한편, 남북 분단의 극복과 평화적 통일의 가능성과 희망의 불빛은 조금씩

밝아지는 것 같았다. 김대중 대통령은 취임하면서 한반도의 냉전구도를 화해와 협력으로 전환시키겠다는 의지를 천명하고 "햇볕정책"이라는 별명을 붙인 대북 포용정책을 추진하겠다고 했다. 북한은 타도의 대상이 아니라 화해와 공존공영의 동반자라는 것을 분명히 하고 나섰던 것이다. 현대 아산의 창업주이며 1987년 대통령 출사표를 던진 바 있는 정주영 회장은 김대중 대통령의 "햇볕정책" 논의를 기다렸다는 듯이, 1998년 6월 황소 500마리를 50대의 트럭에 싣고 휴전선을 넘어 평양까지 가서 직접 김정일 위원장에게 선물로 전달했다. 그리고 이어서 같은 해 10월, 2차로 501마리를 제공했다. 그의 나이 83세였다. 그는 강원도 휴전선 너머에 있는 고향을 잃은 실향민으로서 그야말로 동포애를 몸으로 실천했던 것이다. 이 "소떼 몰고 평양 가는 사업"에 든 돈은 41억 7700만 원이라고 하지만, 돈의 액수 이상으로 감동적인 "사업"이었다. 민간인으로서 북한동포 돕기라는 어려운 일을 해낸 것이다. 정주영 회장은 김정일과 만나서 개성공단 사업의 가능성을 타진했고, 금강산을 세계적인 관광지로 개방하는 일, 그리고 무엇보다도 이산가족 상봉의 길을 트게 하는 데 성공한 것이다. 이러한 분위기에 김대중 정부는 자극을 받지 않을 수 없었다. 박정희나 전두환 시절이었으면 정주영 회장은 노구에도 불구하고 정보기관의 조사를 받고 국가보안법이라는 악법으로 법정에 서야 했을 것이었다. 그러나 이제는 오히려 김대중 대통령의 "햇볕정책"에 힘을 실어준 것이 되었다.

김대중 대통령은 2000년 새 천년이 시작되는 해 3월 9일 베를린 자유대학에서의 강연을 통해 다음과 같은 요지의 "베를린 선언"을 발표했다.

1. **남북 경제협력 개시**
2. **한반도에서의 냉전 종식과 평화 정착**
3. **이산가족 문제 해결**
4. **남북기본합의서 이행을 위한 특사 교환**

2000년 3월의 베를린 선언은 같은 해 6월에 남북 분단 역사상 최초의 남북 정상회담으로 이어졌다. 2000년 6월 13일 평양에 도착한 김대중 대통령은 북한의 김정일 국방위원장과 편도에 운집한 주민들의 열렬한 환영을 받으며 정상회담에 돌입했다. 남과 북의 정상들은 이른바 6.15 남북공동선언을 발표하기에 이르렀다.

저 유명한 2000년 6.15 공동성명의 요지는 다음과 같다.

1. 통일은 우리 민족끼리 자주적으로 해결한다.
2. 남과 북은 남측의 연합제 안과 북측의 낮은 단계의 연방제 안의 공통점을 인정한다.
3. 남과 북의 이산가족과 친척의 방문과 비전향 장기수 석방 등 인도적 문제를 해결한다.
4. 남과 북의 경제 협력을 증진한다.
5. 김정일 위원장을 서울로 초청한다.[1]

김대중 대통령의 3대 "햇볕정책" 사업

김대중 대통령이 집권하면서 제일 먼저 내놓은 정책이 "남북 경제협력"이었다. 그 첫 번째 협력 사업으로 이룩한 것이 **개성공단 출범**이다. 2000년 6월 현대 정주영 회장과 김정일 사이에 성사된 회담에서 개성지역에 경제특구를 건설하기로 한 것이다. 이를 위해 북한군이 개성으로부터 15km 후방으로 후퇴하고 그 지역에 아산 정몽헌 사장이 공업지구를 건설하기로 했다. 그리고 2003년 6월에서부터 2007년 사이에 100만 평의 단지를 개발하고, 2004년에는 15개 기업에게 공장 부지를 분양하고, 2005년 3월에는 공장에 전력을 공급하고, 10월에는 남북 통신이 개통되고, 2007년에 이르러서는 상하수도를 설치 완료했으며, 2차 분양에는 153개 기업이 입주하게 되었다. 생산 품목은 섬유, 화학, 기계금속, 전기 전자, 식품, 종이, 목재 등이었는데, 그중 58%가 섬유 제품이었다. 북한 근로자 수는 2004년 10월에 55명이었는데, 10년 후인 2014년 12월에는 5만 3947명이었다. 북한 경제에 도움이 되었을 뿐 아니라 10년 동안 남한 내수를 진작한 액수가 32.6억 달러에 달했다.

개성공단 사업이 평탄한 것만은 아니었다. 2010년 3월 26일 천안함 폭침 사건으로 이명박 정권은 5.24 조치를 통해 개성공단의 신규 기업 진출을 불허했고, 교역을 중단하는 데까지 이르렀다. 그러다가 박근혜 정권은 북한의 로켓 발사에 대응하는 제재조치로 2016년 2월 아무런 예고 없이 개성공단을 폐쇄하고 말았다.

두 번째 "햇볕정책" 사업은 **금강산 관광사업**이었다. 남한의 금강산 관광객 모집으로 1998년 11월 18일 금강호 826호가 동해를 거쳐 북한에 위치한 금강산 지역에 상륙하여 수많은 관광객들이 북한 땅을 밟았고, 한국의 자랑인 명산 금강산에 등산할 수 있게 된 것이다. 2008년 여름에는 육로로 군사분계선을 넘어 금강산 관광길에 오를 수 있게 되었다. 그러다가 2008년 박 모 씨가 아침 일찍 산책을 나간다고 하는 것이 경계선을 넘었고, 북한 경비병의 경고에도 불구하고 몇 발짝 더 움직이다가 총격을 받아 숨지는 사고가 발생했다. 남북 당국 간의 대결이 심화되면서 결국 2008년 7월 11일 금강산 관광길이 이명박 정부에 의해 막혀버렸다. 나와 아내는 더 늦기 전에 그리고 아직 움직일 수 있을 때 명산 금강산 관광길에 오른다고 하다가 그만 기회를 놓치고 말았다. 이제 죽기 전에 다시 금강산 관광길이 열리면 제일 먼저 신청을 하겠다는 다짐을 하고 있다. 나는 김일성 공산당 치하의 북한에서 중학생으로 졸업여행을 간 곳이 묘향산이었다. 금강산은 멀기도 하려니와 비용이 너무 들어서 엄두도 못 냈던 것이다.

김대중 대통령의 햇볕정책의 세 번째 인도적 사업은 **남북 이산가족의 상봉**이었다. 6.25 한국전쟁통에 1000만 명 가족이 이별하고 서로 소식을 모르고 지난 지 30, 40년 만에, 남과 북의 적십자사의 도움으로 서로의 고향을 방문하는 기회를 만들기로 하고, 남과 북으로 헤어졌던 가족들이 금강산에서 만나게 한 것이다. 구십 고개를 바라보는 할아버지와 할머니들이 만나자마자 옛날 모습을 확인하며 부둥켜안고 눈물을 흘리며 통곡하는 모습은 분단한국의 비극 그 자체였다. 텔레비전과 신문지상으로 지켜보면서 함께 눈물을 흘리고, 우리 민족의 한(恨)을 뼈아프게 되새기며 깊고 긴 한숨을 짓곤 했다. 남북 이산가족은 1985년부터 2007년 11월까지 총 547가족, 3748명이 눈물의 상봉을 할 수 있었다. 이 민족의 비극의 드라마 역시 이명박 정권 시대에 막을 내릴 수밖에 없었다. 언제 다시 남과 북에 흩어진 나이 든 가족들이 단 하루라도 만나 손을 맞잡고 눈물의 상봉을 하게 될 것인가? 이산가족 상봉의 길이 끊어진 지가 2017년 기준으로 벌써 10년이 넘었다. 바로 어제 가까운 선배 어른이 북에 두고 온 아내를 다시 보지 못하고 6.25 때 내려와 남한에서 결혼한 새 아내 품에 안겨 숨을 거두었다. 하늘에서나 북한에 두고 온 아내를 만날 수 있으려나. 민족의 비극이 따로 없다.

김대중 대통령은 2000년 남북정상회담을 성사시키고 지난 세월 동안 목숨을 걸고 한국의 민주화와 인권 신장을 위해 헌신한 공로를 인정받아 같은 해 12월 세계적인 노벨평화상을 수상했다.

햇볕정책과 민간 평화통일 운동

1. 한국 YMCA의 인도주의적 평화통일 운동

한국 YMCA는 2004년 전국대회에서 한국 YMCA의 100년 선교사업의 일환으로 "민족의 화해와 일치 그리고 통일을 지향하는 대북교류협력과 평화통일 운동"을 새로이 전개하기로 결의하고 경제적 어려움을 겪고 있는 북한동포 돕기 운동을 시작했다. 2004년 결의 이전에 1996년부터 한국 기독교 북한동포 후원회에 참여하여 전국 YMCA에서 모금한 1억 5천여 만 원을 기금으로 1997년 1월 20일 전달했고, 그 후원회는 "북한 동포에게 생명의 씨앗 보내기" 운동으로 평창군 감자를 구입하여 인천항에서 엘레나(ELENA)호에 감자 1500톤, 무 종자 4.8톤을 선적하여 보냈다. 같은 해 5월에서 8월 사이에는 밀가루 보내기 캠페인을 전개하여 밀가루 30톤, 양념감 17자루를 평양시 만경대 구역 행정경제위원회에 전달했고, 1997년에는 계속해서 밀가루 2500톤, 분유 26톤을 동진 나고야호에 선적하여 남포항을 통해 조선기독교도연맹에 전달했는데, 총 11억 원 중 한국 YMCA는 6100여 만 원 상당의 식량을 보냈다.

2000년부터는 옥수수 마을 만들기를 광명 YMCA가 주도하여 어린이날 행사로 성금을 모금하며 국제 옥수수재단을 통해 강원도 철산리에 지원해오고 있다. 2000년부터 2003년까지의 북한 인도적 지원 사업으로는 결핵의약품 보내기 운동을 진주 YMCA 주관으로 실시하여 한민족 복지재단을 통해 북한 청진 결핵요양원에 전달한바, 2000년에는 425만 원, 2001년에 430만 원, 2002년에는 500만 원어치를 전달했다. 2003년에는 북한동포들의 겨울나기를 돕고자 500만 원 상당의 겨울의류를 북한 정주시에 전달했다. 이렇게 개개의 YMCA와 연맹에서 이미 행하고 있던 북한동포 돕기 운동이 2004년 결의를 통해 전국연맹의 공식적인 새로운 사업이 되었다.

한국 YMCA 전국연맹이 전국적으로 전개한 사업으로 2004년 4월부터 7월까지 실시한 것으로는, 첫째 북한 룡천 지역에서 발생한 열차 폭발사고로 막대한 인명피해가 있었는데 긴급 구호물품을 지원하기로 하고, "룡천 어린이 살리기 한 끼 금식 캠페인"을 실시하여 2억여 원 상당의 의약품, 의류 그리고 생활용품을 대한적십자사를 통해 전달했고, 폭발사고로 파괴된 룡천 소학교 건립을 위한 캠페인을 통해 500만 원을 '우리민족 서로 돕기 운동' 본부에 전달하기도 했다.

2005년에 이르러서는 한국 YMCA가 해방 60주년 사업으로 북한에 자전거 보내기 캠페인을 전개했다. 1차 모금으로 전국 60개 YMCA에서 2000대를 위한 2억 원을 모금하여 1대당 10만 원의 기어 1단 짐받이 자전거로 특수 제작했고, 1차 선적으로 600대를 8월 10일 인천항에서 북한의 남포항으로 수송하여 북한의 조선기독교도연맹에 배달하고, 평양 봉수교회와 칠골교회 및 가정예배 처소의 교우들에게 전달하게 했다. 제2차 선적은 8월 17일 1400대를 같은 통로를 통해 북한 동포 기독교인들에게 전달할 수 있었다. "통일 자전거"를 선적하여 평양에 보내는 일뿐 아니라 YMCA 연맹 직원 3명이 2006년 자전거 지원물자를 인도하기 위해 평양 봉수교회를 방문했고, 같은 해 11월에는 YMCA 연맹 이사장을 단장으로 하는 10명의 방북단이 중국 심양을 통해 평양을 방문하여 조선기독교도연맹 지도자들과 함께 2007년 이후의 다각적인 남북협력 사업을 논의했고 향후 정례적인 회동을 구상했다.

이와 때를 같이 하여 YMCA의 기독교 청년들이 남북 분단선을 뚫고 북상하고자 하는 간절한 염원을 담은 "청소년 통일자전거 평화 종주"를 실시하여 2005년 8월 8일부터 8월 15일 해방절까지 부산 시청을 출발하여 마산, 진주, 순천, 광주, 대전, 청주, 그리고 천안, 오산, 수원을 거쳐 서울 광화문에 이르는 600km의 거리를 60명과 지원단 30명, 총 90명이 참여하여 완주한 쾌거가 있었다.

위에서 밝힌 대로 1988년 2월 한국기독교교회협의회가 발표한 이른바 88 선언에서 한국교회의 평화통일운동의 원칙은 1971년의 7.4 남북공동성명의 3대 원칙인 평화, 민족대단결, 자주 등에 인도주의 원칙과 통일 논의에의 민의 참여 등이 더해졌다. 1980년대 중반부터 2000년대 김영삼, 김대중, 노무현 정부에 이르는 동안 한국 기독교 민간단체들은 정부의 대북 개방정책에 호응하여 인도주의적 지원 사업에 참여해왔고, 나아가서 국내, 국외통로를 이용하여 북한 기독교도연맹과의 접촉과 대화, 그리고 국제회의를 시도해왔다. 아울러 반공이데올로기에 사로잡혀 있는 한국교회에 평화통일의 중요성에 대한 인식과 화해와 협력을 통한 평화적인 통일 운동의 참여를 설득해왔다.

이러한 시도의 일환으로 한반도의 평화 문제는 중국과 일본 등 동북아시아의 평화 공존이라는 국제관계와 직결된다는 역사적, 지정학적 인식 아래, 한국, 일본, 중국 YMCA 청년들과 지도자들이 한국 YMCA의 주동으로 2004년부터 정기적으로 회동하기 시작했다. 2년마다 격년으로 실시하는 이 "한·중·일 YMCA 평화포럼"이 한국 제주에서부터 시작하여, 2006년 10월에는 일본 구마모토에서, 2008년 11월에는 중국 광저우, 2011년 1월에는 인천 송도에서, 2014년 제5차 포럼으로는 일본 히로시마에서, 2015년 12월에는 중국 난징에서, 그리고 제7차 포럼으로는 한국 광주에서 2017년 12월 회동했다. 시작할 때는 40여 명이었으나, 제7차 포럼에는 총 160여 명이 회동하는 성황을 이루었다. 제7차 포럼에는 이 모임을 시작한 한국 YMCA 전국연맹 이학영 사무총장이 대한민국 여당 국회의원이 되어 환영만찬에 참석했고, 한국 YMCA 전국연맹의 이사장으로 지도력을 발휘한 바 있는 윤장현 광주시장이 참석하여 자리를 빛냈다.

나는 2011년 인천에서 개최하는 이 포럼에 참석했고, 2017년 12월 광주에서 개최된 포럼에는 전임 세계 YMCA 회장(1994~1998년) 자격으로 개회예배 설교자로 초청되었다(200년 가까운 YMCA 역사에서는 처음으로, 동북아시아 지역 YMCA로부터 세계연맹의 회장으로 추대되어 5대양 6대주 120여 나라의 당시 5천만 회원을 가진 기독교 청소년 시민단체를 이끄는 중책을 맡아서 나에게는 인생 말년의 커다란 영광이었다.) 나는 이렇게 평화를 이야기하고 평화를 꿈꾸고 평화를 만들어나가는 사람들이 평화를 자유롭게 말할 수 있는 것은 1980년 광주의 민주주의를 사랑하는 민중들이 목숨을 걸고 어둠의 세력인 반평화 반민주 세력에 맞서 싸운 결과였다는 것을 강조하면서, 이 포럼이 민주주의와 인권을 위해서, 남북 평화통일을 위해서, 자유롭게 말할 수 있는 나라를 만들기 위해서 피 흘려 싸운 땅, 어둠을 이긴 "빛의 고을" 광주에서 개최된 것에 감사하였다.[2]

그리고 2016년 겨울부터 2017년 봄까지 서울을 비롯한 전국에서 타오른 촛불 민중혁명으로 민주주의를 회복한 나라에서 이제 우리는 자유롭게 남북한 분단을 극복하고 핵 없는 나라, 전쟁이 없는 나라를 만들겠다는 의지를 부르짖게 되었다고 자랑스럽게 말할 수 있었다. 동북아시아의 자유와 민주주의와 평화를 위해서는 한중일, 세 나라 민중들의 역사인식을 바로잡고 역사적, 지정학적 적대의식으로부터 자유로워질 때에만 참된 평화를 만들어나갈 수 있음을 강조하면서, 평화교육이야말로 올바른 역사교육으로부터 출발한다는 것을 역설했다. 그러면서 제국주의 식민지 백성으로서의 소년 시절부터의 내 인생 여정을 이야기하면서, 남북 분단시대와 전쟁의 아픔, 남과 북의 이념적 갈등 속에서 살아남고 살아온 한국 민족의 고난과 역사를 함께 나누는 시간을 가졌다. 이 땅 한반도에 그리고 동북아시아에 다시는 전쟁이 있어서는 안 된다는 것을 역설할 때는 눈물이 흘렀다. 내 인생의 마지막 설교로 생각하고 나의 정치적, 신학적 유언을 말하는 간절한 심정이었다.

2. 남북평화재단

2006년 한국기독교교회협의회 총무인 김영주 박사가 박형규 목사를 이사장으로 추대하여 출범한 남북평화재단은 한국교회 에큐메니컬 운동권의 대북 창구라고 할 수 있을 것이다. 이 재단의 괄목할 만한 사업은 2007년 12월 5일에서 7일까지 한국의 대우 자동차회사의 협력을 얻어 승용차와 소형 트럭 등 369대와 중형 트럭 19대를 육로로 남북 휴전선을 넘어 개성공단 지역에 싣고 가서 북한 당국에 전달한 일이다. 여기에 참여한 인원이 206명인데, 중고 자동차를 대형 트럭에 싣고 개성으로 따라가는 남한 교회대표들과 함께 나와 나의 아내가 동행할 수 있었다. 감격적인 동행이었다. 자동차 북송 수송대와 함께 한 우리 남한 대표들은 개성공단을 둘러보고, 북한 대표들의 융숭한 점심 대접을 받았다. 저 유명한 평양 옥류관 냉면을 직접 가지고 개성으로 왔다는 여직원들이 제공하는 평양냉면 대접을 받으며 감격했다. 그리고 북한 대표들의 안내로 개성 시내에 위치한 고려 박물관을 둘러보고, 정몽주와 사육신(死六臣)의 이야기가 서려 있는 선죽교를 둘러보며, 작가 박완서 씨의 고향 이야기를 상기하며 돌아다니다가 저녁 늦은 시간에 다시 남북 분계선을 넘어 남쪽 땅을 밟았다.

중고 자동차 보내기 사업은, 같은 해 2007년 12월 28일 2차로 8톤 이하 중형 트럭 31대, 대형버스 1대 등과 함께 88명이 참여했다. 대우 자동차회사가 소형 차량을 기증했고, 중형 차량은 월드 비전이, 그리고 대형 버스는 경기도 광주의 사랑의 교회가 동참했고, 이들 차량을 수송하는 트럭 운전은 화물연대가 자원 봉사했다. 그리고 차량 수리와 보수 기술을 전수하기 위해 기술자들을 북한에 파송하는 후속사업을 계속했다.

이명박 정부가 5.24 조치 등으로 남북관계를 중단, 폐쇄한 후 남북평화재단을 위시하여 각종 기독교 단체들의 대북지원 사업이 중단되었다. 따라서 남북평화재단이 하는 일은 청소년 평화교육 실시 등으로 그 명맥만 유지하고 있는 상태이다. 나는 남북협력 사업에 적극적인 이사진과 함께 남북평화재단의 이사장으로 2015년부터 2년 동안 재단을 책임졌다. 초대 이사장으로 박형규 목사와 그 뒤를 이어 오재식 이사장이 활약했고, 나는 함세웅, 이만열, 신인령, 권호경 등 쟁쟁한 이사진과 함께 남북 협력사업의 재개를 기다렸으나, 정부의 폐쇄 정책으로 사업을 전개할 수가 없었다. 안타깝고 유감이 아닐 수 없다.

노무현 대통령 시대의 남북관계

나는 김대중 대통령과 뒤이어 취임한 노무현 대통령 시절에는 미국에서의 초빙교수 생활과 홍콩에서의 아시아 기독교고등교육 재단 일, 그리고 세계 YMCA 연맹 회장직 일 등으로 인해 이들 민주정부의 시책이나 특히 평화통일 정책에 대한 노력, 그리고 기독교계의 참여에 직접적으로 관여할 수가 없었다. 다만, 해외에 있으면서도 조국의 급격하고 다양한 변화의 소문을 외신을 통해서 간접적으로 듣고 있었을 뿐이다.

김대중 대통령이 그의 눈부신 그리고 전진적이고 창조적인 남북관계 정상화를 위한 "햇볕정책"의 결과를 인정받아 세계적인 노벨평화상을 수상했다는 소식을 접하면서 감격의 눈물을 흘리지 않을 수 없었다. 그리고 그의 뒤를 이은 노무현 대통령의 취임 소식은 해외에서 고국을 그리워하고 기도하는 해외동포들에게 큰 위로가 되었고, 큰 희망이었다. 그는 민주화 운동권의 변호사이면서 인권 변호사로 노동자 편에 섰던 율사(律士)이며 민주주의와 정의의 투사였기 때문이다. 노무현 대통령에 대한 야당 국회의원들의 탄핵 소추는 대한민국 헌정사에서 처음 있었던 불상사였다. 그가 대통령으로서 2004년 총선에서 여당 출마자들을 지지하는 발언을 하여 선거법 위반자가 되었다는 이유로 국회가 탄핵소추안을 가결했던 것이다. 이에 서울 광화문 일대에는 대통령 탄핵반대 촛불시위가 터졌다. 4월 15일 총선에서 열린우리당이 국회 원내 과반수를 차지하는 승리를 얻게 된 것과 탄핵반대 촛불시위의 여세는 헌법재판소의 탄핵 기각으로 이어졌다.

　노무현 대통령은 김대중 대통령에 이어 임기 말 2007년 10월 2일 남북정상회담을 위해 평양에 입성한다. 10월 4일까지의 회담을 통해 발표한 10.4 공동선언은 2000년 6.15 정상회담의 성과를 넘어서는 것이었다.

　"남북관계 발전과 평화번영을 위한 선언"이라는 제하의 10.4 공동선언은 "6.15 공동선언의 정신을 재확인하고 …… 쌍방은 **우리 민족끼리** 뜻과 힘을 합치면 민족번영의 시대, 자주통일의 새 시대를 열어나갈 수 있다는 확신을 표명하면서 6.15 공동선언에 기초하여 남북관계를 확대발전시켜 나가기"로 합의하고 선언했다.

1. "남과 북은 **6.15 공동선언**을 고수하고 적극 구현해 나간다."
2. "남과 북은 사상과 제도의 차이를 초월하여 남북관계를 상호 존중과 신뢰 관계로 확고히 전환시켜 나가기로" 하고 "**양측 의회 등 각 분야의 대화와 접촉을** 적극 추진해 나가기로 하였다".

3. "남과 북은 군사적 적대관계를 종식시키고 한반도에서 긴장완화와 평화를 보장하기 위해 긴밀히 협력하기로 하였다. …… 남과 북은 서해에서의 우발적 충돌방지를 위해 **공동어로수역을 지정하고** 이 수역을 **평화수역**으로 만들기 위한 방안과 각종 협력 사업에 대한 군사적 보장 조치 문제 등 군사적 신뢰구축조치를 협의하기 위하여 남측 국방부 장관과 북측 인민무력부 부장 간 회담을 금년[2007년] 11월 중에 평양에서 개최하기로 하였다."

4. "남과 북은 현 정전체제를 종식시키고 항구적인 **평화체제**를 구축해나가야 한다는 데 인식을 같이하고 직접 관련된 3자 또는 4자 정상들이 한반도 지역에서 만나 종전을 선언하는 문제를 추진하기 위해 협력해 나가기로 하였다. 남과 북은 **한반도 핵문제 해결**을 위해 6자회담, 9.19 공동성명과 2.13 합의가 순조롭게 이행되도록 공동으로 노력하기로 하였다."

5. "남과 북은 해주지역과 주변해역을 포괄하는 '**서해평화협력특별지대**'를 설치하고 …… 개성공단지구 1단계 건설을 빠른 시일 안에 완공하고 2단계 개발에 착수하여 …… 개성-신의주 철도와 개성-평양 고속도로를 공동으로 이용하기 위해 개보수 문제를 협의 추진하기로 하였다. …… 안변과 남포에 조선협력단지를 건설하며 농업, 보건의료, 환경보호 등 여러 분야에서의 협력 사업을 진행해나가기로 하였다."

6. "남과 북은 민족의 유구한 역사와 우수한 문화를 빛내기 위해 역사, 언어, 교육, 과학기술, 문화예술, 체육 등 사회 문화분야의 교류와 협력을 발전시켜 나가기로 하였다. 남과 북은 **백두산 관광**을 실시하며 이를 위해 백두산-서울 직항로를 개설하기로 하였다. 남과 북은 **2008년 북경(베이징) 올림픽** 경기대회에 남북응원단이 경의선 열차를 처음으로 이용하여 참가하기로 하였다."

7. "남과 북은 흩어진 가족과 친척들의 상봉을 확대하며 영상 편지 교환사업을 추진하기로 하였다. 이를 위해 **금강산면회소**가 완공되는 데 따라 쌍방 대표를 상주시키고 흩어진 가족과 친척의 상봉을 상시적으로 진행하기로

하였다."

8. "남과 북은 이 선언의 이행을 위하여 **남북총리회담**을 개최하기로 하고, 제1
차 회의를 금년 11월 중 서울에서 갖기로 하였다. 남과 북은 남북관계 발
전을 위해 **정상들이 수시로 만나** 현안 문제들을 협의하기로 하였다."3)

남과 북이 평화공존, 공영의 기틀을 잡은 진일보한, 아니 진백보(進百步)
한 합의였으나, 아쉽게도 노무현 대통령의 임기가 얼마 남지 않은 상태였다.
2008년 2월 이명박 정부가 들어서면서, 김대중 노무현 정부의 평화통일 구상
은 수포로 돌아가고 있었다. 이명박 정부는 이전 정부나 박정희 정부의 7.4
공동성명의 정신까지도 망각했을 뿐 아니라 파기하고 남북관계를 파탄으로
이끌어갔던 것이다.

이명박 대통령 시대의 남북관계

어머니의 독실한 기독교 신앙을 이어받아 서울 강남의 소망교회의 충실한
장로가 된 이명박 대통령의 치적에 대한 평가는 착잡하다. 이명박 대통령은
한마디로 "반(反)노무현"이었다. "노무현이 한 일에 대해서는 모두 반대"라는
것이었다. 이명박이 대통령으로 취임하기 바로 3개월 전 노무현 대통령이 북
의 김정일과 협의하여 발표한 10.4 공동선언에 대해서도 역시 한 가지도 계승
하거나 발전시키지 않았다. 그러니 남북정상회담에서 협의한 사항은 국회의
인준을 받아 법제화되었어야 했다는 말이 나오게도 되었다. 민주주의 제도에
서 정권교체의 훌륭한 점이 있기는 하지만, 전직 대통령의 정책이나 시책 그
리고 국제적 협약에 대해서 완전 파기하는 사태를 어떻게 피할 수 있을지 제
도적인 문제를 제기하게 되기도 한다.

2008년 미국과의 FTA 쇠고기 협상 추진 중 미국 광우병 보도가 터지면서

서울시청 앞과 광화문 광장은 미국 쇠고기 수입을 반대하는 대대적인 촛불시위가 터졌다. 이에 맞서 경찰은 소위 "명박산성"이라고 하는 경찰버스 도열로 시위대를 막아섰고, 이명박 대통령은 청와대 뒷산에 올라 광장의 촛불을 내려다보며 생각을 다시 하고 시위대와 국민들에게 사과했으며, FTA 재협상을 약속하기에 이르렀다.

그러나 같은 해 7월에는 금강산 관광객 피격 사건이 일어나는 불상사 때문에 남북관계는 경색의 위기에 빠지고 있었다. 개성공단 문제로 티격태격하다가 북은 남북정상회담을 거부당하자 무력공격을 개시했다. 2010년 3월 26일에는 천안함 폭침 사건으로 40명의 해군 장병들이 희생당했고, 같은 해 11월 23일에는 연평도로 무차별 포격을 가해왔다. 해병대 2명이 전사하고 16명이 중경상을 입었으며 민간인 2명이 사망하고 3명이 중경상을 당한 사건이었다. 북한은 우리 측의 포격으로 20여 명의 사상자를 낸 것으로 추산하고 있다.

천안함 사건이 터진 2개월 후인 5월 24일 이명박 정부는 이른바 '5.24 대북조치'를 발표했다. 내용인즉, (1) 개성공단을 제외한 남북교역 전면 중단, (2) 북한 선박의 남한영해 항해불허, (3) 남한 국민 방북불허, (4) 대북 투자사업 전면 보류 등이었다.

2009년 1월 추운 겨울 용산 지역개발을 밀어붙이면서 화재 참사로 이어진 비극 역시 쓰라린 기억으로 남는다. 이즈음 이명박 대통령은 건설회사 경영의 경력을 살려, 남한 지역의 한강, 낙동강 등에 자전거 도로를 만들고, 수질 개선과 수재를 막는 운하를 만들고 배를 띄우겠다는 4대강 개발에 착수했다. 수많은 전문가들과 한국교회 환경보호 단체들이 적극 반대하고 나섰으나, 수조 원의 국고 예산을 쏟아부어 '4대강 사업'을 강행했다. 결국 오늘날까지 녹조현상 등 갖가지 부작용으로 4대강은 오염되고 생명체가 살아남지 못하는, 그리고 식수로도 위험한 물길을 만들어버렸다는 부정적 평가를 받고 있다.

일본 태생의 이명박 대통령은 의외로 항일 행동에 나섰다. 돌연 2012년 임기 말 8.15를 기해서 독도를 방문하여 독도가 한국 땅이라는 것을 바위에 크게 새겨 넣는 쾌거를 단행했다. 한국 대통령으로는 처음 감행한 항일애국 행동으로 보여 박수를 받기도 했지만, 외교적으로 현명한 행동은 아니었다는 평가도 있었다.

2010년 4월 22일 한국기독교교회협의회 성명

이명박 장로의 반공정권이 남북관계를 경색 일로로 치닫자, 이 사태를 타개해볼 목적으로 NCCK는 2010년 4월 "한반도 평화통일을 향한 한국교회 선언"을 내외에 발표했다. "올해는 한일 강제병합 100년과 한국전쟁 60년 그리고 6.15선언 10주년이 되는 해이다. 우리는 일본제국주의의 잔재를 완전히 청산하고, 한반도의 진정한 평화를 지향하며, 남북통일을 이루는 일에 모든 역량을 모아야 할 전환기에 있다. 한반도 평화와 통일은 민족의 아픔을 치유하고 냉전의 완전한 종식과 세계평화에 기여하는 일이다"라고 시작한 성명은 "우리의 평화통일 운동은 곧 하나님나라의 실현을 향한 운동"이라고 선언하면서 평화와 통일에 대한 교회의 염원을 피력했다. 2010년 한국교회 선언은 88선언에 기초하여 평화통일 원칙을 제시하고 그 단계적 실현을 구상하고 있는 데 특징이 있다. 2010년 선언은 "한국교회는 88선언에서 제시한 5대 원칙을 기반으로 하여 '**과정으로서의 남북 평화통일**'을 제안한다"고 천명하면서, (1) **남북평화공동체**, (2) **이념을 초월한 민주주의**, (3) **열린 민족국가**를 지향한다고 밝히고 있다. 위와 같은 방향 제시와 함께 2010년 선언은 남북 간의 협력을 제도화하면서 **평화공존, 남북연합과 연방 국가**를 거치는 **단계적 평화통일 방안**을 제시한다.

이러한 노력에도 불구하고 천안함 사태로 인한 5.24 조치가 발표되면서 교회협의회의 이런 성명과 호소는 호응이 없었다. 북한 군대가 남한을 향해 쏘아대는 포성에 평화통일을 간절히 염원하는 교회의 목소리는 들리지도 않았다. 2010년 교회의 평화통일을 위한 호소가 1988년 발표한 88선언에 비해 진일보한 구체적인 제안들이 있었는데도, 사장(死藏)되다시피 하고 주목을 받지 못한 것은 못내 아쉽다. 역시 정치적 상황과 남북관계 등에서 때를 잘못 탄 것 같기도 하지만 교회의 무관심도 문제였던 것 같다.

박근혜, 박근혜! 헌정사상 최초의 여성 대통령

2012년 8월 말 나와 아내는 다시 홍콩 중문대학 신학대학원의 초청으로 한 학기 동안 강의하기 위해 출국했다. 미국 뉴욕의 유니언 신학대학원 동기 동창이며 기숙사에서 2년 동안 동거한 미국인 친구 티모시 라이트 박사와 함께 팀 티칭으로 아시아 신학 한 과목을 강의하면서 나는 따로 한국 민중신학을 강의해달라는 요청이었다. 홍콩의 중문대학교는 사립대학교이며 기독교 정신으로 설립된 저명한 대학으로 1949년 중국이 공산화되면서 중국 피란민 대학으로 발족한 대학이다. 나의 동기동창 친구 팀(티모시)은 미국 예일대학 재학 중 '중국의 예일(Yale in China)'이라는 프로그램으로 홍콩 중문대학교 중의 하나인 신아대학(新亞大學, New Asia College)에서 영어를 가르치면서 중국 전문가가 되었다. 뉴욕의 유니언 신학대학원에서 신학 석사학위를 받고 컬럼비아 대학교 교육대학원에서 언어교육으로 석사학위를 받은 다음, 코넬 대학교 대학원에서 중국 언어학으로 박사학위를 취득한 중국통이다.

우리 둘이 가르치는 세미나에는 홍콩 중문대학 신학대학원 학생들이 주로 등록했는데, 미얀마에서 온 학생들뿐 아니라 중국 본토의 여러 지역에서 온 신학지망생들과 현직 목사들도 포함되어 있었다. 중국 학생들과 홍콩 신학생들과의 교감은 나와 나의 친구를 감동시켰다. "종교는 아편"이라고 가르치는 중국 공산당 치하에서 기독교에 관심을 갖고 신학을 인문학으로 연구하고 배우는 중국 학생들로부터 큰 감동을 받았다. 이 학생들 중에는 2017년에 이르기까지 나와 계속 연락을 하면서 관광으로 서울을 방문하고 접촉하는 학생들이 있고, 한 학생은 재미교포 김진경 총장이 연길의 조선족 학생들을 위해 세운 연길 과기대에서 영어를 가르치다 2017년 결혼하고 신부와 함께 내한하여 연세대학교와 서강대학교에서 우리말 공부에 전념하고 있다.

2012년 가을 학기가 끝나고 융숭한 송별 잔치를 뒤로 하고 우리 내외는 대통령 선거 운동으로 과열되어 있는 서울로 귀국했다. 그해 한국의 겨울은 대통령 선거 열기로 뜨거웠다. 우리는 이명박 정부가 끝나고 반대당 지도자이며 노무현 대통령의 비서실장이었던 문재인 후보가 당선되기를 열망했다. 그러나 보수 여당의 "댓글 선거 개입" 등 집요한 부정선거 공략에 힘입어 근소한 표차로 박근혜 한나라당 대표가 당선되었다. 대한민국 헌정사상 최초의 여성 대통령이라는 데 막연한 기대감이 있었다. 20대 젊은 시절에 어머니 육영수 여사를 비명에 보내고 아버지 박정희 대통령의 퍼스트레이디 역할을 했으며, 아버지 역시 부하 정보부장의 총탄에 쓰러지고 난 뒤 천애고아로 쓰리고 아픈 인생을 살다가 정치에 뛰어들어 대통령이 되었으니, 그 경험만 가지고도 아픈 사람들과 슬픈 이들의 아픔과 슬픔을 돌보고 치유할 수 있는 마음을 가진 대통령으로 임할 수 있을 것이라는 기대가 없지 않았다. 아버지 박정희와는 다른 대통령, 바라기는 아주 정반대의 대통령, 민주주의를 철석같이 자기 정치 이념으로 삼고, 언론의 자유와 학문의 자유를 누리게 하는 대통령, 북한과의 화해와 협력을 통해 통일을 꿈꿀 수 있게 하는 대통령이 되리라는 기대를 가져본 것이다. 그러나 모두 희망사항에 불과했고, 그런 말을 하면 "꿈도 야무지다. 꿈 깨라"는 충고 아닌 핀잔이 돌아오기 마련이었다. 경제 전문가들의 자문을 받으면서 "민생"을 챙기겠다는 선거공약까지도 믿어보려고 했으나, 현실은 그것이 아니었다. 박정희 유신 잔당은 그때까지도 물러서지 않았다. 그들은 40여 년 누린 기득권을 포기하기는커녕 박정희의 딸 박근혜를 통해서 다시 쟁취한 "쾌거"에 도취하고 있었다.

한국 개신교 지도자들은 즉각 삼성동 코엑스 컨벤션 홀에서 국가조찬기도회를 열어 바로 며칠 전 취임한 박근혜 대통령을 축하하고 찬양하는 모임을 가졌다. 거기서 박근혜 대통령은 2013년 10월에 예정된 WCC 10차 부산 총회를 지원하겠다고 약속했다. 정부는 부산 총회를 위해 23억 원을 지원했다.

2013년 10월 WCC 부산 총회

NCCK를 중심으로 하는 이른바 에큐메니컬 개신교 교회와 교단들이 초치한 세계교회협의회(World Council of Churches, WCC) 제10차 총회가 2013년 10월 30일 부산에서 열리게 되었다. WCC 총회를 한국으로 유치하는 데는 한국 예수교 장로회(통합) 대형교회의 하나인 명성교회의 담임목사이며 NCCK 회장이었던 김삼환 목사의 역할이 컸다. 그러나 1959년 같은 예수교 장로회이면서도 '합동'이라는 이름으로 조직한 보다 보수적인 교단은 WCC를 "용공집단"이고 자유주의 신학으로 집결한 "이단집단"이라고 배격하여 WCC에 가담하지 않아온 역사가 있다. 그리하여 '합동' 측 장로교단 등은 WCC 총회의 한국 유치를 적극 반대하고 나섰다.

한국 부산에서의 WCC 총회 개최를 기하여 국제 에큐메니컬 교회와 NCCK는 그 준비작업의 일환으로 미국에서 중요한 모임을 가졌다. 그 하나는 2013년 5월 15일 미국 남쪽 지방에 위치한 애틀랜타에서 미국 연합감리교회와 미국 성공회 주최로 한국전쟁 정전협정 60주년을 맞이하여 평화협정 체결 문제 등 남북분단문제 해결과 아울러 평화정착 문제를 논의하고 공동 행동계획을 논의한 것이었다. 여기에서는 특히 교회여성 지도자들의 활약이 눈에 띄었다. 미국 성공회 캐터린 제퍼츠 쇼리(Katharine Jefferts Schori) 주교는 여성 주교로서 한국의 역사와 문화, 그리고 기독교와 한민족의 독립정신과 평화를 갈망하는 정치운동을 소개하며 격려하는 강연으로 한국 참가자들을 감동시켰다. 이에 더하여 재미교포 여성 평화운동가인 한국정책연구소(Korean Policy

Institute)의 크리스틴 안 선생은 "평화를 향한 길에서의 여성의 역할"이란 주제강연을 통해서 여성들이야말로 전쟁의 희생자들이기에 평화운동에 앞장서는 여성운동이 중요함을 강조하는 힘찬 강연을 했다. 이 콘퍼런스는 폐회하는 날인 5월 17일 "한반도 평화와 화해를 위한 호소문"를 채택했다.

이어서 6월 3일부터 6일까지 홍콩에서는 WCC의 국제위원회와 아시아기독교협의회(CCA)가 공동으로 "아시아 인간 안보(Human Security)"에 대한 국제회의를 개최했다. 전 세계 교회에서 50여 명이 참가한 이 회의에는 한국에서는 김영주 NCCK 총무와 화해통일위원회 위원장인 향린교회 조헌정 목사, 이재정 전 통일부 장관 등 17명이 참가했다. 여기에서 토의한 중요 내용은 (1) 아시아 각국의 인간 안보의 위험한 현실과, (2) 평화헌법 9조 파기 등 일본의 우경화에 대한 우려와, (3) 한반도의 긴장 및 갈등과 핵실험 등 당면 문제였다. 또한 WCC 제10차 부산 총회에서 한반도의 평화문제를 부각시키기로 하고, 세계 교회와의 연대를 통하여 아시아 지역의 평화정착을 위해 노력하기로 결의했다.

한편, 한국에서는 WCC 총회 개최를 준비하기 위해 NCCK 내부에 준비위원회를 구성하여 활발한 준비작업을 2년 넘게 진행했다. 준비위원회는 이 부산 총회를 한반도 평화통일을 위한 한국 기독교회의 염원과 운동을 알리고 세계 기독교인들과 교회들의 관심과 참여를 호소하는 모임으로 만들어보겠다는 의지를 표명하고 준비를 개시했다. 그 일환으로 준비위원의 한 사람인 오재식 선생이 "WCC 평화열차"를 제안했다. 한국의 교인들이 독일의 베를린에 가서 유럽과 아프리카 지역의 뜻있는 WCC 총회 참가자들과 집회를 열고 기차를 타고 모스크바로 가서 역시 총회 준비집회를 열고, 시베리아 횡단열차에 올라 중국 베이징에 도착, 회합을 가진 뒤 압록강 중국 쪽의 단동에서 압록강 철교를 건너 북조선 평양에 도착하여 봉수교회에서 그리스도교도 연맹에서 올 참가자들과 합세하고 휴전선을 넘어 서울로 그리고 부산으로 오게 하자는 취지였다. "에큐메니칼 평화열차"는 국제적으로, 정치적으로, 지정학적으로 그리고 역사적으로 아시아와 세계평화를 염원하는 평화의 여정으로서 가장 상징적인 구상이며 정치적, 신학적 상상력의 극치였다고 평가받았다.

여러 가지 난관을 극복해가면서 시작한 "평화열차"는 2013년 8월 10일 베를린을 출발할 때 참가인원이 110명이었다. 중국 베이징에 도착할 때까지는 압록강을 넘어 평양을 거쳐 휴전선을 통과할 것을 간절히 기대했으나 결국 무산되어 단동에서 배를 타고 부산항에 도착한 것이 8월 28일이었다. 부산항에 도착한 참가인원은 85명이었다. 김영주 총무를 비롯한 한국교회 참가자들은 대부분 실향민 출신이었으나, 인도 유학생과 독일 시민들의 참가가 눈에 띄었다.

제10차 WCC 총회는 부산 송도 해변에 위치한 벡스코에서 2013년 10월 30일부터 9박 10일의 일정으로, **"생명의 하나님, 우리를 정의와 평화로 이끄소서 (God of Life, Lead us to Justice and Peace)"** 라는 주제를 걸고 개최되었다. 전 세계 100여 국에서 1만여 명이 참석했다. 부산 총회에서의 성과는 제2차 세계대전 이후 유일한 분단국으로 남아 있는 한반도의 비극과 고난을 부각시키면서 한국 민중과 교회가 분단을 극복하고 평화통일을 이룩하는 선교적 사명을 다하며 전 세계 교회의 기도와 관심과 선교적 참여를 호소하는 데 성공했다는 것이다.

WCC 부산 총회가 만장일치로 채택한 **"한반도 평화와 통일에 관한 선언"**은 다음과 같이 호소한다.

우리가 꿈꾸는 평화는 생명 전체를 포용하고 이웃 간의 조화를 회복하는 정의의 상태입니다. 우리는 지금이 1953년의 정전협정을 대체할 포괄적인 평화협정을 향한 새로운 과정을 시작하고, 이 지역의 국가들 사이에 정의롭고 평화로운 관계를 확보하며, 남한과 북한 사이의 관계를 정상화하고, 한반도의 통일을 촉진시킬 적기라고 확신합니다.

전 세계의 345개 교회와 약 5억 6000만 명의 그리스도인들을 대표하는 우리는 평

화와 화해를 지지하는 태도를 새롭게 가다듬고, 이를 위해 꼭 필요한 국내외 지도자들을 격려하고 지원할 준비가 되어 있습니다.

우리는 우리의 평화가 되시기 위해 이 세상에 오신 예수 그리스도에 대한 신앙고백 안에서 한반도의 그리스도인들과 함께하고 있습니다(엡 2:23~19). 예수 그리스도께서는 인간을 하나님과 화해시키고 분열과 갈등을 극복하고 모든 사람을 자유롭게 하고 하나가 되게 하기 위해 고난을 당하고 십자가에서 죽으시고 묻히신 후 부활하셨습니다(행 10:36~40). 또한 예수 그리스도께서는 우리의 구세주로서 새 하늘과 새 땅을 만드실 것입니다(계 21~22장).

이런 신앙고백과 함께 우리는 남북한 그리스도인들의 확고한 노력, 남북한의 사람들과 한반도의 평화와 치유와 화해와 통일을 향한 남북한 교회의 신실한 행동에 동참합니다.

위와 같은 신앙고백으로 시작하는, 전 세계 교회 대표들이 채택한 성명은 29년 전 1984년 일본 도잔소에서 WCC 국제위원회(CCIA)로 남북한 교회가 한반도의 평화통일을 위해 한자리에 모이게 된 이후 계속해서 기독교의 선교적 사명을 평화 선교로 선언하고 행동해왔음을 주지시켰다. 또한 부산 총회는 NCCK의 1988년 "민족의 통일과 평화에 대한 한국기독교회의 선언"과 1995년 "평화와 통일의 희년" 선포와 교회의 통일원칙 제안을 환기시키면서 다음과 같은 구체적인 권고안을 채택했다.

1. 1984년 일본 도잔소 회의에서 채택한 화해와 돌봄과 소통 등 정신을 실천한다.
2. 매년 8월 15일 전 주일을 "한반도 평화통일을 위한 기도주일"로 지정하여 남북한 교회를 위시하여 전 세계 교회가 참여한다.
3. 남북한의 젊은 세대들이 함께 만나 한반도의 바람직한 미래를 구상하는 폭넓은 논의의 장을 제공한다.

4. 도잔소 국제회의 30주년이 되는 2014년과 해방 70주년이 되는 2015년에
   는 세계 교회가 남북한 교회 대표들과 만나 화해와 평화 증진을 위한 모임
   을 가지도록 한다.

나아가서 부산 총회는 세계 교회의 행동 강령으로서 다음 몇 가지를 제안
한다.

1. 각국 정부들과 협력하여 유엔 안전보장이사회로 하여금 한반도의 평화를 위해
   새로운 노력을 시작하게 하도록 노력한다.
2. 1953년의 정전협정을 평화조약으로 바꾸어 전쟁상태를 종식시킬 폭넓은 캠페
   인을 시작한다.
3. 한반도에서의 군사훈련 중단, 군사개입 중지, 군비축소를 통해 한반도의 평화
   를 구축하기 위한 창의적인 과정에 참여할 것을 이 지역에 있는 모든 외세들에
   게 요청한다.
4. 핵 없는 세상을 만들기 위한 조치를 취하고 동시에 전 세계 핵무기에 대한 인도
   주의적 금지를 주창하는 국제적 합의에 동참함으로써, 동북아시아의 핵무기와
   핵발전소들을 완전하고 검증가능하며 비가역적인 방식으로 제거하고 지구상
   의 어떤 지역에서도 생명이 더 이상 핵으로부터 위협을 당하지 않도록 한다.
5. 남북의 이산가족의 인도주의적 문제를 시급하게 해결할 것을 각 정부에 촉구
   한다.
6. 비무장지대(DMZ)를 문자 그대로 평화지대로 전환하기 위한 국제적인 협력을
   제공하는 일에 남북한 정부와 함께 협력한다.

여기에 "인준사항" 제하에 첨가된 것은 다음과 같다.

아래에 명기된 회원들과 모든 총대들은 이 선언문에 한반도와 관련된 특별한 문

제인 소위 양심적 병역거부자의 고통이 포함되지 않은 점에 대해 이의를 제기하는 바이다.

그리고 이에 서명한 교회는 독일 복음교회와 메노나이트 교회를 위시하여 나이지리아 형제교회, 콩고 그리스도교회와 메노나이트 교회, 네덜란드 메노나이트 교회, 캐나다 연례회 등이며, 개인으로는 한국 기독교대한 감리회의 이은영, 호주 성공회의 앨리슨 제인 프레스턴(Alison Jane Preston), 그리스도 연합교회의 세라 캠벨(Sarah Campbell) 목사와 켈리 패리치 루카스(Kelli Parrich Lucas) 목사 등이다.

나는 총회 준비위원의 한 사람으로 김용복 박사, 이삼열 박사, 노정선 박사 그리고 이홍종 박사 등과 함께 이 문서를 기초했다. 우리는 많은 시간과 노력을 바쳐 정성을 다했다. 총회 한국 대표들은 총회 기간에 여러 가지 회합과 협의를 거쳐 총회에 참가하는 각국 대표들을 설득하는 노력을 다했다.

WCC 부산 총회 결의에 따라

세계교회협의회는 부산 총회에서 채택한 결의에 따라 2014년 6월 17일부터 19일까지 스위스 보세이에서 "한반도 정의 평화와 화해를 위한 국제협의회"를 개최했다. 이 협의회는 도잔소 협의회 이후 통일운동과정의 교훈과 성과에 대해 고찰하고 새로운 관계를 형성하며 남북의 교회와 그리스도인들이 원활히 대화하고 협력할 수 있도록 하기 위한 목적으로 모였다. 이 국제협의회에는 남한 교회에서 NCCK 총무 김영주 목사가 이끄는 16명의 대표들이 참가했고, 북조선 그리스도교도 연맹에서는 강명철 위원장과 리정로 부위원장, 김현철 씨와 최길현 씨 등 4명이 참석하여 실로 오랫만에 남북 교회 대표들이 자리를 같이 하여 대화를 나눌 수 있는 기회가 마련되었다. 총 54명이 회동한 가운데 진지한 토론과 예배의 시간을 가질 수 있었다. 이 모임에서 특기할 것은 한국에서 참석한 일본군 위안부 피해자 길원옥 할머니의 증언과 한국정신대문제대책협의회 상임대표인 윤미향 선생이 증언한 일이다. 이 협의회에서는 2013년 WCC 부산 총회에서 채택한 한반도 평화를 위한 선언에 따라 세계교회가 매년 8월 15일 직전 주일을 한반도 평화와 통일을 위한 공동기도주일로 지키기로 한 것을 다시 확인하고, 각국 교회가 해당 정부에 북한의 경제제재를 철회할 것을 요청하는 일, 한반도에서의 군사훈련 중단, 6.15 선언과 10.4 선언의 이행, 평화통일운동을 위한 국제 네트워크 구축, 평화조약 체결, 2015년 국제협의회 개최, 젊은이들의 평화통일운동에의 참여 독려, 일본 정부에 위안부 문제에 대한 사과와 배상 요구 등 한반도 평화와 통일을 위한 다양한 연대와 노력을 지속할 것 등을 결의했다.

미국의 연합감리교회와 재미 연합감리교 등이 미국 안에서의 한반도 문제에 대한 관심을 고양시키기 위해 2014년 7월 25일에서 27일까지 미국의 수도 워싱턴DC에 결집하여 백악관 앞에서 평화대행진을 결행한 일이 있었다. 이는 2013년 애틀랜타 평화 콘퍼런스의 후속행동이었다. 시일을 7월 27일로 정한 것은, 이날이 한국전쟁 휴전협정 체결 60년이 되는 날이기 때문이었다. 한국교회에서는 김영주 NCCK 총무를 위시한 10명이 참가했는데 미국 시간 7월 26일, 한국 시간으로는 7월 27일, 한반도 지도가 그려진 티셔츠를 입은 어른과 아이들 300여 명이 백악관 앞까지 직선 도로 1.2km를 행진했다. 이들은 목소리를 높여 미국정부는 한반도의 평화통일에 대해서 책임을 지라고 호소했다. 워싱턴에서 뉴욕으로 이어진 한반도 평화세미나는 평화행진과 기도회, 그리고 미국정부 관계자와의 회담 등으로 한반도 평화와 통일에 대한 한국교회와 미국교회의 관심을 미국 조야에 알리는 데 공헌했다고 평가할 수 있을 것이다.

스위스와 미국에서 한반도 평화정착 문제를 만방에 호소하면서 동시에 남북 교회는 2014년 광복절을 맞이하여 함께 만나 한반도의 평화와 제2의 광복을 위해 기도하는 모임을 가지게 되었다. 2014년 8월 15일 금요일 오전 10시 평양 봉수교회에서 "민족의 화해와 단합, 평화 통일을 위한 8.15 남북공동예배"를 개최한 것이다. 남한교회를 대표해서 18명이 참가했고, 조선그리스도교도연맹 측에서는 강명철 위원장을 포함한 김혜숙 집사 등 10명이 대표로 참여했다. 특히 8.15 기념예배에서는 남과 북의 목사들이 성만찬을 집례했고, 남한교회를 대표해서 이은선 교수와 북조선을 대표해서 김혜숙 집사가 공동기도문을 올렸다.

NCCK는 이 역사적인 회동을 평가하면서 "WCC 부산 총회의 한반도 평화와 통일에 관한 성명서의 제안과 보세이 국제협의회(2014년 6월)의 제안들을 실천하기 위한 과정인 '한반도 정의와 평화, 화해를 위한 에큐메니컬 순례'의 첫 여정이 시작되었다"라고 했다. 그러나 그 순례의 길은 순탄치가 않았다.

2014년 8월 15일, 평양에서 남한교회 대표들이 참석하는 가운데 봉수교회에서 합의한 "2015년 해방 70주년 기념예배"는 결국 성사되지 못했다. 그러나 한국교회는 포기하지 않고 2016년 2월 28일, 평양이 아닌 중국 심양에서 남한교회 대표로 노정선 평화통일위원장과 조헌정 목사와 신승민 실무자 등 5명, 북측에서는 강명철 조선 그리스도교 연맹 위원장을 포함한 4명의 대표들이 참석한 가운데 실무회담으로 회동했다. 이 실무접촉의 주요 내용은 (1) 2016년 6월 중순경 남경이나 심양에서 WCC 주관 에큐메니컬 포럼 개최, (2) 8.15 남북한 공동기도회를 평양에서 개최하기로 하고 남측에서 200여 명의 참가자를 초청할 것, (3) 같은 해 11월이나 12월에 캐나다 연합교회가 초청하는 남북교회 여성 만남을 개최하기로 합의한 것이었다.

이 남북 교회 실무회담에서 가장 큰 관심을 가졌던 것은 북한의 핵실험이었고, 따라서 한반도 전체의 비핵화였다. 나아가서 양측은 한반도에서 무력충돌은 절대로 안 된다는 데 인식을 같이하고, 세계 교회와 함께 한반도의 평화와 통일을 위해 지속적으로 노력하고 연대하기로 했다. 대한민국 통일부는 남한교회 대표들이 북한 주민들과의 접촉승인 없이 회동했다는 이유로 북한

교회 대표들과 실무접촉을 한 노정선 위원장 이하 5명에게 "남북교류협력에 관한 법률 위반"으로 각 200만 원의 과태료를 부과했는데 한국교회 대표들은 이를 거부하고 있다. 불필요한 악법에 대한 저항이었다.

NCCK 대표들은 다시 2016년 6월 9일 중국 심양에서 WCC 주관 "한반도 에큐메니칼 포럼 실행위원회"에 참석하여 북한의 조선그리스도교연맹(조그련) 대표들과 만났다. 역시 접촉승인 없이 단행한 일이었다. 통일부에 따르면 NCCK 대표들이 귀국한 후 북한교회와 합의한 내용을 보도자료를 통해 언론에 공개한 것이 법률 위반이라는 것이었다. 그리하여 통일부는 NCCK 총무 김영주 목사 등 11명에 대해 각각 200만 원의 과태료를 결정했다. 그러나 같은 통일부의 공문서는 다음과 같은 결정을 고지했다. "그러나 '한반도 에큐메니칼 포럼 실행위원회'가 WCC에서 주관하는 국제회의인 점, NCCK가 포럼 실행위원회 사무국을 맡은 상황에서 참여가 불가피했던 점 등을 감안하여 관련 법령의 성실한 이행을 조건으로 2016년 11월 30일까지 과태료 처분을 유예하고자 합니다."4)

위와 같은 "특혜"를 받았음에도 불구하고 2017년 2월 10일부터 2일간 다시 중국 심양에서 남북교회는 실무회담을 열고, 2017년 중 남북 접촉과 에큐메니컬 평화회의 개최를 위해 실무사항을 논의했다. 특히 종교개혁 500주년을 맞이하여 6~7월 중 독일에서 개최하기로 되어 있는 세계개혁교회협의회(World Communion of Reformed Churches, WCRC) 총회와 한반도 에큐메니칼 포럼에의 참여 등을 논의하고, 평양에서의 대규모 8.15 남북공동기도회 개최에 관한 사항을 논의했다. 그러나 통일부는 다시 북한 주민접촉 승인 문제를 놓고 참석자 노정선, 전용호, 신승민 등에게 각 200만 원의 과태료를 부과하고 나핵집, 김영주, 노혜민, 이훈삼, 양광수 등에게는 각 100만 원의 과태료를 부과했다. 그럼에도 불구하고 2017년 5월 대통령 선거일을 며칠 앞둔 5월 1일, 남북 교회 대표들은 중국 심양에서 만나 6월의 남한교회 대표 평양 방문과 8.15 남북공동기도회 평양 개최를 확인했으나, 모두 성사되지 못했다. 다만 독일에서 개최된 종교개혁 500주년 기념 WCRC 총회와, 한반도 에큐메니칼 포럼에 남북 교회가 참여했으나 특기할 사항은 없었다.

이에 앞서 2016년 11월 15일 나는 홍콩 소재 아시아태평양 YMCA 연맹이 1970대부터 실시해온 "아시아태평양 지역 YMCA 간사학교"의 강사로 초청되었다. 2016년 간사학교 개교 직전에 홍콩에서는 WCC 주관으로 "한반도 평화조약에 대한 에큐메니칼 국제회의"가 11월 14일 시작되어, 여기에 참석하게 되었다. 남한교회 대표로는 김영주 NCCK 총무를 비롯한 장상 WCC 아시아 회장 등 총 24명이 참여했고, 북한교회를 대표해서는 강명철 위원장 등 4명이, 그리고 WCC를 대표해서는 남부원 아시아 태평양 YMCA 연맹 사무총장, 한미미 세계 YWCA 대표 등 청년 대표들과 11개국 교회와 단체가 참여했다.

이 홍콩회의에서 북조선 그리스도교도연맹을 대표해서 강명철 목사가 한 기조연설은 명쾌하게 북조선의 남북관계와 대미관계에 대한 북한정부의 노선을 피력하면서 성서적 근거를 제시하는 연설이었다. "평화는 인류공동의 지향이고 념원(念願)입니다"라는 말로 시작한 그의 연설은 "오늘 조선반도가 세계에서 가장 첨예한 최대의 열전지대로 되고 있는 주된 요인의 하나는 바로 미국의 고의적인 평화보장파괴행위로 인해 조선반도에서 전쟁도 평화도 아닌 불안정한 정전상태가 장장 60여 년간 지속되어오고 있는 것과 관련됩니다"는 내용으로 이어진다. 강명철 위원장은 구약성경의 잠언(13:2)을 인용하면서 "악한 자는 폭력만" 일삼듯이 미국은 바로 이런 "강도적인 전 조선 지배 야욕으로부터 우리의 평화애호적이며 공명정대한 조(선과)미(국) 사이의 평화협정 체결 제안을 한사코 외면하고 북침의 기회를 마련하기 위해 우리 공화국을 핵 선제공격 대상으로 지명하고 조선반도에 해마다 '키 리졸브', '독수리', '을지 프리덤 가디언'과 같은 각종 대규모 북침 핵전쟁 연습을 끊임없이 벌리며 관계를 고의적으로 격화시키고 있습니다"라고 주장했다. 나아가서 "평화와 전쟁이 량립될 수 없듯이 미국이 국제무대에서 '평화'와 '긴장완화'에 대해 요란하게 떠들면서 조선반도에서는 이와 같이 항구적인 평화보장을 위한 조미 사이 평화협정체결을 거부하고 화약내 짙은 북침핵전쟁연습을 계속 강행하며 정세를 의도적으로 전쟁 접경에로 이끌어가는 것은 평화에 대한 우롱이고 기만이며 위선입니다"라고 말했다.

남한에 대해서는 "미국의 반공화국 적대행위에 편승하여 동족대결에 광분하는 남측당국의 반민족적 행위로 말미암아 날이 감에 따라 더욱더 걷잡을 수 없는 파국적 국면에로 치닫고 있습니다"라고 전제한 다음, "우리 공화국에서는 나라가 분렬된 첫날부터 지금까지 시종일관 나라의 통일을 외세의 간섭 없이 우리 민족끼리 힘을 합쳐 평화적으로 실현하기 위해 북과 남에 현존하는 서로 다른 사상과 제도를 그대로 두고 련방제 방식으로 이룩하는데 대한 방안을 비롯하여 현실적이며 공명정대한 통일방안들을 거듭 제시하고 긴장완화와 북남관계개선을 위하여 할 수 있는 모든 노력을 다 기울였습니다"라고 하면서 1971년 7.4 공동성명을 재확인했다. 그리고 "동족대결 행위는 이제 한계를 벗어나 동족압살을 위해서는 전쟁괴물단지로 지탄받고 있는 '사드(THAAD)'까지 신성한 종교성지에 끌어들여 전쟁마당으로 전락시키는 행위도 버젓이 자행되고 있습니다"라면서 남한 성주에 배치하는 '사드'에 대해 공격적으로 비판했다. 강명철 목사는 "'평화를 이룩하기 위해 모든 것을 다하라'는 시편(34:14)의 말씀에 따라 우리 그리스도인들은 정의의 사람이며 평화의 사람들로서 숭고한 선교적 사명을 자각하고, 조선반도의 평화와 통일의 기본 장애인 미국과 남측 당국의 반공화국 적대행위를 반대하는 운동을 더욱 과감하게 벌려나갈 것을 절실히 요구하고 있습니다"라고 호소하면서 그의 강연을 끝맺었다.

홍콩에서의 이 에큐메니컬 국제회의에서 발표한 성명서는 다음과 같은 사항에 합의했다고 밝히고 있다.

1. 전 세계 핵무기와 원자력 발전소 폐기
2. 한반도 및 다른 어떤 상황에서도 핵무기의 선제 사용 포기 선언 요청
3. 사드 시스템의 남한 배치 반대

4. 개성공단과 금강산 관광 재개 요청

5. 에큐메니컬 연대의 남북 교회 방문 준비, 특히 양측 여성과 청년들의 만남
추진

6. 대북 경제제재 해제

7. 남북 대화와 창조적 평화 구축 과정의 증진[5]

남한 서울 광화문에서의 반통일 반민주 정권에 대한 탄핵 촛불시위가 한창
이던 시점에 홍콩에서는 WCC를 중심으로 평화를 위해 기도하고 일하는 남과
북의 그리스도인들과 세계 교회 대표들이 한목소리로 한반도와 아시아를 넘
어 온 세계의 평화를 간절히 기원하며 3일간의 에큐메니컬 국제회의를 끝냈
다. 한국에서의 촛불혁명으로 시작된 민주화 시민운동이 평화통일의 날을 앞
당길 수 있겠다는 희망을 품고서.

그러나 위에 열거한 에큐메니컬 행동에서 제기한 구체적인 제안들 가운데
오늘에 이르기까지 단 한 가지도 실현된 것이 없는 것은 안타까운 일이 아닐
수 없다. 촛불혁명이 성공하여 박근혜 정권은 무너졌으나, 이미 박근혜 정권
아래에서 갈등과 대립으로 치달아 악화일로에 있던 남북관계가, 북한의 무모
한 6차에 걸친 핵실험과 ICBM 발사 등으로 평화로 가는 길은 더욱 험해지고
멀어만 가는 위기에 처해 있는 안타까운 상황이다. 미국 트럼프 대통령의 "전
쟁불사"라는 강경대응과 북한 지도자의 항변 등으로 야기된 한반도의 긴장상
태는 일촉즉발의 전쟁위기에 처하고 있다. 의심과 분노와 증오와 복수와 전
쟁의 먹구름이 한반도와 동북아시아를 뒤덮고 있는 상태의 2017년 크리스마
스이브이다. 척박한 유대 땅 베들레헴 아기 예수가 탄생한 소식을 알리는 천
사들의 노래, "하늘에는 영광, 땅에는 평화"의 노랫소리가 더욱 간절히 기다려
지는 2017년 크리스마스이다.

2017년 크리스마스, 한반도의 하늘에서는 천사들의 평화의 나팔소리도, 노
랫소리도 울려 퍼지지 않았다.

제13장

박근혜 정부의 침몰 그리고 촛불혁명

2013년 2월 25일 대통령 취임식에서 박근혜는 그의 국정 방향을 3가지로 발표했다. 경제부흥과 국민행복, 그리고 문화융성이었다. 특히 그가 강조한 것은 민생문제 해결이었다. 대외적으로 박근혜 대통령은 화려한 정상외교에 나섰다. 취임 직후 미국의 오바마 대통령과 만났고, 중국을 방문한 데 이어 2013년 10월에는 영국 왕실의 초청으로 국빈 대접을 받았다. 같은 해 11월에는 프랑스를 방문하여 어머니 육영수 여사 비극의 피살 때문에 학업을 중단할 수밖에 없었던 프랑스 모교를 방문하기도 했다. 그의 정상외교 방문에는 거의 항상 그의 의상과 "유창한" 영어와 프랑스어, 그리고 중국어가 화제가 되고는 했다.

남북관계에 대해서는 2014년 1월 16일의 신년 기자회견에서 북한과의 신뢰 프로세스를 진행하겠다는 의지를 말하면서, "통일은 대박"이라고 한 말이 유명해졌다. 한편, 박근혜 대통령이 아버지 박정희 대통령의 7.4 공동성명을 이어받아 이명박 대통령과는 다른, 보다 적극적인 대북 노선을 취하리라는 기대도 있었지만, "대박"이란 말의 뜻은 경제적 흡수통일을 의미하는 것이 아니냐는 의혹도 있었다. 어떻든 다분히 애매모호하고 진정성이 없는 발언으로 깊은 의미를 부여할 수 없었다. 그러면서도 박근혜 대통령은 자신을 위원장으로 하는 "통일준비위원회"를 설치하고, 김대중 대통령 캠프에 속했던 김성재 전 문화부 장관이나 연세대의 문정인 교수 등을 위원으로 선정하기도 했다.

2014년 3월 28일에는 독일 메르켈 총리의 초청으로 독일을 방문한 박근혜 대통령이 드레스덴에서 강연을 하면서 "드레스덴 선언"을 발표한다. 이 선언에는 남북 당면과제인, (1) 인도적 문제 해결, (2) 남북의 공동 인프라 구축, (3) 남북 동질성 회복을 제시했으나, 그 구체적 내용은 독일 방문 중에도 그 이후에도 밝혀진 기억이 없다. 여기에서도 역시 그의 진정성이나 실제적 실행의 기미는 보이지 않았다. 2014년 4월 16일 세월호 참사가 있은 후 8.15 광복절 경축사에도 "통일을 위한 준비는 시대적 사명"이라는 요지의 연설로 국민의 관심과 기대를 높이기는 했으나, 북한에서는 이명박 대통령의 5.24 조치 해제를 요구하면서 박근혜 대통령의 "통일 관계" 연설을 진지하게 받아들이지 않았다.

이런 가운데 2014년 12월 통합진보당 이석기 의원이 "종북 선동발언" 등의 죄목으로 국가보안법에 걸려 구속되어 정치범으로 형을 살게 되고, 통진당은 해산되기에 이르렀다. 이 결정은 헌법재판소 판결에 의해 확정되었고, 2017년 12월 현재 이석기 의원에 대한 석방운동이 계속되고 있으나 그 귀추가 주목되는 바이다.

2014년 4월 16일

2014년 4월 16일, 이날은 잊어버릴 수도 없고, 잊어서도 안 되고, 입을 다물 수 없는 일이 터진 날이다. 그리고 이날부터 대한민국 대통령은 자기 직분을 포기했고 한 인간으로서도 인간성을 포기했다는 무서운 비판을 받았다. 나는 서울 시내에서 열린 한 회의 도중 점심을 먹다가 텔레비전에서 목포 앞바다에서 여객선이 물에 빠졌고 구조작업이 진행 중이라는 아나운서들의 절규에 가까운 목소리를 들었다. 그리고 잊고 있었다. 거의 모두 구조되었다는 소식이 곧 들려왔기 때문이다. 그러나 그것이 아니었다.

인천항에서 출항한 청해진 해운의 '세월호'라는 커다란 여객선에 경기도 안산의 단원고등학교 2학년 남녀 학생 325명과 교사 14명, 그리고 일반인 104명, 선원 33명 등 476명이 밤새 항해해서 제주도에 도착할 예정이었다. 단원고 학생들은 수학여행차 승선했던 것이다. 침몰하는 동안 해경의 구조작업이 있었으나 역부족이었다. 결국 304명이 세월호와 함께 30미터 깊은 바닷물 속에 수장되었고, 172명이 구조되어 생명을 건졌지만 이 중 절반 이상은 해경의 구조가 아니라 인근의 민간 선박이나 어선에 의해 가까스로 구조되었다고 한다. 4월 18일 세월호는 완전 침몰했고, 3년 뒤 2017년 3월 22일에 이르러서야 선체를 물속에서 건져내어 목포항 부두에 옆으로 눕혀 놓았다. 미수습자 9명 중 4명의 유골은 몇 달 걸려서 겨우 수습되었지만, 나머지 5명은 찾지 못한 채 유골 수습작업이 종결되었다.

사고의 원인은 아직 확실하게 밝혀지지 못했고 밝히려는 노력조차 없었던 것 같다. 다만 선주인 유병언 목사/사업가의 과욕에서였는지 한마디로 과적(過積)을 했고 선박 자체가 일본에서 들어온 중고 선박에다가 무리한 선체 변형이 문제였으며 각종 선체 결함이 있었다는 정도가 전부였다. 그러나 무엇보다 놀라운 것은 배가 기울어지기 시작하면서 학생들을 포함한 선객들이 배에서 빠져 나와 구조를 청할 수 있는 골든타임이 있었는데도 불구하고, 선장 이준석을 포함한 선원들이 배를 버리고 먼저 빠져나와 구조를 받고 멀쩡히 살아 나오면서, 선내 방송을 통해서 선객들과 학생들에게 "움직이면 위험하니까, 가만히 있으라"라는 방송을 되풀이했다는 것이다. 대부분의 학생은 어른의 말에 순종한다고 그냥 앉은 채 변을 당한 것이었다.

세월호 선주 유병언은 사이비 기독교 단체의 목사이며 사업가로서 1991년에는 상습사기 사건으로 구속 기소된 경력이 있는 "종교인"이었다. 세월호 사건은 사업체의 문제와 함께 경제적, 정치적, 종교적 문제, 한국 사회의 구조적 문제로 제기되었다. 세월호 참사가 정치적 문제가 된 것은 대통령이 뒤늦게 참사 보고를 받았다는 것과 대통령이 그날 늦은 오후 노란 작업복을 입고 정부의 재난안전대책본부에 나타나서 "학생들이 구명조끼들은 다 입었나요?"라고 엉뚱한 질문을 던진 데서부터 시작되었다. 며칠 뒤 팽목항을 찾아와 대통령이 유가족들 앞에서 보인 태도, 눈물 한 방울 흘리지 않는 냉랭함과 무심함에, 그리고 공감대도 없고 책임감도 느끼지 못하는 대통령에게, 생사를 알 수 없는 아이들의 학부모뿐 아니라 온 국민이 분노했다.

에큐메니컬 기독교계는 피해자 가족의 편에 서서 발언하고 행동했다. 광화문 네거리 한가운데서 참사 유가족들은 정부의 진상조사와 미수습자 인양을 촉구하는 플래카드와 조문 텐트를 설치하고 농성에 진입했다. 수많은 시민들과 교회 지도자들과 목회자들이 학생들의 영정 앞에서 기도회를 가지고 유가족들의 증언을 듣고 위로하며 눈물을 흘렸다. 그러나 정부는 끄떡도 안 했다. 어렵사리 구성된 진상조사위원회에 대한 협조가 없었을 뿐 아니라, 오히려 방해를 놓는 일이 한두 가지가 아니었다. 진보적 에큐메니컬 계통의 교회들은 적극적으로 나서서 유가족들과 함께 눈물을 흘리며 기도하는 "공감대"를 형성했으나 보수 계통의 기독교인들은 공감이 아니라 오히려 유가족들이 "시체장사를 한다"고 비난하고 혐오의 감정을 노골적으로 표시하기까지 했다.

정경일 박사는 세월호 참사에 직면하여 "우리 모두의 삶이 세월호였다"고 절규하면서 세월호로 드러난 한국사회의 구조적 문제를 신랄하게 비판했다. "세월호는 한국 현대사에서 오랫동안 쌓여온 물질주의적 탐욕, 이윤지상주의, 성장제일주의, 생명경시 풍조, 군사주의적 경쟁, 이기적 개인주의, 무책임한 관료주의 등 '모든' 폐단을 과적 상태로 싣고 출항했다가 침몰했기 때문이다. '적폐(積弊)'라는 표현이 이보다 더 적합할 수 있을까?"[1) 정경일 박사는 이어서 시인 송경동의 시를 소개한다.

돌려 말하지 마라.

온 사회가 세월호였다.

오늘 우리 모두의 삶이 세월호다.

참사 이후 세월호의 쓰라린 경험을 통해서 한국사회가 전적으로 변화해야
한다는 소리가 높았다. 사람들은 세월호 이전과 세월호 이후는 확실히 달라
져야 한다고 외쳤다. 시인은 외친다.

돌려 말하지 마라.

이 구조 전체가 단죄 받아야 한다.

사회 전체의 구조가 바뀌어야 한다.

……

이 세월호의 항로를 바꾸어야 한다.

이 자본의 항로를 바꾸어야 한다. 2)

그러나 여기까지였다. 한국 사회와 교회는 세월호에 대한 외면과 망각, 그
리고 혐오와 피로감을 보이며 세월호를 "불편한 존재"로 미워하기까지 했다.
정경일 박사는 다음과 같이 증언한다. "혐오의 계절은 잔인했다. 극우 세력,
보수언론, 수구 정당과 정부는 유가족에게 '시체장사', '노란완장 찬 종북' 등
온갖 혐오 발언을 퍼부었고, 유가족이 엄청난 배상금, 보상금과 특혜를 받았
다는 등의 유언비어를 퍼트렸다. …… 혐오는 단식 중인 유가족 앞에서 소위
'폭식투쟁'을 벌이는 패륜적 폭력으로까지 발전했다. 세월호 침몰이 첫 번째
참사였다면, 유가족 혐오는 두 번째 참사였다."3) 보수교회 목사들은 고통받
는 이들 편에 서지 않고, 고통을 야기한 세력과 세월호 참사에 가장 큰 책임이
있는 대통령과 정부의 편을 들고 옹호하는 망언을 서슴지 않았다. "배가 침몰
한 데는 우리 인간이 알 수 없는 하나님의 더 크신 선한 섭리가 있다는 것을

믿으세요"라거나 "애들이 여기보다 더 좋은 곳으로 가서, 하나님 품에 영원히 편하게 안겨 있으니 이제 그만 슬픔을 거두세요"라고 교우(敎友)라는 사람들이 하는 말에, "그럼, 하나님은 우리 아이들을 깊은 바닷물에 빠뜨려 죽게 한 '살인자'라는 말인가?"라고 세월호 유가족들은 눈물을 머금고 교회를 떠날 수밖에 없었다고 한다.[4]

2014년 8월 14일 프란체스코 교황 방한

2013년 3월 13일 266대 교황으로 선출된 아르헨티나 출신 프란체스코 교황이 취임 1년 5개월 만에 한국을 방문하게 되었다. 프란체스코 교황은 가톨릭 역사상 유럽 밖의 사람으로는 처음으로, 특히 남미 출신으로는 처음으로, 또한 예수회 출신으로도 처음인 것으로 유명하다. 해방신학이 남미 가톨릭 신학계에 막대한 영향력을 주고 있을 때 신부로서, 대학 교수로서 철학을 강의한 신학자이며 지성인으로서, 사회적 소수자와 특히 가난한 사람들 편에서 사목하는 신부의 역할을 해온 교황으로 알려져 있었다.

2014년 8월 14일 한국을 방문한 교황은 '아시아 한국 청년대회'를 대전에서 집전하는 등 각종 종교행사와 박근혜 대통령 예방 등으로 18일까지 바쁜 일정이 계획되어 있었다. 8월 16일에는 광화문 근처에서 거행될 시복예식을 위해 광화문 광장에 도착하면서, 세월호 참사 유가족들이 특별법 제정을 촉구하는 단식 농성장에 당도했다. 교황은 타고 있던 승용차에서 내려, 세월호 희생자인 유민이 아빠 김영은 씨를 만난다. 세월호 침몰 참사 이후 꼭 4개월 되는 날이었다. 교황의 가슴에는 세월호를 애도하는 노란 리본이 부착되어 있었다. 교황은 손을 내밀어 유민이 아빠의 손을 잡고 위로했고, 유민이 아빠는 노란 종이에 쓴 편지를 전달했다. 감동의 순간이었다. 한국의 대통령도 보이지 않은 사랑과 위로의 정이 오가는 순간이었다. 프란체스코 교황은 세월호의 물리적 비극을 종교적 구원과 해방의 사건으로 승화시켰다. 교황이 내민 사랑의 손길은 유가족을 혐오하고 비방하는 한국의 종교인들의 참회를 촉구하는 것이 되었다.

2015년 세계 여성들의 휴전선 돌파

2015년 3월 3일 미국 뉴욕으로부터 들려오는 소식이 있었다. 세계 여성들이 한국 해방 70주년에 남과 북으로 갈라진 한반도, 전쟁과 갈등으로 점철된 동서 냉전의 땅에 모여 화해와 평화를 외치는 행동을 하려 한다는 발표였다. 3월 15일에는 대한민국의 통일부가 이에 호응하여 협조하겠다는 뜻을 밝혔다. 세계 여성들이 중국을 통해서 평양에 가서 환영행사를 받고, 평양에서 분단선까지는 기차로 가서, 판문점의 휴전선을 도보로 넘어 남쪽으로 내려오겠다는 것이었다. 판문점 공동경비구역(Joint Security Area, JSA)은 미군의 관할 아래 있으므로 미군 사령관의 허락이 필요했으나, 결국 허락이 나지 않았다. 개성공단에 출입하는 임진각 통로로 해서 남한으로 내려오는 수밖에 없었다.

미국의 저명한 여성해방운동가 글로리아 스타이넘(Gloria Steinem), 1976년 노벨평화상을 받은 머레이드 매과이어(Mairead Maguire), 2011년 같은 상을 받은 리마 보위(Leymah Gbowee) 등 여성운동가들과 재미교포 평화운동가 크리스틴 안 여사 등 30여 명이 이 평화행동, "휴전선을 넘는 여성(Women Cross DMZ, WCD)" 행동에 참여했다. 2015년 5월 19일 평양에 도착한 WCD 일행은 조선민주여성 동맹 등 북한 여성들의 열렬한 환영을 받았고, 심포지엄 등을 통해 여성의 힘으로 남북의 갈등과 전쟁, 분단 상황을 극복하자는 구호를 힘차게 부르짖었다. 한편, 평양의 환영 행사에 호응하여 대한민국 국회에서는 국회 여성 지도자들이 기자회견을 통해서 WCD 행동에 지지를 표명하면서, 6.15 합의와 10.4 공동성명을 이행할 것과 5.24 조치를 해제하고 이산가족 상봉을 추진할 것 등을 정부에 요구했다.

5월 24일 임진강을 건너온 WCD 여성들은 휴전선을 따라 10리가량 대로를 행진했다. 남한에서는 YWCA 등 여성 평화운동가 100여 명이 환영의 모임을 열었다. 임진각 야외 운동장 무대에 걸린 대형 조각보는 산산이 쪼개지고 찢어지며 상처 입은 한반도의 땅과 사람들을 한데 이어붙여 하나되게 한다는, 안타까운 현실과 간절한 희망의 표상이었다. "우리의 소원은 통일" 노래를 목이 터져라 부르며, 여성들은 손에 손 잡고 눈물을 흘렸다. 여성이 대통령이니, 이들 세계 여성 평화운동가들을 청와대에 초치하고 이들의 내한을 축하하고 이들의 평화운동을 격려하고 치하할 것을 기대해 보았으나, 결국 아무런 응답이나 호응이 없었다. 서울시장은 시청의 공간을 제공했고, 세계 여성들은 한국 여성 운동가들의 따뜻한 환영을 받으며 자신들이 한반도를 찾아와 그야말로 목숨 걸고 휴전선을 건너온 이야기를 나누었고, 남북한의 여성들과 함께 한반도의 평화와 화해를 위해 일할 것을 거듭 약속하며, 그들의 행동이 온 세계 여성들과 함께 평화를 위해 행동하는 계기가 되게 할 것을 다짐했다.

국정교과서 파동

2014년 세월호 참사 이후의 한국은 초상집이었다. 침몰한 세월호와 함께 꽃보다 아름다운 젊음을 빼앗긴 단원고 학생들의 장례식과 조문 행렬과 아우성 속에 세월은 흐르고 있었다. 종교인들과 청년들이 팽목항으로 모여들었다. 걸어서, 자동차로, 버스로, 기차로, 말없이 침묵의 조문 행렬이 이어졌다. 팽목항은 성지가 되었다. 희생당한 학생들의 엄마 아빠들, 언니 동생들이 천막 속에서 눈물과 한숨으로 나날을 보냈다. 세월호의 한 맺힌 울부짖음은 온 땅을 슬프고 아프게 했다. 이 눈물은 슬픔과 분노와 저항과 비판과 항거의 눈물이었다. 무책임한 정권, 무능한 권력, 부패한 재벌을 향한 정의의 울부짖음이었다. 우리는 모두 그렇게 광화문 네거리를 왕래했고, 신문과 텔레비전 뉴스를 지켜보면서 세월을 보내고 있었다. 세월호와 함께.

청와대의 주인은 청와대 바로 앞마당인 광화문 광장에 진을 치고 세월호의 진실을 밝히라는 아우성을 들으려 하지도 않고, 등을 돌리고 다른 일을 꾸미고 있었다. 우리나라의 중학생들과 고등학생들이 한국의 역사를 잘못 알고 잘못 배우고 있다는 불만을 나타냈다. 학생들에게 "옳고 바른" 역사교육을 시켜야 한다는 소리를 냈다. 2015년 10월 12일 교육부가 중고등학교 역사교과서를 국가에서 정하겠다고 발표한 뒤, 11월 3일에는 황우여 교육부 장관이 이를 공식적으로 확인했다. 청와대에서는 박근혜 대통령이 11월 10일 국정교과서 정책을 지지하면서 "옳고 바른" 역사교육은 나라의 정책이라고 못 박았다.

한국의 개신교 대학생 588명은 교육부 장관 발표 이전에 즉각적인 반대의사를 표명했다. 이들은 성명을 통해서 국정교과서를 "거짓되고 반민주적"이라고 반격하면서, 역사교과서 국정화(國定化)는 "친일과 독재를 미화할 뿐 아니라, 반민주적 발상이며 역사적 진실을 왜곡하고 기독교의 십계명을 거역하는 거짓 증거"라고 규탄하며 반대하고 나섰다. 역사학계에서도 반대 의사를 밝히면서 역사교육의 중립성과 자율성과 아울러 다양한 역사해석을 가로막는 학문적 만행이라고 비판하고 반대했다. 국정교과서는 박근혜 대통령의 아버지 박정희의 친일행각과 군사독재를 미화하고 반공을 강화하는 이념적 역사를 강요하려는 개인적 욕망에서 온 것이었다. 결국 박근혜가 탄핵된 2017년 3월 10일 국정교과서 발행이 무산되면서 역사교과서 국정화 파동은 516일 만에 끝났다.

개성공단 돌연 폐쇄

2016년에 들어서면서 남북관계가 순탄하게 되려나, 행여 금강산 관광의 길도 열리고 남북으로 흩어져 노령화되어가는 이산가족들이 다시 만날 날이 오게 될까 하는 기대 속에서 놀라운 뉴스가 터졌다. 개성공단을 남한정부의 일방적인 명령으로 돌연 폐쇄하게 되었다는 소식이었다. 개성공단에 입주했던 124개 업체들이 부랴부랴 닥치는 대로 짐을 꾸려 차에 싣고 휴전선을 넘어 남으로 피난 내려오듯이 빠져나온 것이 2월 12일이었다. 이로 인한 손해는 5천억 원에 달했고, 북한 노동자 5만 4천여 명이 일자리를 잃고 실직하게 되었다. 2017년이 저물어가는 오늘까지도 개성공단 입주 기업들이 다시 돌아갈 기미도 보이지 않을뿐더러 공장폐쇄에 따른 보상을 받았는지도 확실치 않다.

일본군 위안부 문제에 대한 한일 외상회담

제2차 세계대전이 중국과 필리핀 그리고 태국과 버마, 나아가서 인도네시아 섬들에까지 동남아시아 전역으로 확대되면서, 일본정부는 한국의 농촌 여성과 심지어 학생들을 공장에 취직시켜준다고 속여 데려가기도 하고 강제로 납치하기도 해서 일본군의 전쟁터로 몰고 가 성 제공을 강요했다. 한국의 피해 여성들은 거의 10대의 어리고 여린 아이들로, 그 확실한 숫자는 알 수 없으나 거의 20만 명이 넘는다는 추산이다. 일본의 패망으로 전쟁은 끝났으나 위안부로 강제 동원되었던 여성들은 병을 얻어 전쟁통에 죽기도 하고, 자신의 신세를 한탄하며 귀국할 것을 포기하고 해외에서 떠돌다가 생을 마친 사람들이 얼마나 되는지 알 수 없다. 1990년대에서야 비로소 일본과 해외에서 피해자 할머니들이 나서서 일본군의 야만적인 성노예 동원 사실을 폭로하기 시작하여 온 세상을 놀라게 했다. 일본정부는 이 사실에 대해서 공식적으로 사과하거나 배상을 고려한 일이 없었다. 사과한다고 하는 말은 전쟁범죄 사실들을 뭉뚱그려 "유감으로 생각한다"는 정도가 전부였다.

한국에서는 이화여대의 윤정옥 교수 등이 나서서 위안부 강제동원 문제와 피해사실들을 폭로하면서 1992년 1월 8일부터 매주 수요일 정오, 서울 경복궁 건너편에 위치한 일본 대사관 앞에서 위안부 문제해결을 촉구하는 "수요 집회"가 시작되었고, 2017년 지금까지 25년 동안 계속되고 있다. 그리고 2011년 수요 집회가 1000회 되는 날 시위 현장에 대사관을 응시하는 "평화의 소녀상" 조각물을 세웠다.

일본정부는 진정성 있는 사과를 피하면서도, 일본 대사관 앞에 있는 평화의 소녀상을 위시하여 미국을 비롯한 여러 나라에 세워진 평화의 소녀상에 대한 수치심 때문인지, 한국정부와 비밀접촉을 해오다가 2015년 12월 28일 한일 외상회담을 통해 위안부 문제의 "불가역적인 해결"을 발표했다. 그 내용인즉, 평화의 소녀상 철거 노력과 국제사회에서 위안부 문제 등의 상호비난 중단에 합의하고 일본정부는 배상금이 아닌 위로금으로 일화 10억 엔(한화 약 102억 원)을 지불한다는 것으로 위안부 문제를 일단락 짓고 덮겠다는 것이었다. 이것은 역사 왜곡이 아니라 한발 더 나아가 역사 말살이며 "수치심"은 있을지언정 깊은 "죄책감"이나 역사의식은 없는 처사이고, 한국정부의 굴욕적이고 반민족적이며 반인권적인 합의라는 비난을 받아 마땅하다.

만 2년 뒤 촛불혁명으로 탄생한 문재인 정부의 외교부는 위안부 문제를 조사하여, 2015년 한일 외상회담 발표는 같은 해 한국 국가정보원과 일본정부와의 비밀회담을 통한 이면(裏面) 합의에 의해 결정된 것이기에 그 합의를 전면 재검토하거나 재협상 혹은 전면 파기하고자 하는 논의를 시작했다. 그러나 어느 세월에? 지금까지 생존한 위안부 할머니는 2017년 12월 20일 현재 32명에 불과하다.

2016년 여름과 가을 그리고 겨울

2016년 여름, 정부가 국정교과서 집필진 등을 비밀리에 확정하여 집필 방

향을 세우고 진행하는 역사교육 왜곡에 대한 신랄한 비판의 소용돌이가 끊이
지 않았다. 우리 정부가 일방적으로 개성공단을 폐쇄한다는 바람에, 남한의
기업들이 돌연 공장 문을 닫고 도망 나오듯 귀국한 사건으로 항의여론이 들끓
고 있었다. 이 와중에 정부가 일본정부와 위안부 문제를 일본돈 몇 푼으로 돌
이킬 수 없는 해결을 보았다는 발표에 분노와 좌절의 아우성이 높아만 가고
있었다. 2016년 여름은 그래서 무더웠던 것 같다. 이제 청와대에서 무슨 발표
가 터질 것인지, 도대체 종잡을 수 없는, 그야말로 예측 불가능한 날씨의 정국
이었다.

내가 40여 년 동안 교수로 봉직했고 1996년 정년퇴임한 이화여대 학생들이
대학 본관에서 농성을 시작했다는 소식이 들려왔다. 교육부가 몇 개 대학에
이른바 평생교육 단과 대학을 설립하는 사업에 응하는 대학을 지원하는데 이
화여대가 발탁되었다는 것이다. "미래 라이프 대학"이라는 별명이 붙은 단과
대학은 실업계 고등학교 출신들이 입학하도록 해서 직업교육을 실시하겠다
는 계획이었다. 이대 학생들은 대학이 그러지 않아도 취업을 위한 직업양성
소로 변해가면서 대학 본연의 전문교육과 인문, 사회, 자연 등 기초과학 연구
및 교수가 뒷전으로 몰락해가는 마당에 전문직업교육이라는 명목으로 대학
졸업장을 헐값에 파는 일이라고 반대하고 나선 것이다.

2016년 7월 15일 교육부가 이화여대 지원을 발표하고, 28일 대학본부가 대
학평의회를 개최하여 단과대학 설립계획과 사업진행에 대해 논의하는 와중
에 학생들이 평의회에 돌입하여 회의장과 본부건물에서 농성하기 시작했다.
학생들은 최경희 총장의 해명을 듣고자 대담을 요청했지만, 총장은 거절하고
그 대신 경찰에 농성학생 해산을 요청했다. 긴 시간의 협상 끝에 경찰은 21중
대 1600명의 경찰병력을 동원하여 농성학생들을 폭력적으로 건물 밖으로 끌
어내면서 부상을 입히는 불상사가 일어났다. 이것은 4.19 이래 대학 내 시위
를 진압하기 위한 학내 경찰투입 역사상 최대병력이 투입된 사건이 되었다.

학생들은 미래 라이프 대학 설립 문제를 넘어, 경찰투입을 통한 시위학생

강제해산 등을 새로운 문제로 삼아 총장의 사과와 아울러 진상조사를 요구하고 나섰다. 총장은 결국 미래 라이프 단과대학 설립추진 계획을 접고, 8월 3일 이를 공포했다. 그러나 교내 분규는 끝나지 않았다. 대학이 가을학기로 접어들면서도 학생들의 본관 농성이 풀리지 않고 있는 상태에서 9월 26일 자 ≪한겨레≫가 정유라라는 이름의 이화여대 학생이 부정으로 입학했고, 이에 총장과 입학처장 등이 연루되었다는 의혹을 보도하면서 이화여대 사태는 한 단계 더 혼란에 빠지게 되었다. 28일에는 국회 문화관광체육위원회에서 학교를 방문하는 국정감사를 실시하여 실태를 조사하는 수모를 당했다. 이러한 문제들은 이대 교수협의회의 관심사로 비약하여 이대 교수들이 총장사퇴를 요구하고 시위를 감행하기 시작했고, 저녁마다 졸업생들 천여 명이 학교에 모여들어 촛불을 들고 행진하며 총장사퇴를 요구하는 시위를 벌였다. 결국 10월 19일 최경희 총장은 모든 책임을 지고 총장직을 사퇴한다. 12월 15일 광화문에서 박근혜 대통령 탄핵을 외치는 광화문 촛불시위가 한창일 때 국회에서는 이화여대 부정입학 문제에 대한 청문회가 열렸다. 이 국회 청문회에서 이화여대 총장을 위시한 관계자들은 그들의 불성실한 답변으로 국회의원들과 언론의 규탄을 받았다. 이 자리에 불려 나간 교수협의회 공동 의장인 철학과 김혜숙 교수가 청문회장에서 경찰에 의한 학생들의 강제 진압이 논의될 때 눈물을 닦는 모습이 취재 카메라에 포착되어 많은 시청자들과 학생들을 감동시키는 일도 있었다.

2017년 6월 23일 서울 중앙지방법원 형사 29부 재판정에서 최경희 이화여대 총장에 대한 재판이 있었다. 재판장 김수정 판사의 판결문은 우리 대학인을 부끄럽게 하고 자괴감을 절감하게 하는 문장이었다. "헌법은 대학과 교수의 자유를 보장하였고 법률이나 세속의 기준으로 재단할 수 없는 대학 고유한 영역을 존중했으나, 이러한 존경과 신뢰는 배신으로 돌아왔다. 부당한 권력에 맞서 분연히 떨쳐 일어났고 희생을 자처했던 대학에 대한 존경과 고마움을 허탈감과 상처로 돌아오게 했다." 부당한 박정희 군사독재에 학생들과 동료교수들과 맞서기도 했고, 신군부의 합동수사본부에 끌려갔다가 사직서를 강요받아 4년 동안 대학 근처에도 얼씬 거리지 못한 나의 지난날을 기억하며 이 판결문에 대한 수치심과 자괴감으로 가슴이 아팠다. 대학의 비극이며 참사였다.

정유라 이화여대 부정 입학 사건은 대학의 비리로 끝나지 않았다. 문제는 정유라의 어머니, 최순실의 문제로 터졌다. 2016년 10월 24일 밤 8시, JTBC 손석희 앵커의 〈뉴스룸〉에서 최순실에 대한 놀라운 보도가 터져 나왔다. 자기 딸을 이화여대에 승마 선수라는 명목으로 부정 입학하도록 밀어붙인 최순실이 버리고 간 태블릿 PC를 확인한 결과 그가 44개의 대통령 연설문을 대통령이 발표하기 이전에도 받아보고 있었다는 폭로였다. 그렇지 않아도 9월 말에서 10월 중순까지 국회에서는 이화여대 사태 외에 최순실의 미르K 스포츠 재단 관련 청문회가 진행되고 있던 터라 이는 충격적인 보도였다. 뉴스의 심각성을 지각한 박근혜 대통령은 다음날 25일 기자회견에서 일방적으로 말하기를 "최순실 씨는 과거에 제가 어려움을 겪을 때 도와준 인연"이라는 해명 아닌 해명을 내놓았으나, 비난여론과 각종 추측이 폭등하기에 이르렀다. 최순실은 돌연 독일 현지에서 해명성 인터뷰를 했고, 결국 10월 30일 귀국하는 데 이르렀다.

박근혜 대통령의 최순실 발언은 악화된 여론을 진정시키지 못했다. 10월 26일 손석희 앵커의 보도에 이어 대학마다 규탄 성명을 발표하기에 이른다. 이화여대 총학생회를 위시하여, 박근혜의 모교인 서강대학교, 경희대학교, 그리고 부산대학교 등 10월 28일까지 단 3일 동안 전국 44개 대학의 학생회가 사태를 규탄하는 시국선언을 발표했다. 학생들에 이어 교수들도 나섰다. 10월 27일 성균관대학교의 교수 32명은 "대통령은 국가를 이끌 능력과 양심을 갖추지 못했으므로 탄핵이 마땅하다"라는 요지의 시국선언을 발표한다. 같은 날 경북대학교 교수 88명도 "국민의 자존심에 상처를 입히고 국가를 혼란에 빠뜨린 당사자인 박근혜 대통령은 모든 책임을 지고 하야하라"는 성명을 발표하는가 하면, 경희대학교 교수회의도 "[대통령은] 깨끗이 물러나라"고 하야를 촉구했다.[5] 한국기독교교회협의회 역시 2016년 11월 3일 시국선언을 통해 박근혜 대통령의 하야를 촉구했다.

"어둠은 빛을 이길 수 없다" 촛불, 촛불, 민주시민의 함성

2016년 10월 29일 토요일 저녁 서울 시민들은 어른 아이 할 것 없이 광화문 광장에 모여들기 시작했다. "민중궐기 투쟁본부"가 내보낸 페이스북의 "시민 촛불 참가안내" 격문을 보고 나온 것이다. 격문에는 "모이자! 분노하자. 내려와라 박근혜"라는 구호가 크게 소리지르고 있었다. 그렇게 시작된 촛불시위는 전국적으로 번져 나갔다. 2017일 4월 29일 토요일까지 23회에 이르도록 1600만 명이 촛불을 켜들고 밤늦게까지 박근혜 하야, 탄핵을 외치며 시위를 벌였다. **2017년 12월 9일 대한민국 국회는 박근혜 대통령 탄핵 소추안을 의결하기에 이른다. 탄핵소추안은 국회의원 300명 중 1명 불참, 2명 기권, 234명 찬성, 56명 반대, 7명 무효표로 가결됐다. 역사적인 그날 오후 7시 3분 박근혜 대통령의 직무는 공식 정지되었다.**

촛불시위가 가열되고 있는 와중에 나는 "박근혜 대통령 퇴진촉구 예장 목회자 시국기도회"의 강사로 초대되어 200여 명의 목회자들 앞에서 연설했다. "'내가 이러려고 대한민국의 국민이 되었습니까?' 촛불 광장에서 부르짖는 우리 민중들의 소리입니다. 내가 이 나라가 이 꼴이 되는 것 보려고 이렇게 오래 살았습니까? 나는 1987년 6월, 29년 전 새문안교회에 모인 우리 목사님들 앞에서 전두환 물러가고 유신헌법을 철폐하고 대통령을 국민의 손으로 직접 뽑는 개헌을 하라고 주장했습니다. 나는 다시는 우리 목사님들이 비상시국 기도회 같은 거 안 해도 된다고 생각했습니다. 그리고 내 살아생전에 다시는 대통령을 탄핵하고 하야시켜야 한다는 설교나 연설을 두 번 다시 안 해도 되고, 안 해야 한다고 생각했습니다." 이렇게 시작한 나는 박근혜 최순실 게이트를 수사할 특검이 밝히고 있는, 이른바 "수사 대상"으로 신문지상에 발표된 죄목들을 하나하나 짚어 나갔다.

1. 미르·K스포츠 재단 772억 원 강제모금 관련 박근혜 대통령 제3자 뇌물죄
2. 김기춘 전 청와대 비서실장, 우병우 전 민정수석의 최순실 국정농단 방조 및 검찰수사 인사개입 등
3. 정윤회 문건 검찰 부실수사 의혹
4. 박근혜 대통령 세월호 7시간 행적 의혹
5. 주치의 허가 없는 약물반입 등 청와대 경호실 및 경호실장 조사
6. 최태민 목사와 박 대통령 관계 의혹
7. 최순실, 최순득 자매 등 수 천억 원대 불법축재 의혹

나의 연설은 계속되었다.

"이런 것들은 표면상에 나타난 것들이고, 법으로 처단할 문제들입니다. 그러나 우리 속마음 깊이 의혹을 가지고 분노하는 것은 법 위에 도덕적 정의감이 있기 때문입니다. 그래서 반인도적, 반인간적, 반민족적 행태들에 대해서 분노할 수밖에 없습니다.

그 첫째는 5.18 민주항쟁에 대한 박근혜 정권의 정치적 태도입니다. …… 박근혜는 5.18 학살을 감행한 전두환의 반민족적, 반민주적 전통을 이어받은 폭군이기 때문입니다.

그 둘째는, 대한민국 국민의 투표로 선택한 이석기 의원을 포함한 통진당 국회의원들을 폭도로 몰아 감옥에 가두었을 뿐 아니라 통진당을 강제해산시킨 일입니다.

셋째로 …… 2014년 4월 16일 아침 진도 앞바다에서 터져 나오는 세월호 참사 소식에 대통령은 들었는지 안 들었는지 못 들었는지 아랑곳하지 않고 어

디론가 잠적했습니다. 국민의 생명 따위는 박근혜 대통령의 머리, 가슴, 마음, 영혼, 어디에도 없었습니다. …… 이때부터 실질적으로 우리의 대통령이 아니었던 것입니다.

넷째로, 2015년 바로 작년 이맘때, 일본 돈 10억 엔으로 우리 민족의 가슴 아픈 위안부의 역사를 팔아먹었습니다. 일본제국주의자들에게 '불가역적인' 면죄부를 주어버렸습니다. …… 그리고는 우리 중고등학생들에게 역사 국정 교과서를 강제로 배우게 해서 일본제국주의가 한국 근대화에 기여했다는 '감사하는 마음'과 박정희 대통령의 군사독재와 '한강의 기적'과 새마을 운동의 성공을 찬양하고 우상화하게 만드는 역사왜곡을 강행하고 있습니다.

다섯째로 박근혜는 한반도의 평화와 한민족의 통일에 대해서 도대체 무슨 생각을 하고 있는지 알다가도 모르겠습니다. '통일은 대박'이라고 최순실 식의 표현으로 사람들을 홀리지를 않나, '북한 동포들은 우리 남한의 품으로 오라'고 먹혀 들어가지도 않을 선동을 하지 않나, 이미 탈북한 동포들이 남한사회에 적응하지 못해 다시 '탈남'하겠다고 하는 판에 도대체 우리 대통령의 의식 속에는 제대로 된 평화의식이나 통일 비전이 있기나 한가 의심스럽습니다. 하루아침에, 그래도 남북 대화와 왕래의 끈으로서 근근이 생명을 유지해오던 개성공단 사업을 중단해 버렸습니다. 박근혜는 반평화, 반통일 대통령이란 역사적, 민족적, 도덕적 범죄자로 기록될 것입니다.

대한민국 국회가 탄핵을 하기 이전에 이미 광장의 국민들은 박근혜를 탄핵했습니다. 우리에게는 지금 대통령이 없습니다. 지금 광장의 민중의 소리는 박근혜를 청와대에서 추방하는 일만이 아니라, 박근혜를 앞세워서 박정희 유신체제를 모시고 떠받들어 온 새누리당과 극우 기득권 세력을 그 권좌에서 내려오라고 하고 있습니다.…… 박근혜와 박정희의 망령이 만들어온 총체적 난국과 파탄을 지금 여기서 청산해야 합니다.

우리는 혁명의 깃발을 들고 나선 것입니다. 이 혁명은 하나님의 혁명입니다. 하나님은 하나님의 혁명에 우리를 불러내신 것입니다. …… 우리의 분노는 하나님의 분노입니다. 하나님의 백성을 속이고 탄압하고 착취하고 나라의 주인인 민중을 개나 돼지 정도로 여기고 업신여기고, 나라의 이름으로 보호하겠다던 약속을 어기고 죽게 내버려 둔 죄악에 대한 분노입니다. 백성들의 분노가 하늘을 찌르고 하나님을 분노하게 했습니다……."

시국강연회가 끝나자마자 목사들은 박근혜 탄핵을 외치며 플래카드를 들고 광화문을 향해 행진했다.

탄핵 소추안이 국회에서 통과되고 헌법재판소에 넘겨지는 동안, 광화문의 촛불 열기는 활활 타올랐다. 민중의 축제였다. 그리고 활기찬 굿판을 연상시켰다. 재벌, 돈 귀신을 쫓아내고, 썩어버리고 뒤틀어진 권력 마귀를 몰아내는 일이었다. 하나님의 이름과 반공을 혼동하고 권력에 맹종하고 교회에 나가서 예수 믿고 천당 가라는 종교우상 마귀들, 태극기와 미국의 성조기, 게다가 이스라엘 국기까지 흔들어대면서 부패한 정권을 옹호하고 찬양하는 교회 목사 장로 집사 등의 종교 마귀들을 몰아내는 빛의 굿판, 진리의 굿판, "민중의 집단적 굿판"이 벌어진 것이다.

하나님의 정치는 세상의 귀신들을 몰아내는 축귀(逐鬼)행동, 종교적 행위라고 미국의 세속주의 신학자 하비 콕스(Harvey Cox) 박사가 1966년 그의 명저 『세속도시(The Secular City)』에서 설파했다.[6] 예수 역시 광야에서 마귀의 시험을 받았을 때 "이 돌들을 떡으로 만들라"는 유혹을 물리쳤고, "마귀 앞에 절하면 이 세상 모든 권세를 주겠다"는 꼬임을 물리쳤다. 나아가서 "성전 꼭대기에서 뛰어내려 봐라. 천사들이 너를 보호하게 할 것이다"라는 종교적 유혹에 "사탄아 물러가라"는 일갈로 모든 마귀의 시험을 물리쳤을 뿐 아니라, 세상에서 마귀를 내쫓는 치유활동을 그의 하나님나라 선교활동으로 삼았던 것이다. 예수는 병 고치는 의사였다. 개인의 병만이 아니라, 사회의 구조적인 병을 진단하고 고치는 기적을 행했다. 개인의 영혼을 병들게 하는 귀신들을 쫓아내고, 유대 나라 전체에서 로마제국의 점령군 귀신을 몰아내는 집단적 축귀행위를 감행했다. 2016년 겨울 한국의 서울 광화문에서 들려진 촛불은 막강한 돈 귀신, 권력 귀신, 군대 귀신, 재벌 귀신, 종교 귀신들을 몰아내고 있었다. "헬조선"에 득실거리는 모든 "갑질 귀신들"을 몰아내는 무섭고 신나는 집단적 굿판, 해방의 굿판이었다. 그래서 신났고, 평화적이었고, 노래와 춤이 있는 정치적 축제 마당이었다.

촛불 마당에서 합창으로 울려 퍼진 노래는 "대한민국은 민주공화국이다. 대한민국은 민주공화국이다. 대한민국의 모든 권력은 국민들로부터 나온다"였다. 정치적인 노래이며 대한민국 헌법을 기억하게 하고 헌법을 수호하겠다는 맹세의 노래였다. 촛불 축제 기간에 울려 퍼진 또 다른 노래로는 윤민석이 작사, 작곡한 "진실은 침몰하지 않는다"가 있다.

> 어둠은 빛을 이길 수 없다.
> 거짓은 참을 이길 수 없다.
> 진실은 침몰하지 않는다.
> 우리는 포기하지 않는다.

이 노래를 "광화문, 마침내 '어둠'을 이기고 '빛'이 되다"는 제하의 글로 소개한 대중예술평론가 이영미 씨는 다음과 같이 글을 마감한다.[7]

> 지난해 늦가을 광화문에 몰려나올 때에는 '하야 하야 하야' 하는 작자 미상의 풍자적 개사곡을 부르던 시위대는 겨울이 깊어가면서 히트곡 제조기 윤민석이 내놓은 이 노래를 함께 부르며 가슴이 울컥거리는 경험을 하였다. 간명한 네 문장의 가사, 구절마다 상행하며 감정을 점증시키는 단순한 선율은 '헌법 제1조'처럼 감동과 중독성을 함께 지닌 히트곡이었다. 이렇게 광화문 광장에서 '송박영신 (送朴迎新: 박근혜를 보내고 새로운 정부를 환영한다)의 망년회를 한 지 꼭 1년이 되었다. 우리는 이제 어떤 노래를 부를 것인가.

결국 2017년 3월 10일 헌법재판소에서 재판관 8명 전원일치로 박근혜 대통령 탄핵을 인용 처리했다. 이정미 헌법재판소장 권한대행의 인용문 마지막 문장은 "**피청구인 박근혜 대통령을 파면한다**"였다. 이 선언과 함께 헌정 사상 최초의 대통령 탄핵이라는 고통스러운 법률적, 도덕적 논란의 피곤하고 긴 여정이 종말을 고했다. 박근혜는 아버지 때부터 20여 년간 들락거리던 청와대에서 나왔다. 2017년 3월 12일, 태극기 부대의 눈물의 환영을 받으며 삼성동 자택으로 돌아갔으나, 3월 31일 서울 구치소에 수감되어 503이란 수인번호를 죄수복 가슴에 달았다. 2017년 마지막날에 들려오는 이야기로는 박근혜가 재판에 응하지 않고 감방에서 독서삼매에 빠져 외부면회에 일절 응하지 않고 있다고 한다.

촛불혁명 정부 문재인 대통령 취임과 신임 한국기독교교회협의회 총무 취임

2016년 5월 9일 실시한 대선에서 민주당 후보 문재인 대통령이 당선되었고 5월 10일 대통령으로 취임했다. 그는 "나라를 나라답게", "구시대의 잘못된 관행과 과감하게 결별"하겠다고 취임사에서 선언했다. 또한 "한반도 평화를 위해 …… 북핵문제를 해결할 토대를 마련"하고, "재벌개혁에도 앞장서 …… 정경유착이란 말이 완전히 사라"지게끔 하겠다고 약속했다.[8] 이렇게 새 나라 새 시대가 열렸다. 그리고 새 나라 새 시대를 만들어나가는 일이야말로 한국교회가 해야 할 일이다. 한국교회는 문재인 촛불혁명 정부와 함께 새 역사를 만들어가야 할 책임이 있다. 이것이 하나님의 정치에 기독교 신앙으로 참여하는 일이다. 하나님의 촛불혁명으로 쟁취한 새 나라 정치를 한국교회는 예언자의 눈으로 지켜보고, 예언자의 목소리로 사랑과 정의와 평화 그리고 생명을 외치고 행동해야 한다.

한국기독교교회협의회에서도 총무가 새롭게 선임되었다. 2017년 11월 20일제66회 총회에서 만장일치로 임기 4년의 총무로 이홍정 박사를 선임했다. 이홍정 박사는 12월 11일 종로 5가 연지동 교회에서 드린 취임 감사예배에서 취임인사를 통해 한국 에큐메니컬 운동의 비전을 제시했다. 문재인 대통령의 취임사에 대한 한국 에큐메니컬 운동의 응답이라 하겠다. 신임 총무는 단적으로 천명하기를 "한반도와 전 지구 생명공동체에서 전개되는 **하나님의 목회와 하나님의 선교와 하나님의 정치에**, 예수 그리스도의 길과 진리를 따라 전 세계에 흩어진 지역교회들과 선한 이웃들과 더불어 상호 주체적으로 참여하는 일에 투신할 것입니다"라고 힘주어 말했다.

하나님의 목회와 하나님의 선교와 하나님의 정치, 이 세 가지 사업이 하나님나라 운동이고 에큐메니컬 운동이다. 그리고 이 세 가지는 삼위일체로 모두 하나님의 정치운동이다. 예수 그리스도가 이 세상에서 하신 일이 바로 하나님의 정치운동이었다. 그것은 십자가를 지고 십자가 위에서 고난을 당하는 고난의 길이다. 그래서 우리는 부활하신 그리스도를 믿고 그의 십자가를 지고 하나님나라 정치운동에 믿음으로 참여한다.

이홍종 총무는 취임사에서 자기는 두 개의 십자가를 지고 나가겠다고 다짐한다. "민족 공동체의 치유와 **화해와 평화통일을 위한 십자가와 한국교회의 일치와 갱신**과 변혁을 위한 십자가"를 지고 가겠다는 것이다. 그러나 이 두 십자가는 양면을 지닌 하나의 십자가로 인식한다. "민족 공동체의 치유와 화해와 평화통일의 십자가는 근본적으로 한국교회의 일치와 갱신과 변혁의 과제를 요구하고 있고, 한국교회의 일치와 갱신과 변혁의 십자가는 그 중심에 민족공동체의 치유와 화해와 평화통일이라는 역사적 과제를 품고 있다"는 것이다. 예수는 종교재판으로 유대 종교 지도자들의 심판을 받았고, 동시에 로마제국의 정치범으로 십자가형에 처형되었다. 이홍정 총무는 NCCK 에큐메니컬 운동체의 지도자로 취임하면서 예수의 두 가지 십자가를 함께 지고 가겠다는 것이다. 하나님의 나라의 부활과 구현을 위해서, 그리고 하나님이 약속하신 새 하늘과 새 땅을 위해서.[9]

"아멘. 주 예수여 어서 오시옵소서. 마라나타." 2018년 새해 아침에 드리는 우리의 간절한 기도이다.

책을 덮으며

책을 마무리하고 덮으려고 한다. 그냥 말없이 덮고 싶은 마음 간절하다. 어떤 노랫말처럼, "떠날 때는 말없이……"라고 하지 않는가. 그렇다고 이대로 끝낼 수도 없지 않은가.

너무도 신나고 기쁘고 자랑스러우면서도, 다른 한편으로 너무도 불안하고 무섭기까지 하다. 바로 내일, 2018년 2월 9일, 우리나라 강원도 평창에서 동계올림픽 개막식이 열린다. 북한의 선수들과 응원단이 동해에 배를 띄우고 남한의 묵호항에 도착했다. 여자 아이스하키 단일팀이 메달을 향해서 함께 연일 연습을 하고 있다고 한다. 온 세계의 90여 나라에서 3천 명에 가까운 선수들이 인천공항을 통해서 들어와, KTX 열차를 타거나 영동고속도로로 평창 동계올림픽 선수촌을 향해 들어오고 있다. 두 손 모아 기도한다. "올림픽이 무사히 성공적으로 끝나기를 기원합니다."

그리고 욕심을 부려본다. "우리는 올림픽이 무사히 끝나고 화기애애하게 그리고 모두 건강한 몸으로 자기들 나라로 돌아갈 수 있게 해주시옵소서. 그리고 평창 올림픽이 '평화 올림픽'이 되게 하여 주시옵소서. 우리 대통령이 북한의 귀한 손님들과 만나서 남과 북의 젊은이들과 이산가족 노인네들이 서로 왕래하면서 형제자매된 민족의 정을 나누고 통일된 한반도를 이야기하고 꿈꿀 수 있게 하여 주시옵소서. 핵폭탄과 미사일은 전쟁을 막고 평화를 만들 수 있는 것도 아니고, 핵폭탄이 사람들을 배불리 먹게 할 수 있는 것도 아니라는 것을 깨닫게 하여 주시옵소서. 남과 북의 정치 지도자들이 평화로운 한반도를 만들어야겠다는 일편단심으로 서로 만나고 서로 대화하고 협상하고 도우면서 실로 공생공영하는 세상을 만드는 노력을 하게 하시옵소서. 평창 올림픽을 찾아온, 미국 정치가들과 일본 정치가들 그리고 중국의 정치지도자들, 그리고 온 세계의 평화를 사랑하고, 평화를 위해서 일하는 귀한 손님들이 한 자리에 모여서 한반도의 평화와 통일을 위해서 일하겠다는 약속을 하게 해 주시옵소서. 한반도의 평화가 동북아시아와 세계의 평화를 위하여 필수적이라는 인식을 확고하게 가지도록 도와주시옵소서. 평화의 왕 되시는 예수 그리스도의 이름으로 기도합니다. 아멘."

촛불 민중혁명 이후, 대한민국의 민주주의는 어떤 길을 택해서 어떻게, 그리고 어떤 역사를 만들어갈 것인가. 한국의 교회는 대한민국의 민주주의를 위해서 어떤 역할을 할 수 있을까. 한국교회는 해방 이후, 4.19와 5.16 그리고 5.18을 겪고, 1987년 6월 항쟁의 소용돌이 속에서 독재정권의 민주주의 파괴와 인권 유린에 맞서 싸웠다. 그리고 고난의 십자가를 지고 죽음의 세력을 물리치고 부활의 빛을 발했다. 포기하지 않았고, 좌절하지 않았고, 패배하지 않았다. 우리는 승리했다.

한국의 교회 지도자들은 기독학생들과, 전태일과 노동자들과 연대하면서, 기독교 지성인들과 함께 하나님의 선교, 하나님의 정치에 참여해왔다. 우리가 믿는 하나님의 정치는 불의하고 포악한 군사독재정권에 대항하는 정치였다. 법적, 도덕적 정당성 없는 권력을 남용하고 민중을 억압하는 민주주의 파괴의 정치에 대해, 인권을 유린하고 종교와 양심을 억압하고 언론의 자유를 유린하는 정권에 대해, 예언자적 발언을 하고 저항하는 하나님의 정치에 참여해왔다. 2016~2017년 촛불혁명은 하나님의 혁명이었고, 하나님의 정치의 승리였다.

촛불 이후에도 우리는 하나님의 정치에 계속해서 참여해야 한다. 이것이 하나님의 역사에 참여하는 새 역사 창조의 길이다. 혹자는 말하기를 촛불혁명까지의 민주화 운동은 저항적이었지만, 촛불 이후부터는 보다 긍정적인 가치를 내세우고 실현하게 하는 것이 되어야 한다고 한다. 그 긍정적인 정치적 가치라고 하는 것은 우리가 불의하고 포악한 독재정권에 저항했던 가치와 별로 다르지 않다. 우리는 하나님의 정의로 불의한 정권과 맞섰다. 우리는 하나님이 창조하신 귀한 인간의 생명과 존엄성을 지키기 위해 인권을 유린하는 포악한 권력과 싸웠다. 우리는 하나님의 정치가 비폭력적이고 평화적이어야 한다는 믿음에서 최루탄과 물대포에 맞아 쓰러지면서 맨손으로 폭력경찰과 군인 앞에서 평화를 외쳤다.

우리는 촛불 이후에도 하나님의 정의를 외쳐야 한다. 촛불혁명으로 세워진 정권이 하나님의 사랑으로 창조하신 인간의 생명을 보호하고 사랑하는 정권이 되도록 감시하고 격려하고 지원해야 한다. 촛불로 새로워진 사법부는 권력의 시녀가 되는 적폐를 청산하고, 정의와 사랑으로 법을 집행하여 이 땅에 하나님의 정의가 구현되게 해야 한다. 촛불을 들고 "이게 나라냐?"면서 "헬조선"에서의 해방을 부르짖은 젊은이들이 인간 대접을 받으며, 인간답게 살 수 있다는 꿈과 희망을 가지고 살아갈 수 있게 하는, 하나님의 나라 정치를 해야 한다. 여성들이 광장에 나가 촛불을 들고 민주주의를 외친 것은 인간 대접을 받으며 평등하게 사랑과 정의로 마음놓고 살아갈 수 있는 세상, 하나님의 나라를 원해서였다는 것을 명심해야 한다. 우리가 바라는 하나님의 나라에는 핵폭탄이 필요 없다는 확신이 우리에게 있다는 것을 북한 권력자들에게만이 아니라 온 세계 핵 강국 모두에게 보내야 한다. 핵 없는 세계, 핵 없는 한반도, 핵 없는 유라시아 대륙, 핵 없이 평화로운 아프리카와 유럽 그리고 남북 아메리카 대륙이 되어야 한다. 핵폭탄과 원자로는 하나님나라의 적이다. 우리 노동자들이 일하는 보람을 느끼고, 자기가 하는 노동을 신성하게 여기고 감사하는 나라, 하나님의 나라를 꿈꾼다. 우리의 노동이 자연을 파괴하는 생명 파괴의 문화를 창조하는 것이 아니라 자연과 더불어 생명을 살리고 하나님의 창조 세계를 가꾸며 살아가는 제2의 에덴동산, 새 하늘과 새 땅을 설계하는 것이어 야 한다.

예수를 믿는다는 것은 예수의 뒤를 따라 사는 것이다. 그것은 교회 안에서, 예배당이나 성당 안에서만 하는 것이 아니다. 이 세상에서 예수가 하나님나 라를 선포하고 하나님의 정치를 하신 것처럼 행동하고 사는 것이다. 예수의 선교는 하나님의 정치를 이 세상에서 펴는 것이었다. 예수가 이 세상에 나타 나서 한 첫마디는 "회개하라. 천국이 가까이 왔다(막 1:15)"였다. 그리고 예수 는 하나님나라의 정치적 사명을 천명했다.

> 주님의 성령이 나에게 내리셨다.
> 주께서 나에게 기름을 부으시어
> 가난한 이들에게 복음을 전하게 하셨다.
> 주께서 나를 보내시어
> 묶인 사람들에게는 해방을 알려주고
> 눈먼 사람들은 보게 하고,
> 억눌린 사람들에게는 자유를 주며
> 주님의 은총의 해를 선포하게 하셨다(눅 4:18~19).

예수의 제자 요한은 하나님나라의 모습을 그의 신앙의 눈으로 볼 수 있었다.

> 이제 하나님의 집은 사람들이 사는 곳에 있다.
> 하나님은 사람들과 함께 계시고 사람들은 하나님의 백성이 될 것이다.
> 하나님께서는 친히 그들과 함께 계시고 그들의 하나님이 되셔서
> 그들의 눈에서 모든 눈물을 씻어주실 것이다.
> 이제는 죽음이 없고 슬픔도 울부짖음도 고통도 없을 것이다.

이전 것들이 다 사라져 버렸기 때문이다(계 21:3, 4).

하나님의 정치는 희망의 정치이다. 하나님나라를 희망하는 정치, 사랑과 정의와 평화, 그리고 생명을 창조하고 지키고 키우고 보듬는 마음의 정치이다. 희망은 생명을 살리는 힘이다. 그리고 우리의 정치는 희망으로 성숙한다.

"아멘, 오소서, 주 예수여!"(요한계시록 22:20).

주

제1장 | 일제 강점기의 가족사와 한국교회의 항일 투쟁

1) 한국 개신교의 역사에 있어서 교회가 국가 혹은 정치권력과의 관계를 어떻게 가져왔는가 하는 문제에 대해서 적지 않은 연구가 있었다. 통사로는 저 유명한 민경배의 『한국기독교회사』(신개정판, 서울: 연세대학교 출판부, 2000); 한국기독교사연구회의 『한국기독교의 역사』(I, II권, 서울: 민중사, 1982)가 있고, 일제 강점기 한국교회의 "정치사"로 강위조의 『일본통치하 한국의 종교와 정치』(서울: 대한기독교서회, 1977); 고범서가 엮은 『교회와 국가』(서울: 범화가, 1984); 이장식의 『기독교와 국가』(서울: 대한기독교출판사, 1981); 한국기독교사회문제연구원이 엮은 『민족주의와 기독교』(서울: 민중사, 1981); 『국가권력과 기독교』(서울: 민중사, 1982) 등이 있다. 최근 역작으로 박용권의 『국가주의에 굴복한 1930년대 조선 예수교 장로회의 역사』(그리심, 2008) 등이 있다.

2) 해외, 특히 미국 개신교 선교사들이 한국으로 입국하여 조선조 왕실과 얽히는 과정에 관하여는 백낙준 박사의 『한국개신교사』와 민경배 교수의 『한국기독교회사』에서 읽을 수 있다. 특히 고종이 신변의 위협을 느꼈을 당시 선교사들이 고종을 호위하였다는 "무용담"은 개신교가 조선조 말기에 정치적으로 어떻게 왕실과 밀착되었던가를 보여주고 있다. 이 당시의 상황에 대한 상세한 논문으로는 홍경만의 「한국 근대 개신교사 연구」(경인문화사, 2000)의 제4장, "춘생문사건"이 있다.

   그러나 1905년 을사늑약 이후 이토 히로부미가 총독으로 취임한 뒤 일본 식민정권과 미국 선교사들과의 관계를 보면, 선교사들이 일본제국의 조선 통치에 협조하는 입장을 취하게 되는 것을 알 수 있다. 결과적으로 미국 선교사들은 한국교회와 개신교 신도들의 "비정치화"를 획책하기에 이른다. 그리고 1907년 평양 대부흥운동을 계기로 진행된 한국교회의 "비정치화" 혹은 "탈정치화"는 이후 한국교회의 성격을 규정하게 된다. 1919년 3.1 독립만세운동에 한국 기독교인들이 대거 참여한 일에도 불구하고, 한국교회의 "비정치화" 혹은 "탈정치화"는 지속되었고, 견고한 "정치신학적" "신조"가 되었다 하겠다. 필자의 졸저 『한국 기독교 정치신학의 전개』(이화여대출판부, 1996), 특히 제2장, "한국 기독교의 반지성과 탈정치"에서 당시의 상황을 논하고 있다.

3) 감부열(Archbald Campbell, 1890-1977) 선교사는 프린스턴 신학교 출신으로서 미국북장로교회 선교사로 파송되어 강계 영실학교 교장으로(1925~1940) 우리 아버지 서용문 목사를 고학생으로 받아들여 초중등교육을 지원하였고, 평양신학교 진학을 알선한 분이다. 일본이 미국에 대하여 선전포고를 한 뒤 선교사들이 한국으로부터 추방되어 본국으로 귀국한 이후, 1945년 종전 및 해방과 함께 다시 한국에 입국하여 북한에 위치한 강계에 갈 수 없자 대구에서 계명대학교 초대 총장으로 선교사업을 계속하였다. 한국에서 은퇴한 감부열 선교사는 미국으로 다시 돌아갔는데, 1967년경 내가 미국 남부 내슈빌에 소재한 밴더빌트 대학교 대학원에서 박사학위를 위해 공부하고 있을 때 만날 수 있었다. 고령의 감부열 선교사가 우리 아버지 서용문 목사에 대해서 안부

를 묻고 한국전쟁과 그 이후 한국에 대한 이야기를 나눈 기억이 새롭다. 작별인사를 하면서 "신학박사가 되어 훌륭한 선교사 되시오"라고 유창한 한국말로 격려하던 모습을 잊을 수가 없다.

4) "황국신민의 선서"의 일본말 원문과 우리말 번역은 박용권의 『국가주의에 굴복한 1930년대 조선 예수교 장로회의 역사』(그리심, 2008) 138쪽 각주에 기록되어 있다. 이 책은 군국주의 생성과정과 천황을 중심으로 하는 국가지상주의의 발전과정을 상세히 기술하면서 일본제국주의 조선통치의 가혹한 양상과 함께 한국 개신교, 특히 장로교회의 순응적 내지는 굴욕적 굴복의 과정을 소상히 기술한 역작이다. 나는 이러한 한국의 공교회의 굴욕적 입장에 반하여 일제에 저항한 소수 평신도와 일선 목회자들이 있었다는 것을 이 장에서 제시하고자 했다.

5) 박용권, 『국가주의에 굴복한 1930년대 조선 예수교 장로회의 역사』(그리심, 2008), 139쪽.

6) 위의 책, 417쪽; 「조선야소교장로회총회 제27회 회의록」, 9쪽.

7) 나는 만주의 한 언덕에서 일본 천황의 미국에 대한 항복 선언을 일본 동기 학생들과 함께 들었지만, 나와 동시대의 일본 신학자 고스케 고야마(小山晃佑) 전 뉴욕 유니언 신학대학원 교수는 같은 날 같은 시간에 같은 천황의 항복 선언을 폐허가 된 도쿄의 한복판에서 들었다. 나와 고야마 교수가 대화를 나누는 형식의 논문이 있다. "Mount Fuji, Mount Baekdu and Mount Sinai", in *The Agitated Mind of God: The Theology of Kosuke Koyama*, ed. Dale Irvin and Akintunde E. Akinade(Maryknoll, N.Y.: Orbis Books, 1996), pp.115~129.

8) 구약성서의 "히브리" 민족이라는 말은 "떠돌이" 민족이라는 말이라고 한다. 문동환 박사는 자서전에서 자신을 "떠돌이"라고 표현하면서 자신의 일대기를 서술하였다. 문동환, 『문동환 자서전: 떠돌이 목자의 노래』(삼인, 2009).

제2장 │ 공산 치하의 북한교회: 해방과 분단과 전쟁 사이

1) 1945년 2월 소련 크리미아 남단 항구도시 얄타에서 미국이 38선을 제안하였다고 한다. 남침하는 소련이 한반도 전체를 공산화하게 되는 것을 막기 위한 "고육지책(苦肉之策)"이었다고 한다. 38선은 1953년 한국전쟁 휴전 당시 휴전선 혹은 비무장지대(DMZ, Demilitarized Zone)로 설정하였다.

2) 북한교회사집필위원회, 『북한교회사』(한국기독교역사연구소, 1996), 648쪽, "부록 3: 북한교회사 연표"를 재조정한 것임.

3) 위의 책, 383쪽.

4) 위의 책, 383~384쪽.

5) 이장식, 「신앙과 애국」, ≪신학과 교회≫ 창간호(2014년 여름), 11쪽.

6) 김창호, 『조선교육사』(평양: 사회과학출판사, 1999); daum.net "해방 후 북한 문맹률" 참조.

7) 북한교회사집필위원회, 『북한교회사』(한국기독교역사연구소, 1996), 344쪽.

8) 위의 책, 388쪽.

9) 홍동근, 「평양의 기독교와 주체사상의 만남」, ≪옵서버≫(1990년 4월), 235쪽; ≪옵서버≫(1990년 6월), 330쪽 참조. 북한교회사집필위원회, 『북한교회사』(한국기독교역사연구소, 1996), 383쪽에서 재인용.

10) ≪평양신문≫(1987년 6월 24일, 8월 27일); 북한교회사집필위원회, 『북한교회사』(한국기독교역사연구소, 1996), 383쪽에서 재인용.

11) 저자가 2004년 5월 평양을 방문했을 때, 북한 정부가 차출한 안내원과 함께 김일성 탑에 올라

가 멀리 우리가 살던 지역을 가리키자 안내원이 필자에게 아버지의 직업을 물었다. 목사였다고 하니까 당장 하는 말이 "출신성분이 나빴네요……"라는 것이었다.

12) 북한교회사집필위원회, 『북한교회사』(한국기독교역사연구소, 1996), 649쪽.

13) 위의 책, 395쪽.

14) 위의 책, 396쪽; 고태우, 『북한의 종교정책』(민족문화사, 1989), 124쪽에서 재인용.

15) 북한교회사집필위원회, 『북한교회사』(한국기독교역사연구소, 1996), 396쪽.

16) 위의 책, 397쪽.

17) 위의 책, 395쪽.

18) 위의 책, 398~399쪽.

19) 위의 책, 401쪽.

20) 위의 책, 649~650쪽.

21) 안문자(안성진 목사의 둘째 딸) 선생의 아버지 회고록, 『사랑하는 우리 아버지』(파이디온 스퀘어, 2012)에 자세히 수록되어 있다.

22) 북한교회사집필위원회, 『북한교회사』(한국기독교역사연구소, 1996), 651쪽 연표 참조.

23) 한국교회순교자기념사업회 편, 『순교정신을 이어받아 화해와 평화의 길로』(2014년 6월 27일) 5쪽.

24) 같은 책, 9~11쪽.

25) 같은 책, 7~8쪽.

제3장 | 남한의 해방 정국과 전쟁, 그리고 4.19

1) 박형규, 『나의 믿음은 길 위에 있다』(창비, 2010), 100~101쪽.

2) 위의 책, 53~54쪽.

3) 위의 책, 57쪽.

4) 위의 책, 57쪽.

5) 위의 책, 57쪽.

6) 강인철, 『한국기독교회와 국가 시민사회: 1945~1960』(한국기독교역사연구소, 2003), 278쪽.

7) 김영호 편, 『대한민국 건국 60년의 재인식』(기파랑, 2008), 150쪽.

8) 박형규, 『나의 믿음은 길 위에 있다』(창비, 2010), 61쪽.

9) 위의 책, 65쪽.

10) 민경배, 『한국기독교회사』(대한기독교서회, 1976), 364쪽.

11) 강인철, 『한국기독교회와 국가 시민사회: 1945~1960』(한국기독교역사연구소, 2003), 279쪽.

12) 장공기념사업회 편, 『장공 김재준의 삶과 신학』(한신대학교 출판부. 2014), 88쪽.

13) 위의 책, 89쪽.

14) 위의 책, 89쪽.

15) 위의 책, 90쪽.

16) 위의 책, 90쪽.

17) 위의 책, 91~92쪽.

18) 위의 책, 106쪽.

19) 위의 책, 111쪽.

20) 백종현, 『대통령의 종교: 종교는 어떻게 권력이 되었는가?』(인물과 사상사, 2014), 9쪽.

21) 김용복, "해방 후 교회와 국가", 『국가권력과 기독교』(민중사, 1982), 201쪽.

22) 위의 책, 204쪽.

23) 위의 책, 203쪽, 각주 43 참조

24) 위의 책, 192쪽, 표 5 참조.

25) 강인철, 『한국기독교회와 국가 시민사회: 1945~1960』(한국기독교역사연구소, 2003), 271쪽.

26) 조선 공산당 결성의 역사에 대해서는 이덕일, 『잊혀진 근대, 다시 읽는 해방 전(前)사』(역사의
아침, 2013) 참조. 역사소설로는 1920년대 조선공산당 창당과 활동을 한 세 여성 허정숙, 주세
죽, 고명자의 역사를 소설화한 역작 조선희, 『세 여자: 20세기의 봄』(1, 2권, 서울: 한겨레출판,
2017)이 있다.

27) 박유리, "'4.3 불량위패' 공격받는 이신호 … 그는 불량한 희생자인가?", ≪한겨레≫, 2015.3.4.

28) 강인철, 『한국기독교회와 국가 시민사회: 1945~1960』(한국기독교역사연구소, 2003), 205쪽.

29) 4.3 사태에 대하여는 ≪한겨레≫, 2015년 3월 28일 자 3, 4면 참조. 이 기사에 따르면 제주도의
좌익세력은 제주도 인구의 60~80%에 이르고 있다는 보고가 있는데 제주도민은 당시 28만여 명
이었다고 한다.

30) 여수, 순천 사건과 보도연맹 사건에 대해서는 다음 백과사전에서 발췌한 것이다.

31) 안성진 목사 이야기는 그의 딸 안문자의 『사랑하는 우리 아버지』(파이디온 스퀘어, 2012) 참조.

32) 진해 경화동교회는 혜암 이장식 박사가 어머니의 인도로 열심히 출석하고 봉사한 교회라는 사
실을 최근에야 알게 되었다. 이장식, 『창파에 배 띄우고: 나의 인생 80여정』(한들출판사, 2001).

33) 한국기독교역사학회 편, 『한국기독교의 역사 III: 해방 이후 20세기 말까지』(한국기독교역사연
구소, 2009), "한국기독교역사 연표: 1945-1999", 271~274쪽.

34) 조현, "한국교회가 성년으로 부활하는 날", ≪한겨레≫, 2015년 3월 26일 자.

제4장 | 4.19 학생혁명과 5.16 군사 쿠데타, 그리고 한국교회

1) 장하구, ≪기독교사상≫, 1962년 5월호, 37~43쪽.

2) 박형규, 『나의 믿음은 길 위에 있다』(창비, 2010), 97쪽.

3) 위의 책, 98~99쪽.

4) ≪기독교사상≫, 1960년 5월호, 107쪽.

5) 위의 글, 48~57쪽.

6) 위의 글, 50쪽.

7) 위의 글, 53쪽.

8) 월간 ≪기독교사상≫은 4.19 이후 교계 지도자들의 정치상황 분석과 한국교회 반성 등 논문을
게재했다. 예로는 홍현설 감신대 학장의 「4.19에서 얻은 교훈」(1960년 5월 1일, 기독교 방송);
김재준 한신대 학장의 「한국교회 민주참여와 사명」(1960년 6월호); 강원용 경동교회 담임목사
의 「한국 정당 정치의 전망」(1962년 4월호); 장하구 향린교회 장로의 「혁명과 교회의 반성」
(1962년 5월호) 등이 있다.

9) 강원용, 『빈들에서: 나의 삶, 한국현대사의 소용돌이』(제2권 「혁명, 그 모순의 회오리」, 열린문
화: 1993), 143쪽.

10) 위의 책, 143쪽.

11) 위의 책, 149쪽.

12) 위의 책, 148~149쪽.

13) 혁명 공약 제6항은 교학사 국사 교과서에서 삭제되었다고 한다. 박정희는 1979년 10월 암살당할 때까지 군인 "본연의" 임무에 복귀하지 않았다.

14) ≪기독교사상≫, 1962년 2월호, 21쪽.

15) 위의 글, 21~22쪽.

16) 한국기독교교회협의회, 『기독교 연감: 1972년』(한국기독교교회협의회, 1972), 296~297쪽.

17) 위의 책, 296~297쪽.

18) 한국기독교역사학회 편, 『한국기독교의 역사 III: 해방 이후 20세기 말까지』(한국기독교사학회, 2009), 236쪽.

19) 김활란, 『그 빛 속의 작은 생명』(여원사: 1965), 52~53쪽.

20) 위의 책, 58쪽.

21) 김용복, 「해방 후 교회와 국가」, 『국가권력과 기독교』(민중사: 1982), 208쪽.

22) 위의 책, 208쪽.

23) ≪크리스챤신문≫, 1965년 7월 16일 자.

24) 위의 글. 김용복, 「해방 후 교회와 국가」, 『국가권력과 기독교』(민중사: 1982), 209쪽에서 재인용.

25) ≪크리스챤신문≫, 1965년 8월 21일 자. 김용복, 「해방 후 교회와 국가」, 『국가권력과 기독교』(민중사: 1982), 211쪽에서 재인용.

26) 김용복, 「해방 후 교회와 국가」, 『국가권력과 기독교』(민중사: 1982), 211쪽.

27) 강원용, 같은 책, 188~189쪽.

28) 서광선, ≪기독교사상≫, 1966년 5월호, 18쪽. 원문은 Harvey Cox, *The Secular City: Secularization and Urbanization* (New York: Pelican Books, 1966), p.254.

제5장 ┃ 군부 독재에 대항하는 한국교회

1) 김용복, 「해방 후 교회와 국가」, 한국기독교사회문제연구원 편, 『국가권력과 기독교』(민중사: 1982), 214쪽.

2) 위의 책, 215쪽.

3) 위의 책, 215쪽.

4) 위의 책, 216쪽. ≪크리스챤신문≫, 1967년 6월 24일 자에서 재인용.

5) 위의 책, 216쪽.

6) 위의 책, 217쪽.

7) 장공기념사업회 편, 『장공 김재준의 삶과 신학』(한신대학교 출판부, 2014), 135쪽.

8) 위의 책, 136쪽.

9) 위의 책, 137쪽.

10) 김용복, 「해방 후 교회와 국가」, 한국기독교사회문제연구원 편, 『국가권력과 기독교』(민중사: 1982), 219쪽.

11) 장공기념사업회 편, 『장공 김재준의 삶과 신학』(한신대학교 출판부, 2014), 137쪽.

12) 김용복, 「해방 후 교회와 국가」, 한국기독교사회문제연구원 편, 『국가권력과 기독교』(민중사:

1982), 220쪽. ≪기독교사상≫(1969년 10월호), 23쪽에서 재인용.

13) 박형규, 『나의 믿음은 길 위에 있다: 박형규 회고록』(창비: 2010), 483쪽.

14) 오재식, 『나에게 꽃으로 다가 오는 현장: 오재식 회고록』(대한기독교서회, 2012), 127~128쪽.

15) 위의 책, 138쪽.

16) ≪제3일≫, 1970년 9월 창간호. 장공기념사업회 편, 『장공 김재준의 삶과 신학』(한신대학교 출판부, 2014)에서 재인용.

17) 박형규, 『나의 믿음은 길 위에 있다: 박형규 회고록』(창비: 2010), 182쪽.

18) 위의 책, 183쪽.

19) 오재식, 『나에게 꽃으로 다가 오는 현장: 오재식 회고록』(대한기독교서회, 2012), 147쪽.

20) 한국기독교교회협의회 편, 『한국교회 인권운동 30년사』(2005), 51쪽.

21) 문익환, 「남북통일과 한국교회」, ≪기독교사상≫(1972년 10월호). 김용복, 「해방 후 교회와 국가」, 한국기독교사회문제연구원 편, 『국가권력과 기독교』(민중사: 1982), 221쪽에서 재인용.

22) ≪대한일보≫, 1972년 9월 14일 자.

23) 박형규, 같은 책. 224쪽. 민청학련운동계승사업회 편, 『1974년 4월: 실록 민청학련 1』(학민사: 2004), 213쪽에서 재인용.

24) 위의 책, 224쪽.

25) 위의 책, 235쪽.

26) 위의 책, 234쪽. 『1970년대 민주화 운동 1』(한국기독교교회협의회 인권위원회, 1987), 268~270쪽에서 재인용.

27) 조이제, 『한국교회 인권운동 30년사』(한국기독교교회협의회, 2005), 275쪽, 52~54쪽.

28) 위의 책, 53쪽.

29) 한국기독자교수협의회 편, 『한국기독자교수협의회 30년 자료집』(1998), 211쪽.

30) 위의 책, 726쪽. 특히 위의 책 729쪽 이하에는 월간 ≪신동아≫ 주최로 모인 김동길, 변형윤, 서광선, 김용준 등 해직교수들의 방담을 기록한 "해직 4년의 울분과 고뇌"가 실려 있다.

31) 한국기독교교회협의회 인권위원회 편, 『1970~1980년대 민주화 운동 V』(한국기독교교회협의회, 1987), 2010~2013쪽 참조.

32) ≪이대학보≫, 1973년 11월 30일 자.

33) 한국기독교교회협의회 인권위원회 편, 『1970~1980년대 민주화 운동 V』(한국기독교교회협의회, 1987), 60~61쪽.

제6장 | 유신시대의 폭압정치와 궁정동의 총소리

1) 한국기독교교회협의회 편, 『한국교회 인권운동 30년사』(한국기독교교회협의회, 2005), 60~61쪽.

2) 박형규, 『나의 믿음은 길 위에 있다: 박형규 회고록』(창비, 2010), 254쪽.

3) 위의 책, 255쪽.

4) 안재웅, 「남사당(男社堂) 고 나병식 동지를 추모함」, 정동익·정찬용·문국수 편, 『향토 바람의 풀빛: 만파 나병식 선생 추모문집』(풀빛, 2015), 181~194쪽.

5) 안재웅 본인의 회고록 원고에서 인용.

6) 한국기독교교회협의회 인권위원회 편, 『1970~1980년대 민주화 운동 V』(한국기독교교회협의회, 1987), 404쪽 이하.

7) 위의 책, 405쪽.

8) 위의 책, 407쪽.

9) 이해동·이종옥, 『둘이 걸은 한 길: 이해동, 이종옥의 살아온 이야기 1』(대한기독교서회, 2014), 104쪽.

10) 위의 책, 113~114쪽.

11) 위의 책, 104쪽.

12) 위의 책, 105쪽.

13) 위의 책, 105쪽.

14) ≪기독교사상≫(1974년 4월호), 78쪽.

15) 민중신학자들의 저서로는 대표적으로 서남동, 『민중신학의 탐구』(한길사, 1983); 안병무, 『역사 앞에 민중과 더불어』(한길사, 1986); 안병무, 『갈릴래아의 예수』(한국신학연구소, 2005); 김용복, 『한국민중과 기독교』(형성사, 1981); 김용복, 『민중의 사회전기』(한길사, 1987) 등이 있다.

16) 박형규, 『나의 믿음은 길 위에 있다: 박형규 회고록』(창비, 2010), 297쪽.

17) 위의 책, 297쪽.

18) 위의 책, 298쪽.

19) 이해동·이종옥, 『둘이 걸은 한 길: 이해동, 이종옥의 살아온 이야기 1』(대한기독교서회, 2014), 123~124쪽.

20) 위의 책, 122쪽.

21) 위의 책, 125쪽.

22) 한국기독교교회협의회 인권위원회 편, 『1970~1980년대 민주화 운동 V』(한국기독교교회협의회, 1987), 1867쪽.

23) 조이제, 『한국교회 인권운동 30년사』(한국기독교교회협의회, 2005), 110~114쪽.

24) 위의 책, 143쪽.

25) 위의 책, 143쪽.

26) 위의 책, 136쪽.

27) 위의 책, 146쪽.

28) 위의 책, 147쪽.

29) 위의 책, 149, 151쪽.

30) 위의 책, 152쪽.

31) 1979년 10월 민중신학 발표회에서 발표된 논문들은 모두 영문으로 번역하여 CCA(아시아교회협의회)가 출판했고, 1983년에는 미국 가톨릭 출판사 오비스 북스(Orbis Books)가 개정판을 냈다. 영문판은 *Minjung Theology: People as the Subjects of History* (Maryknoll, New York: Orbis Press, 1983)이다.

제7장 | 신군부에 대한 저항과 1980년 5월 광주 민중항쟁

1) 박형규, 『나의 믿음은 길 위에 있다: 박형규 회고록』(창작과 비평, 2010), 347쪽.

2) 위의 책, 355~356쪽.

3) 위의 책, 354쪽.

4) 위의 책, 354쪽.

5) 위의 책, 355쪽.

6) 김흥수, 『자유를 위한 투쟁: 김관석 목사 평전』(대한기독교서회, 2017), 303~304쪽.

7) 황석영 외, 『죽음을 넘어 시대의 어둠을 넘어: 광주 5월 민중항쟁의 기록』(창비, 2017), 31쪽.

8) 위의 책, 32~34쪽.

9) 위의 책, 42쪽.

10) 위의 책, 42쪽.

11) 위의 책, 499-502쪽.

12) 위의 책, 492~493쪽.

제8장 | 1980년대 신군부 독재와 교수 해직 시절

1) 한국기독자교수협의회 편, 『한국기독자교수협의회 30년 자료집』(1998), 726쪽.

2) 오재식, 『나에게 꽃으로 다가오는 현장: 오재식 회고록』(대한기독교서회, 2012), 200쪽.

3) 위의 책, 202쪽.

4) 문동환, 『떠돌이 목자의 노래: 문동환 자서전』(삼인, 2009), 349쪽.

5) 위의 책, 362쪽.

6) 황석영 작가는 자신의 자서전 제목을 "수인(囚人)"이라고 붙였다. 『수인』 I, II(문학동네, 2017).

7) David Kwang-sun Suh, *Korean Minjung in Christ* (Hong Kong: The Christian Conference of Asia, 1991).

8) John Cobb, Jr., *Beyond Dialogue: Toward a Mutual Transformation of Christianity and Buddhism* (New York: Orbis Press, 1982).

9) 박형규, 『나의 믿음은 길 위에 있다: 박형규 회고록』(창비, 2010), 400~401쪽; 「예수 그리스도, 세상의 생명: 제6차 WCC 총회 보고서」(한국기독교교회협의회, 1983), 59~66쪽.

10) 박형규, 『나의 믿음은 길 위에 있다: 박형규 회고록』(창비, 2010), 401쪽.

제9장 | 에큐메니컬 평화통일 운동 그리고 1987년 6월 항쟁에 이르기까지

1) 서광선, "간행사", 오재식, 『나에게 꽃으로 다가오는 현장: 오재식 회고록』(대한기독교서회: 2012), 8쪽.

2) 조이제, 『한국교회 인권운동 30년사』(한국기독교교회협의회, 2005), 208쪽.

3) 서광선, 주재용 편, 『역사와 신학』(한국신학연구소, 1985), 264~267쪽.

4) 박형규, 『나의 믿음은 길 위에 있다: 박형규 회고록』(창비, 2010), 421~424쪽.

5) 위의 책, 435쪽.

6) 오재식, 『나에게 꽃으로 다가오는 현장: 오재식 회고록』(대한기독교서회: 2012), 265쪽.

7) 위의 책, 270쪽.

8) 위의 책, 268~269쪽.

9) 조이제, 『한국교회 인권운동 30년사』(한국기독교교회협의회, 2005), 275쪽.

10) Paulo Freire, *Pedagogy of the Oppressed* (1968).

11) 박형규, 『나의 믿음은 길 위에 있다: 박형규 회고록』(창비, 2010), 448쪽.

12) 위의 책, 449쪽.

13) 위의 책, 449쪽.

제10장 | "우리의 소원은 통일": 88선언

1) 오재식, 『나에게 꽃으로 다가오는 현장: 오재식 회고록』(창비, 2012), 276~277쪽.

2) 위의 책, 276쪽.

3) 한국기독교교회협의회, 「민족의 통일과 평화에 대한 한국기독교회 선언」(1988년 2월), 1쪽.

4) 위의 글, 2, 3쪽에서 발췌.

5) 위의 글, 3쪽.

6) 위의 글, 3, 4쪽.

7) 위의 글, 4쪽.

8) 위의 글, 5쪽.

9) 위의 글, 5~6쪽.

10) 오재식, 『나에게 꽃으로 다가오는 현장: 오재식 회고록』(창비, 2012), 277~278쪽.

11) 한국기독교교회협의회, 「민족의 통일과 평화에 대한 한국기독교회 선언」(1988년 2월), 6~7쪽.

12) 위의 글, 8~9쪽.

13) 위의 글, 10쪽.

14) 위의 글, 10~13쪽.

15) 오재식, 『나에게 꽃으로 다가오는 현장: 오재식 회고록』(창비, 2012), 282쪽.

16) 위의 책, 285~286쪽.

17) 위의 책, 277쪽.

18) David Kwang-sun Suh, *The Korean Minjung in Christ*(CCA, 1991, 2002), Chapter 7, "The Theology of Reunification: A Korean Theology of the Cross and Resurrection", pp.177~188.

19) 강문규, 강혜정 편, 『한반도 평화통일과 에큐메니칼 운동』(대한기독교서회, 2016), 46~69쪽. "한반도의 평화와 통일을 위한 남북 기독자 만남과 '글리온 선언'"(조성호와 강문규의 대담, 1988년 12월 4일, CBS 기독교방송).

20) 문동환, 『떠돌이 목자의 노래: 문동환 자서전』(삼인, 2009), 519쪽.

21) 위의 책, 526쪽.

22) 통일을 준비하는 사람들(남북평화재단) 편, 『평화통일 핵심자료 모음』 자료 21 "문익환 목사-조국평화통일위원회(조평통) 4.2 공동성명", 80~81쪽.

제11장 | 1990년대 기독교의 한반도 통일운동

1) 「특집 대담」, ≪신학과 교회≫ 제6호(2016년 가을), 13~14쪽.

2) 위의 글, 14쪽.

3) ≪한겨레≫, 1991년 12월 28일 자; 박순경, 『통일신학의 고통과 승리』(한울, 1992), 290쪽.

4) 박순경, "모두진술서", 『통일신학의 고통과 승리』(한울, 1992), 171~172쪽.

5) 위의 책, 173쪽.

6) 위의 책, 179~180쪽.
7) 위의 책, 183쪽.
8) 위의 책, 188쪽.
9) 위의 책, 189쪽.
10) 한국기독교역사학회 편, 『한국 기독교의 역사 III: 해방 이후 20세기 말까지』(2009), 258쪽.
11) 강위조, 『한국기독교사와 정치』, 서정민 옮김(한국기독교역사연구소, 2005), 219쪽. 전거: Jimmy Carter, "Report of Trip to North Korea", *Korea Report 20* (Korean Information and Resource Center, Inc. Fall, 1994).
12) 강위조, 『한국기독교사와 정치』, 서정민 옮김(한국기독교역사연구소, 2005), 219쪽.
13) 위의 책, 220쪽.
14) 위의 책, 221~222쪽. 전거: Jimmy Carter, "Report of Trip to North Korea", *Korea Report 20* (Korean Information and Resource Center, Inc. Fall, 1994), p.11.
15) 강위조, 『한국기독교사와 정치』, 서정민 옮김(한국기독교역사연구소, 2005), 222쪽. 전거: "USA and DPRK Agreed Framework-Geneva, October 21, 1994" in *The US-Korea Review 2*, No. 10(September/October 1994), p.9.

제12장 | "햇볕정책", 북핵, 그리고 봉쇄

1) 통일을 준비하는 사람들(남북평화재단) 편, 『평화통일 핵심자료 모음』(2013), 118~119쪽.
2) 한국 YMCA 전국연맹, 「제7차 한·중·일 YMCA 평화 포럼 자료집」(2017).
3) 통일을 준비하는 사람들(남북평화재단) 편, 『평화통일 핵심자료 모음』(2013), 136~139쪽.
4) 해당 자료는 한국기독교교회협의회 평화 통일국에서 제공한 것이다.
5) 홍콩회의 자료 역시 한국기독교교회협의회 평화 통일국에서 제공한 것이다.

제13장 | 박근혜 정부의 침몰 그리고 촛불혁명

1) 정경일, 「세월호, 교회의 존재 이유를 묻는다」, 한국기독교교회협의회 신학위원회 엮음, 『촛불 민주화 시대의 그리스도인』(동연, 2017), 163쪽.
2) 위의 책, 165쪽.
3) 위의 책, 166쪽.
4) 위의 책, 169쪽.
5) 이지호·이현우·서부경, 『탄핵 광장의 안과 밖』(책담: 2017), 40, 42쪽.
6) 하비 콕스(Harvey Cox), 『세속도시(The Secular City: Secularization and Urbanization)』, 이상률 옮김(문예출판사, 2010), 254쪽.
7) 이영미, ≪한겨레≫, 2017년 12월 23일 자, 21면.
8) www.sisabreak.com, 문재인 대통령 취임사 전문, 2017년 5월 10일.
9) 인터넷 신문 〈베리타스〉 veritas.kr, 2017년 12월 11일 자 기사. www.veritas.kr/articles/28052/20171211/이홍정-취임사.htm

참고문헌

강문규. 2016. 강혜정 엮음. 『한반도 평화통일과 에큐메니컬 운동』. 대한기독교서회.

강원용. 1993. 『빈들에서: 나의 삶, 한국현대사의 소용돌이』, 1, 2권. 열린문화.

김상봉. 2015. 『철학의 헌정: 5.18을 생각함』. 길.

김영일·김영호·김재은·서광선·안광식. 2010. 『팔순양띠교수들, 이화사랑 반세기』. 이화여자
　　대학교 출판부.

강위조. 1977. 『일본통치하 한국의 종교와 정치』. 대한기독교서회.

＿＿＿. 2005. 서정민 옮김. 『한국기독교사와 정치』. 한국기독교역사연구소.

강인철. 2003. 『한국기독교회와 국가 시민사회, 1945~1960』. 한국기독교역사연구소.

고범서 편역. 1984. 『교회와 국가』. 범화사.

고태우. 1989. 『북한의 종교정책』. 민족문화사.

김영호 편. 2008. 『대한민국 건국 60년의 재인식』. 기파랑.

김용복. 1981. 『한국민중과 기독교』. 형성사.

＿＿＿. 1987. 『한국민중의 사회전기』. 한길사.

김창호. 1999. 『조선교회사』. 평양: 사회과학 출판사.

김활란. 1965. 『그 빛 속의 작은 생명』. 여원사.

김흥수. 2017. 『자유를 위한 투쟁: 김관석 목사 편전』.

문동환. 2009. 『떠돌이 목자의 노래: 문동환 자서전』. 삼인.

민경배. 2000. 『한국기독교회사』. 신개정판. 연세대학교 출판부.

박순경. 1992. 『통일신학의 고통과 승리』. 한울.

박용권. 2009. 『국가주의에 굴복한 1930년대 조선 예수교 장로교회의 역사』. 그리심.

박형규. 2010. 『나의 믿음은 길 위에 있다: 박형규 회고록』. 창비.

백낙준. 1998. 『한국개신교사』. 연세대학교 출판부.

백종현. 2014. 『대통령의 종교: 종교는 어떻게 권력이 되었는가?』. 인물과 사상사.

북한교회사집필위원회. 1996. 『북한교회사』. 한국기독교역사연구소.

서광선. 1996. 『한국 기독교 정치신학의 전개』. 이화여자대학교 출판부.

＿＿＿. 1985. 주재용 편. 『역사와 신학』. 한국신학연구소.

서남동. 1983. 『민중신학의 탐구』. 한길사.

안문자. 2012. 『사랑하는 우리 아버지』. 파이디온 스퀘어.

안병무. 1986. 『역사 앞에 민중과 더불어』. 한길사.

_____. 2005. 『갈릴래아의 예수』. 한국신학연구소.

오재식. 2012. 『나에게 꽃으로 다가오는 현장: 오재식 회고록』. 대한기독교서회.

이나미. 2013. 『이념과 학살: 한국전쟁 시기 좌익에 대하여』. 선인.

이덕일. 2013. 『잊혀진 근대, 다시 읽는 해방 전(前)사』. 역사의 아침.

이장식. 1981. 『기독교와 국가』. 대한기독교출판사.

_____. 2001. 『창파에 배 띄우고: 나의 인생 80여정, 혜암 이장식 자서전』. 한들 출판사.

이지호·이현우·서부경. 2017. 『탄핵광장의 안과 밖』. 책담.

이해동·이종옥. 2014. 『둘이 걸은 한 길: 이해동, 이종옥의 살아온 이야기』. 대한기독교서회.

장공기념사업회 편. 2014. 『장공 김재준의 삶과 신학』. 한신대학교 출판부.

장동익·정찬용·문국주 편. 2015. 『황토 바람의 풀빛: 만파 나병식 선생 추모문집』. 풀빛.

조선희. 2017. 『세 여자, 20세기의 봄』, 1, 2권. 한겨레 출판.

통일을 준비하는 사람들(남북평화재단) 편. 2013. 『평화통일 핵심자료 모음』. 통준사.

한국교회순교자기념사업회 편. 2014. 『순교정신을 이어받아 화해와 평화의 길로』. 한국교회
    순교자기념사업회.

한국기독교교회협의회 편. 1972. 『기독교 연감: 1972년』. 한국기독교교회협의회.

_____. 2005. 『한국교회 인권운동 30년사』.한국기독교교회협의회.

한국기독교교회협의회. 1988. 『민족의 통일과 평화에 대한 한국기독교회 선언』. 한국기독교
    교회협의회.

한국기독교교회협의회 신학위원회. 2017. 『촛불 민주화 시대의 그리스도인』. 동연.

한국기독교교회협의회 인권위원회. 1987. 『1970~1980년대 민주화 운동』, I~V권. 한국기독교
    교회협의회.

한국기독교사회문제연구원 편. 1981. 『민족주의와 기독교』. 서울: 민중사.

_____. 1982. 『국가권력과 기독교』. 서울: 민중사.

한국기독교사연구회. 1982. 『한국기독교의 역사』, I, II권. 민중사.

_____. 2009. 『한국기독교의 역사』, III권. 한국기독교역사연구소.

한국기독자교수협의회 편. 1998. 『한국기독자교수협의회 30년 자료집』. 한국기독자교수협
    의회.

한국 YMCA 전국연맹. 2017. 「제7차 한·중·일 YMCA 평화 포럼 자료집」.

한승헌. 2016. 『재판으로 본 한국현대사』. 창비.

황석영·이재의·전용호. 2017. 『죽음을 넘어, 시대의 어둠을 넘어: 광주 5월 민중항쟁의 기록』.
    창비.

황석영. 2017. 『수인』, 1, 2권. 문학동네.

홍경만. 2000. 『한국 근대 개신교사 연구』. 경인문화사.

Popper, Karl. 1962. *Open Society and Its Enemies*. Harper & Row.

Commission on Theological Concerns of the Christian Conference of Asia(CTC-CCA). 1983. *Minjung Theology: People as the Subjects of History*. Maryknoll, New York: Orbis Books.

Cox, Harvey. 1966. *The Secular City: Secularization and Urbanization*. New York: Pelican Books.

Freire, Paulo. 1968. *Pedagogy of the Oppressed*. New York: SCM Press.

Irvin, Dale T., and Akintunde E. Akinade, ed. 1996. *The Agitated Mind of God: The Theology of Kosuke Koyama*. Maryknoll, New York: Orbis Books.

Suh, David Kwang-sun. 1991. *The Korean Minjung in Christ*. Singapore: CCA.

찾아보기

인명

글쓴이 / 서광선

서광선은 1931년 평안북도 강계에서 태어났으며 대한민국 해군에서 복무했다(1951~1956). 미국에서 철학으로 학사와 석사학위를 받았고 뉴욕 유니언 신학대학원에서 신학 석사(M.Div)를 수료했으며 밴더빌트 대학교 대학원에서 철학 박사(Ph.D)를 받았다. 귀국 후 이화여자대학교 교수(1964~1996)로 재직하며 동 대학교 문리대학장, 교목실장, 대학원장 등을 역임했다. 정치적 이유로 해직 당했다가(1980~1984) 그 기간 중에 장로회신학대학에서 수학하여 대한예수교장로회(통합)의 목사로 안수를 받고 압구정동 현대교회를 담임했다. 세계 YMCA 회장(1994~1998)을 역임했고 미국 뉴욕 유니언 신학대학원, 미국 드류 대학교 신학대학원 및 홍콩 중문대학교의 초빙교수로 활동했으며 홍콩 주재 아시아 기독교고등교육 연합재단(United Board for Christian Higher Education in Asia)의 이사 및 부회장을 역임했다(2001~2006). 저서로는 『종교와 인간』, 『기독교 신앙과 신학의 반성』, *The Korean Minjung in Christ* 등 다수가 있다. 현재 이화여자대학교 명예교수이며 ≪신학과 교회≫ 편집위원장 일을 했다(2014~2016).

한울아카데미 2067

거기 너 있었는가, 그때에
서광선의 정치신학 여정

ⓒ 서광선, 2018

지은이 서광선
펴낸이 김종수
펴낸곳 한울엠플러스(주)
편집책임 배유진

초판 1쇄 인쇄 2018년 4월 2일
초판 1쇄 발행 2018년 4월 16일

주소 10881 경기도 파주시 광인사길 153 한울시소빌딩 3층
전화 031-955-0655
팩스 031-955-0656
홈페이지 www.hanulmplus.kr
등록번호 제406-2015-000143호

Printed in Korea
ISBN 978-89-460-7067-7 93230 (양장)
     978-89-460-6478-2 93230 (반양장)

* 책값은 겉표지에 표시되어 있습니다.